（总第37期）中英文对照 Chinese/English（No.37）

天津统计年鉴 2021

TIANJIN STATISTICAL YEARBOOK

天津市统计局 国家统计局天津调查总队 编

Compiled by Tianjin Municipal Bureau of Statistics &
Survey Office of the National Bureau of Statistics in Tianjin

中国统计出版社
China Statistics Press

图书在版编目（CIP）数据

天津统计年鉴. 2021 = Tianjin Statistical Yearbook 2021：汉英对照 / 天津市统计局, 国家统计局天津调查总队编. -- 北京 ：中国统计出版社, 2021.12
ISBN 978-7-5037-9635-7

Ⅰ. ①天… Ⅱ. ①天… ②国… Ⅲ. ①统计资料－天津－2021－年鉴－汉、英 Ⅳ. ①C832.21-54

中国版本图书馆 CIP 数据核字(2021)第 177612 号

天津统计年鉴—2021

作　　者/ 天津市统计局　国家统计局天津调查总队
责任编辑/ 钟　钰　张　洁
校　　对/ 张振斌　戴　华
封面设计/ 王　芳
出版发行/ 中国统计出版社有限公司
地　　址/ 北京市丰台区西三环南路甲 6 号　邮政编码/100073
发行电话/ 邮购（010）63376909　书店（010）68783171
网　　址/ http://www.zgtjcbs.com
印　　刷/ 河北鑫兆源印刷有限公司
经　　销/ 新华书店
开　　本/ 890mm×1240mm　1/16
字　　数/ 960 千字
印　　张/ 30.5
版　　别/ 2021 年 12 月第 1 版
版　　次/ 2021 年 12 月第 1 次印刷
定　　价/ 420.00 元（含光盘）

编者说明

一、《天津统计年鉴》是一部全面反映天津市国民经济和社会发展情况的大型资料性年刊，创刊于 1984 年，逐年出版，形成系列。2021 版《天津统计年鉴》系统收录了天津市 2020 年经济、社会各方面的统计数据，以及其他重要历史年份的全市主要统计数据。全书中英文对照，配有光盘。

二、本年鉴文字资料主要登载有《2020 年天津市国民经济和社会发展统计公报》《2020 年天津经济形势分析》《“十三五”时期天津市国民经济和社会发展成就》。为方便读者使用，书的篇目索引标明了全书结构。在书中每篇后附有主要统计指标解释。

三、本年鉴的统计数据主要取自各专业统计年报，少部分取自抽样调查数据和专业部门统计数据。

四、本年鉴所使用的度量衡单位均采用国际统一标准计量单位；行业分类标准采用《国民经济行业分类》（GB/T 4754-2017）；人均指标采用常住人口计算。

五、本年鉴中部分数据的合计数和相对数由于四舍五入取舍不同而产生的计算误差，均未做机械调整。

六、本年鉴表中的符号使用说明：“空格”表示该项统计指标无数据、数据不足本表最小单位数或数据不详；“#”表示其中的主要项。

七、由于与不同年份有关专业的普查、调查、清查结果相衔接，以及国家统计制度变化和有关主管部门提供的统计数据有调整等原因，年鉴中部分指标的历史年度数据会有变动。读者在使用历史资料时，凡以前年度的年鉴与本年鉴数据有出入的，均以本年鉴为准。

八、《天津统计年鉴》自公开出版以来，得到了国内外广大读者的关心和支持，对本年鉴的内容和编辑工作提出了许多宝贵意见，对此我们深表谢意。限于我们的水平，书中难免有不足之处，敬请广大读者继续给予批评指正，帮助我们进一步改进年鉴编辑工作、提高年鉴编辑水平，更好地为广大读者服务。

Preface

I. *Tianjin Statistical Yearbook* is a large-sized statistics publication to reflect various aspects of Tianjin's economic and social development, which was started in 1984 and published year after year, having formed a series of yearbooks. *Tianjin Statistical Yearbook 2021* takes Tianjin economic and social statistics of 2020 systematically, and other statistics of main years. The book is written in Chinese & English, and is equipped with electric CD.

II. Written materials in the book include *Statistical Communique on the 2020 National Economic and Social Development of Tianjin, Analysis of Tianjin Economic Situation 2020, Achievement of National Economic and Social Development of Tianjin in the Thirteenth Five Year Plan Period.* In order to help readers using these statistical materials better, Subject Index is used to describe the framework of the book, and Explanatory Notes on Main Statistical Indicators are attached after each chapter.

III. The major data sources of this book are obtained from annual professional statistical report, a few from sample surveys and departments' statistics.

IV. The units of measurement used in this book are internationally stander measurement units; sector listed in this table is classified by the standard of GB/T 4754-2017. When calculating per capital indicators, we use permanent population.

V. Statistical discrepancies due to rounding are not adjusted in this book.

VI. Notations used in this book: "blank" indicates the data not available or the figure is not large enough to be measured with the smallest unit in the table. "#' indicates the major items of the total.

VII. As a result of keeping consistent with data of census, surveys and checks, the change of national statistics system and adjustment of figures provided by departments some data in this yearbook is different from former yearbook. When using historical data, users should take the data of this book as standard.

VIII. Since Tianjin Statistical Yearbook had been published openly, we have been concerned and supported by the readers at home and abroad. They advance much valuable suggestion on content and edition of the yearbook, we deeply thanks for this all. Based on our limited level, perhaps there are some mistakes in this book, we welcome all of the readers give us your criticism in order to help us further improving our edition level, and providing services for the readers better.

篇目索引

篇　目	起始页码

SUBJECT INDEX

SUBJECTS PAGE

目　　录
CONTENTS

第三篇 国民经济核算

Chapter 3 National Accounts

第四篇　就业和劳动工资

Chapter 4　Employment and Remuneration

第五篇　价格指数

Chapter 5　Price Indices

第六篇 人民生活

Chapter 6 People's Living Conditions

第七篇　财　政

Chapter 7　Government Finance

第八篇　资源环境和公共设施

Chapter 8　Resources Environment and Public Facilities

第九篇 能源生产和消费

Chapter 9 Energy Production and Consumption

第十篇 固定资产投资和房地产

Chapter 10 Investment in Fixed Assets and Real Estate

第十一篇　对外经济贸易

Chapter 11　Foreign Trade, Economic Cooperation

第十二篇 农 业

Chapter 12 Agriculture

第十三篇 工 业

Chapter 13 Industry

第十四篇 建筑业

Chapter 14 Construction

第十五篇 规模以上服务业

Chapter 15 Service Industry above Designated Size

第十六篇 批发和零售业

Chapter 16 Wholesale and Retail Trade

第十七篇　交通运输和邮电

Chapter 17　Transportation, Post and Telecommunication Services

第十八篇　住宿和餐饮业与旅游

Chapter 18　Accommodation and Catering Services, Tourism

第十九篇　金融业

Chapter 19　Financial Intermediation

第二十篇　科学技术

Chapter 20　Science and Technology

第二十一篇 教 育

Chapter 21 Education

第二十二篇 卫生和社会服务

Chapter 22 Public Health and Social Services

第二十三篇 文化和体育

Chapter 23 Culture and Sports

第二十四篇　公共管理及其他

Chapter 24　Public Management and Others

第二十五篇　各区基本情况

Chapter 25　Basic Statistics on Districts

2020年天津市国民经济和社会发展统计公报

天津市统计局
国家统计局天津调查总队
2021年3月12日

2020年，面对国内外形势深刻复杂变化特别是新冠肺炎疫情的严重冲击，天津市坚持以习近平新时代中国特色社会主义思想为指导，全面贯彻党的十九大和十九届二中、三中、四中、五中全会精神，深入贯彻落实习近平总书记一系列重要讲话和指示要求，按照党中央、国务院决策部署，在市委、市政府坚强领导下，坚持稳中求进工作总基调，坚持新发展理念，坚持供给侧结构性改革，科学统筹疫情防控和经济社会发展，扎实做好"六稳"工作，全面落实"六保"任务，全市经济社会经受住了前所未有考验发展好于预期，经济运行加速恢复，经济结构调整优化，动能转换提速显效，民生福祉不断增强，全面建成高质量小康社会取得决定性成就，"十三五"实现圆满收官。

一、综合

根据国家统一初步核算，2020年天津市生产总值（GDP）14083.73亿元，按可比价格计算，比上年增长1.5%。其中，第一产业增加值210.18亿元，下降0.6%；第二产业增加值4804.08亿元，增长1.6%；第三产业增加值9069.47亿元，增长1.4%。三次产业结构为1.5∶34.1∶64.4。

财税结构进一步优化。全年一般公共预算收入1923.05亿元，其中税收收入1500.08亿元，占一般公共预算收入的比重为78.0%。从主体税种看，增值税650.31亿元，企业所得税310.52亿元，个人所得税103.40亿元。全年一般公共预算支出3151.37亿元，投入民生领域支出占财政总支出比重保持在75%左右。其中，社会保障和就业支出518.51亿元，教育支出443.05亿元，卫生健康支出175.67亿元。

供给侧结构性改革持续深化。去产能取得实效，2020年四季度，全市规模以上工业产能利用率为78.8%，高于上年同期0.6个百分点；全年水泥产量下降17.2%，平板玻璃产量下降5.2%。减税降费稳步推进，年末规模以上工业企业资产负债率为54.4%，全年规模以上工业企业百元营业收入成本85.80元。投资补短板力度不断加大，全市社会领域投资增长12.8%，其中教育投资增长13.9%，文化体育和娱乐投资增长85.8%。

新动能引领作用凸显。新产业加快发展，全年高技术产业（制造业）增加值增长4.6%，快于规上工业3.0个百分点，比上年加快1.5个百分点，占比为15.4%，提高1.4个百分点；工业战略性新兴产业增加值增长4.4%，快于规上工业2.8个百分点，比上年加快0.6个百分点，占比为26.1%，提高5.3个百分点。高技术服务业和战略性新兴服务业营业收入分别增长5.4%和4.9%，均快于规模以上服务业平均水平，占比分别超过1/3和1/4；新兴服务业逆势快速增长，互联网和相关服务营业收入增长16.1%，研究和试验发展增长18.5%，软件和信息技术服务业增长9.5%，直播带货、远程办公、在线教育、互联网医疗等新模式快速发展。新动能投资增长较快，高技术产业投资增长14.0%，战略性新兴产业投资增长1.8%，智能制造投资增长22.9%。部分电子及新产品产量保持较快增长，服务机器人产量增长1.6倍，电子计算机增长93.3%，新能源汽车增长70.3%，电子元件增长35.4%，集成电路增长28.5%，光电子器件增长2.1倍。信息安全、动力电池入选全国20个先进制造业集群。"中国信创谷""细胞谷""生物制造谷""北方声谷"、市数字经济产业创新中心等新增长点正在形成。天津（西青）国家级车联网先导区揭牌，天津经济技术开发区入选首批国家数字服务出口基地。

营商环境争创一流。深入实施全市《优化营商环境条例》，完成"一制三化"2.0版改革任务，出台进一步优化营商环境更好服务市场主体的若干措施，制定实施优化营商环境三年行动计划，852项政务服务事项实行承诺审批，564项实行"不见面"办理，"证照分离”实现涉企经营许可事项和改革实施范围全覆盖。“津心办”上线服务事项1700余项，实现企业开办等业务“掌上办”。实施市场准入负面清单（2020年版），清理准入不合理限制和隐性壁垒。推动出台全市社会信用条例，开展区域信用和市级部门诚信建设状况监测。全年新登记市场主体25.62万户，其中民营市场主体25.45万户。

民营经济活力不断增强。全年民营经济增加值5053.91亿元，增长0.3%，占全市比重为35.9%。规模以上民营企业工业增加值增长2.0%，快于全市平均水平0.4个百分点，占比为26.5%，比上年提高4.8个百分点。限额以上民营企业批发和零售业商品销售额增长7.1%，快于全市平均水平6.7个百分点，占比达到59.1%。民营企业出口增长21.0%，快于全市出口19.1个百分点，占比为43.5%，提高6.8个百分点。

居民消费价格涨幅回落。全年居民消费价格上涨2.0%，涨幅比上年回落0.7个百分点。分类别看，食品烟酒价格上涨6.5%，衣着下降1.5%，居住上涨0.7%，生活用品及服务上涨0.2%，交通和通信下降2.9%，教育文化和娱乐上涨2.6%，医疗保健下降0.1%，其他用品和服务上涨7.9%。

表1　2020年天津市居民消费价格涨幅

指　　标	比上年上涨（%）
居民消费价格	2.0
其中：食品烟酒	6.5
衣　着	-1.5
居　住	0.7
生活用品及服务	0.2
交通和通信	-2.9
教育文化和娱乐	2.6
医疗保健	-0.1
其他用品和服务	7.9

工业生产者价格同比下降。全年工业生产者出厂价格下降2.9%，工业生产者购进价格下降3.1%。

二、农业

农业生产总体稳定。全年农林牧渔业总产值476.36亿元，增长0.9%。其中，农业产值228.49亿元，林业产值15.73亿元，牧业产值145.10亿元，渔业产值68.64亿元，农林牧渔专业及辅助性活动产值18.40亿元。粮食生产再获丰收，全年粮食产量达228.18万吨，增长2.2%；蔬菜产量266.47万吨，增长9.8%；肉类产量29.46万吨；水产品产量28.48万吨，增长8.6%；禽蛋产量20.83万吨，增长7.6%；牛奶产量50.07万吨，增长5.7%。生猪和能繁母猪存栏连续11个月环比增加。

现代农业发展势头良好。深入实施小站稻振兴工程，种植面积80.2万亩。新建高标准农田25.4万亩，建设提升规模化规范化设施示范园区33个、种养循环示范场80个、水产健康养殖示范场8个。宁河国家现代农业产业园基本完成创建任务，宝坻国家现代农业产业园加紧建设，都市型奶业产业集群项目加快推进。

三、工业和建筑业

工业生产稳中向好。全年全市工业增加值4188.13亿元，比上年增长1.3%，规模以上工业增加值增长1.6%。规模以上工业中，分门类看，采矿业增加值增长2.8%，制造业增长1.5%，电力、热力、燃气及水生产和供应业下降1.0%。分企业规模看，大型企业增加值增长1.5%，占规上工业的比重为51.2%；中小微企业增加值增长1.8%，快于全市平均水平0.2个百分点，占比为48.8%，比上年提高8.4个百分点。分登记注册类型看，国有企业增加值下降3.8%，占比为27.9%；民营企业增加值增长2.0%，占比为26.5%；外商及港澳台商企业增加值增长4.7%，占比为45.6%。从重点行业看，汽车制造业增加值增长5.7%，黑色金属冶炼和压延加工业增长2.6%，医药制造业增长3.5%，电气机械和器材制造业增长22.9%，仪器仪表制造业增长16.7%，铁路、船舶、航空航天和其他运输设备制造业增长13.5%，石油和天然气开采业增长6.3%。规模以上工业在目录的407种产品中，42.3%的产品产量实现增长。

表2　2020年天津市主要工业产品产量

产品名称	单位	产量	比上年增长（%）
天然原油	万吨	3242.22	4.2
精制食用植物油	万吨	297.68	0.9
天然气	亿立方米	36.31	4.0
中成药	吨	15229.21	3.0
钢　材	万吨	5724.05	3.1
医疗仪器设备及器械	万台	1020.65	1.2倍
新能源汽车	辆	16712	70.3
电　梯	台	55448	17.2
集成电路	亿块	18.92	28.5
光电子器件	亿只	251.41	2.1倍
锂离子电池	亿只	7.31	11.7

建筑业增势较好。全年建筑业增加值719.73亿元，增长3.9%，建筑业总产值4388.17亿元，增长7.1%。建筑业企业房屋施工面积15234.45万平方米，其中新开工面积3922.07万平方米。截至年末，全市具有特级、一级资质的总专包建筑业企业336家，比上年末增加14家。

四、服务业

服务业生产不断改善。全年批发和零售业增加值1246.22亿元，比上年下降2.0%；交通运输、仓储和邮政业增加值815.55亿元，下降1.0%；住宿和餐饮业增加值132.04亿元，下降24.2%；金融业增加值2056.73亿元，增长5.1%，占全市生产总值的比重为14.6%；房地产业增加值1302.51亿元，下降0.3%。

交通运输业发展提速。全面加快天津港建设世界一流智慧港口、绿色港口，全球首次集装箱传统码头无人自动化改造全流程实船系统测试取得成功，外贸集装箱船舶整船换装功能实现突破，北疆港区C段智能化集装箱码头工程加快建设。出台加快“公转铁”“散改集”和海铁联运发展政策措施，海铁联运吞吐量突破80万标准箱。天津港集疏运专用货运通道建设方案获批。全年全市货运量53566.39万吨。其中，铁路11123.81万吨，水运9133.99万吨，公路32261.07万吨。货物周转量2370.73亿吨公里。其中，铁路284.52亿吨公里，水运1442.01亿吨公里，公路640.12亿吨公里。全年客运量1.16亿人次，旅客周转量278.82亿人公里。港口货物吞吐量5.03亿吨，增长2.2%；集装箱吞吐量1835.31万标准箱，增长6.1%。机场旅客吞吐量1328.55万人次，货邮吞吐量18.50万吨。截至年末，全市民用汽车保有量329.03万辆，其中私人汽车279.20万辆；民用轿车205.94万辆，其中私人轿车188.20万辆。

邮电业快速增长。全年邮电业务总量1779.54亿元，增长32.4%。其中，电信业务总量1584.94亿元，增长32.6%；邮政行业业务总量194.60亿元，增长30.8%。全年快递业务量9.28亿件，增长33.0%。年末固定电话用户325.81万户，移动电话用户1711.01万户，固定互联网宽带接入用户534.60万户。提速“两网”建设，移动宽带、固定宽带下载速率均跃居全国第3位；累计建成5G基站2.4万个，完成中国北方首条2.6GHz频段5G智能网联测试道路建设，“5G+智慧教育”获批国家级智慧应用试点。围绕智慧城市、智慧港口、智能制造等重点领域打造150个5G应用场景。西青区、津南区入选国家数字乡村试点地区。

五、国内贸易

消费市场稳步复苏。落实国家促进消费扩容提质加快形成强大国内市场的实施意见，出台“促进汽车消费11条”。线上津洽会和一批线下展会成功举办，推出“99购物节”等200多场全市性活动。打造夜间经济2.0版，重点推进十大工程，形成多元化夜间消费市场。加快金街步行街改造提升，引进培育一批特色店项目。全年批发和零售业商品销售额下降1.8%，其中限额以上批发和零售业商品销售额增长0.4%，限额以上中小微企业商品销售额增长5.1%。社会消费品零售总额下降15.1%，其中限额以上社会消费品零售总额下降12.9%。

消费结构加快升级。全年限额以上单位商品零售额中，粮油类、蔬菜类、饮料类零售额分别增长6.8%、41.0%和2.5倍，体育、娱乐用品类增长62.9%，文化办公用品类增长27.7%，智能家用电器和音像器材增长2.2倍，新能源汽车增长47.9%，智能手机增长33.1%。

六、固定资产投资

固定资产投资平稳增长。全年固定资产投资（不含农户）增长3.0%。分产业看，第一产业投资增长83.0%，第二产业投资增长1.6%，第三产业投资增长2.6%。分领域看，工业投资增长1.8%，其中制造业投资增长0.6%；基础设施投资增长20.0%，其中交通运输和邮政投资增长34.6%，信息传输和信息技术服务投资增长33.7%，水利、生态环境和公共设施管理投资增长14.8%。

全年房地产开发投资下降4.4%。全市新建商品房销售面积下降11.6%，其中住宅销售面积下降11.7%；商品房销售额下降7.1%，其中住宅销售额下降6.2%。

七、金融

金融市场健康发展。社会融资规模稳步增长，全年全市社会融资规模增量累计为4508亿元，同比多增1642亿元。年末中外金融机构本外币各项存款余额34145.00亿元，比年初增加2356.22亿元，比上年末增长7.4%。各项贷款余额38859.42亿元，比年初增加2718.15亿元，增长7.5%。其中，制造业中长期贷款余额1038.15亿元，增长27.6%，贷款余额和增速均创新高。

证券市场发展成效明显。出台关于支持企业上市融资加快新动能引育的有关政策，全年新增上市公司8家，年末全市共有78家上市公司的83只股票在境内外资本市场交易。年末证券账户626.15万户，比上年末增长12.8%。全年各类证券交易额61342.3亿元，增长53.6%。其中，股票交易额36207.68亿元，增长69.8%；债券交易额22430.06亿元，增长32.7%；基金交易额2535.10亿元，增长52.8%。期货市场成交额129552.13亿元，增长27.6%。

保险市场稳步发展。全年原保险保费收入672.09亿元，增长8.8%。其中，人身险保费收入507.83亿元，增长9.1%；财产险保费收入164.26亿元，增长7.9%。全年赔付支出168.18亿元，增长6.3%。其中，人身险赔付84.54亿元，增长7.2%；财产险赔付83.64亿元，增长5.5%。年末共有保险机构377家，保险公司从业人员10.48万人。

八、开发开放

外贸出口保持增长。全年外贸进出口总额7340.66亿元，下降0.1%，基本恢复至上年水平。其中，进口4265.54亿元，下降1.5%；出口3075.12亿元，增长1.9%。从贸易方式看，一般贸易出口1746.24亿元，占全市出口比重为56.8%，比上年提高4.5个百分点，增长10.7%，快于全市出口8.8个百分点；加工贸易出口1142.85亿元，下降10.1%。从贸易伙伴看，对欧盟出口增长3.8%，对美国出口增长2.2%，对东盟出口增长1.0%，对日本、韩国出口分别下降11.5%和2.7%。从产品结构看，机电产品出口占比为66.0%，高新技术产品出口占比为28.4%。

招商引资取得积极成效。全年共引进内资项目3024个，实际利用内资2926.18亿元，增长1.5%。其中，引进服务业项目2281个，到位资金2408.98亿元，占比82.3%；引进制造业项目491个，到位资金372.54亿元，增长33.2%，占比12.7%。全市新批外商投资企业570家，合同外资额362.48亿美元，增长14.7%，实际直接利用外资47.35亿美元，增长0.1%。

对外开放力度加大。积极融入"一带一路"，互联互通合作深度开展，开行中亚国际班列396列，累计发送43448标准箱。经贸投资合作持续深化，融入中蒙俄、中巴经济走廊建设取得成效，天津意大利中小企业产业园加快建设，中埃•苏伊士经贸合作区保税仓库完成验收交付，中国—中东欧"17+1"国家农业合作示范区核心区完成建设规划编制，中日（天津）健康产业发展合作示范区规划建设有序推进。全年新设境外企业机构99家，中方投资额16.48亿美元，增长3.3%。对外承包工程新签合同额59.2亿美元，完成营业额56.7亿美元。年末在外劳务人员1.31万人。

自贸试验区改革创新引领作用突出。法定机构改革全面落地，66项自主创新措施全面实施，10项试点经验向全国推广。出口加工区、东疆保税港区、天津保税物流园区转型升级为综合保税区。全年自贸试验区新设立企业1.08万家，新增内资企业注册资本3004亿元。

九、京津冀协同发展

承接北京非首都功能疏解和支持雄安新区建设取得新进展。发挥能动机制作用，积极对接服务北京，北京地区在津投资1262.27亿元，占全市利用内资比重达到43.1%。持续完善"1+16"承接载体，出台支持重点平台服务京津冀协同发展的政策措施，滨海—中关村科技园新增注册企业666家，宝坻京津中关村科技城新增注册企业210家。签署"世界一流津冀港口全面战略合作框架协议"，发挥天津港集团雄安新区服务中心作用，天津港雄安绿色通道操作量9694标准箱。

重点领域协同发展。京津、京沪、京滨、津兴四条高铁联通北京格局加快形成。全年天津口岸进出口总额13214.53亿元，其中来自京冀的货物占比31.0%。京津冀异地就医门诊直接结算试点有序推进。

十、城市建设和公用事业

城市载体功能继续拓展。编制完成国土空间总体规划初步方案，加快构建"津城""滨城"双城发展格局。交通强国建设试点实施方案获批，地铁4号线南北段、7、8、10、11号线一期、6号线二期和B1线、Z4线加快建设。滨海新区绕城高速全线贯通，津石高速公路天津西段开通，津石高速公路天津东段、塘承高速公路滨海新区段加快建设，邦喜公路、滨玉公路等项目通车，外环线国道功能外迁工程圆满收官。截至年末，全市公路里程16411.02公里，其中高速公路1324.79公里。新开公交线路14条，全市公交线路达到1002条，公交运营车辆12409辆。

公用事业平稳发展。供热、燃气旧管网改造分别完成55.1公里和51.2公里，污水处理能力达到401万吨/日，生活垃圾分类全面推进。新增8座生活垃圾无害化处理设施，中心城区生活垃圾已全部实现科学无害化处理。全社会用电量 874.59 亿千瓦时，其中城乡居民生活用电量 126.11 亿千瓦时，增长 10.4%。

十一、教育和科学技术

教育事业均衡发展。完成第三轮义务教育学校现代化标准建设，制定义务教育学位资源建设三年行动方案，谋划新一轮职业教育改革创新，推进高等教育内涵建设，加快高校“双一流”建设。全年完成义务教育资源建设项目 41 个，新增办学规模 938 个班，新增中小学学位 4.34 万个。深入开展学前教育资源建设两年攻坚行动，全年新增幼儿园学位 6.97 万个。截至年末，全市共有研究生培养机构 24 所，普通高校 56 所，中等职业教育学校 73 所，普通中学 530 所，小学 885 所。全年研究生招生 2.83 万人，在校生 7.90 万人，毕业生 2.17 万人。普通高校招生 17.50 万人，在校生 57.22 万人，毕业生 14.27 万人。中等职业教育学校招生 3.56 万人，在校生 9.84 万人，毕业生 3.67 万人。普通中学招生 17.23 万人，在校生 49.04 万人，毕业生 14.88 万人。小学招生 13.38 万人，在校生 73.01 万人，毕业生 11.04 万人。幼儿园 2575 所，在园幼儿 29.86 万人。

创新活力不断激发。成功举办第四届世界智能大会。实施科技创新三年行动计划，自主创新和原始创新策源能力明显提升。推进创新平台建设，大型地震工程模拟研究设施、新一代超级计算机、国家合成生物技术创新中心建设进展顺利；省部共建组分中药国家重点实验室和国家应用数学中心获批，入围国家军民科技协同创新平台试点。梯次培育科技型企业，国家高新技术企业累计 7420 家，评价入库国家科技型中小企业、市级雏鹰企业、市级瞪羚企业分别达到 8179 家、3557 家和 385 家。新增 12 家国家备案众创空间，总数达到 88 家，国家专业化众创空间达到 6 家、位居全国第三。国家企业技术中心达到 68 家，市级企业技术中心达到 646 家。年末全市共有国家级重点实验室 14 个。全年签订技术合同 9822 项，合同成交额 1112.98 亿元，增长 20.6%；技术交易额 600.8 亿元，增长 18.2%。

人才引育和科技创新成果丰硕。加强“项目+团队”引才，遴选 306 个创新创业团队“带土移植”。“海河英才”行动计划累计引进各类人才 35 万人。年末在津院士 36 人，新建博士后工作站 43 个，新进站博士后 417 人。全年市级科技成果登记数 1880 项，其中，属于国际领先水平 94 项，达到国际先进水平 231 项。全年专利授权 7.54 万件，其中发明专利 5262 件；年末有效发明专利 3.82 万件。

十二、文化旅游、卫生健康和体育

文化事业繁荣活跃。圆满完成“2020 年天津市名家经典惠民演出季”等活动，共举办演出 472 场次，精品剧目 30 台。京剧《秦香莲》等 6 部作品入选“庆祝中国共产党成立 100 周年舞台艺术精品创作工程”。圆满完成第五届市民文化艺术节，线上线下参与人数达 2425.77 万人次。电视剧《换了人间》获第 32 届飞天奖优秀电视剧奖。平津战役纪念馆被评为国家一级博物馆，大沽口炮台遗址博物馆等 3 家博物馆被评为国家二级博物馆。完成第二批基层综合性文化服务中心达标验收，85 个街镇和 2363 个村居综合性文化服务中心全面达标。滨海新区、西青区、和平区入选第一批国家文化和旅游消费试点城市。智慧山文化创意产业园入选第二批国家文化产业示范园区创建园区。截至年末，全市共有艺术表演团体 146 个，文化馆 17 个，博物馆 70 个，公共图书馆 28 个，街乡镇综合文化站 245 个。全市影院共计 119 家，放映场次 48.91 万场，观影人数 770.22 万人次，实现票房收入 2.89 亿元。全年出版图书 9463 万册，期刊 2757 万册，报纸 1.98 亿份。

旅游提振复苏。推出全市所有 A 级旅游景区对全国医务工作者实行年内免门票举措。成功举办 2020 中国旅游产业博览会，创新线上线下一体办展模式，吸引 2000 余家文旅企业参与。举办“鼓楼津声”“I•游天津”旅游季等系列活动，推广 52 条精品旅游路线，打响“网红天津”城市 IP。推出天津通票 2.0，全力打造“近代中国看天津”等优质旅游升级版。蓟州区、和平区、中新天津生态城国家全域旅游示范区加快建设，金街步行街、国家海洋博物馆获评国家 4A 级景区。全年共接待入境游客 17.13 万人次，入境旅游外汇收入 3.34 亿美元；接待国内游客 1.41 亿人次，国内旅游收入 1331.42 亿元。

卫生健康体系建设不断推进。制定实施健康天津行动计划，出台促进中医药传承创新发展的实施方案。出台促进 3 岁以下婴幼儿照护服务发展实施细则，实施妇女儿童健康促进计划。加强院前急救能力建设，6 个急救分中心建成投入运行，接报至到达现场平均时间降至 10 分钟以内，全市急救站点达到 204 个。截至年末，全市共有各类卫生机构 5836 个，其中医院 423 个。卫生机构床位 6.84 万张，其中医院 6.15 万张。卫生技术人员 11.40 万人，其中执业（助理）医师 4.92 万人，注册护士 4.27 万人。医疗卫生机构诊疗人数 9841.6 万人次，其中医院诊疗人数 5536.7 万人次。

体育事业发展取得新成绩。成功举办全国蹦床锦标赛、全国棒球锦标赛、全国青年棒球锦标赛、全国短道速滑冠军赛、全国短道速滑锦标赛等赛事和第六届全国大众冰雪季暨天津冰雪嘉年华活动。天津女排第 13 次获得全国女排联赛冠军。在全国最高水平赛事上，天津体育健儿共获得 18 枚金牌、16 银牌、18 枚铜牌。更新 450 余个社区（行政村）健身园，健身广场 115 个等，新建多个健身广场、健身步道、篮球场、口袋健身公园等体育健身设施。

十三、就业和人民生活

就业形势总体稳定。出台“强化稳就业 76 条”“高校毕业生就业 40 条”等一系列助企稳岗措施，重点群体就业压力有所缓解；举办首届“海河英才”创业大赛，推动 70 个优质项目落地孵化。全年新增就业 37.09 万人，调查失业率呈现稳中有落态势。

居民收入稳定增长。全年全市居民人均可支配收入 43854 元，增长 3.4%。其中，财产净收入 4240 元，增长 8.5%；转移净收入 9478 元，增长 12.9%。按常住地分，城镇居民人均可支配收入 47659 元，增长 3.3%；农村居民人均可支配收入 25691 元，增长 3.6%。

人居环境持续改善。完成 12.2 万平方米市区零散棚户区改造和 5087 户农村困难群众存量危房改造。18 个积水片区改造全部完工。建成 150 个农村人居环境整治示范村。实施农村全域清洁化工程，圆满完成新一轮农村饮水提质增效工程，累计让 2061 个村、202.2 万农村居民喝上“安全水”“放心水”。完成农村 29.6 万座户厕和 1510 座公厕的改造提升。

十四、社会保障和社会救助

社会保障网进一步筑牢。持续推进全民参保计划，年末全市参加城镇职工基本医疗保险人数 618.43 万人，参加城乡居民基本医疗保险人数 545.67 万人，分别比上年增长 3.9%和 0.7%；参加城镇职工基本养老保险人数 730.83 万人，参加城乡居民养老保险人数 169.72 万人，分别增长 5.1%和 3.2%；参加城镇职工工伤保险人数 405.63 万人，增长 1.4%；参加城镇职工失业保险人数 349.12 万人，增长 4.1%；参加城镇职工生育保险人数 353.51 万人，增长 3.6%。

社会救助体系持续完善。年末全市老人家食堂达到 1696 个，养老机构 387 家。老人日间照料服务中心（站）1257 个，床位数 1.2 万张。提供住宿的社会服务机构拥有床位 5.99 万张。全市低保对象 14.14 万人，特困供养人员 1.22 万人，各类福利机构年末收养人员 2.5 万人。开展残疾人技能技术培训 4600 余人次，全市残疾人新增就业 5399 人。全年社会救助总支出 19.58 亿元。全年医疗救助总人数 29.97 万人，医疗救助支出 4.69 亿元。

十五、扶贫协作、生态环保和安全生产

协作支援助力脱贫。高质量推进东西部扶贫协作和支援合作，全年投入财政帮扶资金 32.56 亿元，实施帮扶项目 1309 个，选派干部人才 2336 人，募集社会帮扶款物 4.62 亿元。开展“津企陇上行”“津企承德行”“民营企业西部行”“消费扶贫”等活动，完善外出就业“点对点”服务、在津稳岗就业政策跟进工作机制，强化教育医疗帮扶，圆满助力 50 个结对贫困县、335.65 万贫困人口脱贫摘帽，实现“两不愁三保障”。

污染防治成效显著。打好蓝天保卫战，“钢铁围城”“园区围城”加快治理，撤销取缔工业园区 132 个。$PM_{2.5}$ 平均浓度 48 微克/立方米，比上年下降 5.9%，优良天数比例 66.9%，提高 6.9 个百分点。打好碧水保卫战，地表水国控断面优良水质占比 55.0%，提高 5 个百分点，水环境达到近年最好水平。劣Ⅴ类水质比例降至 0。12 条入海河流全部消劣，近岸海域优良水质比例达到 70.4%。建成区全部消除黑臭水体。打好净土保卫战，完成耕地土壤环境质量类别划定，更新发布建设用地土壤污染风险管控与修复名录。

生态环境建设加速提质。深入实施“871”重大生态工程，湿地自然保护区全面升级保护，七里海湿地完成生态修复工程，北大港湿地持续开展生态补水，大黄堡湿地完成翠金湖、燕王湖项目区生态修复，团泊湿地开展北堤南侧提升改造工程。双城间绿色生态屏障加快建设，重点打造十大生态片区，造林绿化工程完成 4.9 万亩。海岸线加快提升生态功能，整治修复滨海湿地 531.87 公顷、岸线 4.78 公里，全力打造“水清、岸绿、滩净、湾美”的蓝色海湾。全市森林覆盖率 12.07%。中新天津生态城国家绿色发展示范区建设取得明显成效。蓟州区获批国家生态文明建设示范区。子牙经开区获批国家生态工业示范园区。

安全生产形势总体稳定。全年工矿商贸生产安全事故死亡 101 人。

注：

1. 本公报中数据均为初步统计数。

2. 全市生产总值、各产业增加值绝对数按现价计算，增长速度按可比价格计算。

3. 规模以上工业企业是指年主营业务收入 2000 万元及以上的全部法人工业企业。

4. 规模以上服务业企业是指年营业收入 1000 万元及以上，或年末从业人员 50 人及以上的交通运输、仓储和邮政业，信息传输、软件和信息技术服务业，房地产业(不含房地产开发经营),租赁和商务服务业，科学研究和技术服务业，水利、环境和公共设施管理业，教育，卫生和社会工作法人单位；年营业收入 500 万元及以上，或年末从业人员 50 人及以上的居民服务、修理和其他服务业，文化、体育和娱乐业法人单位。

5. 限额以上批发业企业是指年主营业务收入 2000 万元及以上的批发业企业；限额以上零售业企业是指年主营业务收入 500 万元及以上的零售业企业；限额以上住宿和餐饮业企业是指年主营业务收入 200 万元及以上的住宿和餐饮业企业。

6. 固定资产投资（不含农户）统计口径范围为计划总投资 500 万元及以上的固定资产项目投资及全部房地产开发项目投资。

7. 电信业务总量按 2015 年价格计算。

8. 邮政行业业务总量按 2010 年价格计算。

资料来源：

本公报中财政数据来自天津市财政局；市场主体数据来自天津市市场监督管理委员会；交通运输数据来自天津市交通运输委员会；机动车数据来自天津市公安局；邮政数据来自天津市邮政管理局；电信数据来自天津市通信管理局；文化设施、旅游数据来自天津市文化和旅游局；电影、出版数据来自天津市委宣传部；存贷款数据来自中国人民银行天津分行；上市挂牌企业数据、证券期货数据来自中国证券监督管理委员会天津监管局、天津市金融工作局；保险数据来自中国银行保险监督管理委员会天津监管局；利用外资、境外投资、对外承包工程、对外劳务合作数据来自天津市商务局；进出口数据来自天津海关；扶贫协作、利用内资数据来自天津市人民政府合作交流办公室；用电量数据来自天津市电力公司；教育数据来自天津市教育委员会；科技创新数据来自天津市科学技术局、天津市工业和信息化局；专利数据来自天津市知识产权局；人才、新增就业、社会保障数据来自天津市人力资源和社会保障局；医疗保险数据来自天津市医疗保障局；医疗卫生数据来自天津市卫生健康委员会；体育事业数据来自天津市体育局；社会救助服务数据来自天津市民政局；环境保护数据来自天津市生态环境局；安全生产数据来自天津市应急管理局；其他数据来自天津市统计局、国家统计局天津调查总队。

2020年天津市经济形势分析

2020年，面对新冠肺炎疫情巨大冲击和复杂严峻的国内外环境，天津市坚持以习近平新时代中国特色社会主义思想为指导，全面贯彻党的十九大和十九届二中、三中、四中、五中全会精神，深入贯彻落实习近平总书记一系列重要讲话和指示要求，按照党中央、国务院决策部署，在市委、市政府坚强领导下，坚持稳中求进工作总基调，坚持以新发展理念引领高质量发展，坚持供给侧结构性改革，科学统筹疫情防控和经济社会发展，扎实做好“六稳”工作，全面落实“六保”任务，全市经济加速恢复，主要指标完成情况好于预期，高质量发展成效持续显现。

一、经济运行总体情况

（一）经济增长好于预期

根据地区生产总值统一核算结果，2020年天津市地区生产总值为14083.73亿元，按可比价格计算，比上年增长1.5%。其中，第一产业增加值为210.18亿元，下降0.6%，比前三季度收窄2.5个百分点；第二产业增加值为4804.08亿元，增长1.6%，比前三季度加快1.6个百分点；第三产业增加值为9069.47亿元，增长1.4%，加快1.3个百分点。

从全年经济走势看，一季度受疫情严重冲击，全市生产总值下降9.5%，进入二季度，随着各项助企纾困政策措施效果显现，主要指标企稳回升，上半年GDP降幅收窄至3.9%，前三季度结束下降局面，全年增长1.5%，增速好于预期，经济运行呈逐季加快恢复态势。

（二）三次产业生产形势向好

1. 农业生产保持稳定

粮食、蔬菜产量喜获丰收。粮食总产量再创历史新高，粮食安全得到巩固，全年粮食作物播种面积525.3万亩，增长3.2%，粮食总产量228.2万吨，增长2.2%，连续5年稳定在200万吨以上。蔬菜产量稳定增长，全年蔬菜播种面积79.38万亩，增长9.5%，产量266.47万吨，增长9.8%。

生猪生产加快恢复。2020年末，天津市生猪存栏和能繁母猪存栏分别达到162.3万头和19.2万头，分别增长30.6%和32.0%。受生产规律制约，生猪出栏恢复略滞后于存栏，全年出栏193.99万头，下降1.9%，比前三季度收窄23.0个百分点。

2. 工业生产持续加快

2020年，全市规模以上工业增加值增长1.6%，比前三季度加快1.5个百分点。分三大门类看，制造业增加值由降转增，增长1.5%；采矿业增长2.8%；电力、热力、燃气及水生产和供应业下降1.0%。分企业规模看，大型企业增加值增长1.5%，占规上工业的比重为51.2%；中小微企业增加值增长1.8%，快于全市平均水平0.2个百分点，占比为48.8%，比上年提高8.4个百分点。39个工业行业大类中，18个行业增加值增长，比前三季度增加4个，行业增长面扩大10.3个百分点。

重点产业发展态势良好。装备制造业带动作用增强，全年增加值增长7.8%，比上年加快1.1个百分点，占规上工业的比重为38.3%，提高4.8个百分点，拉动规上工业增长2.6个百分点，提高0.4个百分点，其中电气机械和器材制造业增长22.9%，汽车制造业增长5.7%，计算机、通信和其他电子设备制造业增长5.8%。石化产业加快恢复，全年增加值增长1.0%，而上年为下降1.2%，占规上工业的比重为26.4%，拉动规上工业增长0.3个百分点，提高0.8个百分点，其中石油和天然气开采业增长6.3%，拉动1.4个百分点。

产品产量增长面超四成。2020年，407种目录产品中，42.3%的产品产量实现增长，增长面比前三季度扩大1.8个百分点。疫情防控产品产量保持较快增长，医用口罩产量增长27.7倍，医疗仪器设备及器械增长1.2倍。部分电子产品产量增势良好，电子计算机整机增长89.1%，电子元件增长35.4%，锂离子电池增长11.5%，光电子器件增长2.1倍。四季度，规上工业产能利用率为78.8%，比三季度提高2.0个百分点，高于上年同期0.6个百分点。

3. 建筑业恢复较快增长

2020年，建筑业总产值增长7.1%，比前三季度加快2.0个百分点。其中，土木工程建筑业总产值增长7.9%，占比达到52.1%，拉动全市建筑业总产值增长 4.1 个百分点；房屋建筑业增长 2.1%；建筑安装业增长 8.2%；建筑装饰、装修和其他建筑业增长 33.1%。

4. 服务业稳步回升

2020 年，服务业增加值占全市生产总值的比重为 64.4%，比上年提高 0.9 个百分点。

流通市场降幅继续收窄。2020 年，全市批发和零售业增加值下降 2.0%，比前三季度收窄 3.2 个百分点；批发和零售业商品销售额下降 1.8%，收窄 3.5 个百分点。限额以上批发和零售业商品销售额增长 0.4%，其中限额以上中小微企业商品销售额增长 5.1%，占比达到 84.5%，比上年提高 3.9 个百分点。近半数商品限上销售额实现增长，其中金属材料类增长 17.0%，占比 40.9%，拉动 6.0 个百分点，拉动作用最为明显；粮油、食品类增长 27.6%，拉动 1.4 个百分点；煤炭及制品类增长 1.1%，拉动 0.1 个百分点。石油及制品类下降 27.8%，汽车类下降 27.7%，分别比前三季度收窄 2.6 个和 3.8 个百分点。

交通运输邮电业稳定向好。2020 年，交通运输、仓储和邮政业增加值下降 1.0%，比前三季度收窄 1.6 个百分点。公路货物周转量增长 6.8%，比前三季度加快 1.5 个百分点；铁路货物周转量增长 4.7%；水运货物周转量下降 1.9%。天津港世界一流智慧港口、绿色港口建设扎实推进，港口货物吞吐量突破 5 亿吨，集装箱吞吐量突破 1800 万标准箱，均在全国港口中保持第六位，全年分别增长 2.2%和 6.1%。电信业务总量保持快速增长，增长 32.6%，全年各月增速均保持在 30%左右。

住餐市场缓步恢复。2020 年，全市住宿和餐饮业增加值下降 24.2%，比前三季度收窄 4.0 个百分点。住宿和餐饮业营业额下降 26.8%，收窄 5.1 个百分点，其中限额以上营业额降幅自 4 月份开始逐月收窄，全年下降 23.3%。

金融存贷款增速增长较快。2020 年，全市金融业增加值增长 5.1%。年末中外金融机构本外币各项存款余额增长 7.4%，比上年末加快 4.8 个百分点；各项贷款余额增长 7.5%，比上年末加快 1.5 个百分点，增速连续 10 个月保持在 6%以上。

商品房销售面积降幅逐季收窄。2020 年，房地产业增加值下降 0.3%，比前三季度收窄 0.5 个百分点。全市新建商品房销售面积下降 11.6%，收窄 4.8 个百分点，其中住宅销售面积下降 11.7%，收窄 5.3 个百分点。

规模以上服务业 15 个重点行业[①]营业收入稳定增长。2020 年，规上服务业 15 个重点行业营业收入增长 1.3%。其中，互联网和相关服务增长 16.1%，软件和信息技术服务业增长 9.5%，研究和实验发展增长 18.5%，专业技术服务业增长 1.3%，拉动作用明显。

（三）内外需求持续恢复

1. 固定资产投资增幅提高

2020 年，全市固定资产投资（不含农户）增长 3.0%，比前三季度加快 1.7 个百分点。分产业看，第一产业投资增长 83.0%，第二产业投资增长 1.6%，第三产业投资增长 2.6%。分领域看，制造业投资速度年内首次由负转正，增长 0.6%，大项目带动作用突出，渤化化工“两化”搬迁改造、三星电机有限公司 MLCC 滨海三期扩能、一汽丰田新能源工厂等 9 个项目完成投资超过 10 亿元，带动工业投资增长 1.8%；基础设施投资增长较快，增长 20.0%，其中交通运输和邮政投资增长 34.6%，信息传输和信息技术服务投资增长 33.7%；房地产开发投资降幅逐季收窄，全年下降 4.4%。

2. 消费品市场逐步回暖

2020 年，全市社会消费品零售总额下降 15.1%，其中限额以上社会消费品零售总额下降 12.9%，均比前三季度收窄 1.7 个百分点。居民日常消费类和升级类商品销售较好，限额以上商品中，粮油类、蔬菜类、饮料类零售额分别增长 6.8%、41.0%和 2.5 倍，体育、娱乐用品类增长 62.9%，文化办公用品类增长 27.7%，智能家用电器和音像器材增长 2.2 倍，新能源汽车增长 47.9%，智能手机增长 33.1%。

3. 外贸出口保持增长

2020 年，全市外贸进出口总额 7340.66 亿元，下降 0.1%。其中，进口 4265.54 亿元，下降 1.5%；出口 3075.12 亿元，增长 1.9%，连续 6 个月增长。贸易结构持续优化，一般贸易出口占全市出口的 56.8%，比上年提高 4.5 个百分点，增长 10.7%，快于全市出口 8.8 个百分点。从贸易伙伴看，对欧盟出口增长 3.8%，对美国出口增长 2.2%，对东盟出口增长 1.0%，对日本、韩国出口分别下降 11.5%和 2.7%。

（四）民生福祉不断增强

1. 就业形势总体稳定

出台实施“稳就业 32 条”“强化稳就业举措 76 条”等一系列助企稳岗措施，重点群体就业压力有所

[①] 涉及信息传输、软件和信息技术服务业，租赁和商务服务业，科学研究和技术服务业，居民服务、修理和其他服务业，文化、体育和娱乐业 5 个行业门类，包括 15 个行业大类。

缓解，全年新增就业 37.09 万人，调查失业率呈现稳中有落态势，低于全国平均水平。

2. 居民收入加速增长

2020 年，全市居民人均可支配收入 43854 元，增长 3.4%，比前三季度加快 0.9 个百分点，其中转移净收入增长 12.9%，工资性收入增长 1.2%。城镇居民人均可支配收入 47659 元，增长 3.3%；农村居民人均可支配收入 25691 元，增长 3.6%。

3. 物价水平温和上涨

2020 年，全市居民消费价格上涨 2.0%，涨幅比上年回落 0.7 个百分点。分类别看，食品烟酒价格上涨 6.5%，衣着下降 1.5%，居住上涨 0.7%，生活用品及服务上涨 0.2%，交通和通信下降 2.9%，教育文化和娱乐上涨 2.6%，医疗保健下降 0.1%，其他用品和服务上涨 7.9%。

4. 民生保障投入提高

2020 年一般公共预算支出中，教育支出、社会保障和就业支出占比分别为 14.1%和 16.5%，分别比上年提高 0.9 个和 1.0 个百分点，全年教育、卫生和社会工作、文化体育和娱乐、公共管理社会保障和社会组织等社会领域投资增长 12.8%。突出抓好“一老一小”社会事业，财政教育经费向学前教育倾斜，两年累计投入近 10 亿元专项资金，新增学前教育学位 12.4 万个，老人家食堂达到 1591 家，日间照料中心加快建设。

5. 生态环境持续改善

全年生态保护和环境治理业投资增长 2.1 倍，736 平方公里绿色生态屏障加快建设，875 平方公里湿地自然保护区保护全面升级，153 公里海岸线生态功能持续提升。环境空气质量持续改善，$PM_{2.5}$ 平均浓度同比下降 5.9%，达标天数 245 天，同比增加 26 天。

二、经济运行中的特点

（一）从供给侧看，工业恢复先于服务业

规模以上工业增加值 5 月份当月速度转正，前三季度累计速度转正且此后增速逐月加快，全年 39 个行业大类增长面接近 50%。特别是制造业表现出较强的支撑动力，当月增加值连续 7 个月增长，全年增长 1.5%，占比达到 72.9%，比上年提高 5.2 个百分点，拉动规上工业增长 1.0 个百分点。

服务业发展出现分化，一方面与互联网、软件和信息技术相关服务业在线上教学、“宅经济”带动下逆势增长，另一方面商贸、餐饮、文旅、物流、房地产等行业发展出现较大困难，限额以上批发零售业销售额略有增长，限额以上住宿餐饮业营业额、商品房销售面积仍处于下降区间。

（二）从需求侧看，投资需求稳于消费需求

天津市深入推动各项“稳投资”政策落地落实，投资调结构、补短板的积极作用得到充分发挥。全市固定资产投资（不含农户）5 月份当月速度转正，1-7 月累计速度转正且增速稳步加快。特别是通过一系列大项目带动，制造业投资在年末实现正增长；下半年以来以轨道交通投资为引领的基础设施领域投资始终保持 20%左右的增速。

消费品市场受到疫情冲击较为严重，当前仍处于复苏阶段，社会消费品零售总额虽然从 4 月份起降幅逐月收窄，但全年仍两位数下降，在 31 个省区市中居第 29 位。

（三）从企业规模看，规上企业复苏好于规下企业

2020 年年初，天津市规上企业受疫情冲击下滑较为明显，但随着各项助企纾困政策出台实施和企业自身经营调整，5 月份起多数指标当月速度逐步恢复正增长，前三季度开始大部分指标累计速度转正，全年继续保持加快增长态势。

规下企业由于规模偏小，在抗冲击、防风险方面较为脆弱，生产恢复较为缓慢。从工业生产看，全年规模以下工业增加值速度慢于规上工业 4.8 个百分点；从流通市场看，全年限额以下销售额速度慢于限上销售额 21.5 个百分点。最新规下企业生产经营和景气情况调查结果显示，仅 1/4 的企业达到正常生产经营水平的 80%以上；不到四成的企业预计四季度营业收入达到同期水平九成以上。

（四）从发展动力看，新动能引领作用凸显

新动能投入不断加大。2020 年，全市高技术产业在建项目 370 个，增长 11.8%，投资增长 14.0%；战略性新兴产业投资增长 1.8%；智能制造在建项目 246 个，投资增长 22.9%，占制造业投资的比重为 37.3%，比上年提高 6.8 个百分点，其中完成投资超亿元智能制造项目达到 39 个。

新产业发展持续向好。2020 年，全市高技术产业（制造业）增加值增长 4.6%，快于规上工业 3.0 个百分点，比上年加快 1.5 个百分点，占比为 15.4%，提高 1.4 个百分点；工业战略性新兴产业增加值增长 4.4%，快于规上工业 2.8 个百分点，比上年加快 0.8 个百分点，占比为 26.9%，提高 4.8 个百分点。高技术服务业和战略性新兴服务业营业收入分别增长 7.2%和 10.0%，均快于规模以上服务业平均水平。疫情催生了新型商业模式，推动了线上线下加速融合，

直播带货、远程办公、在线教育、互联网医疗等新模式快速壮大。

（五）从市场主体看，民营企业发展快于全市平均水平

2020年，规模以上民营企业工业增加值增长2.0%，快于全市平均水平0.4个百分点，占比超过1/4，为26.5%，比上年提高4.8个百分点。限额以上民营企业批发和零售业商品销售额增长7.1%，快于全市平均水平6.7个百分。民营企业出口增长21.0%，快于全市出口19.1个百分点，占比为43.5%，比上年提高6.8个百分点。截至年末，全市新增民营市场主体25.45万户，占全部新增市场主体的99.3%，其中二季度以来新增民营市场主体同比增长7.8%。

三、经济运行中存在的问题

（一）主要指标恢复速度仍慢于全国及部分重点省市

2020年，天津市地区生产总值增速（1.5%）快于北京（1.2%），但慢于全国0.8个百分点，也慢于重庆、河北和上海2.4个、2.4个和0.2个百分点；规模以上工业增加值增速（1.6%）慢于全国1.2个百分点，也分别慢于重庆、河北、北京和上海4.2个、3.1个、0.7个和0.1个百分点；固定资产投资增速（3.0%）快于全国0.1个百分点，好于北京（2.2%），但分别慢于上海、重庆和河北7.3个、0.9个和0.2个百分点；社会消费品零售总额降幅（-15.1%）大于全国11.2个百分点，也分别大于重庆、上海、河北和北京16.4个、15.6个、12.9个和6.2个百分点；规模以上服务业15个重点行业营业收入增速（1.3%）好于上海（0.4%），但慢于全国3.6个百分点，也慢于重庆13.3个百分点，与北京持平。

（二）企业效益不佳

2020年，天津市规模以上工业企业利润同比下降24.7%，降幅延续收窄态势，但与全国增长4.1%相比差距较大；营业收入利润率为5.1%，低于全国1.0个百分点。受石化产品需求不振以及国际油价震荡影响，石化产业利润下降54.9%，下拉全市规上工业利润28.4个百分点，其中，石油和天然气开采业利润下降53.7%，下拉23.0个百分点，对全市工业利润影响最大；石油煤炭及其他燃料加工业，化学原料和化学制品制造业分别下拉4.7个和0.7个百分点。

（三）消费品市场持续低迷

2020年，全市社会消费品零售总额降幅虽持续收窄，但全年依然为两位数下降（-15.1%）。主要原因一是商品结构较为单一，易受重点商品影响。与北京、上海等地区相比，汽车和石油零售在天津市限上零售额中占比较高，两类商品合计占比超过四成，全年限额以上汽车类零售额下降11.9%，石油制品类下降20.1%，分别下拉限上社零额3.6个和3.0个百分点，而网络消费等新兴业态在经过前些年高速增长后也出现疲软，支撑力不足，全年限额以上商品网上零售额下降2.2%。二是实体零售场所受疫情冲击较为明显，影响部分限上商品零售下滑较大，家用电器和音像器材类下降36.1%，服装、鞋帽、针纺织品类下降11.8%，分别下拉2.3个和2.1个百分点。三是居民收入增速放缓，全市居民人均可支配收入增幅比上年回落3.9个百分点，一定程度上也影响了居民的消费能力和心理预期，全年全市居民人均消费支出下降10.6%。

四、2021年展望和对策建议

2021年是中国共产党成立100周年，也是“十四五”规划开局之年。天津经济发展的国内外环境依然复杂严峻，机遇和挑战并存，但机遇大于挑战，天津市仍处在发展的重要窗口期。

从国际看，新冠肺炎疫情仍在蔓延，世界经济深度衰退，世界银行最新发布的《全球经济展望》报告指出，由于新冠疫情持续蔓延，2021年上半年世界经济仍将处于低迷状态，预计2021年全球经济有望增长4%，比2020年6月所做的预测低了0.2个百分点。

从国内看，我国统筹疫情防控和经济社会发展取得重大成果，经济运行稳定恢复，经济长期向好的基本面没有改变，世行预测2021年中国GDP增长预计将达7.9%。但同时，国内个别地区疫情有所反复，经济恢复进程中一些新老问题交织，结构性矛盾凸显，我国经济恢复基础还需要进一步巩固。

从天津市看，全市经济加速恢复，经济结构调整优化，动能转换持续推进，经济延续回升态势有基础、有条件。但也应看到，天津市仍处在负重前行、爬坡过坎、滚石上山的紧要关头，经济运行中一些不稳定不确定因素依然存在，夯实经济持续发展基础还需要努力。初步展望，2021年一季度天津市经济将实现较好起步，而后随着基数加大逐季有所回落至正常水平，全年经济呈现平稳增长、前高后低运行态势。

2021年，全市上下要继续以习近平新时代中国特色社会主义思想为指导，科学把握新发展阶段，坚定不移贯彻新发展理念，积极构建新发展格局，巩固经

济加速向好态势，笃定推动全市经济社会高质量发展，确保“十四五”开好局、起好步。为此提出以下建议：

（一）夯实重点领域增长基础

紧盯重点领域和重点企业，进一步加强经济运行监测和预警预判，以“132”工作机制为抓手，加大对遇到困难的重点企业帮扶力度，助力企业恢复加快生产、改善效益，确保重点行业不出现大的波动，为全市经济持续向好奠定坚实基础。

（二）积极培育新的经济增长极

坚持制造业立市，推进传统制造业优化升级，推动新兴产业快速发展。进一步优化营商环境，开展精准招商、敲门招商、以商招商，高质量做好招商引资工作，加强大项目好项目储备。加速培育壮大新动能，以信创产业、智能制造为主攻方向，围绕增强产业链、供应链自主可控能力，积极串链、补链、强链，不断壮大新动能底盘，为天津市经济增长积蓄后劲。

（三）加快构建新发展格局

围绕构建以国内大循环为主体、国内国际双循环相互促进的新发展格局，瞄准建设国际消费中心城市、国际商贸中心城市、区域商贸中心城市的目标定位，加快现代流通体系建设，积极打造更多消费场景，鼓励在线教育、线上文化娱乐等新型商业业态发展，加快线上线下消费融合，促进消费回补和潜力释放。进一步提升贸易口岸功能，深入融入“一带一路”建设，畅通国际供应链物流链，加快形成国际竞争与合作新优势。

（李 娜　刘永明）

新理念引领高质量发展　新征程迈出坚实步伐

——“十三五”时期天津市经济社会发展综述

“十三五”时期是全面建成小康社会的决胜阶段，五年来，天津坚持以习近平新时代中国特色社会主义思想为指导，全面贯彻落实党的十九大和十九届二中、三中、四中、五中全会精神，深入贯彻落实习近平总书记对天津工作“三个着力”重要要求和一系列重要指示批示精神，坚定不移贯彻新发展理念，笃定高质量发展不动摇，经济运行稳中有进、稳中向好势头不断巩固，社会事业全面进步，民生福祉持续增进，全面建成高质量小康社会取得决定性成就。

一、经济运行保持平稳，综合实力稳步提升

五年来，面对复杂多变的外部环境和艰巨繁重的改革发展稳定任务，特别是2020年新冠肺炎疫情的严重冲击，全市上下坚持稳中求进工作总基调，认真落实国家和天津市各项稳增长政策措施，经济总量和质量效益稳步提升，经济发展的稳定性和韧性不断增强。

经济总量稳中有增。全市生产总值由2015年的10879.51亿元增加到2020年的14083.73亿元，按可比价格计算，“十二五”时期年均增长3.8%，经济运行在合理区间。特别是2020年，面对新冠肺炎疫情带来的前所未有冲击和挑战，全市科学统筹疫情防控和经济社会发展，扎实做好“六稳”工作，全面落实“六保”任务，经济运行呈逐季加快恢复态势，2020年全市生产总值同比增长1.5%，增速好于预期。

发展质量逐步提高。税收比重显著提升。2020年，全市税收收入占一般公共预算收入的比重达到78.0%，比2015年提高18.8个百分点，税收收入稳步增加，财政收入质量提高，为经济社会发展提供了坚实财力保障。能源利用更加高效、清洁。以能耗总量和强度“双控”倒逼经济发展方式转变，2016-2019年全市能源消费总量累计下降0.9%，年均下降0.2%，万元地区生产总值能耗累计下降16.6%，“十三五”时期规模以上工业万元增加值能耗累计下降16.0%；大力推动传统能源清洁低碳利用，2019年全市煤炭消费总量3766.11万吨，比2015年减少17.0%，煤炭占一次能源比重为38.7%，累计下降11.3个百分点。

二、产业体系优化提升，转型升级步伐加快

五年来，天津坚持以供给侧结构性改革为主线，转变发展方式、调整优化结构，扎实推进农业现代化建设，加快打造全国先进制造研发基地，着力构建与现代化大都市地位相适应的服务经济体系，基本形成了农业基础稳固、工业提质增效、服务业发展蹄疾步稳的格局，全市三次产业结构由2015年的1.5∶41.3∶57.2调整为2020年的1.5∶34.1∶64.4。

现代都市型农业发展势头良好。建成高标准农田336万亩，建设提升一批农产品生产基地，农业机械化水平不断提高，主要农作物耕种收综合机械化水平达到90%以上。大力实施小站稻振兴计划，小站稻种植面积由2016年的30万亩增加到2020年的80万亩，2018年以来小站稻产量年均增长16%。农业亩均效益明显提升，2020年粮食平均亩产434公斤，比2015年增加85公斤，年均增长4.5%，粮食平均亩产超过全国平均水平52公斤，粮食总产量自2016年起连续五年稳定在200万吨以上，粮食安全基础夯实。大力发展休闲农业，通过规划建设休闲农业精品线路，推动农家乐、民俗村、休闲农庄等业态蓬勃发展。突出“一村一品”特色，打造市级农业创业创新园区和基地88个，培育创业创新新型经营主体2417个，初步形成“一镇一业、一村一品、一园一景”的集群效应。

工业转型升级成效明显。“十三五”时期，天津瞄准全国先进制造研发基地目标，不断提升高端装备、汽车、石油化工、航空航天等优势产业，高端装备形成了以海工装备、轨道交通装备、机器人等为代表的产业集群，汽车产能和配套能力大幅提高，航空航天产业形成了“三机一箭一星一站”产业格局，2020年制造业增加值占全市生产总值的比重达到21.8%。先进制造业持续壮大，国家级车联网先导区成功获批，

信息安全、动力电池两个集群入选全国先进制造业集群。“十三五”时期装备制造业增加值年均增长6.9%，快于规上工业3.3个百分点；2020年装备制造业增加值占规上制造业的比重超过50%，达到52.5%，比2015年提高7.2个百分点，其中汽车制造业增势最强，增加值年均增长7.1%，占规上制造业的比重由10.4%提升到17.7%；电气机械和器材制造业、专用设备制造业、通用设备制造业、仪器仪表制造业等行业增加值年均增速分别为12.0%、9.3%、5.0%和2.5%，占比均有不同程度提升。冶金行业比重下降明显，2020年黑色金属冶炼和压延加工业、有色金属冶炼和压延加工业增加值占规上制造业的比重分别为6.4%和1.1%，分别比2015年下降5.1个和2.4个百分点。

现代服务业加快提质。“十三五”时期，服务业增加值年均增长5.1%，快于全市生产总值年均增速1.3个百分点，2020年服务业增加值占全市生产总值的比重比2015年提升7.2个百分点，对全市经济增长的贡献率由49.4%提高到59.4%，服务业成为全市经济发展的主动力。伴随数字化、网络化、智能化技术在各领域的应用，以金融业、租赁和商务服务业、现代信息服务业为代表的现代服务业迅速崛起，逐渐成为服务业发展的中坚力量。“十三五”时期金融业增加值年均增长4.6%，2020年末中外金融机构本外币存、贷款余额双双超过3万亿元，分别为34145.00亿元和38859.42亿元，分别年均增长3.9%和8.4%。租赁商务、科技服务、软件信息服务等高端服务业聚集发展，飞机、国际航运船舶、海工平台租赁业务领跑全国，租赁跨境资产占全国80%以上，“十三五”时期信息传输软件和信息技术服务业、租赁和商务服务业、科学研究和技术服务业增加值分别年均增长24.8%、14.7%和6.8%，均快于服务业年均增速。现代物流加快发展，2020年全市快递业务量达9.28亿件，是2015年的3.6倍，年均增长29.3%。成功举办世界智能大会、夏季达沃斯论坛、国际矿业大会、亚布力论坛夏季峰会、全国糖酒会、中国天津国际直升机博览会、中国旅游产业博览会、津洽会等大型展会，会展经济规模品质双提升。

三、内需引擎作用稳定，内部结构优化升级

五年来，天津着力扩大有效投资，发挥投资对优化供给结构的关键作用，积极扩大内需，释放消费潜力，推进消费结构升级，不断增强内需动力，夯实经济高质量发展根基。

有效投资支撑有力。“十三五”时期，天津贯彻落实一系列“稳投资”政策，强力推进重大项目建设，着力扩大有效投资规模，增强经济发展后劲，持续发挥投资稳增长、调结构、补短板、强弱项作用，全市固定资产投资（不含农户）年均增长4.8%。基础设施投资力度加大，年均增长6.5%，快于全市投资1.7个百分点，其中以轨道交通建设为主的道路运输业投资年均增长13.8%。教育领域投资较快增长，教育投资年均增长24.6%。投资向高端领域延伸拓展，高技术产业投资年均增长2.1%，其中高技术制造业投资年均增长2.6%，高技术服务业投资年均增长1.6%。

消费市场扩容升级。“十三五”时期，天津着力改善消费服务环境，提升传统消费，培育新型消费，发展服务消费，消费市场规模稳步扩大，2016-2019年社会消费品零售总额年均增长1.6%。受新冠肺炎疫情影响，2020年社会消费品零售总额同比下降15.1%。升级类商品消费增加，智能低碳商品消费增势强劲，2020年汽车类、通讯器材类商品零售额占限额以上单位商品零售额的比重分别比2015年提高5.9个和0.3个百分点，其中新能源汽车、智能手机零售额分别同比增长47.9%和33.1%。金街纳入全国首批步行街改造试点，大悦城、天河城、爱琴海、鲁能城、陆家嘴等商业综合体加速发展，夜间经济示范街区品质持续提升，711、便利蜂、罗森等24小时便利店遍地开花，蓟州区、和平区、中新天津生态城被评为国家全域旅游示范区。电子商务蓬勃发展，“十三五”时期通过公共网络实现的商品零售额年均增长17.4%，占限额以上单位消费品零售额的比重由2015年的8.9%提高到2020年的15.2%。

四、改革开放拓展深化，发展活力加速释放

五年来，天津不断深化重点领域改革，加快简政放权步伐，营造良好营商环境，有效激发市场动能，实施更深层次对外开放，推进投资贸易便利化，培育开放型经济发展新优势。

营商环境持续优化。“十三五”时期，出台实施“津八条”“民营经济19条”及32项配套措施、“海河英才”行动计划、《天津市优化营商环境条例》等一系列政策措施，制定实施优化营商环境三年行动计划，深入推进“一制三化”改革，企业开办时间压缩至1个工作日以内，实现“32证合一”，除特殊事项外政务

服务事项全部实现"一网通办"，网上实办率达到98%，财税体制改革深入推进，大幅减税降费累计超过2800亿元，自贸试验区向全国复制推广37项试点经验和实践案例，占全国19.9%。营商环境改善促进市场主体较快增长，市场主体由2015年末的70.58万户增加到2020年末的139.68万户，年均增长14.6%；2020年全市新登记市场主体25.62万户，是2015年新登记市场主体的1.8倍，年均增长12.3%；2020年日均新登记市场主体700户，比2015年增加308户。

市场活力有效释放。国企混改成效显著，17家市管企业实现集团层面混改，带动792户二级及以下企业引入市场化机制，具备混改条件的竞争类市管企业混改基本完成，事业单位转企改制迈出新步伐。民营经济发展势头良好，2020年末全市民营市场主体135.68万户，是2015年末的2.0倍；"十三五"时期民营经济增加值年均增长3.2%，2020年民营经济增加值占全市生产总值的比重达到35.9%；规模以上民营企业工业总产值年均增长5.5%，快于全市平均水平1.2个百分点；限额以上民营企业批发和零售业商品销售额年均增长6.2%，快于全市平均水平，2020年占限上销售额的比重达到59.1%，比2015年提高16.3个百分点；2017-2020年民营企业出口（人民币值）年均增长15.6%，2020年占全市出口的比重达到43.5%，比2017年提高18.5个百分点。

外贸结构不断优化。"十三五"时期，国际市场需求低迷，中美贸易摩擦不断，外贸发展面临较大压力，在国家和天津市出台的促外贸稳增长政策作用下，天津市外贸规模保持稳定，外贸进出口总额保持在1000亿美元以上，2020年克服疫情影响，外贸进出口总额实现1059.3亿美元，同比微降0.7%，其中出口443.6亿美元，逆势增长1.3%。外贸转型趋势明显，2020年一般贸易出口（人民币值）占全市出口的比重达到56.8%，机电产品、高新技术产品出口（人民币值）占全市出口的比重分别达到66.0%和28.4%。

对外经贸投资合作持续深化。把握共建"一带一路"机遇，在非洲设立10个"鲁班工坊"，"鲁班工坊"累计达到17家，中欧先进制造产业园、天津意大利中小企业产业园加快建设，综合保税区达到3个，跨境电商进出口规模处于全国前列，国际友城增至92对。"十三五"时期，全市累计新设境外企业机构648个，中方投资额348.67亿美元，是"十二五"时期的2.1倍；全市累计对外承包工程新签合同额和实现营业额分别为225.38亿美元和276.86亿美元，分别是"十二五"时期的1.7倍和1.5倍。

五、创新驱动持续发力，新动能引育成效明显

五年来，天津坚持创新驱动发展战略，出台实施新动能引育五年行动计划、科技创新三年行动计划，加快提升自主创新和原始创新策源能力，科技创新支撑作用不断增强，新旧动能转换加速推进，发展新动能不断积蓄释放。

科技创新水平不断提升。2019年，天津市研究与试验发展（R&D）经费投入强度为3.28%，在31个省区市中位列第三，高于全国1.05个百分点，综合科技创新水平指数居全国前列。梯次培育科技型企业，加快科技创新载体建设，截至2020年末，国家高新技术企业累计7420家，评价入库国家科技型中小企业、市级雏鹰企业、市级瞪羚企业分别达到8179家、3557家和385家，国家企业技术中心达到68家，市级企业技术中心达到646家。深入实施"海河英才"行动计划，加大人工智能产业相关领域人才引进力度，截至2020年末，累计引进人工智能领域人才9000余人、新一代信息技术领域人才1.7万余人。新一代超级计算机、大型地震工程模拟研究设施等10个国家级重大平台获批建设，国家自主创新示范区、新一代人工智能创新发展试验区建设加快推进，成功突破高端CPU芯片、自主可控操作系统等核心关键技术，南开大学周其林团队获国家自然科学奖一等奖，2020年每万人口发明专利拥有量24.4件，位居全国第六，比2015年增加12.2件；全市专利授权量达到7.54万件，是2015年的2.0倍，年均增长15.1%；有效专利量达到21.55万件，是2015年的2.4倍，年均增长18.8%。

新经济加速发展。2020年，"三新"经济增加值占全市生产总值的比重达到19.2%。新兴产业加快壮大，"十三五"时期，工业战略性新兴产业和高技术制造业增加值年均增速均为5.6%，快于规上工业2.0个百分点，占规上工业的比重分别由2015年的17.5%、13.5%提高到2020年的26.1%、15.4%。设立百亿元智能制造专项资金，智能科技、生物医药、新能源、新材料等新动能加快成长，信创产业已形成涵盖芯片、操作系统、整机终端、应用软件等全产业体系。与"十三五"初期相比，2020年全市多种新产品产量呈现量级式增长，新能源汽车由几百辆增至16712辆，工业机器人由33套增至176套，服务机器人增至19.11万套。服务业态和模式不断创新，平台经济、共享经济等产业互联网新模式有序发展，"云账户""猎聘"等多元化人力资源管理平台、"G7"网络货运平台快速

成长为全国产业互联网头部平台，疫情催化直播带货、远程办公、在线教育、互联网医疗等加快发展，2020年高技术服务业及以互联网和相关服务业为代表的现代新兴服务业增加值占全市服务业比重达到 18.5%，高技术服务业和战略性新兴服务业营业收入占规上服务业的比重分别超过 1/3 和 1/4。

六、协同发展成效显著，三大攻坚战全面推进

五年来，天津紧密围绕协同发展规划纲要，牢牢抓住疏解北京非首都功能这个牛鼻子，加大重点领域突破力度，推动京津冀协同发展取得积极成效，坚持抓重点补短板强弱项，全力以赴打好三大攻坚战。

京津冀协同发展深入推进。积极承接北京非首都功能，2017-2020 年北京地区在津投资累计 4686.27亿元，占全市利用内资的比重达到 42.7%。中交建京津冀区域总部、中国核工业大学、清华大学高端装备研究院、中国电信京津冀数据中心、中车金融租赁、中科院北京国家技术转移中心天津中心等一批项目落地，国家会展中心建设进展顺利。滨海—中关村科技园注册企业超过 2000 家，宝坻京津中关村科技城加快建设。全面深化与雄安新区在规划、产业、生态、公共服务等方面交流合作，天津一中在雄安设立校区，天津一商学校、园林学校设立雄安新区分校，市职业大学建设雄安新区培训基地。建立京津冀大气污染防治协作机制，牵头制定首个区域环保标准，加强生态环境联防联控联治力度。京津、京沪、京滨、津兴四条高铁通道联通京津双城格局加快形成，建成津石天津西段、京秦、唐廊一期等高速公路和一批省际接口路，实现区域路网互联互通。全力打造世界一流智慧港口、绿色港口，加快天津北方国际航运枢纽建设，2020 年港口货物吞吐量突破 5 亿吨，集装箱吞吐量突破 1800 万标准箱，均在全国港口中居第六位，“十三五”时期集装箱吞吐量年均增长 5.4%，稳居全球集装箱港口十强，天津港雄安服务中心设立。医疗卫生协作日益紧密，京津冀 60 家定点医疗机构实现跨省异地就医门诊费用直接结算。

三大攻坚战取得关键进展。防范化解重大风险攻坚战持续深化。建立健全政府举债融资机制，稳步推进债务风险化解，多措并举化解市属国企突出债务问题。精准脱贫攻坚战成效显著。积极推进东西部扶贫协作和对口支援，累计投入财政帮扶资金 126 亿元，实施帮扶项目 3651 个，消费扶贫超过 33 亿元，助力50 个贫困县全部实现脱贫摘帽，天津市困难村结对帮扶任务全面完成。污染防治攻坚战效果明显。整治“散乱污”企业 2.2 万家，有效破解“钢铁围城”“园区围城”，3 家钢铁企业有序退出，撤销取缔工业园区 132个，完成“散煤”取暖清洁化治理 120 万户，全面实施机动车国六排放标准，$PM_{2.5}$年均浓度由 2015 年的70 微克/立方米下降到 2020 年的 48 微克/立方米，提标改造 110 座污水处理厂，优良水质断面占比由 15%提高到 55%，劣Ⅴ类水质断面占比由 65%降为零，建成区全部消除黑臭水体，12 条入海河流全部消劣，近岸海域优良水质比例由 7.8%提高到 70.4%，建成一批垃圾处理设施，整治修复一批污染地块。

七、民生保障坚实有力，共享发展成果丰硕

五年来，天津始终坚持以人民为中心的发展思想，坚持每年实施 20 项民心工程，千方百计稳就业，积极拓展居民增收渠道，健全社会保障体系，完善基础设施建设，改善居民生活环境，人民群众获得感幸福感明显提升。

就业形势总体稳定。“十三五”时期，天津实施积极的就业政策，营造大众创业良好环境，统筹做好重点群体就业、推动创业带动就业等各项工作，2016-2019 年城镇登记失业率稳定在 3.5%。2020 年，面对新冠肺炎疫情不利影响，天津出台实施“稳就业32 条”“强化稳就业举措 76 条”等一系列助企稳岗措施，加大对就业困难劳动力的扶持力度，全年新增就业 37.09 万人，调查失业率呈现稳中有落态势，低于全国平均水平。加快众创空间建设助力创新创业，截至 2020 年末，国家备案众创空间超过 80 家，国家专业化众创空间达 6 家、位居全国第三，众创空间共聚集创业团队 3000 余个、创业企业 3200 余家，创业企业拥有有效知识产权 7000 余项。

居民生活水平不断提升。居民收入稳步增加，“十三五”时期，全市居民人均可支配收入年均增长 7.0%。其中，人均工资性收入年均增长 7.3%，是拉动居民增收的主要动力；人均转移净收入年均增长 8.9%，民生保障政策成效明显。按常住地分，城镇居民人均可支配收入在 2017 年超过 4 万元，2020 年达到 47659 元，五年年均增长 6.9%；农村居民人均可支配收入在 2016年超过 2 万元，2020 年达到 25691 元，五年年均增长6.8%。居民生活品质不断提档升级，2016-2019 年城镇居民人均消费支出年均增长 7.3%，恩格尔系数由

2015年的32.2%下降到2019年的27.9%；农村居民人均消费支出年均增长4.9%，恩格尔系数由2015年的33.1%下降到2019年的30.8%。受疫情影响，2020年城乡居民人均消费支出均同比下降。2020年末，全市民用汽车拥有量329.03万辆，其中民用轿车205.94万辆，比2015年末增长12.2%；民用私人汽车279.20万辆，其中私人轿车188.20万辆，比2015年末增长13.7%。

社会保障网进一步筑牢。建立职工大病保险制度，养老、工伤、失业、生育保险待遇以及医保门诊报销限额、住院报销比例稳步提高，城乡低保、低收入家庭救助、特困供养、优抚对象抚恤补助等标准连续提升，"救急难"服务平台实现全覆盖。2020年末，全市参加城镇职工基本医疗保险人数618.43万人，参加城乡居民医疗保险人数545.67万人，分别比2015年末增加96.43万人和13.56万人；参加城镇职工基本养老保险人数730.83万人，参加城乡居民养老保险人数169.72万人，分别增加165.65万人和48.62万人；参加城镇职工工伤保险人数405.63万人，增加20.02万人；参加城镇职工失业保险人数349.12万人，增加53.80万人；参加城镇职工生育保险人数353.51万人，增加83.78万人。最低生活保障制度托底作用全面发挥，全市城乡居民生活保障最低标准在2015年705元和540元的基础上，2017年实现一体化860元，2020年提至1010元；职工工资最低标准由2015年的1850元提高到2050元。加快养老服务设施建设，2020年末全市老人家食堂达到1696个，养老机构387家，老年日间照料服务中心1157个，床位1万余张。

生态宜居城市建设成效显著。地铁建设全面提速，5号线全线、6号线一期和1号线东延线建成投运，运营总里程达到232公里。建成宁静高速、滨海新区绕城高速等，贯通新外环等快速骨架公路，提升改造3300公里乡村公路，建制村全部实现"村村通客车"，截至2020年末，全市公路里程16411.02公里，其中高速公路1324.79公里。城乡信息基础设施实现跨越式发展，移动宽带、固定宽带下载速率均跃居全国第三位，累计建成5G基站2.4万个，围绕智慧城市、智慧港口、智能制造等重点领域打造150个5G应用场景，中心城区、滨海新区主城区等区域实现5G网络全覆盖。生态保护修复持续加力，升级保护875平方公里湿地自然保护区，加快建设736平方公里双城间绿色生态屏障，提升153公里海岸线生态功能，西青区、蓟州区被授予国家生态文明建设示范区，子牙经开区获批国家生态工业示范园区。群众居住品质得到提升，完成148万平方米棚户区改造和8624万平方米老旧小区及远年住房提升改造，完成2.1万户农村困难群众危房改造任务，新建棚改安置房11.37万套，发放租房补贴19.65亿元，连续5年提前和延长供暖时间。

八、社会事业全面发展，人民生活品质提升

五年来，天津坚持统筹经济社会发展，推动各项社会事业健康发展，教育水平和医疗服务能力不断提升，公共文化服务体系加快建设，体育事业发展取得新成绩，人民生活品质持续提高。

教育事业均衡发展。"十三五"时期，新建改扩建幼儿园672所，新增学位超过13万个，学前教育三年毛入园率达到100%，2020年末全市共有幼儿园2575所，在园幼儿29.86万人。大力支持民办学前教育发展，全市共有民办幼儿园851所、在园幼儿11.23万人，其中普惠性民办幼儿园562所、在园幼儿8.77万人。完成第三轮义务教育学校现代化标准建设，品牌特色高中建设加快推进，2020年末全市共有小学885所、在校生73.01万人，普通中学530所、在校生49.04万人。南开大学、天津大学等5所高校、12个学科进入国家"双一流"建设行列，天津茱莉亚学院建成使用，7所高职院校、10个专业群入选全国"双高"计划，高质量完成国家现代职业教育改革创新示范区建设任务，2020年末全市共有研究生培养机构24所、在校生7.90万人，普通高校56所、在校生57.22万人，中等职业教育学校73所、在校生9.84万人。

卫生事业稳步前进。系统推进"三医"联动改革，推广"互联网+医疗"服务，率先启动医用耗材跨区域联合带量采购，完成环湖医院、儿童医院、天津医院等新建改扩建项目，院前医疗急救平均反应时间缩短至10分钟以内，全市急救站点达到204个。2020年末，全市共有各类卫生机构5836个，其中医院423个；卫生机构床位6.84万张，其中医院6.15万张，比2015年末增加0.59万张；卫生技术人员11.40万人，增加2.33万人，其中执业（助理）医师4.92万人，增加1.33万人，注册护士4.27万人，每千常住人口注册护士数约为2.7人，护士数量与实际开放床位数量之比达到0.62∶1。加强全科医生培养，2020年末，已实现城乡每万名常住人口有3名以上合格全科医生。持续加强区域医联体建设，引导优质医疗资源下沉，初步形成"基层首诊、双向转诊、急慢分治、上下联

动”的分级诊疗就医格局，基层总诊疗人次占比由2016年的34.4%提升至2020年的41.6%。组建危重孕产妇救治中心和危重新生儿救治中心，截至2020年，全市孕产妇死亡率和婴儿死亡率已连续15年分别控制在10/10万以下和6‰以下，持续处于全国前列，达到发达国家水平。推行家庭医生签约服务，全市共建立2400余个家庭医生服务团队，签约优先覆盖老年人等10类重点人群，签约人数保持在420万人以上。

文化事业蓬勃发展。深入实施文化惠民工程，85个街镇和2363个村居综合性文化服务中心全面达标，国家海洋博物馆获评国家4A级旅游景区，平津战役纪念馆被评为国家一级博物馆，大沽口炮台遗址博物馆等3家博物馆被评为国家二级博物馆，民族文化宫重建启用，《周恩来回延安》等精品力作得到普遍赞誉，京剧《秦香莲》等6部作品入选“庆祝中国共产党成立100周年舞台艺术精品创作工程”。自2016年起连续5年举办市民文化艺术节，其中2020年第五届艺术节线上线下参与人数达到2425.77万人次。2020年末，全市共有艺术表演团体146个，文化馆17个，博物馆70个，公共图书馆28个，街乡镇综合文化站245个，影院119家。图书出版种类从2015年的6421种增加到2020年的7393种；总印数从5520万册增加到9463万册，增长71.4%。滨海新区、西青区、和平区入选第一批国家文化和旅游消费试点城市，智慧山文化创意产业园入选第二批国家文化产业示范园区创建园区。文化及相关产业向新型化、创意化、智能化迈进，传统的媒体生产方式转变为融媒体的生产方式，以津云客户端为全市移动新媒体的总平台、总集成，把天津传统媒体强大的采编资源和网络媒体的技术优势相结合，推动报网声屏一体化发展。

体育事业发展向好。竞技体育再创佳绩，“十三五”时期，天津市运动员在国内外比赛中共获得237枚金牌，包括国际比赛63枚、国内比赛174枚，其中在里约奥运会上天津体育健儿获得1枚金牌、与兄弟省市联合培养运动员获得2枚金牌，在雅加达亚运会上获得7枚金牌，在第十四届全国冬运会上获得天津历史上首枚金牌，天津女排4次勇夺全国联赛冠军。新建改造一批体育场馆、社区健身园、体育公园等设施，全民健身和冰雪运动蓬勃开展，成功举办第十三届全国运动会、第十届全国残运会暨第七届特奥会、中俄青少年冰球友谊赛等赛事。

“十三五”时期，全市上下迎难而上、开拓进取、砥砺前行，在经济社会高质量发展轨道上迈出了坚实步伐。“十四五”时期是天津在全面建成高质量小康社会基础上，开启全面建设社会主义现代化大都市新征程的第一个五年，全市要继续以习近平新时代中国特色社会主义思想为指导，科学把握新发展阶段，坚定不移贯彻新发展理念，积极构建新发展格局，开创经济社会高质量发展新局面，谱写天津发展更加辉煌的新篇章。

（李　娜）

第一篇 综 合

Chapter 1 General Survey

1-1 行政建制(2020底)

Administrative Divisions , End of 2020

单位：个(unit)

项 目	Item	街道办事处 Subdistrict Offices	居民委员会 Residents' Committees	镇政府 Town Governments	乡政府 Township Governments	村民委员会 Village Committees
全市总计	**Total**	**122**	**1784**	**125**	**3**	**3520**
和平区	Heping District	6	64			
河东区	Hedong District	13	165			
河西区	Hexi District	14	140			
南开区	Nankai District	12	170			
河北区	Hebei District	10	118			
红桥区	Hongqiao District	9	123			
东丽区	Dongli District	11	97			
西青区	Xiqing District	5	109	7		133
津南区	Jinnan District	2	107	8		151
北辰区	Beichen District	8	143	9		121
武清区	Wuqing District	6	98	24		622
宝坻区	Baodi District	6	53	18		751
滨海新区	Binhai New Area	16	298	5		139
宁河区	Ninghe District	2	35	13		270
静海区	Jinghai District	1	31	16	2	384
蓟州区	Jizhou District	1	33	25	1	949

资料来源：天津市民政局
Source: Tianjin Municipal Civil Affairs Bureau

1-2 法人和产业活动单位数(2020年底)(按登记注册类型分)

Number of Judicial Entities and Establishments, End of 2020(Grouped by Registered Type)

单位：个(unit)

项 目	Item	合 计 Total	法人单位 Judicial Entities	#企业法人 Enterprise Judicial Entities	产业活动单位 Establishments
总 计	**Total**	**404677**	**379896**	**350176**	**24781**
内 资	**Domestic-funded**	**396184**	**373477**	**343762**	**22707**
国 有	State-owned	14204	11306	1446	2898
集 体	Collective-owned	2199	1902	1524	297
股份合作	Cooperative	479	366	344	113
联营企业	Joint Ownership Enterprises	195	152	112	43
国有联营	State Joint Ownership	54	28	21	26
集体联营	Collective Joint Ownership	68	55	50	13
国有与集体联营	State-owned and Collective Joint Ownership	22	22	17	
其他联营	Others	51	47	24	4
有限责任公司	Limited Liability Corporations	47529	42531	42465	4998
国有独资公司	Sole State-owned Corporations	1235	1095	1090	140
其他有限责任公司	Other Limited Liability Corporations	46294	41436	41375	4858
股份有限公司	Share Holding Corporations Ltd.	5410	2747	2732	2663
私营企业	Private Enterprises	303086	292309	291223	10777
私营独资	Sole Private Enterprises	16114	15830	15365	284
私营合伙	Private Partnership	6911	6857	6575	54
私营有限责任公司	Private Limited Liability Corporations	277609	267374	267045	10235
私营股份有限公司	Private Share Holding Corporations Ltd.	2452	2248	2238	204
其 他	Others	23082	22164	3916	918
港、澳、台商投资	**Enterprises with Investment from Hong Kong, Macao and Taiwan**	**3711**	**2522**	**2518**	**1189**
与港澳台商合资经营	Hong Kong, Macao and Taiwan Joint Venture	1128	1024	1022	104
与港澳台商合作经营	Hong Kong, Macao and Taiwan Cooperative Operation	39	29	28	10
港澳台商独资	Hong Kong, Macao and Taiwan Funded Solely	2064	1364	1363	700
港澳台商投资股份有限公司	Hong Kong, Macao and Taiwan Share Holding Corporations Ltd.	246	59	59	187
其他港澳台投资	Others	234	46	46	188
外商投资	**Foreign Funded Enterprises**	**4782**	**3897**	**3896**	**885**
中外合资经营	Chinese-foreign Joint Venture	1173	1068	1068	105
中外合作经营	Chinese-foreign Cooperative Operation	61	56	56	5
外资企业	Foreign Investment Enterprise	2990	2482	2481	508
外商投资股份有限公司	Foreign-funded Share Holding Corporations Ltd.	233	98	98	135
其他外商投资	Others	325	193	193	132

1-3 法人活动单位数(2020年底)(按行业类别分)

Number of Judicial Entities, End of 2020(Grouped by Sector)

单位：个(unit)

项目	Item	合计 Total	法人单位 Judicial Entities	# 企业法人 Enterprise Judicial Entities	产业活动单位 Establishments
总计	**Total**	**404677**	**379896**	**350176**	**24781**
农、林、牧、渔业	**Farming, Forestry, Animal Husbandry and Fishery**	**11186**	**11153**	**3114**	**33**
农业	Farming	6443	6439	1287	4
林业	Forestry	888	887	334	1
畜牧业	Animal Husbandry	2325	2311	914	14
渔业	Fishery	953	952	392	1
农、林、牧、渔服务业	FFAF Services	577	564	187	13
采矿业	**Minerals Mining**	**100**	**75**	**75**	**25**
煤炭开采和洗选业	Mining and Washing of Coal	4	4	4	
石油和天然气开采业	Extraction of Petroleum and Natural Gas	14	8	8	6
黑色金属矿采选业	Mining and Processing of Ferrous Metal Ores	5	5	5	
有色金属矿采选业	Mining and Processing of Non-Ferrous Metal Ores	1	1	1	
非金属矿采选业	Mining and Processing of Nonmetal Ores	19	17	17	2
开采专业及辅助性活动	Professional and Support Activities for Mining	51	35	35	16
其他采矿业	Mining of Other Ores	6	5	5	1
制造业	**Manufacturing**	**44158**	**43620**	**43605**	**538**
农副食品加工业	Processing of Food from Agricultural Products	1202	1197	1192	5
食品制造业	Manufacture of Food	958	933	933	25
酒、饮料和精制茶制造业	Manufacture of Alcohol, Beverages and Refined Tea	224	220	220	4
烟草制品业	Manufacture of Tobacco	1	1	1	
纺织业	Manufacture of Textile	642	638	637	4
纺织服装、服饰业	Manufacture of Textile Wearing and Apparel	1102	1088	1086	14
皮革、毛皮、羽毛及其制品和制鞋业	Manufacture of Leather, Fur, Feather and Related Products, Footwear	229	224	224	5
木材加工和木、竹、藤、棕、草制品业	Processing of Timber, Manufacture of Wood, Bamboo, Rattan, Palm and Straw Products	860	848	848	12
家具制造业	Manufacture of Furniture	809	806	806	3
造纸和纸制品业	Manufacture of Paper and Paper Products	1369	1360	1360	9
印刷和记录媒介复制业	Printing, Reproduction of Recording Media	929	920	920	9
文教、工美、体育和娱乐用品制造业	Manufacture of Articles for Culture, Education, Industrial Art, Sport Activity and Amusement	1716	1708	1707	8
石油、煤炭及其他燃料加工业	Processing of Petroleum, Coal and Other Fuels	193	190	190	3

1-3续表1 *Continued*

单位：个(unit)

项 目	Item	合 计 Total	法人单位 Judicial Entities	#企业法人 Enterprise Judicial Entities	产业活动单位 Establishments
化学原料和化学制品制造业	Manufacture of Raw Chemical Materials and Chemical Products	1773	1743	1741	30
医药制造业	Manufacture of Medicines	383	375	375	8
化学纤维制造业	Manufacture of Chemical Fibers	25	24	24	1
橡胶和塑料制品业	Manufacture of Rubber and Plastic	2378	2354	2354	24
非金属矿物制品业	Manufacture of Non-metallic Mineral Products	2147	2103	2103	44
黑色金属冶炼和压延加工业	Smelting and Pressing of Ferrous Metals	1290	1281	1281	9
有色金属冶炼和压延加工业	Smelting and Pressing of Non-ferrous Metals	432	431	431	1
金属制品业	Manufacture of Metal Products	6137	6079	6079	58
通用设备制造业	Manufacture of General Purpose Machinery	6311	6250	6250	61
专用设备制造业	Manufacture of Special Purpose Machinery	3784	3744	3743	40
汽车制造业	Manufacture of Motorcar	1284	1265	1265	19
铁路、船舶、航空航天和其他运输设备制造业	Railway, Watercraft, Aerospace and Other Transport Equipment	1648	1624	1623	24
电气机械和器材制造业	Manufacture of Electrical Machinery and Equipment	2171	2138	2138	33
计算机、通信和其他电子设备制造业	Manufacture of Computers, Communication and Other Electronic Equipment	1308	1288	1288	20
仪器仪表制造业	Manufacture of Measuring Instruments	951	940	940	11
其他制造业	Other Manufacturing	370	356	355	14
废弃资源综合利用业	Comprehensive Recycling of Waste	263	260	260	3
金属制品、机械和设备修理业	Metal Products, Machine and Equipment Repair	1269	1232	1231	37
电力、热力、燃气及水生产和供应业	**Production and Supply of Electricity, Heat, Gas and Water**	**1088**	**994**	**972**	**94**
电力、热力生产和供应业	Production and Supply of Electric Power and Heat Power	663	618	603	45
燃气生产和供应业	Production and Supply of Gas	137	106	104	31
水的生产和供应业	Production and Supply of Water	288	270	265	18
建筑业	**Construction**	**28407**	**27481**	**27475**	**926**
房屋建筑业	Building Engineering	5274	5002	5002	272
土木工程建筑业	Civil Engineering	6963	6681	6679	282
建筑安装业	Building Installation	5045	4899	4898	146
建筑装饰和其他建筑业	Building Decoration and Others	11125	10899	10896	226

1-3续表2 *Continued*

单位：个(unit)

项　　目	Item	合　计 Total	法人单位 Judicial Entities	#企　业法　人 Enterprise Judicial Entities	产业活动单　位 Establishments
批发和零售业	**Wholesale and Retail Trade**	**105141**	**97879**	**97638**	**7262**
批发业	Wholesale	70305	69011	68818	1294
零售业	Retail	34836	28868	28820	5968
交通运输、仓储和邮政业	**Transportation, Storage and Post Services**	**17860**	**16641**	**16586**	**1219**
铁路运输业	Railway Transport	36	23	23	13
道路运输业	Highway Transport	7468	7187	7144	281
水上运输业	Waterway Transport	347	328	325	19
航空运输业	Air Transport	120	111	109	9
管道运输业	Pipeline Transport	18	15	15	3
多式联运和运输代理业	Intermodality and Forwarding	6453	6113	6113	340
装卸搬运和仓储业	Loading,Unloading and Storage	2646	2537	2532	109
邮政业	Post Services	772	327	325	445
住宿和餐饮业	**Accommodation and Catering Services**	**7510**	**5800**	**5791**	**1710**
住宿业	Accommodation	1385	1281	1276	104
餐饮业	Catering Services	6125	4519	4515	1606
信息传输、软件和信息技术服务业	**Information Transmitting, Software and Information Technology Services**	**18874**	**18025**	**17940**	**849**
电信、广播电视和卫星传输服务	Telecommunication, Broadcast Television and Satellite Transmission Services	701	317	309	384
互联网和相关服务	Internet and Relative Services	1664	1592	1574	72
软件和信息技术服务业	Software and Information Technology Services	16509	16116	16057	393
金融业	**Financial Intermediation**	**7824**	**4794**	**4775**	**3030**
货币金融服务	Monetary and Financial Services	5435	3256	3243	2179
资本市场服务	Capital Market Services	1240	1133	1131	107
保险业	Insurance	900	194	194	706
其他金融业	Others	249	211	207	38
房地产业	**Real Estate**	**16078**	**14110**	**14044**	**1968**
租赁和商务服务业	**Leasing and Business Services**	**51825**	**49076**	**47997**	**2749**
租赁业	Leasing Services	5461	5359	5341	102
商务服务业	Business Services	46364	43717	42656	2647

1-3续表3 *Continued*

单位：个(unit)

项 目	Item	合 计 Total	法人单位 Judicial Entities	# 企业法人 Enterprise Judicial Entities	产业活动单位 Establishments
科学研究和技术服务业	**Scientific Research and Technical Services**	**46089**	**44948**	**44149**	**1141**
研究与试验发展	R&D	2785	2731	2632	54
专业技术服务业	Special Technical Services	10719	10169	9734	550
科技推广和应用服务业	Science and Technology Generalizing and Application Services	32585	32048	31783	537
水利、环境和公共设施管理业	**Management for Water Conservancy, Environment and Public Facilities**	**2377**	**2286**	**1819**	**91**
水利管理业	Management for Water Conservancy	244	204	40	40
生态保护和环境治理业	Ecological Protection and Management for Environment	276	268	238	8
公共设施管理业	Management for Public Facilities	1806	1766	1502	40
土地管理业	Management for Land	51	48	39	3
居民服务、修理和其他服务业	**Resident Services, Repair and Other Services**	**9824**	**9292**	**9042**	**532**
居民服务业	Resident Services	4196	3867	3696	329
机动车、电子产品和日用产品修理业	Motor Vehicle, Electronic Products and Household Products Repair Industry	3205	3080	3062	125
其他服务业	Others	2423	2345	2284	78
教 育	**Education**	**9515**	**8672**	**4498**	**843**
卫生和社会工作	**Health Care and Social Work**	**3495**	**3017**	**1547**	**478**
卫 生	Health Care	2604	2160	1356	444
社会工作	Social Work	891	857	191	34
文化、体育和娱乐业	**Culture, Sports and Recreational Services**	**10051**	**9770**	**9109**	**281**
新闻和出版业	News Publication	130	124	79	6
广播、电视、电影和音制作业	Broadcast, TV, Movies and Record Production Industry	1539	1491	1455	48
文化艺术业	Culture and Art	4026	3961	3647	65
体 育	Sports	1356	1266	1054	90
娱乐业	Recreational Services	3000	2928	2874	72
公共管理、社会保障和社会组织	**Public Management, Social Security and Social Organizations**	**13275**	**12263**		**1012**
中国共产党机关	Chinese Communist Party Agencies	285	279		6
国家机构	Government Agencies	4540	3644		896
人民政协、民主党派	The People's Political Consultative Conference Committees and Democratic Parties	64	59		5
社会保障	Social Security	191	101		90
群众团体、社会团体和其他成员组织	Mass Organizations, Social Organizations and Other Groups	2509	2494		15
基层群众自治组织及其他组织	Grass-roots Mass Autonomy Organizations and Others	5686	5686		

1-4 国民经济和社会发展总量与速度指标

指　　标	Item	1978	2000
人　口(万人)	**Population (10 000 persons)**		
年末常住人口	Year-end Resident Permanent		1001.14
# 城镇人口	Urban		724.83
年末户籍人口	Year-end Registered Population	724.27	912.00
就　业(万人)	**Employment (10 000 persons)**		
城镇非私营单位从业人员	Employment Personnel in Urban Non-Private Units	217.40	201.75
城镇登记失业人数	Registrated Unemployment in Urban Areas		10.50
国民经济核算	**National Accounting**		
全市生产总值(亿元)	Gross Domestic Product (100 million yuan)	82.65	1591.67
第一产业	Primary Industry	5.03	73.69
第二产业	Secondary Industry	57.53	794.75
第三产业	Tertiary Industry	20.09	723.23
人均生产总值(元)	Per Capita GDP (yuan)		
(按常住人口计算)	(Calculated by Resident Population)	1133	16236
财　政(亿元)	**Government Finance (100 million yuan)**		
一般公共预算收入	General Public Budget Revenue	39.25	133.61
一般公共预算支出	General Public Budget Expenditure	14.51	187.05
对外贸易(亿美元)	**Foreign Trade (USD 100 million)**		
货物进出口总额	Total Value of Imports and Exports	9.88	171.57
出口额	Exports	8.65	86.29
进口额	Imports	1.24	85.28
直接利用外资(亿美元)	**Direct Use of Foreign Capital (USD 100 million)**		
实际使用外资金额	Actual Use of Foreign Capital		25.60
物价总指数(上年=100)	**Price Indices (preceding year=100)**		
居民消费价格指数	Consumer Price Index	100.0	99.6
商品零售价格指数	Retail Price Index	100.0	98.6

注：1.本表价值指标除邮电业务总量按不变价格计算外，其余均按当年价格计算。邮电业务总量1978-1989年按1980年不变价格计算，1990-2000年按1990年不变价格计算，2001-2010年按2000年不变价格计算，2011-2015年按2010年不变价格计算，2016年起按2015年不变价格计算，后表同。2.本表速度指标中，全市生产总值、农林牧渔业总产值、邮电业务总量指标均按可比价格计算，表17-8和17-9同。3.2016年起，化学需氧量排放量、二氧化硫排放量指标调整统计口径，数据与上年不可比。4.2020年年末常住人口为第七次全国人口普查时点数。

Principal Aggregate Indicators on National Economic and Social Development and Growth Rates

总量指标 Aggregate Data			指数(%)(2020为以下各年) Index(%)(2020 as Percentage of the Following Years)				平均增长速度(%) Average Annual Growth Rate (%)		
2010	2019	2020	1978	2000	2010	2019	1979-2020	2001-2020	2011-2020
1299.29	1385.00	1386.60							
1033.59	1167.69	1174.44							
984.85	1108.18	1130.68	156.1	124.0	114.8	102.0	1.1	1.1	1.4
205.65	269.35	255.33	117.4	126.6	124.2	94.8	0.4	1.2	2.2
16.10	26.09	27.01		257.2	167.8	103.5		4.8	5.3
6830.76	14055.46	14083.73	4220.9	621.8	192.5	101.5	9.3	9.6	6.8
131.71	185.41	210.18	725.3	183.9	121.4	99.4	4.8	3.1	2.0
3259.74	4947.18	4804.08	4176.3	665.5	176.0	101.6	9.3	9.9	5.8
3439.31	8922.87	9069.47	5329.0	587.3	207.4	101.4	9.9	9.3	7.6
54053	101557	101614	2621	440	175	101	8	8	6
1068.81	2410.41	1923.11	4899.6	1439.3	179.9	89.8	9.7	14.3	6.0
1376.84	3555.71	3151.35	21718.5	1684.8	228.9	88.6	13.7	15.2	8.6
822.01	1066.45	1059.31	10721.8	617.4	128.9	99.3	11.8	9.5	2.6
375.17	437.94	443.60	5128.3	514.1	118.2	101.3	9.8	8.5	1.7
446.84	628.51	615.71	49654.3	722.0	137.8	98.0	15.9	10.4	3.3
108.49	47.32	47.35				100.1			
103.5	102.7	102.0	693.5	154.9	128.3	102.0	4.7	2.2	2.5
103.4	101.7	101.0	422.7	123.2	117.5	101.0	3.5	1.0	1.6

Note: a) Figures in value terms in this table are current prices, except for the total post and telecommunication business, which is at 1980 constant prices from 1978 to 1989, at 1990 constant prices from 1990 to 2000, at 2000 constant prices from 2001 to 2010 and at 2010 constant prices from 2011 to 2015. Since 2016, it was calculated at 2015 constant prices, and same as table 17-8 and 17-9. b)The indices and growth rates of the follow indicators are calculated at constant prices: gross domestic product, gross output value of agriculture, forestry, animal husbandry and fishery, business value of post and telecommunication services. Same as following tables. c)Since 2016, the data of COD of waste and sulphur dioxide in waste gas adopt new coverage, and the datum are incomparable to previous year. d)The permanent population at the end of 2020 was the number counted at the time of the Seventh National Population Census.

1-4续表1

指　　标	Item	1978	2000
能源生产与消费(万吨标准煤)	**Production and Consumption of Energy (10 000 tons of SCE)**		
一次能源生产量	Primary Energy Production		1201.94
能源终端消费量	Energy Final Consumption		2553.60
农　业(亿元)	**Agriculture (100 million yuan)**		
农林牧渔业总产值	Gross Output Value of Agriculture, Forestry, Animal Husbandry and Fishery	6.72	156.30
建筑业(亿元)	**Construction (100 million yuan)**		
建筑业总产值	Gross Output Value	8.78	238.10
交通运输、邮政业和信息传输	**Transportation, Postal and Information Transmission**		
港口货物吞吐量(万吨)	Volume of Freight Handled at Coastal Ports (10 000 tons)	1131	9582
集装箱吞吐量(万国际标准箱)	Handled Containers (10 000 TEU)	1	171
邮电业务总量(不变价)(亿元)	Business Value of Post and Telecommunication Services (Constant Price)(100 million yuan)	0.27	75.37
移动电话年末用户(万户)	Number of Mobile Telephone Subscribers at Year-end (10 000 subscribers)		122.8
固定电话年末用户(万户)	Number of Fixed Telephone Subscribers at Year-end (10 000 subscribers)	8.4	247.1
旅游业	**Tourism**		
入境旅游过夜游客(万人次)	Number of Tourists (Overnight Visitors)(10 000 person-times)		15.97
国际旅游外汇收入(亿美元)	Foreign Exchange Earnings from International Tourism (USD 100 million)		2.32
金融业(亿元)	**Financial Intermediation (100 million yuan)**		
中资金融机构人民币存款年末余额	RMB Deposits Balance of Chinese Financial Institutions Year-end	33.24	2281.55
中资金融机构人民币贷款年末余额	RMB Loans Balance of Chinese Financial Institutions Year-end	80.14	1863.60
累计股票筹资额	Accumulated Capital Raised		32.79
保险公司保费金额	Insurance Premium of Insurance Companies		31.47
保险公司赔款及给付金额	Indemnity Expenditure and Payment of Insurance Companies		7.20
教　育(万人)	**Education(10 000 persons)**		
在校学生数	Students Enrollment	162.31	162.22
专任教师数	Full-time Teachers	9.25	11.06
文　化	**Culture**		
图书出版总印数(万册)	Number of Books Published (10 000 copies)	7367	5881
电视制作节目时间(万小时)	Time for TV Programs Production (10 000 hours)		

Continued

总量指标 Aggregate Data			指数(%)(2020为以下各年) Index(%)(2020 as Percentage of the Following Years)				平均增长速度(%) Average Annual Growth Rate (%)		
2010	2019	2020	1978	2000	2010	2019	1979–2020	2001–2020	2011–2020
5007.63	5106.83	5318.13		442.5	106.2	104.1		7.7	0.6
5860.20	8261.29	8206.70		321.4	140.0	99.3		6.0	3.4
289.41	414.35	476.44	1152.9	200.9	128.2	101.4	6.0	3.5	2.5
2424.49	4096.50	4388.17	49979.2	1843.0	181.0	107.1	15.9	15.7	6.1
41325	49220	50290	4446.5	524.8	121.7	102.2	9.5	8.6	2.0
1008	1730	1835	183500.0	1073.1	182.0	106.1	19.6	12.6	6.2
435.16	1343.77	1779.54	2202501.4	16116.5	2059.0	132.4	26.9	28.9	35.3
1089.6	1704.7	1711.0		1393.3	157.0	100.4		14.1	4.6
366.8	349.1	325.8	3897.1	131.9	88.8	93.3	9.1	1.4	-1.2
59.89	56.10	17.13		107.3	28.6	30.5		0.4	-11.8
14.20	11.83	3.34		144.0	23.5	28.2		1.8	-13.5
15912.21	30384.60	32685.23	98331.0	1432.6	205.4	107.6	17.8	14.2	7.5
12864.75	34546.86	37340.85	46594.5	2003.7	290.3	108.1	15.8	16.2	11.2
361.66	562.73	792.72		2417.6	219.2	140.9		17.3	8.2
214.01	617.89	672.09		2135.7	314.0	108.8		16.5	12.1
54.19	158.17	168.18		2335.8	310.4	106.3		17.1	12.0
152.94	180.30	189.11	116.5	116.6	123.6	104.9	0.4	0.8	2.1
11.55	13.13	13.47	145.6	121.8	116.6	102.6	0.9	1.0	1.5
3774	11500	9485	128.7	161.3	251.3	82.5	0.6	2.4	9.7
2.2	1.7	1.7			77.3	100.0			-2.5

1-4续表2

指　　标	Item	1978	2000
科　技(亿元)	**Science and Technology (100 million yuan)**		
研究与试验发展经费支出	Expenditures on Research and Development		24.69
婚姻家庭(对)	**Marriages and Divorces, Family Size (couple)**		
结婚登记总数	Registered Number of Marriages	63599	61416
离婚数	Number of Divorces	1481	13338
居民生活	**Living**		
城镇居民人均可支配收入(元)	Per Capita Annual Disposable Income of Urban Residents (yuan)	388	7946
农村居民人均可支配收入(元)	Per Capita Annual Disposable Income of Rural Residents (yuan)	153	3598
中资金融机构人民币住户存款余额(亿元)	RMB Household Deposits of Chinese Financial Institutions (100 million yuan)	4.02	1172.40
社会保险(亿元)	**Social Insurance (100 million yuan)**		
社会保险基金收入	Revenue of Social Insurance Fund		
社会保险基金支出	Expenses of Social Insurance Fund		
卫　生	**Health Care**		
医院、卫生院(个)	Number of Hospitals (unit)	310	488
执业(助理)医师(万人)	Number of Licensed (Assistant) Doctors (10 000 persons)	1.58	3.00
医院、卫生院床位数(万张)	Number of Beds of Hospitals (10 000 units)	1.73	3.88
城市市政建设	**Municipal Works**		
自来水供水总量(亿吨)	Annual Supply of Tap Water (100 million tons)	2.16	6.11
天然气销售量(亿立方米)	Volume of Natural Gas Supply (100 million cu.m)	2.05	2.35
供热面积(万平方米)	Heating Area (10 000 sq.m)		3260
年末实有铺装道路长度(公里)	Length of Paved Roads at Year-end (km)	764	3608
排水管道长度(公里)	Length of Sewer Pipelines (km)	1051	7032
年末公共交通车辆运营数(辆)	Number of Public Vehicles in Operation at Year-end (unit)	1205	5358
城市绿地面积(平方公里)	Areas of Green Land (sq.km)		17.70
环　境	**Environment**		
废水中化学需氧量排放量(万吨)	COD Discharge of Waste Water (10 000 tons)		
废气中二氧化硫排放量(万吨)	Sulphur Dioxide Emission of Waste Gas (10 000 tons)		

注：2020年环境统计口径调整，与以前年份不可比。
Note:The environmental statistical scope was adjusted in 2020, which was incomparable with previous years.

Continued

总量指标 Aggregate Data			指数(%)(2020为以下各年) Index(%)(2020 as Percentage of the Following Years)				平均增长速度(%) Average Annual Growth Rate (%)		
2010	2019	2020	1978	2000	2010	2019	1979–2020	2001–2020	2011–2020
229.56	462.97	485.01		1964.4	211.3	104.8		16.1	7.8
86799	96424	89844	141.3	146.3	103.5	93.2	0.8	1.9	0.3
28132	74553	72353	4885.4	542.5	257.2	97.0	9.7	8.8	9.9
21800	46119	47659	12283.1	599.8	218.6	103.3	12.1	9.4	8.1
9764	24804	25691	16791.3	714.0	263.1	103.6	13.0	10.3	10.2
5525.28	12614.95	14843.50	369241.3	1266.1	268.6	117.7	21.6	13.5	10.4
	1507.52	1343.65				89.1			
	1460.57	1526.61				104.5			
438	584	566	182.6	116.0	129.2	96.9	1.4	0.7	2.6
2.85	4.64	4.92	311.4	164.0	172.6	106.0	2.7	2.5	5.6
4.41	6.50	6.54	378.0	168.6	148.3	100.7	3.2	2.6	4.0
7.72	9.13	9.03	418.1	147.8	117.0	98.9	3.5	2.0	1.6
15.80	53.65	58.94	2875.1	2508.1	373.0	109.9	8.3	17.5	14.1
24034	51410	55336		1697.4	230.2	107.6		15.2	8.7
5439	8927	9234	1208.6	255.9	169.8	103.4	6.1	4.8	5.4
15140	22393	22338	2125.4	317.7	147.5	99.8	7.5	5.9	4.0
7928	12746	12399	1029.0	231.4	156.4	97.3	5.7	4.3	4.6
77.01	114.49	107.24		605.9	139.3	93.7		9.4	3.4
13.20	3.78	15.63							
23.52	1.78	1.02							

1-5 国民经济和社会发展结构指标
Structural Indicators of National Economy and Social Development

单位：%(%)

指　　标	Item	2000	2010	2019	2020
常住人口	**Resident Permanent**				
城　镇	Urban	72.4	79.6	83.5	84.7
乡　村	Rural	27.6	20.4	16.5	15.3
户籍人口	**Registered Population**				
男　性	Male	50.5	50.3	49.7	49.6
女　性	Female	49.5	49.7	50.3	50.4
全市生产总值	**Gross Domestic Product**				
第一产业	Primary Industry	4.6	1.9	1.3	1.5
第二产业	Secondary Industry	49.9	47.7	35.2	34.1
第三产业	Tertiary Industry	45.5	50.4	63.5	64.4
一般公共预算收入	**General Public Budget Revenue**				
# 增值税	Value-added Tax	19.5	11.2	30.2	33.8
企业所得税	Income Tax of Enterprises	21.9	11.8	13.4	16.1
个人所得税	Individual Income Tax	8.5	4.0	4.0	5.4
能源使用	**Energy Consumption**				
第一产业	Primary Industry	2.3	1.4	1.3	1.3
第二产业	Secondary Industry	61.5	72.2	67.0	67.2
第三产业	Tertiary Industry	24.9	15.0	17.1	16.4
生活消费	Living Consumption	11.4	11.5	14.5	15.1
农林牧渔业产值	**Gross Output Value of FFAF**				
农　业	Farming	53.4	51.7	49.0	48.0
林　业	Forestry	0.9	0.8	6.0	3.3
牧　业	Animal Husbandry	33.1	28.2	24.2	30.5
渔　业	Fishery	12.6	16.2	17.2	14.3
农林牧渔服务业	FFAF Services		3.1	3.6	3.9
建筑业总产值	**Gross Output Value of Construction**				
房屋和土木工程建筑	Building and Civil Engineering	81.4	81.9	87.0	85.7
建筑安装业	Equipment Installation	16.6	10.7	8.1	8.2
建筑装饰和其他建筑业	Building Decoration and Others	2.0	7.4	4.9	6.1
货运量	**Freight Traffic**				
铁　路(天津地区)	Railway (Tianjin Area)	11.7	18.3	17.4	20.8
公　路	Highway	70.7	50.1	64.5	60.2
水运、民航	Waterway and Civil Aviation	15.7	28.6	15.7	17.1
管道运输	Pipelines	1.9	3.0	2.4	1.9

1-5续表 *Continued*

单位：%(%)

指　　标	Item	2000	2010	2019	2020
进出口贸易总额	**Imports and Exports**				
出口总额	Exports	50.3	45.6	41.1	41.9
进口总额	Imports	49.7	54.4	58.9	58.1
来津旅游人员	**Tourists in Tianjin**				
外国人	Foreigners	81.8	88.0	90.5	93.6
港澳台同胞	Compatriots from Hong Kong, Macao and Taiwan	18.2	12.0	9.5	6.4
金融机构存款余额	**Deposits of Financial Institutions**				
中资金融机构	Chinese Financial Institutions		98.1	98.7	98.7
外资金融机构	Foreign Financial Institutions		1.9	1.3	1.3
金融机构贷款余额	**Loans of Financial Institutions**				
中资金融机构	Chinese Financial Institutions		97.4	99.0	99.0
外资金融机构	Foreign Financial Institutions		2.6	1.0	1.0
在校学生	**Student Enrollment**				
大学生	University and College Students	7.3	28.1	29.9	30.3
中学生	Secondary School Students	48.5	38.8	31.2	31.1
小学生	Primary School Students	44.2	33.1	38.9	38.6
专任教师	**Full-time Teachers by Type**				
大　学	University and College	9.2	24.3	24.9	25.4
中　学	Secondary Schools	48.6	43.4	39.7	39.4
小　学	Primary Schools	42.2	32.3	35.4	35.2
卫生机构	**Structure of Health Care Institutions**				
#医院、卫生院	Hospitals and Health Care Centers	16.4	16.3	9.8	9.7
卫生技术人员	**Structure of Medical Technical Personnel**				
#执业(助理)医师	Licensed (Assistant) Doctors	46.1	40.7	42.3	43.2
注册护士	Registered Nurses	33.3	34.5	37.7	37.5
城镇居民消费	**Consumption of Urban Residents**				
食品烟酒	Food, Tobacco and Liquor	40.1	35.9	27.9	29.5
衣　着	Clothing	8.9	9.4	6.3	6.0
用品及其他	Articles for Daily Use and Others	41.8	45.0	43.7	39.3
居　住	Residence	9.2	9.8	22.1	25.2
农村居民消费	**Consumption of Rural Residents**				
食品烟酒	Food, Tobacco and Liquor	42.6	39.0	30.8	33.4
衣　着	Clothing	9.3	9.0	6.0	6.0
用品及其他	Articles for Daily Use and Others	19.0	26.5	44.3	39.7
居　住	Residence	29.1	25.5	18.9	20.9
空气质量	**Air Quality**				
二级和好于二级的天数	Days of Grade II and Better than Grade II		84.4	60.0	66.9

1-6 国民经济和社会发展比例和效益指标
Main Indicators of Proportion and Benefit in National Economy and Social Development

单位：%(%)

指　标	Item	2000	2010	2019	2020
人　口	**Population**				
出生率(‰)	Birth Rate(‰)	7.72	8.18	6.73	5.99
死亡率(‰)	Death Rate(‰)	6.17	5.58	5.30	5.92
自然增长率(‰)	Natural Growth Rate(‰)	1.55	2.60	1.43	0.07
就　业	**Employment**				
城镇登记失业率	Unemployment Rate Registered in Urban Areas	3.2	3.6	3.5	3.6
直接利用外资	**Direct Use of Foreign Capital**				
实际使用外资金额相当于签约额比例	Proportion of Actual Use of Foreign Capital to Foreign Investment Contracted	55.7	70.9	15.0	13.1
农　业	**Agriculture**				
每公顷耕地农业机械总动力(千瓦)	Total Power of Agricultural Machinery per Hectare of Cultivated Land(kW)	14.0	14.7	10.1	10.3
每公顷播种面积农产品产量(吨)	Output of Crops per Hectare of Sown Area(ton)				
粮　食	Grain	3.6	5.2	6.6	6.5
棉　花	Cotton	1.2	1.2	1.3	1.3
油　料	Oil-bearing Crops	1.3	3.0	3.7	3.9
规模以上工业	**Industry**				
总资产贡献率	Ratio of Total Assets to Industrial Output Value	8.9	17.3	9.4	7.7
营业收入利润率	Ratio of Profits to Operating Revenue	6.2	9.0	6.6	5.1
每百元资产实现的营业收入(元)	Operating Revenue on Assets per 100 yuan(yuan)	66.4	118.8	87.6	87.7
建筑业	**Construction**				
产值利润率	Ratio of Pre-tax Profit to Gross Output Value	1.1	2.7	2.6	1.6
产值利税率	Ratio of Profits and Taxes to Gross Output Value	4.0	6.0	4.3	3.7
全员劳动生产率(万元/人)	Overall Labour Productivity(10 000 yuan/person)	8.68	37.03	42.12	39.13

1-6续表 *Continued*

单位：%(%)

指　　标	Item	2000	2010	2019	2020
邮电通信业	**Post and Telecommunication Services**				
电话普及率	Access to Telephones				
(含移动电话)(部/百人)	(include mobile phone)(set/100 persons)	46.6	112.1	148.3	146.8
移动电话普及率(部/百人)	Access to Mobile Phones(set/100 persons)	12.3	83.9	109.1	123.4
每一邮电局所服务面积	Average Service Area per Post and				
(平方公里)	Telecommunications Office(sq.km)	21.2	14.1	15.0	14.9
国际旅游	**International Tourism**				
每一来津游客花费(美元)	Expenditure per Tourist in Tianjin(USD)	651	855	623	1950
教　育	**Education**				
新增劳动力平均受教育	Average Year of Education of Newly Increased				
年限(年)	Labour (year)		14.68	15.31	15.63
学龄儿童毛入学率	Percentage of School-aged Children Enrolled	99.99	122.95	105.68	105.08
初中毕业升学率	Percentage of Entering Senior Secondary Schools	89.4	110.26	96.06	98.17
各级普通学校生师比(人)	Student-teacher Ratio (person)	15	13	14	14
卫　生	**Health Care**				
平均每个医院、卫生院	Average Burden Population of Each Hospital				
负担人口(万人)	and Health Care Centers (10 000 person)	1.87	2.89	2.37	2.45
病床周转次数(次)	Turnover of Beds (time)	13	23	27	20
病床使用率	Utilization Rate of Beds	56	78	73	57
文　化	**Culture**				
每百万人有艺术表演团体(个)	Number of Troupes per Million Persons (unit)	1.6	1.3	1.2	1.2
每百万人有公共图书馆(个)	Number of Public Libraries per Million Persons (unit)	3.1	2.4	2.1	1.9
每百万人有博物馆(个)	Number of Museums per Million Persons (unit)	1.4	1.4	4.9	5.1
婚　姻	**Marriages and Divorces**				
粗离婚率(‰)	Crude Divorce Rate (‰)	1.4	2.2	5.4	5.2
居民生活	**People's Life**				
城镇与农村居民收入增长率	Proportion of Growth Rate of Annual Income of Urban				
比例(以农村居民收入	Residents to the Growth Rate of Annual Income				
指数为100)	of Rural Residents (rural=100)	98.7	97.2	99.8	99.8
环境保护	**Environmental Protection**				
污水处理率	Percentage of Sewage Treatment	58.8	85.3	96.0	96.4
一般工业固体废物综合利用率	Rate of Comprehensive Utilization of General Industrial				
	Waste Residue	88	98.6	98.5	99.5

1-7 平均每天社会经济活动(2017—2020年)
Average Daily Social and Economic Activities,2017-2020

指 标	Item	单 位	Unit	2017	2018	2019	2020
全市每天创造的财富	**Daily Production**						
全市生产总值	Gross Domestic Product	亿 元	100 million yuan	34.11	36.61	38.51	38.48
第一产业	Primary Industry	亿 元	100 million yuan	0.46	0.48	0.51	0.57
第二产业	Secondary Industry	亿 元	100 million yuan	12.50	13.25	13.55	13.13
第三产业	Tertiary Industry	亿 元	100 million yuan	21.14	22.88	24.45	24.78
一般公共预算收入	General Public Budget Revenue	亿 元	100 million yuan	6.33	5.77	6.60	5.25
主要工业产品产量	Output of Major Industrial Products						
粗 钢	Crude Steel	万 吨	10 000 tons	4.97	4.96	6.01	5.93
钢 材	Steel Products	万 吨	10 000 tons	11.98	12.96	14.95	15.64
水 泥	Cement	万 吨	10 000 tons	1.15	1.79	1.88	1.51
天然原油	Crude Petroleum Oil	万 吨	10 000 tons	8.50	8.45	8.53	8.86
原 盐	Salt	吨	ton	4994	5360	5159	5344
发电量	Electricity	万千瓦时	10 000 kWh	16655	19825	19601	20632
汽 车	Motor Vehicle	辆	unit	2283	2363	2853	2584
彩色电视机	Color Television	台	set	5737	2550	2155	1347
两轮脚踏自行车	Bicycle	万 辆	10 000 units	8.80	6.36	4.93	6.08
微波炉	Microwave Oven	万 台	10 000 sets	1.62	1.64	1.58	1.59
布	Cloth	万 米	10 000 m	23	22	28	11
纱	Yarn	吨	ton	50	36	35	24
天然气	Natural Gas	万立方米	10 000 cu.m	589	930	956	992
硫 酸	Sulfuric Acid	吨	ton	468	581	527	590
烧 碱	Caustic Soda	吨	ton	2190	2550	2372	2249
合成洗涤剂	Synthetic Detergents	吨	ton	1481	1736	1323	1010
饮料酒	Alcoholic Beverage	千 升	kL	1107	1052	912	661
集成电路	Integrated Circuits	万 块	10 000 units	394	446	404	517
锂离子电池	Lithium-ion Battery	万 只	10 000 units	139	172	180	200
主要农产品产量	Output of Major Farm Products						
粮 食	Grain	吨	ton	5816	5745	6116	6234
棉 花	Cotton	吨	ton	68	50	50	28
油 料	Oil-bearing Crops	吨	ton	35	20	11	8
肉 类	Meat	吨	ton	990	927	834	809
蛋 类	Eggs	吨	ton	520	532	530	569
奶 类	Milk	吨	ton	1426	1316	1298	1368
蔬 菜	Vegetables	吨	ton	7387	6958	6652	7281
水产品	Aquatic Products	吨	ton	886	894	718	778
水 果	Fruit	吨	ton	1041	1091	980	867

1-7续表 *Continued*

指 标	Item	单 位	Unit	2017	2018	2019	2020
全市每天消费量	**Daily Consumption**						
生活用煤、气、水、电	Coal, Gas, Water & Electricity for Living						
煤 炭	Coal	万 吨	10 000 tons	0.17	0.12	0.10	0.06
液化石油气	Liquid Petroleum Gas	吨	ton	270	262	212	206
天然气和煤气	Natural Gas and Coal Gas	万立方米	10 000 cu.m	184	266	268	332
水	Water	万 吨	10 000 tons	112.0	114.6	118.6	126.0
电	Electricity	万千瓦时	10 000 kWh	2731	3058	3128	3445
每天其他经济活动	**Other Daily Economic Activities**						
社会货物运输量	Freight Traffic	万 吨	10 000 tons	145	147	156	146
客运量	Passenger Traffic	万人次	10 000 person-times	52.6	52.7	53.7	31.7
港口货物吞吐量	Freight Handled at Ports	万 吨	10 000 tons	137	139	135	137
邮电业务总量(不变价)	Total Business Value of Post and Telecommunication Services (constant price)	万 元	10 000 yuan	11146	23316	36816	48621
出版图书	Books Published	万 册	10 000 copies	22	26	32	26
出版报纸	Newspapers Issued	万 份	10 000 copies	103	87	68	54
出版期刊	Magazines Issued	万 册	10 000 copies	8	7	8	7
邮寄快递	Letters Delivered	万 件	10 000 copies	138	158	191	254
外贸出口总额	Total Value of Exports in Foreign Trade	亿 元	100 million yuan	8.09	8.79	8.27	8.40
实际使用外资金额	Actual Use of Foreign Capital	万美元	USD 10 000	2906	1329	1296	1294
全社会房屋竣工面积	Floor Space of Buildings Completed	万平方米	10 000 sq.m	10.89	6.28	4.68	4.56
接待来津国际旅游人数(过夜)	Accommodated International Tourists (stay for night)	人 次	person-time	2170	1615	1537	468
每天人口和婚姻动态	**Daily Population Changes And Marriages**						
出生人口	Birth	人	person	327	285	288	
死亡人口	Death	人	person	216	232	227	
结婚对数	Marriages	对	couple	260	267	264	245
离婚对数	Divorces	对	couple	167	177	204	198

1-8 国民经济主要指标人均水平(2018—2020年)
Per Capita Annual Level of Main Indicators of National Economy,2018-2020

指 标	Item	单 位	Unit	2018	2019	2020
全市生产总值	Gross Domestic Product	万 元	10 000 yuan	9.57	10.16	10.16
一般公共预算收入	General Public Budget Revenue	万 元	10 000 yuan	1.51	1.74	1.39
一般公共预算支出	General Public Budget Expenditure	万 元	10 000 yuan	2.22	2.57	2.27
主要工业产品产量	Output of Major Industrial Products					
天然原油	Crude Petroleum Oil	吨	ton	2.21	2.25	2.34
天然气	Natural Gas	立方米	cu.m	243	252	262
发电量	Electricity	千瓦时	kWh	5008	5169	5448
粗 钢	Crude Steel	吨	ton	1.13	1.59	1.57
钢 材	Steel Products	吨	ton	3.39	3.94	4.13
水 泥	Cement	吨	ton	0.47	0.50	0.40
锂离子电池	Lithium-ion Battery	只	unit	45	47	53
集成电路	Integrated Circuits	块	unit	116.65	106.50	136.52
农林牧渔业总产值	Gross Output Value of FFAF	元	yuan	2796	2994	3438
主要农产品产量	Output of Major Farm Products					
粮 食	Grain	公 斤	kg	150	161	165
棉 花	Cotton	公 斤	kg	1.3	1.3	0.7
油 料	Oil-bearing Crops	公 斤	kg	0.5	0.3	0.2
蔬 菜	Vegetables	公 斤	kg	182	175	192
肉 类	Meat	公 斤	kg	24	22	21
蛋 类	Eggs	公 斤	kg	14	14	15
奶 类	Milk	公 斤	kg	34	34	36
水产品	Aquatic Products	公 斤	kg	23	19	21
鲜 果	Fresh Fruits	公 斤	kg	29	26	23
外贸出口总额	Total Value of Exports in Foreign Trade	万 元	10 000 yuan	2.30	2.18	2.22
社会货物运输量	Freight Traffic	吨	ton	38.3	41.1	38.6
年末住户存款	Year-end Household Deposit	万 元	10 000 yuan	7.84	9.28	10.87

主要统计指标解释

国民经济行业分类

《国民经济行业分类》（GB/T 4754-2017）是由国家统计局组织修订，自2017年10月1日开始执行。此次修订《国民经济行业分类》，门类、大类的调整在参考联合国ISIC Rev.4的同时，更多的是考虑部门管理和统计工作需要；中类的调整多为部门管理需要；小类的调整除考虑上述因素外，还要保证与联合国标准的对接转换。修订后的《国民经济行业分类》（GB/T 4754-2017）共有门类20个，大类97个，中类473个，小类1381个。

三次产业划分

根据《国民经济行业分类》（GB/T 4754-2017），我们对《三次产业划分规定》中行业类别进行了对应调整。

第一产业是指农、林、牧、渔业（不含农、林、牧、渔专业及辅助性活动）；第二产业是指采矿业（不含开采专业及辅助性活动），制造业（不含金属制品、机械和设备修理业），电力、热力、燃气及水生产和供应业，建筑业；第三产业即服务业，是指除第一产业、第二产业以外的其他行业。第三产业包括：批发和零售业，交通运输、仓储和邮政业，住宿和餐饮业，信息传输、软件和信息技术服务业，金融业，房地产业，租赁和商务服务业，科学研究和技术服务业，水利、环境和公共设施管理业，居民服务、修理和其他服务业，教育，卫生和社会工作，文化、体育和娱乐业，公共管理、社会保障和社会组织，国际组织，以及农、林、牧、渔业中的农、林、牧、渔专业及辅助性活动，采矿业中的开采专业及辅助性活动，制造业中的金属制品、机械和设备修理业。

法人单位

指同时具备以下条件的单位：1.依法成立、有自己的名称、组织机构和场所、能够独立承担民事责任；2.独立拥有和使用（或授权使用）资产或者经费、承担负债、有权与其他单位签订合同；3.具有包括资产负债表在内的账户，或者能够根据需要编制账户。法人单位包括企业法人、事业单位法人、机关法人、社会团体法人、民办非企业法人和其他法人。

产业活动单位

指经过法定程序批准成立的、不能独立承担民事责任的单位。包括：由各级工商行政管理机关核准登记，领取《营业执照》的分支机构或经营单位；由各级登记主管机关备案，或依据相关法律法规由各级主管部门批准建立的事业单位分支机构和社会团体分支机构。产业活动单位是法人单位的组成部分，应同时具备以下三个条件：1.在一个场所从事或主要从事一种社会经济活动；2.相对独立组织生产经营或业务活动；3.能够掌握收入和支出等业务考核资料。

登记注册类型

指企业或企业产业活动单位的登记注册类型，按其在工商行政管理机关登记注册的类型填写。机关、事业单位和社会团体及其他组织的登记注册类型，按其主要经费来源和管理方式，根据实际情况，比照《关于划分企业登记注册类型的规定》确定。

工商行政管理部门对企业（单位）登记注册的类型分为以下几种。

国有企业　指企业全部资产归国家所有，并按《中华人民共和国企业法人登记管理条例》规定登记注册的非公司制的经济组织。不包括有限责任公司中的国有独资公司。

集体企业　指企业资产归集体所有，并按《中华人民共和国企业法人登记管理条例》规定登记注册的经济组织。

股份合作企业　指以合作制为基础，由企业职工共同出资入股，吸收一定比例的社会资产投资组建，实行自主经营，自负盈亏，共同劳动，民主管理，按劳分配与按股分红相结合的一种集体经济组织。

联营企业　指两个及两个以上相同或不同所有制性质的企业法人或事业单位法人，按自愿、平等、互利的原则，共同投资组成的经济组织。联营企业包括国有联营企业、集体联营企业、国有与集体联营企业和其他联营企业。

有限责任公司　指根据《中华人民共和国公司登记管理条例》规定登记注册，由两个以上，五十个以下的股东共同出资，每个股东以其所认缴的出资额对公司承担有限责任，公司以其全部资产对其债务承担责任的经济组织。有限责任公司包括国有独资公司以及其他有限责任公司。

股份有限公司　指根据《中华人民共和国公司登记管理条例》规定登记注册，其全部注册资本由等额股份构成并通过发行股票筹集资本，股东以其认购的股份对公司承担有限责任，公司以其全部资产对其债务承担责任的经济组织。

私营企业　指由自然人投资设立或由自然人控股，以雇佣劳动为基础的营利性经济组织。包括按照《公司法》、《合伙企业法》、《私营企业暂行条例》以及《个人独资企业法》规定登记注册的私营独资企业、私营合伙企业、私营有限责任公司、私营股份有限公司和个人独资企业。

其他内资企业　指上述第（1）条至第（7）条之外的其他内资经济组织。

港、澳、台商合资经营企业　指港澳台地区投资者与内地的企业依照《中华人民共和国中外合资经营企业法》及有关法律的规定，按合同规定的比例投资设立，分享利润和分担风险的企业。

港、澳、台商合作经营企业　指港澳台地区投资者与内地企业依照《中华人民共和国中外合作经营企业法》及有关法律的规定，依照合作合同的约定进行投资或提供条件设立，分配利润、分担风险和亏损的企业。

港、澳、台商独资经营企业　指依照《中华人民共和国外资企业法》及有关法律的规定，在内地由港澳台地区投资者全额投资设立的企业。

港、澳、台商投资股份有限公司　指根据国家有关规定，经商务部（原外经贸部）批准设立，并且其中港、澳、台商的股本占公司注册资本的比例达25%以上的股份有限公司。凡其中港、澳、台商的股本占公司注册资本的比例小于25%的，属于内资中的股份有限公司。

其他港、澳、台商投资企业　指在中国境内参照《外国企业或个人在中国境内设立合伙企业管理办法》和《外商投资合伙企业登记管理规定》，依法设立的港、澳、台商投资合伙企业。

中外合资经营企业　指外国企业或外国人与中国内地企业依照《中华人民共和国中外合资经营企业法》及有关法律的规定，按合同规定的比例投资设立，分享利润和分担风险的企业。

中外合作经营企业　指外国企业或外国人与中国内地企业依照《中华人民共和国中外合作经营企业法》及有关法律的规定，依照合作合同的约定进行投资或提供条件设立，分配利润、分担风险和亏损的企业。

外资企业　指依照《中华人民共和国外资企业法》及有关法律的规定，在中国内地由外国投资者全额投资设立的企业。

外商投资股份有限公司　指根据国家有关规定，经商务部（原外经贸部）批准设立，并且其中外资的股本占公司注册资本的比例达25%以上的股份有限公司。凡其中外资股本占公司注册资本的比例小于25%的，属于内资中的股份有限公司。

其他外商投资企业　指在中国境内依照《外国企业或个人在中国境内设立合伙企业管理办法》和《外商投资合伙企业登记管理规定》，依法设立的外商投资合伙企业。

城乡划分标准

根据国务院国函[2008]60号文件中《统计上划分城乡的规定》，城乡划分标准为：以我国的行政区划为基础，以民政部门确认的居民委员会和村民委员会辖区为划分对象，以实际建设为划分依据，将我国的地域划分为城镇和乡村。

实际建设是指已建成或在建的公共设施、居住设施和其他设施。

城镇包括城区和镇区。

城区是指在市辖区和不设区的市，区、市政府驻地的实际建设连接到的居民委员会和其他区域。

镇区是指在城区以外的县人民政府驻地和其他镇，政府驻地的实际建设连接到居民委员会和其他区域。与政府驻地的实际建设不连接，且常住人口在3000人以上的独立的工矿区、开发区、科研单位、大专院校等特殊区域及农场、林场的场部驻地视为镇区。

乡村是指该规定划定的城镇以外的区域。

现行价格（或称当年价格）

指报告期的实际价格，如工业品的出厂价格，农副产品的收购价格，商业的零售价格等。它反映当年的实际情况，使国民经济各项指标互相衔接，便于对生产、流通、分配、消费之间进行综合平衡。

可比价格

指计算各种总量指标所采用的扣除了价格变动因素的价格，可进行不同时期总量指标的对比。按可比价格计算总量指标有两种方法：一种是直接用产品产量乘某一年的不变价格计算；另一种是用价格指数进行缩减。

平均增长速度

平均增长速度表明社会经济现象在一个较长的时期内逐期平均增长变化的程度，它不能根据各个环比增长速度直接求得，但与平均发展速度之间存在着一定的数量关系：

平均增长速度＝平均发展速度－1

平均发展速度是一种根据环比发展速度计算的序时平均数，由于各时期对比的基础不同，所以计算平均发展速度不能采用一般的序时平均数的计算方法，计算方法分为水平法和累计法。水平法，又称几何平均法，即将环比发展速度按连乘法用几何平均数公式计算。累计法，也称方程法，根据一段时期内各年发展水平总和与基期水平的关系，列出方程式计算平均发展速度。水平法着重考虑最后一年所达到的发展水平；累计法着重考虑整个时期累计发展水平的总量。

本《年鉴》内所列的平均增长速度，除固定资产投资用“累计法”计算外，其余均用“水平法”计算。从某年到某年平均增长速度的年份，均不包括基期年在内。如改革开放以来的平均增长速度是以1978年为基期计算的，则写为1979-2019年平均增长速度，其余类推。

Explanatory Notes on Main Statistical Indicators

Industrial Classification of National Economy

The *Industrial Classification of National Economy* (GB/T 4754-2017) was organized by the National Bureau of Statistics, and the new Classification was came into force on October 1, 2017. The revision taking into more consideration of demand of management and statistic than ISIC/Rev.4 of the United Nations in major divisions and divisions, and the demand of management is more considered in major groups, besides aforesaid factors, combine with ISIC/Rev.4 of the United Nations is ensured in groups.The revised version of the *Industrial Classification of the National Economy* (GB/T 4754-2017) is composed of 20 major divisions, 97 divisions, 473 major groups and 1381 groups.

Category of Three Industries

Regulation on Classification of Three Strata of Industry was adjusted according to the standard of the *Industrial Classification of the National Economy* (GB/T 4754-2017).

Primary Industry includes agriculture, forestry, animal husbandry and fishery (excluding professional and auxiliary activities of agriculture, forestry, animal husbandry and fishery).

Secondary Industry includes minerals mining (excluding mining professional and auxiliary activities), manufacturing (excluding metal products, machinery and equipment repair), production and supply of electricity, heat, gas and water and construction.

Tertiary Industry namely service industry, includes all other industries not included in primary or secondary industry, including wholesale and retail trade; transportation, storage and post services; accommodation and catering services; information transmitting, software and information technology services; finance; real estate; leasing and business services; scientific research and technical services; management for water conservancy, environment and public facilities; resident services, repair and other services; education; health care and social work; culture, sports and recreational services; public management, social security and social organizations; international organizations and professional and auxiliary activities of agriculture, forestry, animal husbandry and fishery, mining professional and auxiliary activities, metal products, machinery and equipment repair of manufacturing.

Legal Entity

Refers to a unit meet the following conditions at the same time: Established by law, it has its own name, organization and location, ability to independently bear civil liability; Independently owned and use (or authorize the use of) assets or funds, assume liabilities, and entitled to sign contracts with other units; Having accounts including balance sheet, including, or can prepare accounts according to needs. Legal entities including corporate, legal institutions, corporate bodies, corporate social groups, private non-enterprise legal persons and other legal entities.

Industrial Activity Units

Refers to a unit which is established with the approval of legal procedures and can not bear civil liability independently. It contains: the branches or business units approved and registered by industrial and commercial administrative organs at all levels and receiving business license; and the branches of public institutions and social organizations established by the registration authorities at all levels or approved by the competent departments at all levels in accordance with relevant laws and regulations. Industrial units should also meet the following conditions: engaged in a place or primarily in a social economic activity; a relatively independent production activities or operating activities; the ability to provide income and expenditure and other related information.

Registration Status

Judicial Entities and Establishments grouped by Registered Type in industrial and commercial administration agencies. For the Registered Type of government agencies, institutions and social organizations, which are classified mainly by their sources of funding and manner of management. According to the actual instance, confirming in accordance with *Provisions on the registration of enterprises registered type*.

Enterprises (units) are grouped by the fllowing several Registered Type in industrial and commercial administration agencies:

State-owned Enterprises refer to non-corporation economic units where the entire assets are owned by the state and which have registered in accordance with the *Regulation of the People's Republic of China on the Management of Registration of Corporate Enterprises*. Excluded from this category are sole state-funded corporations in the limited liability corporations.

Collective-owned Enterprises refer to economic units where the assets are owned collectively and which have registered in accordance with the *Regulation of the People's Republic of China on the Management of Registration of Corporate Enterprises*.

Cooperative Enterprises refer to a form of collective economic units (enterprises) where capitals come mainly from employees as their shares, with certain proportion of capital from the outside, where production is organized on the basis of independent operation, independent accounting for profits and losses, joint work, democratic management, and a distribution system that integrates remuneration according to work with divided according to capital share.

Joint Ownership Enterprise refer to economic units established by two or more corporate enterprises or corporate institutions of the same or different ownership, through joint investment on the basis of equality, voluntory participution and mutual benefits. They include state joint ownership enterprises, collective joint ownership enterprises, joint state-collective enterprises, and other joint ownership enterprises.

Limited Liability Corporations refer to economic units established with investment from 2-50 investors and registered in accordance with the *Regulation of the People's Republic of China on the Management of Registration of Corporate Enterprises*, each investor bearing limited liability to the corporation depending on its share of investment, and the corporation bearing liability to its debt to the maximum of its total assets. Limited liability corporations include exclusive state-funded limited liability corporations and other limited liability corporations.

Share-holding Corporations Ltd. refer to economic units registered in accordance with the *Regulation of the People's Republic of China on the Management of Registration of Corporate Enterprises*, with total registered capitals divided into equal shares and raised through issuing stocks. Each investor bears limited liability to the corporation depending on the holding of shares, and the corporation bears liability to its debt to the maximum of its total assets.

Private Enterprises refer to profit-making economic units invested and established by natural persons, or controlled by natural persons using employed labour. Included in this category are private-owned enterprises, private partnership enterprises, private limited liability corporations, private share-holding corporations Ltd. and sole private enterprises registered in accordance with the *Corporation Law*, *Partnership Enterprises Law*, *Interim Regulations on Private Enterprises* and *sole proprietorship enterprise law*.

Other Domestic-funded Enterprises refer to domestic-funded economic units other than those mentioned above from one to seven.

Joint Venture Enterprises with Funds from Hong Kong, Macao and Taiwan refer to Enterprises established by investors from Hong Kong, Macao and Taiwan with enterprises in the mainland of china in accordance with the *law of the People's Republic of China on Sino-foreign joint ventures* and other relevant laws, Where the establishment of the investment and the sharing of profits and risks are stipulated under joint venture contract.

Cooperative Enterprises with Funds From Hong Kong, Macao and Taiwan established by investors from Hong Kong, Macao and Taiwan with enterprises in the mainland of china in accordance with the *law of the People's Republic of China on Sino-foreign Contractual Joint Venture* and other relevant laws, Where the investment or provision of facilities and the sharing of profits, risks and deficits are stipulated under cooperative contract.

Enterprise with Sole Investment from Hong Kong, Macao and Taiwan refer to enterprises established in the mainland of china with exclusive investment from investors from Hong Kong, Macao and Taiwan in accordance with the *law of the People's Republic of China on Wholly Foreign-owned Enterprises* and other relevant laws.

Share-holding Corporation Ltd. With Investment from Hong Kong, Macao and Taiwan refer to share-holding corporations Ltd. Established with the approval from Ministry of Commerce of the People's Republic of China (the former Ministry of Foreign Trade and Economic) Relations in line with relevant state regulations, where the share of investment from Hong Kong, Macao and Taiwan businessmen exceeds 25% of the total registered capital of the corporation. In case the share of investment from Hong Kong, Macao and Taiwan is less than 25% of the total registered capital, the enterprise is to be classified as domestic-funded share-holding corporation Ltd.

Other Enterprises with Funds from Hong Kong, Macao and Taiwan refer to partnership enterprises with investments from Hong Kong, Macao and Taiwan established within the territory of China in accordance with *Administrative Measures on the Establishment of Partnership Enterprises in China by Foreign Enterprise or Foreign Individuals* and *Regulation for the Administration of the Registration of Foreign-invested Partnership Enterprise*.

Joint Venture Enterprise with Foreign Investment refer to enterprises jointly established by foreign enterprises or foreigners with enterprises in the mainland of China in accordance with the *Law of the People's Republic of China on Sino-foreign Contractual Joint Venture* and other relevant laws, where the investment or provision of facilities and the sharing of profits and risks are stipulated under cooperative contracts.

Cooperative Enterprise with Foreign Investment refer to enterprise jointly established by foreign enterprises or foreigners with enterprises in the mainland of China in accordance with the *Law of the People's Republic of China on Sino-foreign Contractual Joint Venture* and other relevant laws, where the investment or provision of facilities and the sharing of profits, risks and deficits are stipulated under cooperative contracts.

Enterprises with Sole Foreign Investment refer to enterprise established in the mainland of China with exclusive investment from foreign investors in accordance with the *Law of the People's Republic of China on Wholly Foreign-owned Enterprises* and other relevant laws.

Share-holding Corporations Ltd. With Foreign Investment refer to share-holding corporations Ltd. Established with the approval from Ministry of Commerce of the People's Republic of China (the former Ministry of Foreign Trade and Economic) Relations in line with relevant state regulations, where the share of investment from foreign investors exceeds 25% of the total registered capital of the corporation. In case the share of foreign investment is less than 25% of the total registered capital, the enterprise is to be classified as domestic-funded share-holding corporation Ltd.

Other Enterprises with Foreign Funds refer to partnership enterprises established within the territory of China in accordance with *Administrative Measures on the Establishment of Partnership Enterprises in China by Foreign Enterprises or Foreign Individuals* and *Regulations for the Administration of the Registration of Foreign-invested Partnership Enterprises.*

The Division Standard of Urban and Rural Areas

According to the *Regulation on the Division of Urban and Rural Areas in Statistics of State Department* No.60 [2008], the division standard of Urban and Rural Areas is as follows: based on the administrative division, with the residents' committee and village committee areas confirmed by The Department of Civil Affairs as the division objects, with the actual construction as the division basis, our region is divided into urban and rural areas.

The actual construction refers to the public facilities, residential facilities and other facilities which are completed or under construction.

Urban Area including city and township.

City refers to the residents' committee and other areas connected with the actual construction of district and municipal government in the districts of city and the city without districts.

Township refers to the residents' committee and other areas connected with the actual construction of district and municipal government outside city zones and other areas. Township also including the independent mining areas, development areas, scientific research units, universities and other special areas, as well as the station of farms and forest farms, which are not connected with the actual construction of government and the resident population is more than 3000 people.

Rural areas refer to the areas besides urban areas defined by the regulation.

Actual Price (current price)

includes all other industries not included in primary or secondary industry, including transport, storage, post services; information transmitting, computer services and software; wholesale and retail trade; accommodation and catering services; finance; real estate; leasing and business services; scientific research, technical services and geological prospecting; management for water conservancy, environment and public facilities; resident services and other social services; education; health care, social security and social welfare; culture, sports and recreational services; public management and social organizations and so on.

Constant Price

refers to prices that are used to remove the factors of price change in calculating economic aggregates, so as to facilitate comparison of aggregates over time. Two methods are used for calculating economic aggregates at constant prices,

a) Multiplying the output of products by their constant prices of certain year; b) Deflation of data at current prices by relevant price index.

Average Annual Increase Rate

shows the average growth rate of social and economic development during a longer period. It can not be directly calculated by chain based growth rate. The relation is:

Average Annual Growth Rate = Average Speed of Development−1

Average speed of development is the time series average of speed which calculated by chain based. Because the reference bases during the different periods are not same, average speed of development can not be calculated by the general method. Level approach and accumulative approach for calculating average speed of development rate are applied. The "level approach", or the method of calculating the geometric average, is derived by the formula of geometric average of the chain-based speeds of development, or comparing the level of the last year of the interval with that of the beginning year; the other is called the "accumulative approach" or the "algebraic average", "equation" method, which is derived by the summation of the actual figure of each year in the interval divided by the figure in the base year. The level approach focuses on the level of the last year, while the accumulative approach emphasizes the aggregate development in the duration.

The average annual growth rates listed in the *Yearbook* are calculated by the level approach except for the growth rate of investment in fixed assets. The base year is not listed in the duration for which average annual growth rates are computed. For instance, the average annual growth rate of the years since 1978 is shown as the average annual growth rate of 1979-2019 without showing the base year 1978.

第二篇 人 口

Chapter 2 Population

2-1 人口主要指标(1978—2020年)
Main Statistics on Population,1978-2020

年 份 Year	常住人口 (万人) Permanent Population (10 000 persons)	户籍人口 (万人) Registered Population (10 000 persons)	户籍户数 (万户) Registered Households (10 000 households)	人口密度 (人/平方公里) Population Density (person/sq.km)	人 口 出生率 (‰) Birth Rate (‰)	人 口 死亡率 (‰) Death Rate (‰)	人口自然 增长率(‰) Natural Growth Rate (‰)
1978		724.27	171.82	640	15.47	6.26	9.21
1979		739.42	174.77	652	14.57	5.94	8.63
1980		748.91	179.67	660	13.29	6.04	7.25
1981		760.32	188.61	670	17.90	5.99	11.91
1982		774.92	196.63	683	20.05	5.64	14.41
1983		785.28	203.47	692	17.14	5.41	11.73
1984		795.52	209.96	702	15.67	5.43	10.24
1985		804.80	216.86	710	13.94	5.78	8.15
1986		814.97	221.81	718	15.00	5.71	9.29
1987	831.76	828.73	230.71	731	17.07	6.08	10.99
1988	843.44	839.21	241.46	741	15.92	5.65	10.27
1989	856.95	852.35	249.26	752	15.50	6.49	9.01
1990	884.03	866.25	258.31	764	15.62	5.79	9.83
1991	908.89	872.63	262.75	770	11.94	5.78	6.16
1992	920.41	878.97	266.77	776	12.50	6.00	6.50
1993	928.02	885.89	270.77	782	10.71	6.20	4.51
1994	935.28	890.55	273.87	745	10.98	6.19	4.79
1995	941.83	894.67	276.89	749	10.23	6.23	4.00
1996	948.19	898.45	279.62	752	10.09	6.53	3.56
1997	952.59	899.80	284.08	753	9.98	6.95	3.03
1998	956.64	905.09	288.20	757	9.89	6.49	3.40
1999	959.48	910.17	291.32	762	9.68	6.73	2.95
2000	1001.14	912.00	293.04	763	7.72	6.17	1.55
2001	1004.06	913.98	295.63	854	7.58	5.94	1.64
2002	1007.18	919.05	299.67	856	7.49	6.04	1.45
2003	1011.30	926.00	303.27	860	7.14	6.04	1.10
2004	1023.67	932.55	316.62	870	7.31	5.97	1.34
2005	1043.00	939.31	322.95	887	7.44	6.01	1.43
2006	1075.00	948.89	328.66	914	7.67	6.07	1.60
2007	1115.00	959.10	333.42	948	7.91	5.86	2.05
2008	1176.00	968.87	337.49	1000	8.13	5.94	2.19
2009	1228.16	979.84	341.90	1044	8.30	5.70	2.60
2010	1299.29	984.85	345.83	1105	8.18	5.58	2.60
2011	1341.00	996.44	350.27	1140	8.58	6.08	2.50
2012	1378.00	993.20	351.24	1172	8.75	6.12	2.63
2013	1410.00	1003.97	356.60	1199	8.28	6.00	2.28
2014	1429.00	1016.66	362.63	1215	8.19	6.05	2.14
2015	1439.00	1026.90	370.58	1224	5.84	5.61	0.23
2016	1443.00	1044.40	379.17	1227	7.37	5.54	1.83
2017	1410.00	1049.99	385.62	1199	7.65	5.05	2.60
2018	1383.00	1081.63	396.57	1176	6.67	5.42	1.25
2019	1385.00	1108.18	406.25	1178	6.73	5.30	1.43
2020	1386.60	1130.68	415.94	1163	5.99	5.92	0.07

注：1.人口密度2005年以后按市民政局行政区划面积计算，2005年以前按市规划局土地面积计算。此表人口密度为常住口径。2.本表2011-2019年数据根据第七次全国人口普查数据修订,2020年数据为普查时点(2020年11月1日零时)数。出生率、死亡率、自然增长率未修订；表2-6同。

Note: a)After 2005, the population density is calculated with administrative areas measured by Tianjin Municipal Civil Affairs Bureau, and those before 2005 are calculated with areas measured by Tianjin Planning Bureau. The population density in this table is calculated at permanent coverage. b)The data in this table from 2011 to 2019 were revised based on the data from the seventh National Population Census. The data for 2020 were the 0:00 data on November 1, 2020. The birth rate, death rate, and natural growth rate have not been revised. Same as table 2-6.

2-2 户籍人口构成及户规模(1978—2020年)

Composition of Registered Population and Household Size,1978-2020

单位：%(%)

年 份 Year	按户口性质分 By Registered Character		按性别分 By Sex		性别比 (女=100) Sex Ratio (Female=100)	家庭平均户规模 (人/户) Average Family Household Size (person/household)
	非农业 Non-agricultural	农 业 Agricultural	男 性 Male	女 性 Female		
1978	49.49	50.51	50.84	49.16	103.40	4.22
1979	51.47	48.53	50.72	49.28	102.94	4.23
1980	52.43	47.57	50.73	49.27	102.97	4.17
1981	52.71	47.29	50.71	49.29	102.90	4.03
1982	53.00	47.00	50.75	49.25	103.04	3.94
1983	53.43	46.57	50.75	49.25	103.06	3.86
1984	54.94	45.06	50.77	49.23	103.14	3.79
1985	55.38	44.62	50.82	49.18	103.35	3.71
1986	54.85	45.15	50.88	49.12	103.58	3.67
1987	54.86	45.14	50.88	49.12	103.59	3.59
1988	55.69	44.31	50.87	49.13	103.54	3.48
1989	55.92	44.08	50.86	49.14	103.49	3.42
1990	56.04	43.96	50.79	49.21	103.20	3.35
1991	56.19	43.81	50.76	49.24	103.07	3.32
1992	56.29	43.71	50.73	49.27	102.96	3.29
1993	56.44	43.56	50.71	49.29	102.87	3.27
1994	56.60	43.40	50.70	49.30	102.85	3.25
1995	56.77	43.23	50.66	49.34	102.67	3.23
1996	57.12	42.88	50.62	49.38	102.50	3.21
1997	57.27	42.73	50.58	49.42	102.33	3.17
1998	57.60	42.40	50.53	49.47	102.14	3.14
1999	58.09	41.91	50.51	49.49	102.06	3.12
2000	58.39	41.61	50.51	49.49	102.05	3.11
2001	58.56	41.44	50.48	49.52	101.92	3.09
2002	58.88	41.12	50.45	49.55	101.84	3.07
2003	59.37	40.63	50.47	49.53	101.89	3.05
2004	59.64	40.36	50.46	49.54	101.86	2.95
2005	59.87	40.13	50.44	49.56	101.77	2.91
2006	60.18	39.82	50.41	49.59	101.65	2.89
2007	60.51	39.49	50.38	49.62	101.52	2.88
2008	60.72	39.28	50.35	49.65	101.42	2.87
2009	61.08	38.92	50.32	49.68	101.30	2.87
2010	61.37	38.63	50.29	49.71	101.15	2.85
2011	61.61	38.39	50.27	49.73	101.11	2.84
2012	62.06	37.94	50.21	49.79	100.84	2.83
2013	62.97	37.03	50.18	49.82	100.72	2.82
2014	63.45	36.55	50.16	49.84	100.64	2.80
2015	63.94	36.06	50.15	49.85	100.60	2.77
2016			50.13	49.87	100.50	2.75
2017			49.89	50.11	99.57	2.72
2018			49.79	50.21	99.17	2.73
2019			49.69	50.31	98.77	2.72
2020			49.62	50.38	98.50	2.72

2-3 各区户籍人口户数、人口数及人口密度
Registered Households, Population and Population Density by Region

地　　区	Region	年末户数（万户）Year-end Households (10 000 households)		年末人口数（万人）Year-end Population (10 000 persons)		年平均人口（万人）Average Annual Population (10 000 persons)	人口密度（人/平方公里）Population Density (person/ sq.km)
		2019	2020	2019	2020	2020	2020
全市总计	**Total**	**406.25**	**415.94**	**1108.18**	**1130.68**	**1119.43**	**948**
# 市内六区	Six Urban Districts	158.38	160.66	413.00	418.13	415.57	21489
和平区	Heping District	15.15	15.43	44.31	44.91	44.61	45048
河东区	Hedong District	30.95	31.34	76.40	77.13	76.77	18528
河西区	Hexi District	31.89	32.64	88.74	90.93	89.83	18884
南开区	Nankai District	33.99	34.56	88.83	90.02	89.42	21728
河北区	Hebei District	25.40	25.64	63.75	64.21	63.98	21655
红桥区	Hongqiao District	21.00	21.05	50.97	50.93	50.95	21445
东丽区	Dongli District	16.47	17.14	41.82	43.83	42.82	920
西青区	Xiqing District	16.47	16.98	45.10	46.59	45.85	836
津南区	Jinnan District	18.18	19.43	50.45	53.30	51.88	1398
北辰区	Beichen District	17.51	18.00	44.22	45.37	44.80	959
武清区	Wuqing District	34.29	35.33	105.01	107.72	106.36	684
宝坻区	Baodi District	24.43	24.93	74.29	74.87	74.58	496
滨海新区	Binhai New Area	53.79	55.70	144.23	149.70	146.96	624
宁河区	Ninghe District	14.90	15.06	40.84	41.07	40.95	317
静海区	Jinghai District	23.41	24.02	61.50	62.25	61.87	422
蓟州区	Jizhou District	28.42	28.68	87.72	87.85	87.79	553

2-4 按性别、城乡分的户籍人口数(2020年)
Registered Population by Sex and Residence,2020

单位：万人(10 000 persons)

地　　区	Region	男　性 Male	女　性 Female	性别比（女=100）Sex Ratio (Female=100)	城　镇 Urban	乡　村 Rural
全市总计	**Total**	**561.05**	**569.62**	**98.50**	**811.26**	**319.41**
# 市内六区	Six Urban Districts	204.29	213.84	95.53	418.13	
和平区	Heping District	21.37	23.54	90.76	44.91	
河东区	Hedong District	38.21	38.92	98.17	77.13	
河西区	Hexi District	43.91	47.02	93.37	90.93	
南开区	Nankai District	43.96	46.06	95.45	90.02	
河北区	Hebei District	31.71	32.49	97.59	64.21	
红桥区	Hongqiao District	25.13	25.80	97.39	50.93	
东丽区	Dongli District	21.69	22.14	97.97	35.17	8.66
西青区	Xiqing District	22.92	23.67	96.83	39.65	6.94
津南区	Jinnan District	26.55	26.75	99.25	44.46	8.84
北辰区	Beichen District	22.37	23.01	97.20	17.58	27.80
武清区	Wuqing District	53.10	54.62	97.22	46.90	60.82
宝坻区	Baodi District	37.45	37.42	100.09	24.35	50.52
滨海新区	Binhai New Area	76.19	73.51	103.64	132.55	17.15
宁河区	Ninghe District	20.59	20.48	100.55	15.06	26.01
静海区	Jinghai District	31.45	30.80	102.11	10.53	51.71
蓟州区	Jizhou District	44.47	43.39	102.48	26.89	60.97

2-5 各种特征年龄组的户籍人口(2020年)
Registered Population by Age Groups,2020

单位：万人(10 000 persons)

年龄组	Age Groups	合 计 Total	#市内六区 Six Urban Districts	男 性 Male	#市内六区 Six Urban Districts	女 性 Female	#市内六区 Six Urban Districts
按学龄人口分组	**Grouped by School Age**						
0-2岁	Age 0-2	27.98	8.23	14.48	4.27	13.49	3.96
3-5岁	Age 3-5	34.19	11.15	17.68	5.78	16.50	5.37
6-14岁	Age 6-14	100.56	30.84	52.99	16.09	47.57	14.75
15-17岁	Age 15-17	24.86	5.48	13.15	2.83	11.71	2.65
18-21岁	Age 18-21	36.96	8.28	19.31	4.19	17.65	4.09
按婚育人口分组	**Grouped by Marriage Age and Child-bearing Age**						
进入法定婚龄人口	Reaching Legal Marriage Age	9.37	2.20	4.76	1.10	4.61	1.10
育龄妇女人口(15-49岁)	Women at Child-bearing Age (between 15-49)	261.12	88.49			261.12	88.49
按劳龄人口分组	**Grouped by Labour Age**						
进入劳龄人口	Reaching Labour Age						
国内标准(16岁)	Domestic Standard (16 years old)	9.45	2.14	5.00	1.11	4.45	1.03
国际标准(15岁)	International Standard (15 years old)	9.42	2.14	4.98	1.10	4.44	1.04
劳动年龄内人口	Within Labour Age						
国内标准	Domestic Standard	634.74	214.26	338.13	114.53	296.61	99.73
国际标准	International Standard	774.92	277.50	384.99	136.39	389.94	141.11
退出劳龄人口	Over Labour Age						
国内标准	Domestic Standard	15.89	6.30	7.82	3.80	8.07	2.50
国际标准	International Standard	18.09	8.78	8.77	4.21	9.32	4.57
按老年人口分组	**Grouped by Aged Population**						
60岁及以上人口	Age 60 and over	278.36	132.84	132.79	62.53	145.57	70.31
占总人口比重(%)	Proportion in Total (%)	24.62	31.77	23.67	30.61	25.56	32.88
65岁及以上人口	Age 65 and over	193.03	90.42	90.91	41.77	102.12	48.65
占总人口比重(%)	Proportion in Total (%)	17.07	21.62	16.20	20.45	17.93	22.75
80岁及以上人口	Age 80 and over	35.05	18.86	15.44	7.85	19.61	11.01
占总人口比重(%)	Proportion in Total (%)	3.10	4.51	2.75	3.84	3.44	5.15

注：劳动年龄内人口的国内标准指男16-59岁,女16-54岁；国际标准指男女均为15-64岁。
Note: Domestic standards for the population of working age refer to 16-59 years old for male and 16-54 years old for female, while international standards refer to 15-64 years old for both male and female.

2-6 各区常住人口(2011-2020年)
Permanent Population by Region,2011-2020

单位：万人(10 000 persons)

地　　区	Region	2011	2012	2013	2014	2015
全市总计	**Total**	**1341**	**1378**	**1410**	**1429**	**1439**
#市内六区	Six Urban Districts	437	440	442	438	427
和平区	Heping District	28	30	33	34	35
河东区	Hedong District	88	89	90	90	88
河西区	Hexi District	88	89	89	88	86
南开区	Nankai District	101	101	101	99	96
河北区	Hebei District	79	78	76	75	72
红桥区	Hongqiao District	53	53	53	52	50
东丽区	Dongli District	63	69	74	78	82
西青区	Xiqing District	77	87	95	103	109
津南区	Jinnan District	67	75	82	89	97
北辰区	Beichen District	73	78	82	86	89
武清区	Wuqing District	102	107	111	115	117
宝坻区	Baodi District	81	81	80	79	79
滨海新区	Binhai New Area	247	244	243	239	236
宁河区	Ninghe District	42	42	43	42	42
静海区	Jinghai District	68	71	74	77	78
蓟州区	Jizhou District	84	84	84	83	83

2-6续表 *Continued*

单位：万人(10 000 persons)

地　　区	Region	2016	2017	2018	2019	2020
全市总计	**Total**	**1443**	**1410**	**1383**	**1385**	**1387**
#市内六区	Six Urban Districts	426	416	406	405	405
和平区	Heping District	34	34	33	33	35
河东区	Hedong District	88	86	85	85	86
河西区	Hexi District	86	84	81	82	82
南开区	Nankai District	96	93	91	90	89
河北区	Hebei District	71	69	67	66	65
红桥区	Hongqiao District	51	50	49	49	48
东丽区	Dongli District	84	83	82	83	86
西青区	Xiqing District	114	113	112	115	119
津南区	Jinnan District	92	90	90	90	93
北辰区	Beichen District	91	90	90	90	91
武清区	Wuqing District	117	114	112	113	115
宝坻区	Baodi District	79	77	75	75	72
滨海新区	Binhai New Area	234	227	218	216	207
宁河区	Ninghe District	43	41	41	40	40
静海区	Jinghai District	79	77	76	77	79
蓟州区	Jizhou District	84	82	81	81	80

2-7 人口婚姻情况(2017—2020年)
Marriage Registration,2017-2020

指 标	Item	2017	2018	2019	2020
登记结婚对数(对)	**Marriages(couple)**	**95068**	**97486**	**96424**	**89844**
# 恢复结婚对数	Remarriage with Former Spouse	17633	21441	25285	23281
涉外婚姻登记	Chinese-Foreigner Marriages	288	279	386	165
按婚前状况分	**Grouped by Pre-marriage Condition**				
初婚人数(万人)	First Marriages (10 000 persons)	15.40	14.96	9.99	9.02
再婚人数(万人)	Remarriages (10 000 persons)	3.61	4.54	9.30	8.95
离婚对数(对)	**Divorces (couple)**	**60972**	**64536**	**74553**	**72353**
法院判决离婚	Mediated by the Court	5133	3794	4626	3668
民政协议离婚	Approved by Civil Administration Agencies	55839	60742	69927	68685

资料来源：天津市高级人民法院和天津市民政局
Source: Tianjin Municipal Higher People's Court and Tianjin Municipal Civil Affairs Bureau.

2-8 第七次全国人口普查按地区分的人口性别构成
Sex Composition on the Seventh National Population Census by Region

单位：万人(10 000 persons)

地 区	Region	合 计 Total	男 性 Male	女 性 Female	比 重(%) Proportion in Total (%) 男 性 Male	女 性 Female	性别比 (女＝100) Sex Ratio (Female=100)
全 市 总 计	**Total**	**1387**	**714**	**672**	**51.53**	**48.47**	**106.31**
和平区	Heping District	35	18	17	51.91	48.09	107.92
河东区	Hedong District	86	43	43	50.02	49.98	100.08
河西区	Hexi District	82	40	42	48.89	51.11	95.65
南开区	Nankai District	89	44	45	49.33	50.67	97.35
河北区	Hebei District	65	32	33	49.70	50.30	98.82
红桥区	Hongqiao District	48	24	24	50.02	49.98	100.10
东丽区	Dongli District	86	45	40	52.87	47.13	112.19
西青区	Xiqing District	119	63	57	52.62	47.38	111.06
津南区	Jinnan District	93	49	44	52.86	47.14	112.15
北辰区	Beichen District	91	47	44	52.05	47.95	108.56
武清区	Wuqing District	115	59	56	51.44	48.56	105.94
宝坻区	Baodi District	72	37	35	51.64	48.36	106.77
滨海新区	Binhai New Area	207	109	97	52.95	47.05	112.52
宁河区	Ninghe District	40	21	19	51.90	48.10	107.90
静海区	Jinghai District	79	41	38	52.34	47.66	109.84
蓟州区	Jizhou District	80	40	39	50.69	49.31	102.79

注：本表为2020年第七次全国人口普查快速汇总数据，分区数据按普查机构汇总，合计数与分项数据有出入，表2-9至2-15相同。
Note: Data in this table are obtained from fast summarizing of the seventh National Population Census. Regional data are summarized by census agency. The composite count differs from the itemized data. Same as table 2-9 to 2-15.

2-9 第七次全国人口普查按地区分的城乡人口
Population by Residence on the Seventh National Population Census by Region

单位：万人(10 000 persons)

地　区	Region	合　计 Total	城　镇 Urban	乡　村 Rural
全市总计	**Total**	**1387**	**1174**	**212**
和平区	Heping District	35	35	
河东区	Hedong District	86	86	
河西区	Hexi District	82	82	
南开区	Nankai District	89	89	
河北区	Hebei District	65	65	
红桥区	Hongqiao District	48	48	
东丽区	Dongli District	86	86	
西青区	Xiqing District	119	113	6
津南区	Jinnan District	93	93	
北辰区	Beichen District	91	82	9
武清区	Wuqing District	115	64	51
宝坻区	Baodi District	72	31	41
滨海新区	Binhai New Area	207	198	9
宁河区	Ninghe District	40	19	21
静海区	Jinghai District	79	45	34
蓟州区	Jizhou District	80	38	41

2-10 第七次全国人口普查按地区分的年龄构成
Age Composition of Population on the Seventh National Population Census by Region

单位：万人、%(10 000 persons,%)

地　区	Region	合　计 Total	0-14岁 Age 0-14	15-64岁 Age 15-64	65岁及以上 Age 65 and over	比重 Proportion 0-14岁 Age 0-14	比重 Proportion 15-64岁 Age 15-64	比重 Proportion 65岁及以上 Age 65 and over
全市总计	**Total**	**1387**	**187**	**995**	**205**	**13.47**	**71.77**	**14.75**
和平区	Heping District	35	5	25	6	14.56	69.72	15.72
河东区	Hedong District	86	10	59	17	11.53	69.01	19.46
河西区	Hexi District	82	10	56	16	12.21	68.31	19.48
南开区	Nankai District	89	11	61	18	11.96	68.36	19.69
河北区	Hebei District	65	7	44	13	10.94	68.41	20.65
红桥区	Hongqiao District	48	5	33	10	10.54	68.99	20.47
东丽区	Dongli District	86	11	64	10	13.02	75.24	11.74
西青区	Xiqing District	119	14	92	13	12.03	77.19	10.79
津南区	Jinnan District	93	13	71	10	13.49	76.23	10.28
北辰区	Beichen District	91	11	68	12	12.24	74.37	13.39
武清区	Wuqing District	115	17	82	16	14.87	71.18	13.96
宝坻区	Baodi District	72	11	50	11	14.80	69.38	15.83
滨海新区	Binhai New Area	207	29	153	24	14.26	74.10	11.63
宁河区	Ninghe District	40	6	27	6	15.76	68.86	15.37
静海区	Jinghai District	79	13	55	10	16.31	70.38	13.30
蓟州区	Jizhou District	80	13	54	13	16.75	67.29	15.96

2-11 第七次全国人口普查按地区分的户别人口

Registered Population on the Seventh National Population Census by Region

单位：万人，%，人/户(10 000 persons,%,person/household)

地 区	Region	合 计 Total	家庭户人口数 Population of Family Household	集体户人口数 Population of Collective Households	家庭户人口比重 Percentage of Population of Family Households to Total	平均家庭户规模 Average Family Size
全市总计	**Total**	**1387**	**1167**	**220**	**84.15**	**2.40**
和平区	Heping District	35	27	9	75.06	2.31
河东区	Hedong District	86	73	13	84.99	2.20
河西区	Hexi District	82	68	14	82.73	2.26
南开区	Nankai District	89	75	14	84.57	2.24
河北区	Hebei District	65	56	9	86.87	2.22
红桥区	Hongqiao District	48	41	7	84.61	2.21
东丽区	Dongli District	86	73	13	84.61	2.33
西青区	Xiqing District	119	88	31	73.83	2.35
津南区	Jinnan District	93	73	20	78.71	2.42
北辰区	Beichen District	91	74	17	80.95	2.35
武清区	Wuqing District	115	103	13	89.12	2.67
宝坻区	Baodi District	72	66	6	91.10	2.58
滨海新区	Binhai New Area	207	170	37	82.30	2.38
宁河区	Ninghe District	40	37	3	93.40	2.60
静海区	Jinghai District	79	68	11	86.39	2.54
蓟州区	Jizhou District	80	76	4	95.33	2.72

2-12 第七次全国人口普查按地区分的家庭户规模

Family Households on the Seventh National Population Census by Size and Region

单位：万户(10 000 households)

地 区	Region	合 计 Total	一人户 One-person	二人户 Two-person	三人户 Three-person	四人户 Four-person	五人户 Five-person	六人及以上户 Six-person and over
全市总计	**Total**	**486.7**	**116.7**	**172.7**	**120.9**	**51.2**	**16.8**	**8.4**
和平区	Heping District	11.5	3.0	4.2	2.8	1.0	0.3	0.2
河东区	Hedong District	33.2	9.2	12.6	8.3	2.3	0.7	0.2
河西区	Hexi District	30.1	8.0	10.9	7.8	2.4	0.7	0.3
南开区	Nankai District	33.6	9.1	12.3	8.7	2.5	0.8	0.3
河北区	Hebei District	25.3	6.8	9.6	6.5	1.8	0.5	0.2
红桥区	Hongqiao District	18.5	4.9	7.3	4.7	1.2	0.4	0.1
东丽区	Dongli District	31.1	8.0	11.1	7.6	3.1	1.0	0.4
西青区	Xiqing District	37.6	9.5	13.5	9.1	3.9	1.1	0.5
津南区	Jinnan District	30.2	7.2	10.3	7.7	3.5	1.0	0.5
北辰区	Beichen District	31.3	8.0	11.1	7.8	2.9	1.0	0.5
武清区	Wuqing District	38.4	7.5	12.3	9.6	5.3	2.4	1.3
宝坻区	Baodi District	25.6	4.8	9.3	6.2	3.3	1.2	0.7
滨海新区	Binhai New Area	71.4	17.6	24.5	18.3	7.8	2.3	0.9
宁河区	Ninghe District	14.2	2.8	5.0	3.3	2.0	0.7	0.5
静海区	Jinghai District	26.7	5.5	9.4	6.2	4.1	1.0	0.6
蓟州区	Jizhou District	27.8	5.0	9.3	6.4	4.1	1.7	1.3

2-13 第七次全国人口普查按地区分的家庭户类别
Types of Family Households on the Seventh National Population Census by Region

单位：万户(10 000 households)

地　　区	Region	合　计 Total	一代户 One-Generation	二代户 Two-Generation	三代户 Three-Generation	四代及以上户 Four-Generation and over
全市总计	**Total**	**486.7**	**262.7**	**182.7**	**40.3**	**1.0**
和平区	Heping District	11.5	6.0	4.6	0.9	
河东区	Hedong District	33.2	19.3	11.8	2.1	
河西区	Hexi District	30.1	16.4	11.4	2.3	
南开区	Nankai District	33.6	18.9	12.4	2.3	
河北区	Hebei District	25.3	14.6	9.0	1.7	
红桥区	Hongqiao District	18.5	10.9	6.5	1.1	
东丽区	Dongli District	31.1	17.8	11.2	2.1	
西青区	Xiqing District	37.6	21.4	13.8	2.4	
津南区	Jinnan District	30.2	16.0	11.9	2.3	
北辰区	Beichen District	31.3	17.5	11.4	2.5	
武清区	Wuqing District	38.4	18.1	14.6	5.5	0.2
宝坻区	Baodi District	25.6	13.2	9.6	2.7	0.1
滨海新区	Binhai New Area	71.4	38.6	27.7	5.0	0.1
宁河区	Ninghe District	14.2	7.2	5.4	1.5	0.1
静海区	Jinghai District	26.7	13.9	10.8	2.0	0.1
蓟州区	Jizhou District	27.8	13.1	10.6	3.9	0.2

2-14 第七次全国人口普查按地区分的各种受教育程度人口
Population with Various Education Attainments on the Seventh National Population Census by Region

单位：万人(10 000 persons)

地　　区	Region	总计 Total	小学 Primary School	初中 Junior Secondary School	高中(含中专) Senior Secondary School and Technical Secondary School	大专及以上 Junior College and Above
全市总计	**Total**	**1387**	**224**	**448**	**246**	**374**
和平区	Heping District	35	5	10	7	12
河东区	Hedong District	86	9	23	21	29
河西区	Hexi District	82	9	19	18	32
南开区	Nankai District	89	9	20	20	36
河北区	Hebei District	65	7	17	17	20
红桥区	Hongqiao District	48	5	13	13	15
东丽区	Dongli District	86	13	30	14	23
西青区	Xiqing District	119	17	37	20	38
津南区	Jinnan District	93	15	31	13	26
北辰区	Beichen District	91	14	31	17	24
武清区	Wuqing District	115	24	46	17	19
宝坻区	Baodi District	72	17	30	8	11
滨海新区	Binhai New Area	207	30	59	39	63
宁河区	Ninghe District	40	11	16	5	5
静海区	Jinghai District	79	20	32	9	12
蓟州区	Jizhou District	80	19	34	10	10

2-15 第七次全国人口普查按地区分的每十万人拥有的各种受教育程度人口

Population with Various Education Attainments per 100 000 Persons on the Seventh National Population Census by Region

单位：人/10万人(person/100 000 persons)

地 区	Region	小学 Primary School	初中 Junior Secondary School	高中(含中专) Senior Secondary School and Technical Secondary School	大专及以上 Junior College and above
全市总计	**Total**	**16123**	**32294**	**17719**	**26940**
和平区	Heping District	14283	28495	18821	32685
河东区	Hedong District	10746	26203	24058	33367
河西区	Hexi District	10734	22622	22178	38968
南开区	Nankai District	10361	22220	21917	40064
河北区	Hebei District	10291	27004	26348	30917
红桥区	Hongqiao District	10304	27062	26885	30518
东丽区	Dongli District	14980	34769	16476	26698
西青区	Xiqing District	14372	30617	16501	31801
津南区	Jinnan District	16421	33676	13844	28452
北辰区	Beichen District	14958	33991	18606	25865
武清区	Wuqing District	21010	40370	14484	16893
宝坻区	Baodi District	23590	42046	11193	14911
滨海新区	Binhai New Area	14717	28604	18717	30344
宁河区	Ninghe District	27457	40141	11955	12303
静海区	Jinghai District	24934	40393	11697	15016
蓟州区	Jizhou District	23343	42752	11992	13022

主要统计指标解释

常住人口

指实际经常居住在某地区半年以上的人口。按人口普查和抽样调查规定，主要包括：(1) 除离开本地半年以上（不包括在国外工作或学习的人）的全部常住本地的户籍人口；(2) 户口在外地，但在本地居住半年以上者，或离开户口地半年以上而调查时在本地居住的人口；(3) 调查时居住在本地，但在任何地方都没有登记常住户口，如手持户口迁移证、出生证、退伍证、劳改劳教释放证等尚未办理常住户口的人，即所谓“口袋户口”的人。

人口密度

指单位土地面积上的人口数。通常使用常住人口计算人口密度，用于说明人口的拥挤程度。以每平方公里的居民人数来表示。计算公式：

$$人口密度=\frac{常住人口}{总土地面积}$$

人口出生率（又称粗出生率）

指在一定时期内(通常为一年)一定地区的出生人数与同期内平均人数(或期中人数)之比，用千分率表示。本资料中的出生率指年出生率，其计算公式为：

$$人口出生率=\frac{年出生人数}{年平均人数}\times 1000‰$$

公式中：出生人数指活产婴儿，即胎儿脱离母体时(不管怀孕月数)，有过呼吸或其他生命现象。年平均人数指年初、年底人口数的平均数，也可用年中人口数代替。

人口死亡率（又称粗死亡率）

指在一定时期内(通常为一年)一定地区的死亡人数与同期内平均人数(或期中人数)之比，用千分率表示。本资料中的死亡率指年死亡率，其计算公式为：

$$人口死亡率=\frac{年死亡人数}{年平均人数}\times 1000‰$$

人口自然增长率

指在一定时期内(通常为一年)人口自然增加数(出生人数减死亡人数)与该时期内平均人数(或期中人数)之比，用千分率表示。计算公式为：

$$人口自然增长率=\frac{本年出生人数-本年死亡人数}{年平均人数}\times 1000‰$$
$$=人口出生率-人口死亡率$$

总负担系数

指14岁及以下少年儿童人口数和65岁及以上老年人口数与15-64岁劳动力年龄人口数的比例。表明的是每百名劳动年龄人口负担多少非劳动年龄人口。计算公式：

$$总负担系数=\frac{14岁及以下人数+65岁以上人数}{15\text{-}64岁人数}\times 100\%$$

负担少儿系数

指14岁及以下少年儿童人口数与15-64岁劳动力年龄人口数的比例。表明的是每百名劳动年龄人口负担多少少年儿童。

$$负担少儿系数=\frac{14岁及以下人数}{15\text{-}64岁人数}\times 100\%$$

负担老年系数

指65岁及以上老年人口数与15-64岁劳动力年龄人口数的比例。表明的是每百名劳动年龄人口负担多少老年人口。

$$负担老年系数=\frac{65岁及以上人数}{15\text{-}64岁人数}\times 100\%$$

老少比

指65岁及以上老年人口与14岁及以下少年儿童人口数之比。表明人口老龄化程度及人口年龄机构特征。

$$老少比=\frac{65岁及以上人数}{14岁及以下人数}\times 100\%$$

法定婚龄、劳龄人口

我国进入婚龄法定人口标准为男22岁、女20岁；进入劳龄人口、劳动年龄内人口、退出劳龄人口的国内标准分别是男16岁、16-59岁、60岁和女16岁、16-54岁、55岁；国际标准男女均为15岁、15-64岁、65岁。

Explanatory Notes on Main Statistical Indicators

Permanent Population

refers to the total number of people alive at a given area over half a year. According to the regulation of population census and sample survey, permanent resident population include (1) registered population in this area except those who have left this area over half a year (exclude those going abroad to work or study). (2) population with residence registered in other area, but having actually resided in this area over half a year or having left place of residence registration over half a year and resided in this area during the period of population survey. (3) population with residence registration in this enumeration area not yet settled, i.e. residence card on hand, migration certificate, birth certificate, demobilized soldier card, release certificate, etc.

Population Density

refers to the total number of people within unit land area. Usually, population density is calculated with permanent resident population and indicates crowd degree of population. It is often expressed in the number of people per square kilometer. The following formula is used:

$$\textit{Population Density} = \frac{\textit{Permanent Resident Population}}{\textit{Total Area of Land}}$$

Birth Rate (or Crude Birth Rate)

refers to the ratio of the number of births to the average population (or mid-period population) during a certain period of time (usually a year), expressed in ‰. Birth rate in the chapter refers to annual birth rate. The following formula is used:

$$\textit{Birth Rate} = \frac{\textit{Number of Births}}{\textit{Annual Average Population}} \times 1000‰$$

Number of births in the formula refers to live births, i.e. when a baby has breathed or showed any vital phenomena regardless of the length of pregnancy. Annual average population is the average of the number of population at the beginning of the year and that at the end of the year. Sometimes it is substituted by the mid-year population.

Death Rate (or Crude Death Rate)

refers to the ratio of the number of deaths to the average population (or mid-period population) during a certain period of time (usually a year), expressed in ‰. Death rate in the chapter refers to annual death rate. The following formula is used:

$$\textit{Death Rate} = \frac{\textit{Number of Deaths}}{\textit{Annual Average Population}} \times 1000‰$$

Natural Growth Rate of Population

refers to the ratio of natural increase in population (number of births minus number of deaths) in a certain period of time (usually a year) to the average population (or mid-period population) of the same period, expressed in ‰. The following formula is applied:

$$\textit{Natural Growth Rate of Population} = \frac{(\textit{Number of Births - Number of Deaths})}{\textit{Annual Average Population}} \times 1000‰$$

$$\textit{Natural Growth Rate of Population} = \textit{Birth Rate - Death Rate}$$

Total Dependency Ratio

refers to the ratio of children aged 0-14 and elderly population aged 65 and over to the working-age population aged 15-64. It describes in general the number of non-working-age population that every 100 people at working ages will take care of. The following formula is used:

$$\textit{Gross Dependency Ratio} = \frac{(\textit{Population Aged } 0-14) + (\textit{Population Aged 65 and over})}{\textit{Population Aged } 15-64} \times 100\%$$

Youth Dependency Ratio

refers to the ratio of children aged 0-14 over to the working-age population aged 15-64. It describes in general the number of youth population that every 100 people at working ages will take care of. The following formula is used:

Youth Dependency Ratio =

[(*Population Aged* 0-14)/ (*Population Aged* 15-64)] × 100%

Elderly Dependency Ratio

refers to the ratio of population aged 65 and over to the working-age population aged 15-64. It describes in general the number of elderly populations that every 100 people at working ages will take care of. The following formula is used:

Elderly Dependency Ratio =

[(*Population Aged* 65 *and over*)/ (*Population Aged* 15-64)] × 100%

Elderly-Youth Ratio

refers to the ratio of population aged 65 and over to the children aged 0-14. It describes the degree of population aging and the characteristics of population age mechanism.

The following formula is used:

Elderly-Youth Ratio =

[(*Population Aged* 65 *and over*)/ (*Population Aged* 0-14)] × 100%

Legal Marriage Age, Labour Age Population

The standard of legal marriage age is 22 for male and 20 for female. The domestic standard of "reaching labour age", "within labour age" and "over labour age" are 16,16 to 59,60 for male respectively and 16,16 to 54,55 for female respectively; the international standard of these items are 15,15-64 and 65 respectively for both male and female.

第三篇　国民经济核算

Chapter 3　National Accounts

3-1 全市生产总值(1978—2020年)
Gross Domestic Product,1978-2020

单位：亿元(100 million yuan)

年 份 Year	全市生产总值 Gross Domestic Product	按产业分 Grouped by Three Strata of Industry			按行业分 Grouped by Sector		人均生产总值(元) GDP per Capita (yuan)	社会劳动生产率(元/人) Society Labour Productivity (yuan/person)
		第一产业 Primary Industry	第二产业 Secondary Industry	第三产业 Tertiary Industry	#工业 Industry	#建筑业 Construction		
1978	82.65	5.03	57.53	20.09	54.39	3.14	1133	2300
1979	93.01	6.54	64.82	21.65	61.01	3.81	1241	2489
1980	103.53	6.53	72.56	24.44	67.48	5.08	1357	2671
1981	107.96	5.18	76.97	25.81	71.06	5.91	1458	2672
1982	114.11	7.00	79.86	27.24	72.30	7.56	1469	2737
1983	123.42	7.60	84.47	31.35	76.69	7.78	1555	2883
1984	147.53	11.13	96.47	39.93	87.97	8.50	1853	3342
1985	175.78	12.95	114.92	47.91	104.80	10.12	2169	3892
1986	194.74	16.51	123.33	54.90	111.90	11.43	2352	4220
1987	220.12	19.63	138.02	62.47	125.05	12.97	2621	4694
1988	259.71	26.21	160.96	72.54	146.73	14.23	3035	5549
1989	283.49	26.85	177.54	79.10	160.73	16.81	3261	6064
1990	310.95	27.32	181.38	102.25	165.59	15.79	3487	6617
1991	342.65	29.26	196.60	116.79	179.75	16.85	3777	7216
1992	411.04	30.26	233.41	147.37	212.80	20.61	4481	8516
1993	538.94	35.40	308.40	195.14	280.73	27.67	5800	10901
1994	732.89	46.55	414.95	271.39	371.43	43.52	7751	14426
1995	931.97	60.80	518.55	352.62	467.93	50.62	9769	18126
1996	1121.93	67.67	609.10	445.16	549.81	59.29	11734	21842
1997	1264.63	69.52	676.01	519.10	609.65	66.36	13142	24668
1998	1344.65	74.14	689.21	581.30	613.31	75.90	14086	26329
1999	1435.64	71.14	717.92	646.58	641.82	76.10	14985	28254
2000	1591.67	73.69	794.75	723.23	716.71	78.04	16236	31992
2001	1756.89	78.73	858.76	819.40	768.58	90.18	17523	36030
2002	1926.87	84.21	931.46	911.20	830.45	101.01	19161	39286
2003	2257.77	89.91	1137.59	1030.27	1021.25	116.34	22371	44997
2004	2621.10	105.28	1348.28	1167.54	1207.17	141.11	25761	50470
2005	3158.60	112.38	1630.53	1415.69	1451.34	179.20	30567	59023
2006	3538.18	103.35	1834.54	1600.29	1644.59	189.95	33411	64014
2007	4158.41	107.47	2123.63	1927.31	1888.57	235.06	37976	70670
2008	5182.43	116.60	2659.71	2406.12	2370.22	289.49	45242	82179
2009	5709.57	119.53	2808.74	2781.30	2478.72	330.02	47497	86218
2010	6830.76	131.71	3259.74	3439.31	2837.27	422.47	54053	101638
2011	8112.51	141.10	3756.26	4215.15	3231.33	524.94	61458	120722
2012	9043.02	147.90	4134.03	4761.09	3575.24	558.79	66517	132015
2013	9945.44	154.79	4407.10	5383.55	3814.68	625.02	71345	141673
2014	10640.62	158.82	4615.50	5866.30	3972.44	677.29	74960	148924
2015	10879.51	162.31	4489.59	6227.61	3815.09	695.60	75868	151525
2016	11477.20	168.46	4367.97	6940.77	3773.04	710.84	79647	161310
2017	12450.56	168.96	4564.06	7717.54	3942.48	704.03	87280	179274
2018	13362.92	175.30	4835.30	8352.32	4276.91	674.07	95689	197093
2019	14055.46	185.41	4947.18	8922.87	4372.27	693.76	101557	211202
2020	14083.73	210.18	4804.08	9069.47	4188.13	719.73	101614	215677

注：1998年及以后数据，根据第四次全国经济普查结果重新修订；2020年数据为初步核算数据。表3-2至表3-7同。

Note: Data from 1998 are revised according to Fourth National Economic Census; Data in 2020 is season primary consequence.Same as table 3-2 to 3-7.

3-2 全市生产总值构成(1978—2020年)
Composition of Gross Domestic Product,1978-2020

单位：%(%)

年份 Year	全市生产总值 Gross Domestic Product	按产业分 Grouped by Three Strata of Industry			按行业分 Grouped by Sector	
		第一产业 Primary Industry	第二产业 Secondary Industry	第三产业 Tertiary Industry	# 工业 Industry	# 建筑业 Construction
1978	100	6.1	69.6	24.3	65.8	3.8
1979	100	7.0	69.7	23.3	65.6	4.1
1980	100	6.3	70.1	23.6	65.2	4.9
1981	100	4.8	71.3	23.9	65.8	5.5
1982	100	6.1	70.0	23.9	63.4	6.6
1983	100	6.2	68.4	25.4	62.1	6.3
1984	100	7.5	65.4	27.1	59.6	5.8
1985	100	7.4	65.4	27.2	59.6	5.8
1986	100	8.5	63.3	28.2	57.4	5.9
1987	100	8.9	62.7	28.4	56.8	5.9
1988	100	10.1	62.0	27.9	56.5	5.5
1989	100	9.5	62.6	27.9	56.7	5.9
1990	100	8.8	58.3	32.9	53.2	5.1
1991	100	8.5	57.4	34.1	52.5	4.9
1992	100	7.4	56.8	35.8	51.8	5.0
1993	100	6.6	57.2	36.2	52.1	5.1
1994	100	6.4	56.6	37.0	50.7	5.9
1995	100	6.5	55.7	37.8	50.2	5.5
1996	100	6.0	54.3	39.7	49.0	5.3
1997	100	5.5	53.5	41.0	48.2	5.3
1998	100	5.5	51.3	43.2	45.6	5.7
1999	100	5.0	50.0	45.0	44.7	5.3
2000	100	4.6	49.9	45.5	45.0	4.9
2001	100	4.5	48.9	46.6	43.8	5.1
2002	100	4.4	48.3	47.3	43.1	5.2
2003	100	4.0	50.4	45.6	45.2	5.2
2004	100	4.0	51.4	44.6	46.0	5.4
2005	100	3.6	51.6	44.8	45.9	5.7
2006	100	2.9	51.9	45.2	46.5	5.4
2007	100	2.6	51.1	46.3	45.4	5.7
2008	100	2.3	51.3	46.4	45.7	5.6
2009	100	2.1	49.2	48.7	43.4	5.8
2010	100	1.9	47.7	50.4	41.5	6.2
2011	100	1.7	46.3	52.0	39.8	6.5
2012	100	1.6	45.7	52.7	39.5	6.2
2013	100	1.6	44.3	54.1	38.4	6.3
2014	100	1.5	43.4	55.1	37.3	6.4
2015	100	1.5	41.3	57.2	35.1	6.4
2016	100	1.5	38.0	60.5	32.9	6.2
2017	100	1.3	36.7	62.0	31.7	5.7
2018	100	1.3	36.2	62.5	32.0	5.0
2019	100	1.3	35.2	63.5	31.1	4.9
2020	100	1.5	34.1	64.4	29.7	5.1

3-3 全市生产总值指数(1978—2020年)
Indices of Gross Domestic Product,1978-2020

上年=100(preceding year=100)

年份 Year	全市生产总值 Gross Domestic Product	按产业分 Grouped by Three Strata of Industry			按行业分 Grouped by Sector		人均生产总值 GDP per Capita	社会劳动生产率 Society Labour Productivity
		第一产业 Primary Industry	第二产业 Secondary Industry	第三产业 Tertiary Industry	#工业 Industry	#建筑业 Construction		
1978	120.9	115.6	123.3	116.0	121.1	167.9	119.6	117.1
1979	110.0	117.4	110.4	107.0	110.4	110.7	107.1	105.9
1980	110.0	99.8	111.4	108.7	110.6	122.0	108.0	106.0
1981	104.8	79.1	107.0	104.8	106.6	112.2	108.0	100.5
1982	104.3	112.9	103.5	105.3	102.4	117.5	99.4	101.1
1983	108.3	109.2	106.0	114.8	106.0	106.3	106.0	105.5
1984	119.3	122.8	116.6	125.9	117.5	106.2	118.9	115.6
1985	110.6	121.1	110.5	108.8	110.0	116.5	108.7	108.1
1986	105.8	108.0	105.5	106.0	105.0	111.8	103.6	103.6
1987	107.6	106.0	108.3	106.3	108.2	108.9	106.1	105.9
1988	105.8	107.7	107.7	100.4	108.3	101.2	103.8	106.0
1989	101.6	111.4	98.1	109.3	97.8	101.2	100.0	101.8
1990	105.4	104.6	101.1	116.4	102.0	91.6	102.7	104.8
1991	106.0	103.4	105.5	107.5	105.8	102.1	104.2	104.9
1992	111.7	100.7	111.5	114.6	112.4	101.2	110.4	109.8
1993	112.1	107.4	112.9	111.7	113.6	103.6	110.6	109.4
1994	114.3	105.3	114.7	115.6	114.1	122.7	112.3	111.2
1995	114.9	106.3	114.1	117.9	114.5	109.9	113.9	113.5
1996	114.3	108.2	114.3	115.4	114.6	110.1	114.0	114.4
1997	112.1	107.7	111.7	113.4	111.8	110.1	111.4	112.3
1998	107.0	106.7	106.1	108.5	105.6	112.7	106.6	107.4
1999	107.6	100.1	108.4	107.6	109.1	99.3	107.2	108.1
2000	108.3	103.7	108.3	109.0	108.8	101.0	105.8	110.6
2001	109.6	106.3	109.8	109.8	109.3	114.4	107.2	111.8
2002	110.2	106.1	111.2	109.5	111.1	112.3	109.9	109.6
2003	112.3	106.1	115.3	109.6	116.0	109.1	111.9	109.8
2004	113.6	105.1	117.5	109.8	119.3	101.4	112.7	109.8
2005	112.2	104.3	115.3	109.1	116.1	106.2	110.5	108.9
2006	111.9	103.4	113.8	110.4	113.9	112.5	109.2	108.3
2007	112.8	101.4	114.1	112.1	114.9	107.8	109.1	106.0
2008	113.7	103.1	114.4	113.5	115.1	108.9	108.7	106.1
2009	113.8	103.4	114.6	113.5	114.9	112.1	108.4	108.4
2010	114.4	103.3	116.5	112.5	117.0	111.1	108.8	112.7
2011	113.4	103.9	114.9	112.4	115.3	111.9	108.6	113.4
2012	111.3	103.0	111.4	111.5	111.4	111.4	108.1	109.2
2013	110.1	101.9	108.8	111.6	109.6	108.6	107.4	107.4
2014	107.5	102.8	106.7	108.4	107.0	106.4	105.6	105.6
2015	106.9	102.6	107.3	106.7	107.2	105.4	105.8	106.4
2016	106.0	103.0	104.0	107.6	106.7	103.4	105.5	107.0
2017	103.4	102.8	101.0	105.1	102.5	92.9	104.4	105.9
2018	103.4	100.1	100.2	105.6	102.9	89.6	105.6	105.9
2019	104.8	100.2	103.2	105.9	103.6	100.3	105.7	106.7
2020	101.5	99.4	101.6	101.4	101.3	103.9	101.3	103.4

注：本表数据按可比价格计算，表3-4至3-7同。
Note: Data in this table are calculated at constant prices. Same as table 3-4 to 3-7.

3-4 全市生产总值指数(1979—2020年)
Indices of Gross Domestic Product,1979-2020

1978年=100(year of 1978=100)

年 份 Year	全市生产总值 Gross Domestic Product	按产业分 Grouped by Three Strata of Industry			按行业分 Grouped by Sector	
		第一产业 Primary Industry	第二产业 Secondary Industry	第三产业 Tertiary Industry	#工 业 Industry	#建筑业 Construction
1979	110.0	117.4	110.4	107.0	110.4	110.7
1980	121.0	117.2	123.0	116.3	122.1	135.1
1981	126.8	92.7	131.6	121.9	130.2	151.5
1982	132.3	104.6	136.2	128.4	133.3	178.0
1983	143.2	114.3	144.4	147.3	141.3	189.3
1984	170.9	140.3	168.3	185.5	166.0	201.0
1985	189.0	169.9	186.0	201.8	182.6	234.2
1986	200.0	183.5	196.2	213.9	191.7	261.8
1987	215.2	194.5	212.5	227.4	207.5	285.1
1988	227.6	209.5	228.9	228.3	224.7	288.5
1989	231.3	233.4	224.5	249.6	219.7	292.0
1990	243.8	244.1	227.0	290.5	224.1	267.5
1991	258.4	252.4	239.5	312.3	237.1	273.1
1992	288.6	254.2	267.0	357.9	266.5	276.3
1993	323.5	273.0	301.5	399.8	302.8	286.3
1994	369.8	287.5	345.8	462.1	345.5	351.3
1995	424.9	305.6	394.6	544.8	395.6	386.1
1996	485.7	330.6	451.0	628.7	453.3	425.1
1997	544.4	356.1	503.8	713.0	506.8	468.0
1998	582.5	380.0	534.5	773.6	535.2	527.4
1999	626.8	380.3	579.4	832.4	583.9	523.7
2000	678.8	394.4	627.5	907.3	635.3	529.0
2001	744.0	419.3	689.0	996.2	694.3	605.2
2002	819.9	444.8	766.2	1090.9	771.4	679.6
2003	920.7	472.0	883.4	1195.6	894.8	741.4
2004	1045.9	496.0	1038.0	1312.8	1067.5	751.8
2005	1173.5	517.4	1196.8	1432.2	1239.4	798.4
2006	1313.2	535.0	1362.0	1581.2	1411.7	898.2
2007	1481.2	542.4	1554.0	1772.5	1622.0	968.3
2008	1684.2	559.3	1777.8	2011.8	1867.0	1054.5
2009	1916.6	578.3	2037.4	2283.4	2145.2	1182.1
2010	2192.6	597.4	2373.6	2568.8	2509.8	1313.3
2011	2486.4	620.7	2727.2	2887.3	2893.8	1469.5
2012	2767.3	639.3	3038.1	3219.4	3223.7	1637.1
2013	3046.8	651.4	3305.5	3592.8	3533.2	1777.9
2014	3275.3	669.7	3526.9	3894.6	3780.5	1891.6
2015	3501.3	687.1	3784.4	4155.6	4052.7	1993.8
2016	3711.4	707.7	3935.8	4471.4	4324.3	2061.6
2017	3837.6	727.5	3975.1	4699.4	4432.4	1915.2
2018	3968.1	728.2	3983.1	4962.6	4560.9	1716.0
2019	4158.6	729.7	4110.5	5255.4	4725.1	1721.2
2020	4220.9	725.3	4176.3	5329.0	4786.5	1788.3

3-5 全市生产总值及增速
Gross Domestic Product and Growth Rate

单位：亿元(100 million yuan)

项　　目	Item	2019	2020	2020比2019年增长(%) Increase Rate in 2020 over 2019(%)
全市生产总值	**Gross Domestic Product**	**14055.46**	**14083.73**	**1.5**
农、林、牧、渔业	Farming, Forestry, Animal Husbandry and Fishery	191.79	218.16	0.7
工　业	Industry	4372.27	4188.13	1.3
建筑业	Construction	693.76	719.73	3.9
批发和零售业	Wholesale and Retail Trade	1357.27	1246.22	-2.0
交通运输、仓储和邮政业	Transportation, Storage and Post Services	787.73	815.55	-1.0
住宿和餐饮业	Accommodation and Catering Services	169.14	132.04	-24.2
信息传输、软件和信息技术服务业	Information Transmitting, Software and Information Technology Services	484.74	554.23	19.8
金融业	Finance Intermediation	1907.86	2056.73	5.1
房地产业	Real Estate	1238.45	1302.51	-0.3
租赁和商务服务业	Leasing and Business Services	496.10	458.14	-6.7
科学研究、技术服务业	Scientific Research, Technical Services	593.41	614.78	4.0
水利、环境和公共设施管理业	Management for Water Conservancy, Environment and Public Facilities	118.68	119.45	-5.7
居民服务、修理和其他服务业	Resident Services, Repair and Other Services	126.44	126.89	-1.3
教　育	Education	634.98	674.22	2.2
卫生和社会工作	Health Care and Social Work	308.81	317.63	0.1
文化、体育和娱乐业	Culture, Sports and Recreational Services	65.52	58.62	-5.9
公共管理、社会保障和社会组织	Public Management, Social Security and Social Organizations	508.51	480.70	2.7
按三次产业分	**Grouped by Three Strata of Industry**			
第一产业	Primary Industry	185.41	210.18	-0.6
第二产业	Secondary Industry	4947.18	4804.08	1.6
第三产业	Tertiary Industry	8922.87	9069.47	1.4

3-6 三次产业贡献率(1996—2020年)

Share of the Contributions of the Three Strata of Industry to the Increase of GDP,1996-2020

单位：%(%)

年 份 Year	全市生产总值 Gross Domestic Product	按产业分 Grouped by Three Strata of Industry			按行业分 Grouped by Sector
		第一产业 Primary Industry	第二产业 Secondary Industry	第三产业 Tertiary Industry	#工 业 Industry
1996	100	3.6	58.1	38.3	55.1
1997	100	3.8	56.4	39.8	53.0
1998	100	5.5	49.7	44.8	42.5
1999	100	0.1	62.4	37.5	62.8
2000	100	2.4	56.8	40.8	56.3
2001	100	3.0	50.8	46.2	43.5
2002	100	2.7	54.9	42.4	48.8
2003	100	2.1	62.7	35.2	58.8
2004	100	1.5	66.7	31.8	66.2
2005	100	1.3	67.1	31.6	64.7
2006	100	1.0	59.7	39.3	53.7
2007	100	0.4	57.8	41.8	54.3
2008	100	0.7	55.9	43.4	52.4
2009	100	0.7	56.4	42.9	51.9
2010	100	0.6	61.5	37.9	57.5
2011	100	0.6	52.8	46.6	47.4
2012	100	0.5	48.7	50.8	42.5
2013	100	0.3	42.1	57.6	40.0
2014	100	0.6	43.0	56.4	39.2
2015	100	0.5	50.1	49.4	43.8
2016	100	0.7	27.1	72.2	38.8
2017	100	1.2	11.3	87.5	26.3
2018	100		2.5	97.5	30.0
2019	100	0.1	25.6	74.3	26.4
2020	100	-0.5	41.1	59.4	31.2

注：产业、行业贡献率指各产业、行业增加值增量与GDP增量之比。

Note: Share of the contributions of the three strata of industry and sector refers to the proportion of the increment of value added of each industry and sector to the increment of GDP.

3-7 三次产业对全市生产总值增长的拉动(1996—2020年)
Contribution of the Three Strata of Industry to GDP Growth,1996-2020

单位：百分点 (percentage point)

年份 Year	全市生产总值 Gross Domestic Product	按产业分 Grouped by Three Strata of Industry			按行业分 Grouped by Sector
		第一产业 Primary Industry	第二产业 Secondary Industry	第三产业 Tertiary Industry	#工 业 Industry
1996	14.3	0.5	8.3	5.5	7.9
1997	12.1	0.5	6.8	4.8	6.4
1998	7.0	0.4	3.5	3.1	3.0
1999	7.6		4.7	2.9	4.8
2000	8.3	0.2	4.7	3.4	4.7
2001	9.6	0.3	4.9	4.4	4.2
2002	10.2	0.3	5.6	4.3	5.0
2003	12.3	0.3	7.7	4.3	7.2
2004	13.6	0.2	9.1	4.3	9.0
2005	12.2	0.2	8.2	3.8	7.9
2006	11.9	0.1	7.1	4.7	6.4
2007	12.8	0.1	7.4	5.3	7.0
2008	13.7	0.1	7.7	5.9	7.2
2009	13.8	0.1	7.8	5.9	7.2
2010	14.4	0.1	8.8	5.5	8.3
2011	13.4	0.1	7.1	6.2	6.4
2012	11.3	0.1	5.5	5.7	4.8
2013	10.1		4.3	5.8	4.0
2014	7.5		3.2	4.3	2.9
2015	6.9		3.5	3.4	3.0
2016	6.0		1.6	4.4	2.3
2017	3.4		0.4	3.0	0.9
2018	3.4		0.1	3.3	1.0
2019	4.8		1.2	3.6	1.5
2020	1.5		0.6	0.9	0.5

注：产业、行业拉动指GDP增长速度与各产业、行业贡献率之乘积。
Note: Contribution of the three strata of industry and sector to GDP growth refers to the growth rate of GDP multiplying the shares of each industry and sector.

3-8 全市生产总值项目结构(1978—2019年)
Components of Gross Domestic Product, 1978-2019

单位：亿元 (100 million yuan)

年 份 Year	全市生产总值 Gross Domestic Product	劳动者报酬 Compensation of Employees	固定资产折旧 Depreciation of Fixed Assets	生产税净额 Net Taxes on Production	营业盈余 Operating Surplus
1978	82.65	26.80	6.10	15.68	34.07
1979	93.01	31.64	6.80	16.28	38.29
1980	103.53	31.35	8.75	19.99	43.44
1981	107.96	31.40	10.40	17.92	48.24
1982	114.11	34.42	11.97	17.68	50.04
1983	123.42	36.21	13.83	20.95	52.43
1984	147.53	51.85	14.58	23.44	57.66
1985	175.78	51.45	17.97	30.39	75.97
1986	194.74	63.11	23.09	32.29	76.25
1987	220.12	76.71	23.41	34.24	85.76
1988	259.71	90.11	27.10	41.82	100.68
1989	283.49	103.47	44.91	43.63	91.48
1990	310.95	135.54	48.41	43.64	83.36
1991	342.65	144.25	55.15	51.14	92.11
1992	411.04	166.13	68.74	61.39	114.78
1993	538.94	223.72	72.44	83.56	159.22
1994	732.89	319.98	99.10	117.22	196.59
1995	931.97	417.02	139.84	150.51	224.60
1996	1121.93	534.48	178.28	160.57	248.60
1997	1264.63	634.76	189.31	186.38	254.18
1998	1344.65	681.70	206.79	220.66	235.50
1999	1435.64	715.20	209.98	261.99	248.47
2000	1591.67	669.85	250.12	305.86	365.84
2001	1756.89	710.56	286.24	349.60	410.49
2002	1926.87	749.76	326.60	368.40	482.11
2003	2257.77	787.60	393.89	460.59	615.69
2004	2621.10	873.09	467.58	441.66	838.77
2005	3158.60	1131.31	502.14	546.05	979.10
2006	3538.18	1234.85	550.47	581.36	1171.50
2007	4158.41	1452.68	680.82	667.62	1357.29
2008	5182.43	1904.67	701.41	712.23	1864.12
2009	5709.57	2110.64	887.38	795.62	1915.93
2010	6830.76	2583.54	1049.18	930.04	2268.00
2011	8112.51	3074.93	1283.65	1141.70	2612.23
2012	9043.02	3454.66	1352.18	1336.56	2899.62
2013	9945.44	3904.54	1437.71	1485.32	3117.87
2014	10640.62	4184.67	1544.52	1558.59	3352.84
2015	10879.51	4315.41	1584.69	1580.02	3399.39
2016	11477.20	4578.20	1715.25	1658.68	3525.07
2017	12450.56	5093.61	2218.42	2035.05	3103.48
2018	13362.92	5910.43	2194.28	2405.71	2852.50
2019	14055.46	6032.47	2241.49	2603.08	3178.42

主要统计指标解释

生产总值

指按市场价格计算的一个国家（或地区）所有常驻单位在一定时期内生产活动的最终成果。

从价值形态看，它是所有常驻单位在一定时期内所生产的全部货物和服务价值超过同期投入的全部非固定资产货物和服务价值的差额，即所有常驻单位的增加值之和；从收入形态看，它是所有常驻单位在一定时期内所创造并分配给常驻单位和非常驻单位的初次分配收入之和；从产品形态看，它是最终使用的货物和服务减去进口货物和服务。在实际核算中，其三种表现形态体现为三种计算方法，即生产法、收入法和支出法。三种方法分别从不同的方面反映生产总值及其构成。根据国务院和国家统计局有关我国 GDP 核算和数据发布制度的规定，天津市国内生产总值自 2004 年起更名为“天津市生产总值”简称“天津市 GDP”。

劳动者报酬

指劳动者因从事生产活动所获得的全部报酬。包括劳动者获得的各种形式的工资、奖金和津贴，既包括货币形式的，也包括实物形式的，还包括劳动者所享受的公费医疗和医药卫生费、上下班交通补贴和单位支付的社会保险费、住房公积金等。

固定资产折旧

指一定时期内为弥补固定资产损耗按照核定的固定资产折旧率提取的固定资产折旧，或按国民经济核算统一规定的折旧率虚拟计算的固定资产折旧。它反映了固定资产在当期生产中的转移价值。各类企业和企业化管理的事业单位的固定资产折旧是指实际计提的折旧费；不计提折旧的政府机关、非企业化管理的事业单位和居民住房的固定资产折旧是按照统一规定的折旧率和固定资产原值计算的虚拟折旧。原则上，固定资产折旧应按固定资产的重置价值计算，但是目前我国尚不具备对全社会固定资产进行重估价的基础，所以暂时只能采用这种办法。

生产税净额

指生产税减生产补贴后的余额。生产税指政府对生产单位生产、销售和从事经营活动以及因从事生产活动使用某些生产要素（如固定资产、土地、劳动力）所征收的各种税、附加费和规费。生产补贴与生产税相反，指政府对生产单位的单方面转移支付，因此视为负生产税，包括政策亏损补贴、价格补贴等。

营业盈余

指常驻单位创造的增加值扣除劳动者报酬、生产税净额和固定资产折旧后的余额。它相当于企业的营业利润加上生产补贴，但要扣除从利润中开支的工资和福利等。

最终消费支出

指常驻单位在一定时期内对于货物和服务的全部最终消费支出，也就是常驻单位为满足物质、文化和精神生活的需要，从本国经济领土和国外购买的货物和服务的支出。不包括非常驻单位在本国经济领土内的消费支出。最终消费分为居民消费和政府消费。

居民消费支出

指常住住户对货物和服务的全部最终消费支出。它除了常住住户直接以货币形式购买货物和服务的消费之外，还包括以其他方式获得的货物和服务的消费，即单位以实物报酬及实物转移的形式提供给劳动者的货物和服务；住户生产并由住户自己消费的货物和服务，其中的服务仅指住户的自有住房服务和支付报酬的家庭服务；金融机构提供的金融媒介服务；保险公司提供的保险服务。

政府消费支出

指政府部门为全社会提供公共服务的消费支出和免费或以较低价格向住户提供的货物和服务的净支出。前者等于政府服务的产出价值减去政府单位所获得的经营收入后的价值，政府服务的产出价值等于它的经常性业务支出加上固定资产折旧；后者等于政府部门免费或以较低价格向住户提供的货物和服务的市场价值减去向住户收取的价值。

资本形成总额

指常驻单位在一定时期内获得的减去处置的固定资产加存货的净变动额，包括固定资本形成总额和存货增加。

固定资本形成总额

指生产者在一定时期内获得的固定资产减处置的固定资产的价值总额，固定资产是通过生产活动生产出来的，其使用年限在一年以上，单位价值在规定标准以上的资产，不包括自然资产。固定资本形成总额可分为有形固定资本形成总额和无形固定资本形成总额。有形固定资本形成总额包括一定时期内完成的建筑工程、安装工程、设备工器具购置（减处置）价值以及土地改良、新增役、种、奶、毛、娱乐用牲畜和新增经济林木价值。无形固定资本形成总额包括矿藏的勘探、计算机软件等获得减处置。

存货增加

指常驻单位在一定时期内存货实物量变动的市场价值，即期末价值减期初价值的差额，再扣除当期由于价格变动而产生的持有收益。存货增加可以是正值，也可以是负值；正值表示存货增加，负值表示存货减少。它包括生产单位购进的原材料、燃料和储备物资等存货，以及生产单位生产的产成品、在制品存货等。

货物和服务净出口

指货物和服务出口减货物和服务进口的差额。出口包括常驻单位向非常驻单位出售和无偿转让的各种货物和服务的价值；进口包括常驻单位从非常驻单位购买或无偿得到的各种货物和服务的价值。由于服务活动的提供与使用同时发生，因此服务的进出口业务并不发生出入境现象，一般把常驻单位从国外得到的服务作为进口，常驻单位向国外提供的服务作为出口。货物的出口和进口都按离岸价格计算。在计算地区货物和服务净出口时，还包括地区间货物和服务的流入流出。用公式表示：

货物和服务净出口（净流出）= 货物和服务出口（流出）-进口（流入）

Explanatory Notes on Main Statistical Indicators

Gross Domestic Product

refers to the final products at market prices produced by all resident units in a country (or a region) during a certain period of time.

From the aspect of value added form, GDP refers to the total value of all products and services produced by all resident units during a certain period of time minus total value of inputs of non-fixed-assets products and services or the summation of the value added of all resident units; the form of products refers to all final goods and services minus imports of goods and services. In the practice of national accounting, it is calculated by three approaches, i.e. product approach, income approach and expenditure approach, respectively, to reflect Gross Product and its composition of different aspects. According to the national regulations of GDP, since 2004, Tianjin Gross Product Value is called Tianjin GDP for short.

Compensation of Employees

refers to the whole payment of various forms earned by the labourers from the productive activities they are engaged in. It includes wages, bonuses and allowances the labourers earned in monetary form and in kind. It also includes the free medical services provided to the labourers and the medicine expenses, traffic subsidies, social insurance fee and housing provident fund paid by the labourer's working units for them.

Depreciation of Fixed Assets

refers to the depreciation of fixed assets of a given period, drawn in accordance with the stipulated depreciation rate for the purpose of compensating the wear loss of the fixed assets or the depreciation of fixed assets calculated in a fictitious way in accordance with the stipulated unified depreciation rate in the national economic accounting system. It reflects the value of transfer of the fixed assets in the production of the current period. The depreciation of fixed assets in various enterprises and institutions managed as enterprises refers to the depreciation expenses actually drawn. In government agencies and institutions not managed as enterprises which do not draw the depreciation expenses, as well as for the houses of residents, the depreciation of fixed assets is the imputed depreciation, which is calculated in accordance with the stipulated unified depreciation rate. In principle, the depreciation of fixed assets should be calculated on the basis of the re-purchased value of the fixed assets. However, there is no actual condition to re-evaluate all the fixed assets in China. Therefore, this method is temporarily adopted at present.

Net Taxes on Production

refer to the residual of the taxes on production minus the subsidies on production. The taxes on production refers to the various taxes, extra charges and fees levied on the production units on their production, sale and business activities as well as on some sectors of production, such as fixed assets, land and labour force, used in the production activities they are engaged in. In contrast to the taxes on production, the subsidies on production refer to the unilateral transfer of part of the government's revenue to the production units and are therefore regarded as negative taxes on production. They include subsidies on the loss due to implementation of government policies, price subsidies, etc.

Operating Surplus

refers to the balance of the value added created by the resident units deducting the labourer's remuneration, net taxes on production and the depreciation of fixed assets. It is equivalent to the business profit of the enterprises plus subsidies on production, but the wages and welfare expenses paid from the profits should be deducted.

Final Consumption Expenditures

refer to the total expenditure of resident units on final consumption of goods and services in a certain period, namely the expenditure of the resident units for purchases of goods and services from domestic economic territory and abroad to meet the requirements of material, cultural and spiritual life. It excludes the consumption expenditure of non-resident units on consumption in the economic territory of the country. The final consumption is classified into households' consumption and government consumption.

Households Consumption Expenditures

refer to the total expenditure of resident households on the final consumption of goods and services. In addition to the consumption of goods and services bought by the households directly with money, the households consumption also includes expenditure on goods and services obtained by the households on other ways, i.e. the goods and services provided to the households by the units in the form of payment in kind and transfer in kind; the goods and services produced and consumed by the households themselves, in which the services refer only to the owner-occupied housing and domestic services provided by the paid household workers; financial intermediate services provided by financial institutions; insurance services provided by insurance companies.

Government Consumption Expenditures

refer to the expenditure on the consumption of the public services provided by the government to the whole society and the net expenditure on the goods and services provided by the government to the households at free charge or lower prices. The former equals to the output value of the government services minus the value of operating income obtained by the government departments, the output value of the government services equals to its current operating expenditure plus depreciation of fixed assets. The latter equals to the market value of the goods and services provided by the government free of charge or at low prices to the households minus the value received by the government from the households.

Gross Capital Formation

refers to the fixed assets acquired minus those disposed and the net value of inventory, including the total fixed assets formation and the increase in inventory.

Gross Fixed Capital Formation

refers to the value of fixed assets acquired minus those disposed of during a given period. Fixed assets are the assets produced through production activities with specified unit value which could be used for over one year, excluding natural assets. Total fixed capital formation can be categorized into total tangible assets formation and total intangible assets formation. The total tangible assets formation include the value of the construction projects, installation projects completed and the equipment, apparatus and instruments purchased as well as the value of land improved, the value of draught animals, breeding stock, animal for milk, wool and for recreational animals purpose and the newly increased forest with economic value during a given period. The total intangible assets formation includes the prospecting of minerals, the acquisition of computer software minus the disposal of them.

Change in Inventory

refers to the market value of the change in inventory of resident units during a given period, i.e. the difference of value between the beginning and the end of the period minus the current gains due to the change in prices. The increase in inventory can be positive or negative. A positive value indicates the increase in inventory while a negative value indicates the decrease in stock. The inventory includes the raw materials, fuel and reserve materials purchased by the production units as well as the inventory of finished products, semi-finished products, etc.

Net Exports of Goods and Services

refer to the balance of the exports of goods and services minus the imports of goods and services. The imports include the value of various goods and services sold or gratuitously transferred by the resident units to the non-resident units. The imports include the value of various goods and services purchased or gratuitously acquired by the resident units from the non-resident units. Because the provision of services and the use of them happen simultaneously, the import and export of services do not appear to have the phenomena of crossing the border of the country. The acquisition of services by the resident units from abroad is usually treated as import while the acquisition of services by non-resident units in this country is usually treated as export. The export and import of goods are calculated at FOB. The formula for calculating is as followed:

Net Export of Goods and Services = Value of Export of Goods and Service - Value of Import of Goods and Services

第四篇　就业和劳动工资

Chapter 4　Employment and Remuneration

4-1 城镇非私营单位从业人员(1978—2020年)
Employment Personnel in Urban Non-private Units,1978-2020

单位：万人(10 000 persons)

年 份 Year	合 计 Total	按三次产业分 Grouped by Three Strata of Industries			按登记注册类型分 Grouped by Registration Status		
		第一产业 Primary Industry	第二产业 Secondary Industry	第三产业 Tertiary Industry	国有单位 State-owned Units	集体单位 Collective-owned Units	其他单位 Others
1978	217.40	4.22	131.55	81.63	168.30	49.10	
1979	230.24	3.41	138.63	88.20	178.20	52.04	
1980	242.69	3.34	146.52	92.83	188.08	54.61	
1981	253.90	3.53	153.95	96.42	194.02	59.88	
1982	260.53	3.51	155.71	101.31	198.91	61.62	
1983	268.23	3.62	161.31	103.30	201.27	66.96	
1984	273.69	3.92	163.52	106.25	201.29	71.42	0.98
1985	276.48	3.96	165.69	106.83	205.26	69.71	1.51
1986	280.20	4.51	167.19	108.50	209.97	68.47	1.76
1987	281.53	4.25	172.04	105.24	212.10	66.89	2.54
1988	281.36	4.30	164.82	112.24	213.99	64.33	3.04
1989	284.38	4.22	167.13	113.03	217.32	63.45	3.61
1990	284.31	4.10	167.68	112.53	217.26	62.55	4.50
1991	291.56	4.34	171.57	115.65	219.34	66.17	6.05
1992	293.97	4.10	171.41	118.46	212.73	72.39	8.85
1993	293.45	2.55	171.18	119.72	206.52	70.89	16.04
1994	291.94	2.30	168.72	120.92	201.75	66.21	23.98
1995	289.59	1.90	167.33	120.36	197.01	64.19	28.39
1996	283.98	1.73	163.07	119.18	194.32	59.62	30.04
1997	281.34	1.71	158.68	120.95	191.64	55.28	34.42
1998	218.56	1.43	113.47	103.66	144.18	36.26	38.12
1999	211.76	1.10	110.27	100.39	135.08	30.46	46.22
2000	201.75	1.11	105.63	95.01	125.00	25.82	50.93
2001	192.30	1.09	99.82	91.39	116.24	20.05	56.00
2002	185.50	1.09	92.68	91.73	107.79	16.47	61.24
2003	191.01	0.97	97.60	92.44	101.57	13.95	75.49
2004	193.91	0.87	96.82	96.22	102.09	12.46	79.36
2005	194.12	0.81	97.52	95.79	99.18	11.33	83.61
2006	195.00	0.73	98.37	95.90	97.34	9.61	88.05
2007	200.22	0.74	99.31	100.17	96.69	8.75	94.78
2008	200.61	0.71	94.13	105.77	87.45	7.90	105.26
2009	201.65	0.74	96.18	104.73	81.21	4.76	115.68
2010	205.65	0.71	97.74	107.20	80.79	4.30	120.56
2011	268.24	0.60	157.84	109.80	85.88	8.83	173.53
2012	289.07	0.55	162.64	125.88	89.74	7.98	191.35
2013	302.44	0.53	165.47	136.44	77.85	7.10	217.49
2014	295.51	0.50	161.37	133.64	75.14	7.62	212.75
2015	294.78	0.53	151.34	142.91	72.36	6.49	215.93
2016	286.04	0.85	136.35	148.84	68.71	5.69	211.64
2017	269.48	0.62	117.04	151.82	66.60	3.23	199.65
2018	259.99	0.50	101.17	158.32	62.13	2.63	195.22
2019	269.35	0.25	102.40	166.70	62.86	2.35	204.14
2020	255.33	0.24	94.37	160.72	60.97	2.15	192.21

注：1.1998年以前为职工人数。2.2011年起城镇非私营单位从业人员中含劳务派遣人员，统计在在岗职工中。下表同。

Note: a) The data before 1998 of this table refer to staff and workers. b) Data of employment personnel in urban non-private units include labour dispatch from 2011, which are calculated in on-post workers and staff. Same as the following table.

4-2 城镇非私营单位女性从业人员(1978—2020年)
Female Employment Personnel in Urban Non-private Units,1978-2020

单位：万人(10 000 persons)

年 份 Year	合 计 Total	按三次产业分 Grouped by Three Strata of Industries			按登记注册类型分 Grouped by Registration Status		
		第一产业 Primary Industry	第二产业 Secondary Industry	第三产业 Tertiary Industry	国有单位 State-owned Units	集体单位 Collective-owned Units	其他单位 Others
1978	90.40	1.45	23.06	65.89	60.43	29.97	
1979	95.57	1.04	34.12	60.41	64.82	30.75	
1980	102.05	1.23	38.17	62.65	69.97	32.08	
1981	106.50	0.98	39.91	65.61	72.20	34.30	
1982	109.46	1.00	40.93	67.53	73.82	35.64	
1983	113.23	0.99	41.98	70.26	75.57	37.66	
1984	114.34	1.15	42.16	71.03	75.34	38.53	0.47
1985	115.64	1.18	43.26	71.20	76.26	38.72	0.66
1986	118.29	1.04	44.49	72.76	79.43	38.10	0.76
1987	119.45	1.32	44.46	73.67	81.18	37.12	1.15
1988	119.22	1.37	44.95	72.90	82.27	35.59	1.36
1989	120.48	1.30	71.30	47.88	83.92	34.91	1.65
1990	120.90	1.25	71.76	47.89	84.44	34.39	2.07
1991	124.24	1.44	73.87	48.93	85.78	35.61	2.85
1992	124.05	1.23	73.38	49.44	83.89	35.89	4.27
1993	123.14	0.86	72.00	50.28	81.46	34.00	7.68
1994	123.73	0.81	72.00	50.92	80.64	31.79	11.30
1995	123.60	0.68	72.03	50.89	79.27	30.81	13.52
1996	120.23	0.57	69.84	49.82	77.39	28.59	14.25
1997	118.75	0.55	67.48	50.72	76.61	26.15	15.99
1998	89.89	0.46	46.11	43.32	56.17	15.93	17.79
1999	82.95	0.31	41.33	41.31	51.80	13.22	17.93
2000	77.28	0.33	38.85	38.10	47.26	10.76	19.26
2001	77.40	0.36	40.09	36.95	43.26	8.11	26.03
2002	73.59	0.33	36.00	37.26	39.60	6.52	27.47
2003	76.27	0.28	38.49	37.50	37.73	5.33	33.21
2004	73.66	0.26	35.30	38.10	37.56	4.39	31.71
2005	68.66	0.23	33.01	35.42	33.94	4.09	30.63
2006	70.28	0.22	33.95	36.11	33.13	3.41	33.74
2007	71.27	0.21	33.21	37.85	33.30	3.04	34.93
2008	77.02	0.22	32.07	44.73	33.69	2.87	40.46
2009	67.84	0.22	30.62	37.00	27.43	1.87	38.54
2010	75.10	0.21	32.80	42.09	30.03	1.67	43.40
2011	90.91	0.19	49.27	41.45	29.39	2.48	59.04
2012	94.44	0.15	48.91	45.38	30.20	2.15	62.09
2013	105.69	0.16	50.27	55.26	29.88	1.70	74.11
2014	104.09	0.15	50.63	53.31	28.28	1.97	73.84
2015	102.83	0.17	46.17	56.49	28.68	1.65	72.50
2016	102.55	0.28	41.30	60.97	28.31	1.48	72.76
2017	101.55	0.21	35.77	65.57	28.62	1.22	71.71
2018	101.26	0.23	28.16	72.87	28.64	0.86	71.76
2019	106.08	0.08	28.50	77.50	29.93	0.87	75.28
2020	102.81	0.08	26.84	75.89	29.78	0.77	72.25

4-3 按国民经济行业分城镇非私营单位从业人员(2020年)
Employment Personnel in Urban Non-private Units Grouped by Sector,2020

单位：万人(10 000 persons)

项 目 Item	城镇非私营单位从业人员 Employment Personnel in Urban Non-private Units	在岗职工人数 On-post Staff and Workers	其他从业人员 Other Employment Personnel
总 计 **Total**	**255.33**	**235.77**	**19.56**
按三次产业分 **Grouped by Three Strata of Industries**			
第一产业 Primary Industry	0.24	0.21	0.03
第二产业 Secondary Industry	94.37	91.20	3.17
第三产业 Tertiary Industry	160.72	144.36	16.36
按国民经济行业分 **Grouped by Sector**			
农、林、牧、渔业 Farming, Forestry, Animal Husbandry and Fishery	0.25	0.22	0.03
采矿业 Minerals Mining	5.67	5.60	0.08
制造业 Manufacturing	65.08	64.09	0.98
电力、热力、燃气及水生产和供应业 Production and Supply of Electricity, Heat, Gas and Water	4.11	4.06	0.06
建筑业 Construction	22.96	20.86	2.10
批发和零售业 Wholesale and Retail Trade	18.18	17.75	0.44
交通运输、仓储和邮政业 Transportation, Storage and Post Services	14.72	14.52	0.20
住宿和餐饮业 Accommodation and Catering Services	5.56	3.56	2.00
信息传输、软件和信息技术服务业 Information Transmitting, Software and Information Technology Services	6.97	6.83	0.14
金融业 Finance Intermediation	17.96	10.35	7.61
房地产业 Real Estate	9.22	8.49	0.73
租赁和商务服务业 Leasing and Business Services	13.62	11.64	1.98
科学研究和技术服务业 Scientific Research and Technical Services	11.36	10.74	0.62
水利、环境和公共设施管理业 Management for Water Conservancy, Environment and Public Facilities	3.28	2.92	0.36
居民服务、修理和其他服务业 Resident Services, Repair and Other Services	6.31	6.23	0.08
教 育 Education	19.32	18.62	0.70
卫生和社会工作 Health Care and Social Work	11.68	10.92	0.76
文化、体育和娱乐业 Culture, Sports and Recreational Services	1.74	1.63	0.11
公共管理、社会保障和社会组织 Public Management, Social Security and Social Organizations	17.33	16.74	0.59

4-4 城镇非私营单位从业人员
Number of Employment Personnel in Urban Non-Private Units

单位：万人(10 000 persons)

项　　目	Item	2019	2020	2020比2019年增长(%) Increase Rate in 2020 over 2019(%)
总　　计	**Total**	**269.35**	**255.33**	**-5.2**
按登记注册类型分	**Grouped by Registration Status**			
国有单位	State-owned Units	62.86	60.97	-3.0
集体单位	Collective-owned Units	2.35	2.15	-8.5
其他单位	Others	204.14	192.21	-5.8
#外商及港澳台商投资单位	Units with Funds from Foreign Countries, Hong Kong, Macao & Taiwan	66.24	62.16	-6.2
股份有限公司	Share Holding Corporations Ltd.	27.37	27.42	0.2
按国民经济行业分	**Grouped by Sector**			
农、林、牧、渔业	Farming, Forestry, Animal Husbandry and Fishery	0.26	0.25	-3.8
采矿业	Minerals Mining	5.85	5.67	-3.1
制造业	Manufacturing	67.33	65.08	-3.3
电力、热力、燃气及水生产和供应业	Production and Supply of Electricity, Heat, Gas and Water	4.17	4.11	-1.4
建筑业	Construction	25.06	22.96	-8.4
批发和零售业	Wholesale and Retail Trade	19.96	18.18	-8.9
交通运输、仓储和邮政业	Transportation, Storage and Post Services	14.93	14.72	-1.4
住宿和餐饮业	Accommodation and Catering Services	6.33	5.56	-12.2
信息传输、软件和信息技术服务业	Information Transmitting, Software and Information Technology Services	6.57	6.97	6.1
金融业	Finance Intermediation	19.80	17.96	-9.3
房地产业	Real Estate	10.80	9.22	-14.6
租赁和商务服务业	Leasing and Business Services	15.29	13.62	-10.9
科学研究和技术服务业	Scientific Research and Technical Services	11.08	11.36	2.5
水利、环境和公共设施管理业	Management for Water Conservancy, Environment and Public Facilities	3.68	3.28	-10.9
居民服务、修理和其他服务业	Resident Services, Repair and Other Services	6.51	6.31	-3.1
教　育	Education	20.24	19.32	-4.5
卫生和社会工作	Health Care and Social Work	11.69	11.68	-0.1
文化、体育和娱乐业	Culture, Sports and Recreational Services	2.15	1.74	-19.1
公共管理、社会保障和社会组织	Public Management, Social Security and Social Organizations	17.65	17.33	-1.8
按执行会计标准类别分	**Grouped by Accounting Standards**			
#企　业	Enterprises	216.58	203.72	-5.9
政　府	Government	50.98	49.42	-3.1

4-5 城镇非私营单位在岗职工

Number of On-post Staff and Workers in Urban Non-Private Units

单位：万人(10 000 persons)

项　目	Item	2019	2020	2020比2019年增长(%) Increase Rate in 2020 over 2019(%)
总　计	**Total**	**247.61**	**235.77**	**-4.8**
按登记注册类型分	**Grouped by Registration Status**			
国有单位	State-owned Units	57.94	57.17	-1.3
集体单位	Collective-owned Units	2.20	2.03	-7.7
其他单位	Others	187.47	176.57	-5.8
#外商及港澳台商投资单位	Units with Funds from Foreign Countries, Hong Kong, Macao & Taiwan	62.56	58.71	-6.2
股份有限公司	Share Holding Corporations Ltd.	22.22	21.54	-3.1
按国民经济行业分	**Grouped by Sector**			
农、林、牧、渔业	Farming, Forestry, Animal Husbandry and Fishery	0.23	0.22	-4.3
采矿业	Minerals Mining	5.75	5.60	-2.6
制造业	Manufacturing	66.04	64.09	-3.0
电力、热力、燃气及水生产和供应业	Production and Supply of Electricity, Heat, Gas and Water	4.08	4.06	-0.5
建筑业	Construction	21.87	20.86	-4.6
批发和零售业	Wholesale and Retail Trade	19.46	17.75	-8.8
交通运输、仓储和邮政业	Transportation, Storage and Post Services	14.60	14.52	-0.5
住宿和餐饮业	Accommodation and Catering Services	3.77	3.56	-5.6
信息传输、软件和信息技术服务业	Information Transmitting, Software and Information Technology Services	6.48	6.83	5.4
金融业	Finance Intermediation	13.40	10.35	-22.8
房地产业	Real Estate	10.09	8.49	-15.9
租赁和商务服务业	Leasing and Business Services	12.95	11.64	-10.1
科学研究和技术服务业	Scientific Research and Technical Services	10.44	10.74	2.9
水利、环境和公共设施管理业	Management for Water Conservancy, Environment and Public Facilities	3.28	2.92	-11.0
居民服务、修理和其他服务业	Resident Services, Repair and Other Services	6.45	6.23	-3.4
教　育	Education	19.29	18.62	-3.5
卫生和社会工作	Health Care and Social Work	10.90	10.92	0.2
文化、体育和娱乐业	Culture, Sports and Recreational Services	2.03	1.63	-19.7
公共管理、社会保障和社会组织	Public Management, Social Security and Social Organizations	16.50	16.74	1.5

4-6 城镇非私营单位其他从业人员
Number of Other Employment Personnel in Urban Non-Private Units

单位：万人(10 000 persons)

项 目	Item	2019	2020	2020 比2019年增长(%) Increase Rate in 2020 over 2019(%)
总 计	**Total**	**21.74**	**19.56**	**-10.0**
按登记注册类型分	**Grouped by Registration Status**			
国有单位	State-owned Units	4.92	3.80	-22.8
集体单位	Collective-owned Units	0.15	0.13	-13.3
其他单位	Others	16.67	15.63	-6.2
#外商及港澳台商投资单位	Units with Funds from Foreign Countries, Hong Kong, Macao & Taiwan	3.68	3.45	-6.3
股份有限公司	Share Holding Corporations Ltd.	5.16	5.88	14.0
按国民经济行业分	**Grouped by Sector**			
农、林、牧、渔业	Farming, Forestry, Animal Husbandry and Fishery	0.03	0.03	
采矿业	Minerals Mining	0.09	0.08	-11.1
制造业	Manufacturing	1.29	0.98	-24.0
电力、热力、燃气及水生产和供应业	Production and Supply of Electricity, Heat, Gas and Water	0.09	0.06	-33.3
建筑业	Construction	3.19	2.10	-34.2
批发和零售业	Wholesale and Retail Trade	0.50	0.44	-12.0
交通运输、仓储和邮政业	Transportation, Storage and Post Services	0.33	0.20	-39.4
住宿和餐饮业	Accommodation and Catering Services	2.56	2.00	-21.9
信息传输、软件和信息技术服务业	Information Transmitting, Software and Information Technology Services	0.10	0.14	40.0
金融业	Finance Intermediation	6.40	7.61	18.9
房地产业	Real Estate	0.70	0.73	4.3
租赁和商务服务业	Leasing and Business Services	2.34	1.98	-15.4
科学研究和技术服务业	Scientific Research and Technical Services	0.64	0.62	-3.1
水利、环境和公共设施管理业	Management for Water Conservancy, Environment and Public Facilities	0.40	0.36	-10.0
居民服务、修理和其他服务业	Resident Services, Repair and Other Services	0.06	0.08	33.3
教 育	Education	0.95	0.70	-26.3
卫生和社会工作	Health Care and Social Work	0.80	0.76	-5.0
文化、体育和娱乐业	Culture, Sports and Recreational Services	0.12	0.11	-8.3
公共管理、社会保障和社会组织	Public Management, Social Security and Social Organizations	1.15	0.59	-48.7

4-7 城镇新增就业和登记失业人员情况(2016—2020年)
Basic Statistics on Newly Increased Employment and Registered Unemployed Personnel in Urban Area,2016-2020

单位：万人(10 000 persons)

指　　标 Item	2016	2017	2018	2019	2020
新增就业人数					
Persons Newly Employed	**48.90**	**48.95**	**49.00**	**50.17**	**37.09**
新登记失业人数					
Number of Newly Registered Unemployed Personnel	**9.71**	**9.83**	**7.39**	**7.36**	**8.30**
#女　性					
Female	4.20	4.34	3.45	3.21	3.65
#由就业转失业人数					
Unemployment Turned from Employment	6.96	6.90	5.94	5.22	4.97
本期失业人员就业人数					
Newly Employed Personnel Turning from Unemployment	**9.00**	**9.60**	**7.59**	**7.07**	**7.83**
#女　性					
Female	4.31	4.63	3.62	2.88	3.29
期末实有登记失业人数					
Registered Unemployed Personnel at Year-end	**25.77**	**26.00**	**25.81**	**26.09**	**27.01**
#女　性					
Female	13.06	12.77	12.60	12.51	12.33
登记失业率(%)					
Registered Unemployed Rate (%)	**3.5**	**3.5**	**3.5**	**3.5**	**3.6**

资料来源：天津市人力资源和社会保障局，表4-8同。
Source: Tianjin Municipal Human Resources & Social Security Bureau. Same as table 4-8.
注：2020年起，城镇新增就业人数为报告期内本地区城镇累计新就业人员数与自然减员人数之差。
Note: Since 2020, the number of newly employed population is the difference between the cumulative number of newly employed persons and the number of natural attrition in urban areas during the reporting period.

4-8 职业技能培训与就业服务情况(2016—2020年)
Statistics on Vocational Skill Training and Employment Service,2016-2020

项 目 Item	2016	2017	2018	2019	2020
参加职业技能鉴定人次(人次)					
Persons Attending Vocational Technical					
Appraisal (person-time)	**440797**	**561438**	**152724**	**132066**	**53848**
初级工					
Junior Worker	232498	244303	54148	44618	4568
中级工					
Middle Worker	126060	153173	48136	42066	37358
高级工					
Senior Worker	63312	133877	43934	24958	8159
技 师					
Technician	10855	19088	3909	10751	1969
高级技师					
Senior Technician	8072	10787	2597	9673	1794
取得职业资格证书人数(人)					
Persons Gaining Vocational Certificate (person)	**421401**	**535412**	**143862**	**110139**	**63365**
初级工					
Junior Worker	222268	233065	50957	42588	5667
中级工					
Middle Worker	120513	146127	44155	35992	43664
高级工					
Senior Worker	60526	127719	38328	22698	8997
技 师					
Technician	10377	18210	5847	4631	2613
高级技师					
Senior Technician	7717	10291	4575	4230	2424

4-9 城镇非私营单位从业人员工资总额(1978—2020年)
Total Remuneration of Employment Personnel in Urban Non-Private Units,1978-2020

单位：亿元(100 million yuan)

年份 Year	合计 Total	按三次产业分 Grouped by Three Strata of Industries			按登记注册类型分 Grouped by Registration Status		
		第一产业 Primary Industry	第二产业 Secondary Industry	第三产业 Tertiary Industry	国有单位 State-owned Units	集体单位 Collective-owned Units	其他单位 Others
1978	14.00	0.21	8.46	5.33	11.51	2.50	
1979	16.34	0.23	9.88	6.23	13.48	2.86	
1980	19.32	0.24	11.63	7.45	15.77	3.55	
1981	19.93	0.27	11.96	7.69	16.04	3.89	
1982	21.03	0.27	12.47	8.29	16.97	4.05	
1983	22.90	0.31	13.60	8.98	18.20	4.70	
1984	28.99	0.46	17.70	10.84	22.48	6.44	0.07
1985	34.14	0.46	18.99	14.69	24.69	6.94	0.18
1986	41.50	0.54	23.12	17.84	30.08	7.87	0.26
1987	46.09	0.57	25.52	19.99	34.03	8.42	0.41
1988	55.16	0.68	30.60	23.88	41.66	9.62	0.63
1989	64.02	0.75	35.70	27.58	48.37	11.31	0.86
1990	69.38	0.79	38.47	30.11	55.50	12.63	1.25
1991	79.73	0.90	44.87	33.95	62.34	15.42	1.97
1992	91.56	1.03	54.03	36.51	71.97	16.51	3.08
1993	116.78	0.72	69.12	46.94	90.32	19.21	7.24
1994	154.04	0.80	86.93	66.32	116.07	21.69	16.28
1995	184.80	0.86	105.50	78.44	135.22	26.00	23.59
1996	212.05	0.96	116.32	94.77	154.34	27.14	30.57
1997	223.25	1.04	118.71	103.50	160.47	26.46	36.32
1998	225.39	1.07	118.56	105.75	151.80	23.94	49.64
1999	234.42	0.97	121.53	111.92	151.93	21.25	61.23
2000	253.53	1.07	131.15	121.32	161.86	19.86	71.82
2001	277.56	1.16	137.48	138.92	176.26	16.86	84.44
2002	304.23	1.38	145.74	157.11	182.27	15.47	106.49
2003	350.60	1.32	172.76	176.53	194.80	15.49	140.32
2004	407.99	1.38	199.12	207.49	222.60	16.21	169.18
2005	458.26	1.32	219.72	237.23	247.30	16.69	194.27
2006	530.29	1.35	256.63	272.31	283.31	17.99	229.16
2007	653.05	1.66	310.10	341.29	337.13	19.71	296.21
2008	795.85	2.04	355.56	438.25	375.36	20.86	399.63
2009	886.51	2.36	393.49	490.66	389.47	14.81	482.23
2010	1051.19	2.90	456.50	591.79	456.02	17.98	577.19
2011	1462.12	2.85	796.63	662.64	530.32	32.24	899.56
2012	1778.12	2.92	936.98	838.22	606.47	34.18	1137.47
2013	2053.76	2.96	1056.37	994.43	593.71	31.64	1428.41
2014	2154.03	3.20	1081.30	1069.53	631.30	35.33	1487.40
2015	2373.07	3.70	1126.97	1242.40	675.26	32.79	1665.02
2016	2484.25	5.86	1037.39	1441.00	741.21	27.70	1715.34
2017	2556.73	4.73	948.39	1603.61	812.72	18.28	1725.73
2018	2645.60	3.66	903.70	1738.24	812.73	14.67	1818.20
2019	2925.91	1.62	1007.52	1916.77	850.65	11.61	2063.65
2020	2928.79	1.85	977.64	1949.31	866.39	12.07	2050.33

注：1.1998-2010年为劳动报酬总额。2.2008年以前国有单位从业人员工资总额包括登记注册类型为国有独资公司的单位。下同。

Note: a) Data from 1998 to 2010 of this table refer to total wages of staff and workers. b) Total remuneration of employment personnel in state-owned units before 2008 includes figures of sole state-owned corporations. Same as following table.

4-10 城镇非私营单位从业人员平均工资(1978—2020年)
Average Remuneration of Employment Personnel in Urban Non-Private Units,1978-2020

单位：元 (yuan)

年 份 Year	合 计 Total	按三次产业分 Grouped by Three Strata of Industries			按登记注册类型分 Grouped by Registration Status		
		第一产业 Primary Industry	第二产业 Secondary Industry	第三产业 Tertiary Industry	国有单位 State-owned Units	集体单位 Collective-owned Units	其他单位 Others
1978	640				690	478	
1979	732				781	565	
1980	820				865	667	
1981	805				845	674	
1982	820				865	672	
1983	868				916	721	
1984	1071				1132	900	
1985	1250				1223	995	1272
1986	1498				1455	1149	1479
1987	1651				1622	1256	1630
1988	1975				1972	1475	2212
1989	2262				2274	1691	2479
1990	2438	1932	2270	2715	2611	1866	2946
1991	2724	3102	2572	2980	2912	2114	3455
1992	3118	2430	3088	3188	3383	2285	3553
1993	4080	2972	4167	3980	4410	2780	5869
1994	5364	2610	5116	5297	5806	3370	7100
1995	6501	4844	6237	6357	6963	4138	8640
1996	7643	5710	7131	7787	8072	4745	10522
1997	8238	6476	7691	8372	8689	5083	10599
1998	9895	7541	9778	10062	10169	6020	12818
1999	11046	8476	11000	11127	11169	6821	13601
2000	12414	9414	12259	12622	12690	7485	14317
2001	14242	10333	13503	15107	14823	8159	15263
2002	16223	12492	15432	17081	16632	9152	17449
2003	18511	13257	17772	19357	18929	10865	19424
2004	21146	15450	20398	21972	22031	12545	21421
2005	24122	15954	23370	24936	24832	14693	24583
2006	27628	17975	26711	28631	29135	17752	27081
2007	33312	23040	32051	34624	34894	21539	32814
2008	39990	28373	37685	42163	42962	25113	38673
2009	43937	31834	40588	47143	47895	29018	41806
2010	51489	40221	46615	56090	56635	37686	48557
2011	54867	46948	50477	61322	61701	35213	52489
2012	61514	52939	57146	67303	68231	40494	59326
2013	67773	55191	63171	73512	75881	41094	65797
2014	72773	62672	66253	80854	84254	44964	69763
2015	80090	68883	73154	87673	93641	47413	76632
2016	86305	68864	74653	97344	107720	48344	80417
2017	94534	74975	80237	105761	122417	50215	86103
2018	100731	75484	87487	109420	131291	52246	91862
2019	108002	63711	97637	114457	136864	49819	99969
2020	114682	73614	103774	121132	143337	55675	106361

注：1998-2010年为人均劳动报酬。
Note: Data from 1998 to 2010 refer to average wages.

4-11 城镇非私营单位从业人员工资总额

Total Remuneration of Employment Personnel in Urban Non-Private Units

单位：亿元(100 million yuan)

项　　目	Item	2019	2020	2020比2019年增长(%) Increase Rate in 2020 over 2019(%)
总　　计	**Total**	**2925.91**	**2928.79**	**0.1**
按登记注册类型分	**Grouped by Registration Status**			
国有单位	State-owned Units	850.65	866.39	1.9
集体单位	Collective-owned Units	11.61	12.07	4.0
其他单位	Others	2063.65	2050.33	-0.6
#外商及港澳台商投资单位	Units with Funds from Foreign Countries, Hong Kong, Macao & Taiwan	676.02	670.54	-0.8
股份有限公司	Share Holding Corporations Ltd.	346.91	352.92	1.7
按国民经济行业分	**Grouped by Sector**			
农、林、牧、渔业	Farming, Forestry, Animal Husbandry and Fishery	1.72	1.92	11.6
采矿业	Minerals Mining	83.20	83.28	0.1
制造业	Manufacturing	635.01	645.30	1.6
电力、热力、燃气及水生产和供应业	Production and Supply of Electricity, Heat, Gas and Water	65.06	68.53	5.3
建筑业	Construction	224.25	226.59	1.0
批发和零售业	Wholesale and Retail Trade	177.58	171.83	-3.2
交通运输、仓储和邮政业	Transportation, Storage and Post Services	155.08	157.90	1.8
住宿和餐饮业	Accommodation and Catering Services	24.04	22.19	-7.7
信息传输、软件和信息技术服务业	Information Transmitting, Software and Information Technology Services	96.95	103.61	6.9
金融业	Finance Intermediation	261.33	267.49	2.4
房地产业	Real Estate	95.76	89.57	-6.5
租赁和商务服务业	Leasing and Business Services	123.90	115.34	-6.9
科学研究和技术服务业	Scientific Research and Technical Services	189.57	189.09	-0.3
水利、环境和公共设施管理业	Management for Water Conservancy, Environment and Public Facilities	36.72	32.56	-11.3
居民服务、修理和其他服务业	Resident Services, Repair and Other Services	42.46	35.75	-15.8
教　育	Education	279.80	278.58	-0.4
卫生和社会工作	Health Care and Social Work	170.33	173.08	1.6
文化、体育和娱乐业	Culture, Sports and Recreational Services	36.43	24.84	-31.8
公共管理、社会保障和社会组织	Public Management, Social Security and Social Organizations	226.72	241.33	6.4
按执行会计标准类别分	**Grouped by Accounting Standards**			
#企　业	Enterprises	2203.23	2187.26	-0.7
政　府	Government	711.61	727.62	2.2

4-12 城镇非私营单位从业人员平均工资
Average Remuneration of Employment Personnel in Urban Non-Private Units

单位：元(yuan)

项　目	Item	2019	2020	2020比2019年增长(%) Increase Rate in 2020 over 2019(%)
总　计	**Total**	**108002**	**114682**	**6.2**
按登记注册类型分	**Grouped by Registration Status**			
国有单位	State-owned Units	136864	143337	4.7
集体单位	Collective-owned Units	49819	55675	11.8
其他单位	Others	99969	106361	6.4
#外商及港澳台商投资单位	Units with Funds from Foreign Countries, Hong Kong, Macao & Taiwan	100898	107316	6.4
股份有限公司	Share Holding Corporations Ltd.	126830	149851	18.2
按国民经济行业分	**Grouped by Sector**			
农、林、牧、渔业	Farming, Forestry, Animal Husbandry and Fishery	64859	74302	14.6
采矿业	Minerals Mining	140055	143184	2.2
制造业	Manufacturing	93132	99225	6.5
电力、热力、燃气及水生产和供应业	Production and Supply of Electricity, Heat, Gas and Water	156392	166791	6.6
建筑业	Construction	90037	99331	10.3
批发和零售业	Wholesale and Retail Trade	87672	93601	6.8
交通运输、仓储和邮政业	Transportation, Storage and Post Services	103289	107113	3.7
住宿和餐饮业	Accommodation and Catering Services	37875	37867	
信息传输、软件和信息技术服务业	Information Transmitting, Software and Information Technology Services	144510	146977	1.7
金融业	Finance Intermediation	138234	149568	8.2
房地产业	Real Estate	89958	94969	5.6
租赁和商务服务业	Leasing and Business Services	74780	85348	14.1
科学研究和技术服务业	Scientific Research and Technical Services	172063	167961	-2.4
水利、环境和公共设施管理业	Management for Water Conservancy, Environment and Public Facilities	96918	98608	1.7
居民服务、修理和其他服务业	Resident Services, Repair and Other Services	60854	55135	-9.4
教　育	Education	139432	145253	4.2
卫生和社会工作	Health Care and Social Work	148016	150657	1.8
文化、体育和娱乐业	Culture, Sports and Recreational Services	165288	143036	-13.5
公共管理、社会保障和社会组织	Public Management, Social Security and Social Organizations	129927	141405	8.8
按执行会计标准类别分	**Grouped by Accounting Standards**			
#企　业	Enterprises	100755	107034	6.2
政　府	Government	141009	148810	5.5

4-13 城镇非私营单位在岗职工工资总额
Total Remuneration of On-post Staff and Workers in Urban Non-Private Units

单位：亿元 (100 million yuan)

项 目	Item	2019	2020	2020比2019年增长(%) Increase Rate in 2020 over 2019(%)
总 计	**Total**	**2790.57**	**2801.09**	**0.4**
按登记注册类型分	**Grouped by Registration Status**			
国有单位	State-owned Units	826.71	846.50	2.4
集体单位	Collective-owned Units	10.98	11.49	4.7
其他单位	Others	1952.88	1943.10	-0.5
#外商及港澳台商投资单位	Units with Funds from Foreign Countries, Hong Kong, Macao & Taiwan	649.67	644.05	-0.9
股份有限公司	Share Holding Corporations Ltd.	312.46	311.86	-0.2
按国民经济行业分	**Grouped by Sector**			
农、林、牧、渔业	Farming, Forestry, Animal Husbandry and Fishery	1.61	1.82	13.1
采矿业	Minerals Mining	82.86	82.96	0.1
制造业	Manufacturing	615.17	626.73	1.9
电力、热力、燃气及水生产和供应业	Production and Supply of Electricity, Heat, Gas and Water	64.58	68.21	5.6
建筑业	Construction	203.17	211.19	3.9
批发和零售业	Wholesale and Retail Trade	172.57	167.00	-3.2
交通运输、仓储和邮政业	Transportation, Storage and Post Services	151.11	155.89	3.2
住宿和餐饮业	Accommodation and Catering Services	21.32	20.19	-5.3
信息传输、软件和信息技术服务业	Information Transmitting, Software and Information Technology Services	96.35	102.17	6.0
金融业	Finance Intermediation	224.08	220.22	-1.7
房地产业	Real Estate	93.12	86.69	-6.9
租赁和商务服务业	Leasing and Business Services	112.73	106.81	-5.2
科学研究和技术服务业	Scientific Research and Technical Services	184.30	183.89	-0.2
水利、环境和公共设施管理业	Management for Water Conservancy, Environment and Public Facilities	34.62	30.88	-10.8
居民服务、修理和其他服务业	Resident Services, Repair and Other Services	42.10	35.30	-16.1
教 育	Education	275.05	274.46	-0.2
卫生和社会工作	Health Care and Social Work	163.71	166.81	1.9
文化、体育和娱乐业	Culture, Sports and Recreational Services	30.85	22.24	-27.9
公共管理、社会保障和社会组织	Public Management, Social Security and Social Organizations	221.27	237.61	7.4

4-14 城镇非私营单位在岗职工平均工资
Average Remuneration of On-post Staff and Workers in Urban Non-Private Units

单位：元(yuan)

项　目	Item	2019	2020	2020比2019年增长(%) Increase Rate in 2020 over 2019(%)
总　计	**Total**	**111602**	**118918**	**6.6**
按登记注册类型分	**Grouped by Registration Status**			
国有单位	State-owned Units	144333	149267	3.4
集体单位	Collective-owned Units	50286	56409	12.2
其他单位	Others	102468	109903	7.3
# 外商及港澳台商投资单位	Units with Funds from Foreign Countries, Hong Kong, Macao & Taiwan	102514	109424	6.7
股份有限公司	Share Holding Corporations Ltd.	139915	144997	3.6
按国民经济行业分	**Grouped by Sector**			
农、林、牧、渔业	Farming, Forestry, Animal Husbandry and Fishery	70980	80118	12.9
采矿业	Minerals Mining	141993	144748	1.9
制造业	Manufacturing	91934	97943	6.5
电力、热力、燃气及水生产和供应业	Production and Supply of Electricity, Heat, Gas and Water	158678	168439	6.2
建筑业	Construction	93771	102993	9.8
批发和零售业	Wholesale and Retail Trade	87436	93356	6.8
交通运输、仓储和邮政业	Transportation, Storage and Post Services	103845	107111	3.1
住宿和餐饮业	Accommodation and Catering Services	56712	55645	-1.9
信息传输、软件和信息技术服务业	Information Transmitting, Software and Information Technology Services	145990	147074	0.7
金融业	Finance Intermediation	165859	212423	28.1
房地产业	Real Estate	93626	99566	6.3
租赁和商务服务业	Leasing and Business Services	78776	92459	17.4
科学研究和技术服务业	Scientific Research and Technical Services	177239	172567	-2.6
水利、环境和公共设施管理业	Management for Water Conservancy, Environment and Public Facilities	102853	105116	2.2
居民服务、修理和其他服务业	Resident Services, Repair and Other Services	60912	55245	-9.3
教　育	Education	144008	148371	3.0
卫生和社会工作	Health Care and Social Work	152743	155285	1.7
文化、体育和娱乐业	Culture, Sports and Recreational Services	148906	136212	-8.5
公共管理、社会保障和社会组织	Public Management, Social Security and Social Organizations	135310	143630	6.1

4-15 城镇非私营单位其他从业人员工资总额
Total Remuneration of Other Employment Personnel in Urban Non-Private Units

单位：亿元(100 million yuan)

项　目	Item	2019	2020	2020比2019年增长(%) Increase Rate in 2020 over 2019(%)
总　计	**Total**	**135.34**	**127.70**	**-5.6**
按登记注册类型分	**Grouped by Registration Status**			
国有单位	State-owned Units	23.94	19.89	-16.9
集体单位	Collective-owned Units	0.63	0.57	-9.5
其他单位	Others	110.77	107.23	-3.2
#外商及港澳台商投资单位	Units with Funds from Foreign Countries, Hong Kong, Macao & Taiwan	26.35	26.49	0.5
股份有限公司	Share Holding Corporations Ltd.	34.45	41.06	19.2
按国民经济行业分	**Grouped by Sector**			
农、林、牧、渔业	Farming, Forestry, Animal Husbandry and Fishery	0.11	0.10	-9.1
采矿业	Minerals Mining	0.34	0.32	-5.9
制造业	Manufacturing	19.83	18.57	-6.4
电力、热力、燃气及水生产和供应业	Production and Supply of Electricity, Heat, Gas and Water	0.48	0.32	-33.3
建筑业	Construction	21.09	15.41	-26.9
批发和零售业	Wholesale and Retail Trade	5.01	4.83	-3.6
交通运输、仓储和邮政业	Transportation, Storage and Post Services	3.96	2.01	-49.2
住宿和餐饮业	Accommodation and Catering Services	2.72	2.00	-26.5
信息传输、软件和信息技术服务业	Information Transmitting, Software and Information Technology Services	0.61	1.44	136.1
金融业	Finance Intermediation	37.25	47.27	26.9
房地产业	Real Estate	2.64	2.88	9.1
租赁和商务服务业	Leasing and Business Services	11.16	8.53	-23.6
科学研究和技术服务业	Scientific Research and Technical Services	5.27	5.20	-1.3
水利、环境和公共设施管理业	Management for Water Conservancy, Environment and Public Facilities	2.10	1.68	-20.0
居民服务、修理和其他服务业	Resident Services, Repair and Other Services	0.36	0.45	25.0
教　育	Education	4.75	4.12	-13.3
卫生和社会工作	Health Care and Social Work	6.62	6.27	-5.3
文化、体育和娱乐业	Culture, Sports and Recreational Services	5.58	2.60	-53.4
公共管理、社会保障和社会组织	Public Management, Social Security and Social Organizations	5.46	3.72	-31.9

4-16 城镇非私营单位其他从业人员平均工资

Average Remuneration of Other Employment Personnel in Urban Non-Private Units

单位：元(yuan)

项　　目	Item	2019	2020	2020比2019年增长(%) Increase Rate in 2020 over 2019(%)
总　　计	**Total**	**64860**	**64383**	**-0.7**
按登记注册类型分	**Grouped by Registration Status**			
国有单位	State-owned Units	49105	53277	8.5
集体单位	Collective-owned Units	42898	44156	2.9
其他单位	Others	69911	67144	-4.0
#外商及港澳台商投资单位	Units with Funds from Foreign Countries, Hong Kong, Macao & Taiwan	72659	73082	0.6
股份有限公司	Share Holding Corporations Ltd.	68624	69982	2.0
按国民经济行业分	**Grouped by Sector**			
农、林、牧、渔业	Farming, Forestry, Animal Husbandry and Fishery	28472	32079	12.7
采矿业	Minerals Mining	32360	37858	17.0
制造业	Manufacturing	156362	177831	13.7
电力、热力、燃气及水生产和供应业	Production and Supply of Electricity, Heat, Gas and Water	53122	53650	1.0
建筑业	Construction	65074	66778	2.6
批发和零售业	Wholesale and Retail Trade	96660	102925	6.5
交通运输、仓储和邮政业	Transportation, Storage and Post Services	85777	107306	25.1
住宿和餐饮业	Accommodation and Catering Services	10525	8970	-14.8
信息传输、软件和信息技术服务业	Information Transmitting, Software and Information Technology Services	55504	140432	153.0
金融业	Finance Intermediation	69051	62881	-8.9
房地产业	Real Estate	37779	39738	5.2
租赁和商务服务业	Leasing and Business Services	49451	43470	-12.1
科学研究和技术服务业	Scientific Research and Technical Services	85117	86418	1.5
水利、环境和公共设施管理业	Management for Water Conservancy, Environment and Public Facilities	49637	46195	-6.9
居民服务、修理和其他服务业	Resident Services, Repair and Other Services	54755	47638	-13.0
教　育	Education	49075	60517	23.3
卫生和社会工作	Health Care and Social Work	83859	84002	0.2
文化、体育和娱乐业	Culture, Sports and Recreational Services	422054	250201	-40.7
公共管理、社会保障和社会组织	Public Management, Social Security and Social Organizations	49681	71088	43.1

4-17 城镇私营单位从业人员平均工资

Average Remuneration of Employment Personnel in Urban Private Units

单位：元(yuan)

项　目	Item	2019	2020	2020比2019年增长(%) Increase Rate in 2020 over 2019(%)
总　计	**Total**	**64542**	**59862**	**-7.3**
按国民经济行业分	**Grouped by Sector**			
农、林、牧、渔业	Farming, Forestry, Animal Husbandry and Fishery	42170	56165	33.2
采矿业	Minerals Mining	68320	76953	12.6
制造业	Manufacturing	66150	59652	-9.8
电力、热力、燃气及水生产和供应业	Production and Supply of Electricity, Heat, Gas and Water	63887	62840	-1.6
建筑业	Construction	55122	55221	0.2
批发和零售业	Wholesale and Retail Trade	55646	59082	6.2
交通运输、仓储和邮政业	Transportation, Storage and Post Services	58191	57908	-0.5
住宿和餐饮业	Accommodation and Catering Services	51819	44062	-15.0
信息传输、软件和信息技术服务业	Information Transmitting, Software and Information Technology Services	103521	87103	-15.9
金融业	Finance Intermediation	81598	79634	-2.4
房地产业	Real Estate	63369	63157	-0.3
租赁和商务服务业	Leasing and Business Services	74760	61761	-17.4
科学研究和技术服务业	Scientific Research and Technical Services	78802	70929	-10.0
水利、环境和公共设施管理业	Management for Water Conservancy, Environment and Public Facilities	48142	38781	-19.4
居民服务、修理和其他服务业	Resident Services, Repair and Other Services	50760	50436	-0.6
教　育	Education	64080	58828	-8.2
卫生和社会工作	Health Care and Social Work	55705	58490	5.0
文化、体育和娱乐业	Culture, Sports and Recreational Services	58002	57636	-0.6

主要统计指标解释

单位从业人员

指在各类法人单位工作，并由单位支付劳动报酬的人员，包括在岗职工(含劳务派遣人员)和其他从业人员。

在岗职工 指在本单位工作且与本单位签订劳动合同，并由单位支付各项工资和社会保险、住房公积金的人员，以及上述人员中由于学习、病伤产假等原因暂未工作，仍由单位支付工资的人员。此外，本年鉴中的“在岗职工”相关数据还包含“劳务派遣人员”相关数据。

其他从业人员 指除在岗职工、劳务派遣人员以外，实际参加本单位生产或工作并从本单位取得劳动报酬的人员。具体包括：非全日制人员、聘用的正式离退休人员、兼职人员、利用课余时间打工的在校生等，以及在本单位工作的外籍和港澳台方人员。

城镇登记失业人员

指有非农业户口，在一定的劳动年龄（16 岁至退休年龄）内，有劳动能力，无业且要求就业，并在当地劳动保障机构进行求职登记的人员。

城镇登记失业率

指报告期末城镇登记失业人数占期末从业人员总数与期末实有城镇登记失业人数之和的比重。计算公式：

$$\text{城镇登记失业率}=\frac{\text{期末实有城镇登记失业人数}}{\text{期末从业人员总数}+\text{期末实有城镇失业人数}}\times100\%$$

工资总额

指本单位在报告期内（季度或年度）直接支付给本单位全部从业人员的劳动报酬总额。包括计时工资、计件工资、奖金、津贴和补贴、加班加点工资、特殊情况下支付的工资，是在岗职工工资总额、劳务派遣人员工资总额和其他从业人员工资总额之和。不论是计入成本的还是不计入成本的，不论是以货币形式支付的还是以实物形式支付的，均应列入工资总额的计算范围。

工资总额是税前工资，包括单位从个人工资中直接为其代扣或代缴的个人所得税、房费、水电费、社会保险基金和住房公积金等个人缴纳部分等。

平均工资

是指从业人员在报告期内平均每人所得工资额。计算公式为：

$$\text{平均工资}=\frac{\text{从业人员工资总额}}{\text{从业人员平均人数}}$$

Explanatory Notes on Main Statistical Indicators

Employment Personel in Units

refer to the persons who work in various legal person units and receive payment from the units, including on-post staff and workers (which contains outsourcing labor) and other employment personnel.

On-post Staff and Workers refer to staff and workers working in the units, signed working contracts and received wages, social insurance and housing fund, including those receive wages from units but are temporarily absent from work for reasons of study, work or on sick, injury or maternal leave. In addition, the data related to "on-post staff and workers" in this yearbook also includes data related to "outsourcing labor".

Other Employment Personnel refer to the personnel out of on-post staff and workers and outsourcing labor, which are working in the units and receiving wages or other forms of payment, including part-time staff, re-employed retirees, part-time workers and on-campus students who work in their spare time, and foreigners and Chinese compatriots from Hong Kong, Macao, and Taiwan working in the units.

Registered Unemployed Personnel in Urban Area

refer to the persons who are registered as permanent residents in the urban areas engaged in non-agricultural activities, aged within the range of working age (16-retired age), capable to labour, unemployed but desirous to be employed and have been registered at the local employment service agencies to apply for a job.

Registered Unemployed Rate in Urban Area

refers to the ratio of the number of the registered unemployed persons to the sum of the number of employed persons and the registered unemployed persons. The formula is as follows:

$$\textit{Registered Urban Unemployment Rate} = \frac{\textit{Number of Urban Registered Unemployed Persons}}{\textit{Urban Employed Persons} + \textit{Number of Urban Registered Unemployed Persons}} \times 100\%$$

Total Remuneration

refers to the total remuneration payment to all employed persons in various units during the reporting period (by quarter or by year). It includes time rate wage, piece rate wage, bonus, subsidy and allowance, overtime pay and the salary paid in special circumstances, which is the sum of total wages of on-post staff and workers, outsourcing labor and other employment personnel. Whether it is included in costs or not and no matter it is paid in money or real objects, it should be included in the calculation of total remuneration.

The total remuneration is the pre-tax salary, including personal income tax, housing expenses, water and electricity fees, social security funds and housing accumulation funds withheld directly by the employer from the employee' s wage.

Average Wage

refers to the average per capita wage during a certain period of time for employed persons. The formula is as follows:

$$\textit{Average Wage} = \frac{\textit{the total remuneration of the employment personnel}}{\textit{the average number of employment personnel}}$$

第五篇 价格指数

Chapter 5 Price Indices

5-1 居民消费价格和商品零售价格指数(1978—2020年)

Consumer and Retail Price Indices,1978-2020

年份 Year	上年=100 Preceding Year=100		1978年=100 Year of 1978=100		1990年=100 Year of 1990=100	
	商品零售价格指数 Retail Price Index	居民消费价格指数 Consumer Price Index	商品零售价格指数 Retail Price Index	居民消费价格指数 Consumer Price Index	商品零售价格指数 Retail Price Index	居民消费价格指数 Consumer Price Index
1978	100.0	100.0	100.0	100.0		
1979	101.1	101.0	101.1	101.0		
1980	105.5	105.1	106.7	106.2		
1981	101.5	101.3	108.3	107.5		
1982	100.5	100.5	108.8	108.1		
1983	100.5	100.5	109.3	108.6		
1984	101.8	101.8	111.3	110.6		
1985	113.9	113.1	126.8	125.0		
1986	107.2	106.8	135.9	133.6		
1987	106.9	106.8	145.3	142.6		
1988	117.7	116.9	171.0	166.7		
1989	115.1	114.7	196.8	191.2		
1990	102.7	103.0	202.1	197.0	100.0	100.0
1991	108.0	110.2	218.3	217.1	108.0	110.2
1992	109.4	111.4	238.8	241.8	118.2	122.8
1993	114.3	117.6	273.0	284.4	135.0	144.4
1994	115.6	124.0	315.6	352.6	156.1	179.0
1995	110.6	115.3	349.0	406.6	172.7	206.4
1996	105.1	109.0	366.8	443.2	181.5	225.0
1997	100.7	103.1	369.4	456.9	182.7	232.0
1998	96.6	99.5	356.8	454.6	176.5	230.8
1999	97.5	98.9	347.9	449.6	172.1	228.3
2000	98.6	99.6	343.1	447.8	169.7	227.3
2001	98.6	101.2	338.2	453.2	167.3	230.1
2002	97.4	99.6	329.5	451.4	163.0	229.2
2003	97.4	101.0	320.9	455.9	158.7	231.4
2004	100.8	102.3	323.5	466.4	160.0	236.8
2005	99.9	101.5	323.1	473.4	159.8	240.3
2006	100.4	101.5	324.4	480.5	160.5	243.9
2007	103.2	104.2	334.8	500.7	165.6	254.2
2008	105.1	105.4	351.9	527.7	174.1	267.9
2009	98.9	99.0	348.0	522.4	172.2	265.2
2010	103.4	103.5	359.8	540.7	178.1	274.5
2011	104.7	104.9	376.7	567.2	186.5	288.0
2012	103.0	102.7	388.0	582.5	192.1	295.8
2013	101.7	103.1	394.6	600.6	195.4	305.0
2014	100.9	101.9	398.2	612.0	197.2	310.8
2015	100.3	101.7	399.4	622.4	197.8	316.1
2016	100.5	102.1	401.6	635.4	198.9	322.7
2017	100.8	102.1	404.8	648.7	200.5	329.5
2018	101.6	102.0	411.3	661.7	203.7	336.1
2019	101.7	102.7	418.3	679.6	206.5	345.2
2020	101.0	102.0	422.7	693.5	208.7	352.3

5-2 居民消费价格分类指数
Consumer Price Indices by Category

上年=100(preceding year = 100)

项 目 Item	2019	2020
居民消费价格总指数 Consumer Price Index	**102.7**	**102.0**
# 服务项目价格指数 Services	102.6	101.5
一、食品烟酒 Food, Tobacco and Liquor	**104.6**	**106.5**
1.食 品 Food	106.0	107.6
粮 食 Grain	101.8	101.7
薯 类 Tuber	91.6	104.9
豆 类 Beans	102.2	109.9
食用油 Edible Oil	100.4	98.9
菜 Vegetables	100.5	109.8
畜肉类 Meat	124.1	131.1
禽肉类 Poultry	108.8	99.4
水产品 Aquatic Products	96.4	102.7
蛋 类 Eggs	105.1	87.5
奶 类 Milk	101.6	100.0
干鲜瓜果类 Dried and Fresh Melons and Fruits	107.5	93.5
糖果糕点类 Confectionery	101.3	101.2
调味品 Flavoring	101.4	102.1
其他食品类 Other Foods	100.3	102.0
2.茶及饮料 Tea and Beverages	101.5	101.5
3.烟 酒 Tobacco and Liquor	101.5	102.5
烟 草 Tobacco	101.7	103.2
酒 类 Liquor	101.2	101.8
4.在外餐饮 Dining out	102.4	104.9
二、衣 着 Clothing	**102.1**	**98.5**
1.服 装 Garments	102.0	99.0
2.服装材料 Clothing Material	102.2	99.6
3.其他衣着及配件 Other Clothing and Accessories	98.4	99.6
4.衣着加工服务费 Clothing Manufacturing Services	110.8	103.3
5.鞋 类 Shoes	102.2	96.1
三、居 住 Residence	**102.4**	**100.7**
1.租赁房房租 Rent of Rental Housing	103.0	101.0
2.住房保养维修及管理 Housing Maintenance and Management	103.3	100.8
3.水电燃料 Water, Electricity and Fuels	100.4	99.9
4.自有住房 Private Housing	102.7	100.9
四、生活用品及服务 Household Articles and Services	**100.9**	**100.2**
1.家具及室内装饰品 Furniture and Interior Decoration	99.4	100.9
2.家用器具 Household Appliances	99.5	98.5
3.家用纺织品 Home Textiles	100.3	99.4
4.家庭日用杂品 Family Daily Groceries	101.0	99.8
5.个人护理用品 Personal Care Articles	100.5	100.7
6.家庭服务 Household Services	106.1	102.8
五、交通和通信 Transportation and Communication	**99.3**	**97.1**
1.交 通 Transportation	98.7	96.6
2.通 信 Communication	100.3	98.0
六、教育文化和娱乐 Education, Culture and Recreation	**104.2**	**102.6**
1.教 育 Education	104.5	104.9
2.文化娱乐 Cultural and Recreational Articles	104.0	100.4
七、医疗保健 Health Cares	**100.9**	**99.9**
1.药品及医疗器具 Medicine and Medical Instrument	101.8	99.8
2.医疗服务 Health Services	100.1	100.0
八、其他用品和服务 Miscellaneous Goods and Services	**105.0**	**107.9**
1.其他用品类 Other Goods	107.8	116.8
2.其他服务类 Other Services	102.8	100.6

5-3 商品零售价格分类指数(2016—2020年)
Retail Price Indices by Category,2016-2020

上年=100(preceding year = 100)

项　　目 Item	2016	2017	2018	2019	2020
商品零售价格指数					
Retail Price Index	**100.5**	**100.8**	**101.6**	**101.7**	**101.0**
1.食　品					
Food	**102.3**	**100.3**	**103.2**	**105.1**	**106.9**
粮　食					
Grain	100.8	103.2	99.7	102.1	101.8
薯　类					
Tuber	106.1	92.1	110.9	91.6	104.9
豆　类					
Beans	101.0	100.7	100.4	102.2	109.9
食用油					
Edible Oil	99.7	101.8	100.7	100.4	98.9
菜					
Vegetables	107.0	92.4	109.3	100.5	109.8
畜肉类					
Meat	107.3	99.3	99.5	124.1	131.1
禽肉类					
Poultry	101.0	99.0	104.1	108.8	99.4
水产品					
Aquatic Products	106.7	102.8	104.6	96.3	102.7
蛋　类					
Eggs	95.4	96.5	114.3	105.1	87.5
奶　类					
Milk	98.8	99.4	99.9	101.6	100.0
干鲜瓜果					
Dried and Fresh Melons and Fruits	97.6	102.6	105.6	107.5	93.5
糖果糕点类					
Confectionery	101.3	101.8	103.2	101.3	101.2
调味品					
Flavoring	103.4	103.3	102.6	101.4	102.1
其他食品类					
Other Food	101.0	101.6	102.1	100.3	102.0
在外餐饮					
Dining Out	100.8	101.2	102.9	102.4	104.9
2.饮料、烟酒					
Beverage, Tobacco and Liquor	**101.1**	**100.9**	**101.4**	**101.5**	**102.3**
茶及饮料					
Tea and Beverage	100.2	100.6	102.6	101.5	101.5
烟　草					
Tobacco	102.2	100.4	101.0	101.7	103.2
酒　类					
Liquor	100.3	101.7	101.1	101.2	101.8

5-3续表1 *Continued*

上年=100(preceding year = 100)

项　　目 Item	2016	2017	2018	2019	2020
3.服装、鞋帽					
Garments, Shoes and Hats	**100.0**	**100.1**	**101.0**	**101.8**	**98.2**
服　装					
Garments	100.0	100.0	100.9	101.9	99.0
鞋袜帽					
Shoes, Socks and Hats	100.0	100.2	101.2	101.4	96.5
其他衣着配件					
Other Clothing and Accessories	100.4	100.8	97.7	101.5	99.2
4.纺织品					
Textiles	**101.2**	**101.2**	**102.2**	**100.7**	**99.7**
服装材料					
Clothing Materials	101.7	100.8	104.6	102.2	99.6
床上用品					
Bed Articles	101.1	101.2	101.8	100.4	99.8
5.家用电器及音像器材					
Household Appliances, Music and Video Equipment	**98.5**	**99.2**	**97.8**	**99.4**	**97.9**
家庭设备					
Household Facilities	97.9	99.4	99.8	99.5	98.5
文娱用耐用消费品					
Durable Consumer Goods for Cultural and Recreational Use	99.1	98.8	95.1	99.6	96.5
专业音像器材					
Music and Video Equipment	99.4	99.3	96.8	98.4	99.0
6.文化办公用品					
Cultural and Office Appliances	**100.3**	**99.5**	**98.9**	**100.8**	**100.4**
7.日用品					
Articles for Dally Use	**99.6**	**100.2**	**100.8**	**100.9**	**99.8**
日用百货					
General Merchandise for Daily Use	100.1	101.1	101.2	101.4	100.2
厨具餐具茶具					
Kitchen Ware, Tableware and Tea Set	99.6	99.2	101.5	99.8	100.2
清洗用品					
Washing Articles	98.1	101.9	101.6	103.0	100.6
其他日用品					
Other Articles for Daily Use	100.0	99.2	99.9	99.8	98.9
8.体育娱乐用品					
Sport and Recreation Articles	**102.1**	**102.8**	**100.2**	**102.8**	**100.7**
体育户外用品					
Sport Articles	99.8	97.1	98.4	100.2	99.3
娱乐用品					
Recreation Articles	102.3	103.2	100.3	103.0	100.8
9.交通、通信用品					
Transportation and Communication Articles	**99.5**	**98.0**	**98.4**	**100.2**	**97.9**

5-3续表2 *Continued*

上年=100(preceding year = 100)

项　　目 Item	2016	2017	2018	2019	2020
交通运输机械 Transportation Machinery	99.5	97.9	98.5	99.6	98.1
通信器材 Communication Facilities	99.7	99.4	97.5	107.1	95.6
10.家　具 Furniture	**98.2**	**102.3**	**100.8**	**99.3**	**101.0**
11.化妆品 Cosmetics	**100.7**	**101.4**	**100.6**	**100.6**	**100.6**
12.金银饰品 Gold, Silver and Jewelry	**112.8**	**104.2**	**97.5**	**112.6**	**125.6**
13.中西药品及医疗保健用品 Traditional Chinese & Western Medicine and Medical, Health Care Goods	**101.3**	**103.9**	**104.7**	**102.0**	**99.4**
医疗卫生器具 Medical Apparatus	100.2	99.5	100.2	99.9	102.4
中　药 Traditional Chinese Medicines	102.7	107.5	107.5	103.2	103.6
西　药 Western Medicine	100.6	103.4	105.2	101.9	95.8
保健器具及用品 Health Care Facilities and Goods	101.9	102.3	101.4	101.0	103.9
14.书报杂志及电子出版物 Books, Newspapers and Magazines, Electronic Publications	**102.3**	**101.5**	**101.9**	**102.4**	**103.4**
教材及参考书 Teaching Materials and Reference Books	102.4	102.5	100.1	101.6	103.9
书报杂志 Books, Newspapers and Magazines	102.6	101.2	108.1	105.0	101.0
计算机办公软件 Computer Office Softwares	99.8	87.5	96.8	99.7	110.0
15.燃　料 Fuel	**96.9**	**107.3**	**110.3**	**96.3**	**89.8**
煤炭及制品 Coal and Related Products	101.0	108.7	102.5	100.1	101.1
石油及制品 Petroleum and Related Products	96.3	107.0	111.6	95.7	88.1
16.建筑材料及五金电料 Construction Materials and Hardware Materials	**99.8**	**101.7**	**102.5**	**101.5**	**99.4**
建筑装潢材料 Construction and Decoration Materials	99.6	101.8	103.3	101.9	98.1
五金水暖 Hardware Materials	100.1	101.4	101.3	100.8	101.5

5-4 工业生产者出厂价格指数(2016—2020年)
Producer Price Indices of Industrial Ex-factory Products,2016-2020

上年=100(preceding year = 100)

项 目 Item	2016	2017	2018	2019	2020
工业生产者出厂价格总指数					
General Producer Price Indices of Industrial Ex-factory Products	**97.9**	**108.4**	**105.4**	**99.3**	**97.1**
按轻重工业分					
Grouped by Light or Heavy Industries					
轻工业					
Light Industry	101.2	101.2	100.2	102.6	102.5
以农产品为原料					
Using Farm Products as Raw Materials	102.2	101.0	100.2	103.7	104.5
以非农产品为原料					
Using Non-farm Products as Raw Materials	99.5	101.6	100.2	100.9	99.4
重工业					
Heavy Industry	97.1	110.2	106.6	98.5	95.7
采掘业					
Mining and Quarrying Industry	85.9	127.7	120.5	97.9	81.6
原料工业					
Raw Materials Industry	98.2	116.2	111.6	97.2	92.4
加工工业					
Processing Industry	98.5	105.9	102.5	99.2	99.1
按生产生活资料分					
Grouped by Means of Production or Subsistence					
生产资料					
Production Goods	97.9	112.0	107.4	98.8	95.8
采掘业					
Mining and Quarrying Industry	85.9	127.7	120.5	97.9	81.6
原料工业					
Raw Materials Industry	97.9	116.3	112.0	97.5	92.2
加工工业					
Processing Industry	100.0	108.4	103.4	99.6	99.4
生活资料					
Consumer Goods	98.0	97.9	99.0	100.8	100.9
食 品					
Food	102.9	100.2	100.1	105.6	105.9
衣 着					
Clothing	100.2	100.3	100.8	100.8	100.2
一般日用品					
Daily Use Articles	99.2	98.5	102.4	99.9	98.7
耐用消费品					
Durable Consumer Goods	92.7	94.9	96.2	96.5	96.9

5-5 按行业分工业生产者出厂价格指数(2016—2020年)
Producer Price Indices of Industrial Ex-factory Products by Sector,2016-2020

上年=100(preceding year = 100)

行　业 Sector	2016	2017	2018	2019	2020
煤炭开采和洗选业 Mining and Washing of Coal	83.4	121.2	101.8	100.0	100.0
石油和天然气开采业 Extraction of Petroleum and Natural Gas	86.7	134.6	131.8	96.0	66.9
黑色金属矿采选业 Mining and Processing of Ferrous Metal Ores	90.7	108.3	128.3	119.7	104.9
非金属矿采选业 Mining and Processing of Nonmetal Ores	76.6	102.1	103.4	108.2	98.6
开采专业及辅助性活动 Professional and Support Activities for Mining	95.5	99.7	99.5	98.4	104.7
农副食品加工业 Processing of Food from Agricultural Products	106.1	98.2	95.9	108.9	112.3
食品制造业 Manufacture of Food	101.4	101.2	102.4	103.9	103.3
酒、饮料和精制茶制造业 Manufacturing of Alcohol, Beverages and Refined Tea	100.6	101.7	100.7	105.1	100.6
烟草制品业 Manufacture of Tobacco	100.0	100.0	100.6	102.3	102.7
纺织业 Manufacture of Textile	98.0	100.7	103.4	100.7	100.8
纺织服装、服饰业 Manufacturing of Textile Wearing and Apparel	100.2	100.3	99.4	99.7	100.0
皮革、毛皮、羽毛及其制品和制鞋业 Manufacturing of Leather, Fur, Feathers and Related Products, Footwear	100.8	100.8	104.5	106.2	102.1
木材加工和木、竹、藤、棕、草制品业 Processing of Timber, Manufacture of Wood, Bamboo, Rattan, Palm and Straw Products	98.8	99.5	100.3	99.4	99.3
家具制造业 Manufacture of Furniture	100.4	103.1	100.2	101.6	101.3
造纸和纸制品业 Manufacture of Paper and Paper Products	101.1	110.5	101.8	90.1	93.7
印刷和记录媒介复制业 Printing, Reproduction of Recording Media	100.1	102.9	102.2	103.7	105.8
文教、工美、体育和娱乐用品制造业 Manufacture of Articles for Cultural, Education, Industrial Arts, Sport Activity and Amusement Manufacturing	101.0	99.1	99.4	103.0	100.2
石油、煤炭和其他燃料加工业 Processing of Petroleum, Coal and Other Fuel	93.1	114.1	119.9	99.2	86.3
化学原料和化学制品制造业 Manufacture of Raw Chemical Materials and Chemical Products	101.5	115.6	108.0	93.3	91.2

5-5续表 *Continued*

上年=100(preceding year = 100)

行　　业　Sector	2016	2017	2018	2019	2020
医药制造业 Manufacture of Medicines	98.0	98.2	105.3	96.6	98.4
化学纤维制造业 Manufacture of Chemical Fibers	85.9	93.0	100.9	99.2	100.5
橡胶和塑料制品业 Manufacture of Rubber and plastic	99.1	104.9	101.5	99.4	98.7
非金属矿物制品业 Manufacture of Non-metallic Mineral Products	98.4	101.3	109.7	107.0	98.7
黑色金属冶炼和压延加工业 Smelting and Pressing of Ferrous Metals	101.9	126.3	109.9	100.0	98.6
有色金属冶炼和压延加工业 Smelting and Pressing of Non-ferrous Metals	97.9	116.5	103.2	96.5	101.8
金属制品业 Manufacture of Metal Products	99.2	113.6	106.2	97.1	96.4
通用设备制造业 Manufacture of General Purpose Machinery	99.7	100.4	99.5	100.1	102.6
专用设备制造业 Manufacture of Special Purpose Machinery	96.9	97.7	97.6	98.4	99.0
汽车制造业 Manufacturing of Motorcar	98.7	97.8	98.1	94.7	95.0
铁路、船舶、航空航天和其他运输设备制造业 Railway, Watercraft, Aerospace and Other Transport Equipment	102.7	102.2	102.0	100.3	100.5
电气机械和器材制造业 Manufacture of Electrical Machinery and Equipment	98.4	101.6	100.5	99.8	97.5
计算机、通信和其他电子设备制造业 Manufacture of Computers, Communication and Other Electronic Equipment	92.6	95.4	96.2	101.2	101.2
仪器仪表制造业 Manufacturing of Measuring Instruments	101.4	100.1	99.8	103.1	101.0
其他制造业 Other Manufacturing	96.9	100.0	100.0	99.6	95.1
废弃资源综合利用业 Comprehensive Recycling of Waste	96.0	104.3	124.2	107.1	96.6
金属制品、机械和设备修理业 Metal Products, Machine and Equipment Repair	100.9	100.3	102.7	107.8	107.4
电力、热力生产和供应业 Production and Supply of Electric Power and Heat Power	100.7	95.4	100.3	99.1	97.9
燃气生产和供应业 Production and Supply of Gas	86.3	100.9	101.2	105.1	97.7
水的生产和供应业 Production and Supply of Water	100.0	104.5	123.0	101.6	100.0

5-6 工业生产者购进价格指数(2011—2020年)
Producer Price Indices of Industrial Purchase,2011-2020

上年=100(preceding year = 100)

项 目 Item	2011	2012	2013	2014	2015
工业生产者购进价格总指数 **General Producer Price Indices of Industrial Purchase**	**109.7**	**97.1**	**97.4**	**97.1**	**92.4**
燃料、动力类 Fuel and Power	113.3	101.3	95.9	97.0	81.7
黑色金属材料类 Ferrous Metals	110.6	91.7	95.7	93.8	86.3
有色金属材料及电线类 Non-ferrous Metals and Wires	110.2	91.5	95.0	95.2	94.6
化工原料类 Chemical Raw Materials	112.6	98.4	97.9	99.0	93.1
木材及纸浆类 Wood and Paper Pulps	106.4	102.1	97.3	100.4	98.7
建筑材料及非金属矿类 Construction Materials and Non-mental Ores	104.4	97.8	97.7	96.9	93.9
其他工业原材料及半成品类 Other Industrial Raw Materials and Semi-products	104.4	98.8	97.9	97.4	96.9
农副产品类 Farm and Sideline Products	125.1	93.2	97.8	97.9	94.1
纺织原料类 Textile Raw Materials	110.7	96.3	101.4	99.6	99.7

5-6续表 *Continued*

上年=100(preceding year = 100)

项 目 Item	2016	2017	2018	2019	2020
工业生产者购进价格总指数 **General Producer Price Indices of Industrial Purchase**	**98.3**	**111.1**	**106.2**	**98.8**	**96.9**
燃料、动力类 Fuel and Power	93.2	117.2	111.4	96.6	86.2
黑色金属材料类 Ferrous Metals	102.4	123.6	111.2	98.6	99.4
有色金属材料及电线类 Non-ferrous Metals and Wires	98.4	119.0	104.4	97.4	100.1
化工原料类 Chemical Raw Materials	98.0	108.7	104.7	93.5	91.0
木材及纸浆类 Wood and Paper Pulps	98.2	102.6	106.6	98.3	96.1
建筑材料及非金属矿类 Construction Materials and Non-mental Ores	92.3	120.3	116.9	98.3	93.4
其他工业原材料及半成品类 Other Industrial Raw Materials and Semi-products	99.0	104.3	102.3	100.2	100.1
农副产品类 Farm and Sideline Products	102.7	99.6	98.4	114.5	125.4
纺织原料类 Textile Raw Materials	99.5	104.9	100.4	100.5	93.3

主要统计指标解释

商品零售价格指数

是反映一定时期内城乡商品零售价格变动趋势和程度的相对数。商品零售价格的变动直接影响到城乡居民的生活支出和国家的财政收入，影响居民购买力和市场供需的平衡，影响到消费与积累的比例关系。因此，该指数可以从一个侧面对上述经济活动进行观察和分析。

居民消费价格指数

是反映一定时期内城乡居民所购买的生活消费品价格和服务项目价格变动趋势和程度的相对数。该指数可以观察和分析消费品的零售价格和服务项目价格变动对城乡居民实际生活费支出的影响程度。

工业生产者出厂价格指数

反映一定时期内全部工业产品出厂价格总水平的变动趋势和程度的相对数，包括工业企业售给本企业以外所有单位的各种产品和直接售给居民用于生活消费的产品。通过工业生产者出厂价格指数能观察出厂价格变动对工业总产值的影响。

工业生产者购进价格指数

反映一定时期内全部工业企业作为生产投入，从物资交易市场和能源、原材料生产企业购买原材料、燃料和动力产品时，所支付的价格水平变动趋势和程度的相对数，是扣除工业企业物质消耗成本中的价格变动影响的重要依据。

Explanatory Notes on Main Statistical Indicators

Retail Price Index

reflects the trend and degree of change in retail prices of commodities during a given period. The change in retail prices of commodities directly affect the living expenses of urban and rural residents, government revenue, purchasing power of residents and the equilibrium of market supply and demand, and the ratio of consumption to accumulation. Therefore, the retail price indices are useful from an oblique perspective for observing and analyzing the changes of the above economic activities.

Consumer Price Index

reflects the trend and degree of changes in prices of consumer goods and services purchased by urban and rural households during a given period. It can be used to observe and analyze the impact degree of price changes in consumer goods and services on wages (in monetary terms) of actual living expenses of urban and rural residents.

Producer Price Index of Industrial Ex-factory Products

reflects the trend and degree of changes in general ex-factory prices of all industrial products during a given period, including sales of industrial products by an industrial enterprise to all units outside the enterprise, as well as sales of consumer goods to residents. It can be used to analyze the impact of ex-factory prices on gross industrial output value.

Producer Price Index of Industrial Purchase

reflects the trend and degree of changes in purchasing price of raw material, fuel and power paid by industrial enterprises when they purchase production as input from the market or other energy and raw material producers during a given period, and provide basis for measuring the material consumption of industrial enterprises after removing influence of price from cost.

第六篇　人民生活

Chapter 6 People's Living Conditions

6-1 城乡住户基本情况(2016—2020年)

Basic Statistics on Households of Urban and Rural,2016-2020

项 目 Item	单 位 Unit	2016	2017	2018	2019	2020
调查样本户数	**户**					
Survey Sample Households	**household**	**3958**	**3970**	**4000**	**4000**	**4000**
城镇住户	户					
Urban Households	household	3014	3018	3200	3200	3200
农村住户	户					
Rural Households	household	944	952	800	800	800
调查样本户结构						
Structure of Survey Sample Households						
城镇住户	%					
Urban Households	%	76.1	76.0	80.0	80.0	80.0
农村住户	%					
Rural Households	%	23.9	24.0	20.0	20.0	20.0
住户基本情况						
Basic Conditions of Households						
户均常住人口	人/户					
Average Persons per Permanent Household	person/household	2.88	2.87	2.86	2.85	2.84
户均就业人口	人/户					
Average Employees per Household	person/household	1.54	1.48	1.43	1.39	1.31
平均每户就业人口比重	%					
Employees Percentage per Household	%	53.5	51.6	50.1	48.6	46.0
平均每一就业者负担人口	人					
Persons Supported by Each Employee	person	1.87	1.94	1.99	2.06	2.18
常住居民收入与支出						
Income and Expenditure of Permanent Households						
全体居民人均可支配收入	元/人					
Per Capita Disposable Incomes of Whole Households	yuan/person	34074	37022	39506	42404	43854
全体居民人均消费支出	元/人					
Per Capita Consumption Expenditures of Whole Households	yuan/person	26129	27841	29903	31854	28461
平均消费倾向	%					
Average Propensity to Consume	%	76.7	75.2	75.7	75.1	64.9

注：因调整指标口径，为保证数据口径一致，现将2020年以前年份的“住户基本情况”相关指标数据统一调整为可比数据。

Note: For the adjustment of index scope, to make sure that the data scope is consistent, we now give unified adjustment of relevant indexes of basic household conditions before the year 2020 to comparable data.

6-2 城乡住户住房基本情况构成(2016—2020年)
Composition of Basic Living Condition of Households,2016-2020

单位：%(%)

项　　目	Item	2016	2017	2018	2019	2020
住户现住房居住空间样式	**Households Housing Style of Living Space**					
单栋楼房	Single Building	0.7	0.5	0.9	0.8	0.8
单栋平房	Single Bungalow	23.9	24.3	22.7	21.5	21.8
四居室及以上单元房	Apartment with 4 Bedrooms or More	0.2	0.3	0.5	0.3	0.3
三居室单元房	Apartment with 3 Bedrooms	9.0	9.1	12.7	12.3	12.0
二居室单元房	Apartment with 2 Bedrooms	45.9	46.3	48.2	50.4	50.5
一居室单元房	Apartment with 1 Bedroom	14.2	13.5	12.9	12.6	12.5
筒子楼或连片平房	Tube-shaped Apartment or Continuous Bungalow	5.5	5.4	2.1	2.1	2.1
其　他	Others	0.6	0.6			
住户现住房房屋来源	**Households Living House Sources**					
租赁公房	Rental Publicly-owned Housing	10.6	10.4	8.2	7.3	7.0
租赁私房	Rental Private Housing	2.9	2.3	4.4	4.4	4.3
自建住房	Self-build Housing	25.7	25.6	23.2	22.6	22.7
购买商品房	Purchasing Commercial Housing	30.2	31.0	41.5	43.1	42.9
购买房改住房	Purchasing Housing Reform	14.2	14.5	10.9	10.1	10.5
购买保障性住房	Purchasing Indemnificatory Housing	2.4	2.5	1.9	1.9	1.7
拆迁安置房	Arrangement Housing for Dismantling	10.0	10.1	8.2	8.6	9.0
其　他	Others	4.0	3.6	1.7	2.1	1.8
住户主要饮用水来源情况	**Households Water Supply**					
经过净化处理的自来水	Purification Treatment Water	96.6	96.5	95.6	95.6	96.0
受保护的井水和泉水	The Protected Well Water and Spring Water	2.4	2.3	2.4	3.2	2.7
不受保护的井水和泉水	The Unprotected Well Water and Spring Water					
江河湖泊水	Rivers and Lakes Water					
收集雨水	The Gathered Rainwater					
桶装水	Bottled Water	1.0	1.2	2.0	1.3	1.3
其他水源	Others					

6-2续表 *Continued*

单位：%(%)

项　　目	Item	2016	2017	2018	2019	2020
住户主要取暖用能源状况	**Households Energy for Heating**					
柴　草	Firewood Grass					
煤　炭	Coal	26.2	20.8	13.5	5.5	4.4
罐装液化石油气	Canned Liquefied Petroleum Gas					
管道液化石油气	Pipeline Liquefied Petroleum Gas					
管道煤气	Pipe Gas					
管道天然气	Pipeline Natural Gas		2.9	11.0	7.3	9.2
电	Electric	1.3	3.7	3.5	4.4	5.1
燃料用油	Fuel Oil					
沼　气	Biogas					
其　他	Others					
集中供暖	Central Heating	72.5	72.6	72.0	82.8	81.3
住户主要炊用能源状况	**Households Energy for Cooking**					
柴　草	Firewood Grass	0.2	0.2	0.2	0.3	0.1
煤　炭	Coal	2.1	1.7	1.0	0.1	0.1
罐装液化石油气	Canned Liquefied Petroleum Gas	24.8	23.2	20.8	17.5	16.8
管道液化石油气	Pipeline Liquefied Petroleum Gas					
管道煤气	Pipe Gas					
管道天然气	Pipeline Natural Gas	67.3	69.7	74.8	78.8	79.7
电	Electric	2.3	2.2	2.2	2.5	2.4
燃料用油	Fuel Oil					
沼　气	Biogas					
其　他	Others					
无炊用行为	Central Heating	3.3	3.0	1.0	0.8	0.9
住户厕所类型	**Households Toilet Type**					
水冲式卫生厕所	Water Flush Sanitary Toilet	83.4	85.3	87.9	94.0	96.6
水冲式非卫生厕所	Water Flush Non Sanitary Toilet					
卫生旱厕	Sanitary Dry Lavatory	5.2	4.4	2.1	2.9	2.3
普通旱厕	General Dry Lavatory	7.1	6.1	4.9	2.8	0.8
无厕所	No Toilet	4.3	4.2	5.1	0.3	0.3
住户洗澡设施情况	**Households Bathing Facilities**					
统一供热水	Unified Supply of Hot Water	6.4	5.7	4.8	4.1	4.0
家庭自装热水器	Home Self Heater	88.2	88.4	91.6	92.4	93.3
其　他	Others	0.6	1.4	0.5	1.0	1.1
无洗澡设施	No Bathing Facilities	4.8	4.5	3.1	2.4	1.7

6-3 全市居民人均可支配收入及构成(2016—2020年)

Per Capita Disposable Income of Citywide Households and Composition,2016-2020

项　目	Item	2016	2017	2018	2019	2020
人均可支配收入(元)	**Per Capita Annual Disposable Income (yuan)**	**34074**	**37022**	**39506**	**42404**	**43854**
工资性收入	Wages and Salaries	21218	23165	25119	27002	27339
经营净收入	Net Business Income	3137	3262	3344	3095	2797
财产净收入	Net Income from Property	3217	3505	3587	3908	4240
转移净收入	Net Income from Transfer	6502	7090	7456	8398	9478
人均可支配收入构成(%)	**Composition of Per Capita Annual Disposable Income (%)**	**100.0**	**100.0**	**100.0**	**100.0**	**100.0**
工资性收入	Wages and Salaries	62.3	62.6	63.6	63.7	62.3
经营净收入	Net Business Income	9.2	8.8	8.4	7.3	6.4
财产净收入	Net Income from Property	9.4	9.5	9.1	9.2	9.7
转移净收入	Net Income from Transfer	19.1	19.1	18.9	19.8	21.6

6-4 全市居民人均消费支出(2016—2020年)

Per Capita Consumption Expenditures of Citywide Households,2016-2020

项　目	Item	2016	2017	2018	2019	2020
人均消费支出(元)	**Per Capita Annual Consumption Expenditures (yuan)**	**26129**	**27841**	**29903**	**31854**	**28461**
食品烟酒	Food, Tobacco and Liquor	8020	8647	8648	8984	8516
衣　着	Clothing and Footwear	1931	1945	1990	2000	1712
居　住	Housing	5655	5922	6406	6946	7035
生活用品及服务	Household Equipments, Furnishings and Services	1562	1655	1818	1957	1669
交通通信	Transport and Communications	3752	3745	4281	4236	3779
教育文化娱乐	Education, Culture and Recreation	2404	2691	3187	3584	2254
医疗保健	Health Care and Medical Services	2023	2390	2677	2992	2646
其他用品及服务	Miscellaneous Goods and Services	782	846	896	1155	850

6-5 全市居民人均食品消费量(2016—2020年)
Per Capita Consumption of Foods of Citywide Households,2016-2020

单位：千克 (kg)

商品名称	Item	2016	2017	2018	2019	2020
粮　食	Grain	119.9	120.1	118.3	115.2	111.1
谷　物	Cereals	110.7	109.7	107.9	104.6	100.2
薯　类	Tuber	2.8	3.1	3.2	3.2	3.5
豆　类	Beans and Products	6.4	7.3	7.2	7.3	7.5
食用油	Edible Oil and Fats	12.0	11.9	9.9	8.7	9.6
蔬菜及食用菌	Vegetables and Edible Mushroom	117.5	118.3	116.8	114.1	117.2
#鲜　菜	Fresh Vegetables	113.9	114.8	113.2	110.6	113.5
肉及制品	Meat and Meat Products	26.3	26.5	26.9	24.7	23.8
#猪　肉	Pork	16.1	15.8	16.8	15.0	14.1
牛羊肉	Beef and Mutton	6.1	6.2	5.6	5.4	5.6
家禽及制品	Poultry and Poultry Products	5.6	5.6	5.7	6.1	7.0
水产品及制品	Aquatic Products	16.9	16.9	16.7	17.4	16.8
蛋类及蛋制品	Eggs and Related Products	17.8	18.3	17.7	18.5	21.5
#鲜　蛋	Eggs	17.0	17.5	17.0	17.7	20.7
奶和奶制品	Milk and Dairy Products	18.3	18.4	18.6	17.0	16.8
干鲜瓜果类	Dried and Fresh Melons and Fruits	73.8	75.3	86.2	90.1	85.8
#鲜瓜果	Fresh Melons and Fruits	67.5	68.8	78.8	82.6	78.7
糖果糕点类	Confectionery	8.2	8.4	9.6	8.9	8.0
白　酒	Liquor	3.6	3.8	3.4	3.3	2.8

6-6 全市居民家庭年末每百户主要耐用消费品拥有量(2016—2020年)
Main Durable Goods Owned per 100 Citywide Households Year-end,2016-2020

商品名称	Item	2016	2017	2018	2019	2020
摩托车(辆)	Motorcycle(unit)	10.1	6.4	4.4	4.0	3.9
助力车(辆)	Electric Bicycle(unit)	45.4	47.9	45.8	50.3	51.6
家用汽车(辆)	Automobile(unit)	39.7	41.2	44.8	47.8	52.7
洗衣机(台)	Washing Machine(unit)	99.7	99.9	101.1	102.0	100.1
电冰箱、柜(台)	Refrigerator(unit)	101.5	101.0	103.3	104.4	104.1
彩色电视机(台)	Color TV Set(unit)	118.1	118.8	111.5	112.0	111.4
家用电脑(台)	Personal-computer(unit)	69.3	70.2	70.6	68.6	66.9
照相机(架)	Camera(unit)	28.5	29.6	20.7	19.3	18.5
微波炉(台)	Microwave Oven(unit)	70.9	71.5	71.9	71.6	69.5
空调器(台)	Air-conditioner(unit)	126.4	129.8	140.9	150.5	160.3
热水器(台)	Water Heater(unit)	92.3	93.7	96.4	96.1	98.3
固定电话(部)	Fixed Telephone(unit)	54.2	38.9	35.4	28.8	27.3
移动电话(部)	Mobile Telephone(unit)	219.3	222.8	233.1	235.7	235.8

6-7 城镇居民人均收支及增幅(1978—2020年)
Per Capita Income & Expenditures and Increase Rate of Urban Households,1978-2020

年 份 Year	人均可支配收入(元) Per Capita Annual Disposable Income (yuan)	人均消费支出(元) Per Capita Annual Expenditures for Consumption (yuan)	人均可支配收入增幅(扣除物价)(%) Increase Rate of per Capita Annual Disposable Income (Deducting Price Factor) (%)	人均消费支出增幅(扣除物价)(%) Increase Rate of per Capita Annual Expenditures for Consumption(Deducting Price Factor)(%)
1978	388	345	9.5	6.8
1979	425	385	8.4	10.6
1980	527	475	17.9	17.2
1981	540	486	1.1	1.1
1982	577	497	6.4	1.7
1983	604	521	4.3	4.4
1984	728	600	18.4	13.1
1985	876	771	6.3	13.6
1986	1070	949	14.4	15.4
1987	1187	1071	3.9	5.7
1988	1330	1279	-4.2	2.1
1989	1478	1291	-3.1	-11.9
1990	1639	1440	7.7	8.3
1991	1845	1586	2.2	-0.1
1992	2238	1907	8.9	8.0
1993	2769	2322	5.2	3.6
1994	3982	3301	16.0	14.7
1995	4930	4064	7.4	6.8
1996	5967	4680	11.1	5.6
1997	6609	5204	7.4	7.9
1998	7053	5482	7.2	5.8
1999	7527	5875	7.9	8.4
2000	7946	6158	6.0	5.2
2001	8672	7045	7.8	13.0
2002	8968	7265	3.8	3.5
2003	9823	7964	8.4	8.5
2004	10831	8930	7.8	9.6
2005	11839	9813	7.7	8.3
2006	13266	10745	10.4	7.9
2007	15062	12280	8.9	9.7
2008	17726	13732	11.7	6.1
2009	19371	15174	10.4	11.6
2010	21800	17015	8.7	8.3
2011	24158	18928	5.6	6.0
2012	26586	20572	7.2	5.8
2013	28980	22306	5.7	5.1
2014	31506	24290	6.7	6.9
2015	34101	26230	6.4	6.2
2016	37110	28345	6.6	5.9
2017	40278	30284	6.3	4.6
2018	42976	32655	4.6	5.7
2019	46119	34811	4.5	3.8
2020	47659	30895	1.3	-13.0

注：本表2013年及以后为一体化住户调查口径数据，2012年及以前年度数据为按可比口径回溯获得。表6-12同。

Note: The coverage of data in this table from 2013 was adjusted according to survey in integrated households. Data before 2012 were calculated by comparable coverage. Same as table 6-12.

6-8 城镇居民人均可支配收入及构成(2016—2020年)
Per Capita Disposable Income of Urban Households and Composition,2016-2020

项 目	Item	2016	2017	2018	2019	2020
人均可支配收入(元)	**Per Capita Annual Disposable Income (yuan)**	**37110**	**40278**	**42976**	**46119**	**47659**
工资性收入	Wages and Salaries	23207	25303	27557	29588	30053
经营净收入	Net Business Income	2666	2772	2924	2697	2216
财产净收入	Net Income from Property	3721	4037	4150	4515	4824
转移净收入	Net Income from Transfer	7516	8166	8345	9319	10565
人均可支配收入构成(%)	**Composition of per Capita Annual Disposable Income (%)**	**100.0**	**100.0**	**100.0**	**100.0**	**100.0**
工资性收入	Wages and Salaries	62.5	62.8	64.1	64.2	63.1
经营净收入	Net Business Income	7.2	6.9	6.8	5.8	4.7
财产净收入	Net Income from Property	10.0	10.0	9.7	9.8	10.1
转移净收入	Net Income from Transfer	20.3	20.3	19.4	20.2	22.2

6-9 城镇居民人均消费支出(2016—2020年)
Per Capita Consumption Expenditures of Urban Households,2016-2020

项 目	Item	2016	2017	2018	2019	2020
人均消费支出(元)	**Per Capita Annual Consumption Expenditures (yuan)**	**28345**	**30284**	**32655**	**34811**	**30895**
食品烟酒	Food, Tobacco and Liquor	8680	9456	9421	9719	9122
衣 着	Clothing and Footwear	2114	2119	2201	2195	1860
居 住	Housing	6187	6470	7037	7702	7770
生活用品及服务	Household Equipments, Furnishings and Services	1664	1774	1916	2051	1804
交通通信	Transport and Communications	3992	3924	4637	4596	4046
教育文化娱乐	Education, Culture and Recreation	2644	2979	3598	4062	2531
医疗保健	Health Care and Medical Services	2172	2600	2825	3179	2811
其他用品及服务	Miscellaneous Goods and Services	892	962	1020	1307	951

6-10 城镇居民人均食品消费量(2016—2020年)
Per Capita Consumption of Foods of Urban Households,2016-2020

单位：千克 (kg)

商品名称	Item	2016	2017	2018	2019	2020
粮　食	Grain	116.5	115.9	109.5	106.1	101.9
谷　物	Cereals	107.1	105.6	99.4	96.1	91.4
薯　类	Tuber	2.8	3.1	3.1	3.1	3.4
豆　类	Beans and Products	6.6	7.2	7.0	6.9	7.1
食用油	Edible Oil and Fats	12.4	12.1	9.4	8.1	9.0
蔬菜及食用菌	Vegetables and Edible Mushroom	118.0	120.0	118.5	116.4	119.6
# 鲜　菜	Fresh Vegetables	114.5	116.3	114.8	112.7	115.8
肉及制品	Meat and Meat Products	27.4	27.5	27.1	25.0	24.5
# 猪　肉	Pork	16.5	16.2	16.5	14.8	14.2
牛羊肉	Beef and Mutton	6.7	6.8	6.1	5.9	6.2
家禽及制品	Poultry and Poultry Products	5.9	6.0	6.0	6.4	7.2
水产品及制品	Aquatic Products	17.9	17.8	17.3	18.0	17.3
蛋类及蛋制品	Eggs and Related Products	18.3	18.6	18.2	18.8	21.6
# 鲜　蛋	Eggs	17.4	17.7	17.5	18.0	20.8
奶和奶制品	Milk and Dairy Products	20.3	20.4	20.2	18.4	18.2
干鲜瓜果类	Dried and Fresh Melons and Fruits	76.5	78.1	88.1	90.8	86.4
# 鲜瓜果	Fresh Melons and Fruits	69.2	71.6	80.8	83.5	79.5
糖果糕点类	Confectionery	9.0	9.1	9.9	9.0	8.1
白　酒	Liquor	3.5	3.6	3.1	3.1	2.7

6-11 城镇居民家庭年末每百户主要耐用消费品拥有量(2016—2020年)
Main Durable Goods Owned per 100 Urban Households Year-end,2016-2020

商品名称	Item	2016	2017	2018	2019	2020
摩托车(辆)	Motorcycle(unit)	3.4	2.6	1.9	1.7	1.7
助力车(辆)	Electric Bicycle(unit)	36.5	38.3	32.7	36.2	37.4
家用汽车(辆)	Automobile(unit)	40.5	41.7	46.0	48.5	54.0
洗衣机(台)	Washing Machine(unit)	101.6	101.7	101.4	101.9	99.7
电冰箱、柜(台)	Refrigerator(unit)	102.5	102.5	103.2	104.0	103.7
彩色电视机(台)	Color TV Set(unit)	116.9	116.1	109.6	110.4	109.7
家用电脑(台)	Personal-computer(unit)	79.2	79.2	77.4	75.2	73.1
照相机(架)	Camera(unit)	32.7	33.8	24.0	22.6	21.8
微波炉(台)	Microwave Oven(unit)	79.3	79.4	80.1	79.1	76.8
空调器(台)	Air-conditioner(unit)	133.6	135.3	146.6	156.9	165.7
热水器(台)	Water Heater(unit)	92.3	93.9	97.2	97.1	98.9
固定电话(部)	Fixed Telephone(unit)	51.9	35.6	33.6	27.3	25.9
移动电话(部)	Mobile Telephone(unit)	220.3	221.2	233.0	236.4	236.4

6-12 农村居民人均收支及增幅(2001—2020年)
Per Capita Income & Expenditures and Increase Rate of Rural Households,2001-2020

年 份 Year	人均可支配收入(元) Per Capita Annual Disposable Income (yuan)	人均消费支出(元) Per Capita Annual Expenditures for Consumption (yuan)	人均可支配收入增幅(扣除物价)(%) Increase Rate of per Capita Annual Disposable Income (Deducting Price Factor) (%)	人均消费支出增幅(扣除物价)(%) Increase Rate of per Capita Annual Expenditures for Consumption (Deducting Price Factor) (%)
2001	3911	2179	7.4	3.1
2002	4229	2334	8.5	7.6
2003	4502	2543	5.4	7.8
2004	4938	2945	7.2	13.2
2005	5475	3442	9.3	15.2
2006	6096	3850	9.7	10.2
2007	6845	4142	7.8	3.3
2008	7705	4550	6.8	4.3
2009	8441	5167	10.7	14.7
2010	9764	6072	11.8	13.5
2011	11941	8273	16.6	29.8
2012	13593	10254	10.8	20.7
2013	15353	12491	9.5	18.1
2014	17014	13739	8.7	7.9
2015	18482	14739	6.8	5.5
2016	20076	15912	6.4	5.8
2017	21754	16386	6.2	0.9
2018	23065	16863	3.9	0.9
2019	24804	17843	4.7	3.0
2020	25691	16844	1.5	-7.5

6-13 农村居民家庭年末每百户主要耐用消费品拥有量(2016—2020年)
Main Durable Goods Owned per 100 Rural Households Year-end,2016-2020

商品名称	Item	2016	2017	2018	2019	2020
摩托车(辆)	Motorcycle (unit)	36.7	29.8	17.7	16.0	14.9
助力车(辆)	Electric Bicycle(unit)	79.7	84.3	112.9	121.8	122.7
家用汽车(辆)	Automobile(unit)	36.4	38.6	42.5	44.5	46.3
洗衣机(台)	Washing Machine(unit)	99.3	99.5	100.8	102.3	102.0
电冰箱、柜(台)	Refrigerator(unit)	100.2	100.3	104.2	106.5	106.1
彩色电视机(台)	Color TV Set(unit)	119.6	120.8	121.1	120.4	120.0
家用电脑(台)	Personal-computer(unit)	45.3	45.3	35.9	35.2	35.9
照相机(架)	Camera(unit)	8.9	6.2	3.7	2.6	2.3
微波炉(台)	Microwave Oven(unit)	37.3	37.3	37.9	36.7	32.5
空调器(台)	Air-conditioner(unit)	76.9	81.9	111.6	121.2	132.9
热水器(台)	Water Heater(unit)	92.4	93.0	92.4	91.0	95.5
固定电话(部)	Fixed Telephone(unit)	63.0	57.8	44.9	36.8	34.3
移动电话(部)	Mobile Telephone(unit)	210.1	214.5	233.4	232.4	232.6

6-14 农村居民人均可支配收入及消费支出(2016—2020年)
Per Capita Disposable Income and Consumption Expenditures of Rural Households,2016-2020

单位：元(yuan)

项　目	Item	2016	2017	2018	2019	2020
人均可支配收入	**Per Capita Annual Disposable Income**	**20076**	**21754**	**23065**	**24804**	**25691**
工资性收入	Wages and Salaries	12048	13139	13568	14750	14385
经营净收入	Net Business Income	5310	5562	5335	4985	5568
财产净收入	Net Income from Property	894	1008	921	1034	1451
转移净收入	Net Income from Transfer	1824	2045	3241	4035	4287
人均消费支出	**Per Capita Annual Consumption Expenditures**	**15912**	**16386**	**16863**	**17843**	**16844**
食品烟酒	Food, Tobacco and Liquor	4981	4852	4984	5499	5622
衣　着	Clothing and Footwear	1088	1128	992	1074	1002
居　住	Housing	3198	3354	3415	3367	3528
生活用品及服务	Household Equipments, Furnishings and Services	1091	1101	1357	1510	1026
交通通信	Transport and Communications	2647	2902	2595	2532	2504
教育文化娱乐	Education, Culture and Recreation	1299	1343	1237	1322	932
医疗保健	Health Care and Medical Services	1334	1407	1975	2104	1858
其他用品及服务	Miscellaneous Goods and Services	274	299	308	435	372

6-15 农村居民人均食品消费量(2016—2020年)
Per Capita Consumption of Foods of Rural Households,2016-2020

单位：千克 (kg)

商品名称	Item	2016	2017	2018	2019	2020
粮　食	Grain	142.9	142.4	159.7	158.2	155.0
谷　物	Cereals	135.1	134.3	148.4	145.2	141.8
薯　类	Tuber	2.8	2.9	3.4	3.8	4.0
豆　类	Beans and Products	5.0	5.2	7.9	9.2	9.3
食用油	Edible Oil and Fats	10.1	10.1	12.2	11.6	12.8
蔬菜及食用菌	Vegetables and Edible Mushroom	97.2	99.0	108.7	103.5	105.5
#鲜　菜	Fresh Vegetables	94.2	96.1	105.9	100.2	102.1
肉及制品	Meat and Meat Products	21.6	22.0	25.8	23.2	20.5
#猪　肉	Pork	14.0	14.4	18.2	16.1	13.7
牛羊肉	Beef and Mutton	3.3	3.2	3.2	2.9	2.7
家禽及制品	Poultry and Poultry Products	4.3	4.1	4.7	5.1	6.3
水产品及制品	Aquatic Products	12.6	12.6	13.9	15.0	14.7
蛋类及蛋制品	Eggs and Related Products	15.5	16.7	15.3	17.1	20.9
#鲜　蛋	Eggs	15.0	16.2	14.9	16.5	20.3
奶和奶制品	Milk and Dairy Products	10.9	11.5	11.0	10.2	10.4
干鲜瓜果类	Dried and Fresh Melons and Fruits	68.0	71.3	77.3	86.8	83.3
#鲜瓜果	Fresh Melons and Fruits	62.1	63.8	69.2	78.1	74.9
糖果糕点类	Confectionery	6.1	6.3	8.0	8.1	7.6
白　酒	Liquor	4.4	4.3	4.9	4.3	3.7

主要统计指标解释

城乡一体化住户调查

从 2012 年四季度起，国家统计局对分别进行的城乡住户调查实施了一体化改革，统一了城乡居民收入指标名称、分类和统计标准，建立了城乡统一的一体化住户调查《住户收支与生活状况调查》，并据此获得居民有关数据。2013 年起开始实施，自 2014 年 1 季度起，开始发布一体化住户调查新口径收支数据。天津市共抽选 387 个调查小区、约 4000 个调查户，其中城镇约 3000 户、农村 1000 户。

常住成员

指住户成员中，经常在家居住、或者调查期内居住时间超过一半的人员，以及本住户供养的学生。常住成员是住户调查的对象。

可支配收入

指调查户在调查期内获得的、可用于最终消费支出和储蓄的总和，即调查户可以用来支配的收入。可支配收入既包括现金，也包括实物收入。按照收入的来源，可支配收入包含四项，分别为：工资性收入、经营净收入、财产净收入和转移净收入。

工资性收入

指就业人员通过各种途径得到的全部劳动报酬和各种福利，包括受雇于单位或个人、从事各种自由职业、兼职和零星劳动得到的全部劳动报酬和福利。

经营净收入

指住户或住户成员从事生产经营活动所获得的净收入，是全部经营收入中扣除经营费用、生产性固定资产折旧和生产税之后得到的净收入，包括第一、二、三产经营净收入。

财产净收入

指住户或住户成员将其所拥有的金融资产、住房等非金融资产和自然资源交由其他机构单位、住户或个人支配而获得的回报并扣除相关的费用之后得到的净收入。

转移性收入

指国家、单位、社会团体对住户的各种经常性转移支付和住户之间的经常性收入转移。

消费性支出

指住户用于满足家庭日常生活消费需要的全部支出，包括用于消费品的支出和用于服务性消费的支出。根据用途不同，消费支出可划分为食品烟酒、衣着、居住、生活用品及服务、交通通信、教育文化娱乐、医疗保健、其他用品及服务八大类。根据来源不同，消费支出可划分为现金消费支出、实物消费支出（含自产自用、来自单位、来自政府和其他社会组织）。

食品烟酒：指用于各种食品和烟草、酒类的支出，包括食品和烟酒两个中类。

衣着：指与居民穿着有关的支出，包括服装、服装材料、鞋类、其他衣类及配件、衣着相关加工服务的支出。

居住：指与居住有关的支出，包括房租、水、电、燃料、物业管理等方面的支出，也包括自有住房折算租金。

生活用品及服务：指家庭及个人的各类生活品及家庭服务。包括家具及室内装饰品、家用器具、家用纺织品、家庭日用杂品、个人用品和家庭服务。

交通和通信：指用于交通和通信工具及相关的各种服务费、维修费和车辆保险等支出。

教育文化娱乐服务：指用于教育和文化娱乐方面的支出。

医疗保健：指用于医疗和保健的药品、用品和服务的总费用。包括医疗器具及药品，以及医疗服务。

其他用品和服务：指无法直接归入上述各类支出的其他用品与服务支出。

自有住房折算净租金

指现住房产权为自有住房（含自建住房、自购商品房、自购房改住房、自购保障性住房、拆迁安置房、继承或获赠住房）的住户为自身消费提供住房服务的折算价值扣除折旧后得到的净租金。自有住房折算净租金是一种财产性实物收入。

自有住房折算租金

指现住房为自有住房（含自建住房、自购商品房、自购保障性住房、继承或获赠住房、免费借用房）的住户为自身消费提供住房服务的折算价值。目前自有住房折算租金采用折旧法计算。自有住房折算租金属于实物消费支出，不包括在现金消费支出中。

恩格尔系数

指食物支出金额在生活消费支出金额中所占的比例。计算公式为：

$$\text{恩格尔系数}=\frac{\text{食品支出金额}}{\text{生活消费支出金额}}\times 100\%$$

Explanatory Notes on Main Statistical Indicators

The Integration of Urban and Rural Household Survey

In the fourth quarter of 2012, the National Bureau of Statistics launched its reform on the household survey programme in order to produce aggregates with the same concepts and definitions for the urban and rural population. This new survey programme is an integrated one whereas there had existed two separate household surveys for the urban and rural households. The reform took a number of measures, including the integration of concepts, classification and standards, which provided a basis for producing data covering households. The survey implemented since 2013, and publish the new standard integrated household survey data since the first quarter of 2014. There were 387 survey drawing area, about 4000 households selected in Tianjin, which contain the urban 3000 households and the rural 1000 households.

Permanent Members

refers to household members, often living at home, or reside during the investigate period for more than half, and the students supported by the household. Permanent members of the household are the survey object.

Disposable Income

refers to the kind of income that households can have at their disposal. It includes income both in cash and in kind from four categories: income from wages and salaries, cash income from household operations, income from properties and income from transfers.

Wages and Salaries

refer to employment through various means to get all the labor remuneration and benefits, including employed by units or individuals, is engaged in a variety of freelancing, part-time and sporadic labor to get all the labor remuneration and welfare.

Net Business Income

refers to the net income earned by households or household members from production and management activities, which is all operating income deducted operating costs, productive fixed assets depreciation and production tax, and Including the first, second and tertiary industry business net income.

Property Income

refer to households or household members should be owned retribution by the financial assets, housing and other non-financial assets, natural resources for other agencies and institutions and deducting costs associated .

Transferred Income

refer to income transferred from state, unit, social organization to households or between different households.

Consumption Expenditures

refer to total expenditures of the households for consumption in daily life, which include for consumer goods and service consumer expenditures. According to different purposes, it is classified into 8 categories: food, alcohol and tobacco, clothing, household facilities and articles service, medicine and medical service, transportation and communication, recreation, education and culture service, residence, miscellaneous commodities services, including commodities and service as gift. According to different sources, consumer spending can be divided into cash consumption expenditure, material consumer expenditure (including produce their own, from units, from government and other social organizations)

Food, Alcohol and Tobacco: used for various food and tobacco, alcohol, including food and tobacco classes.

Clothing: refer to the related expenditure to the residents, including clothing, clothing materials, footwear and other clothing and accessories, clothing related processing services spending.

Residence: refers to the expenses related to the living, including rent, water, electricity, fuel, property management, also including home-ownership reduced rents.

Household Supplies and Services: refers to the family and personal items and services. Such as furniture and interior decorations, home appliances, home textiles, home daily groceries, personal care and household services.

Transportation and Communication: refers to the expenditure on services, maintenance and vehicle insurance used in transportation and communication tools.

Education, Culture and Recreation Services: refers to spending for education, cultural and entertainment.

Medicine and Medical Services: refer to the total cost of goods and services used in medical treatment and health care drugs, including medical instruments and medicine and medical services.

Other Commodities and Services: refers to the other products and services which don't directly classify into all kinds of above.

Home-ownership Convert Net Rents

refers to the households obtained net rents after deducting depreciation for their own consumption reduced net rental value, whose housing property is home-ownership (including the self-built housing, purchasing commodity house, purchasing housing reform, purchasing Indemnificatory housing, arrangement housing for dismantling, inheritance or gift). Home-ownership convert net rents are physical income from property.

Home-ownership Convert Rents

refers to the households obtained rents for their own consumption reduced net rental value, whose housing property is home-ownership (including the self-built housing, purchasing commodity house, purchasing housing reform, purchasing indemnificatory housing, arrangement housing for dismantling, inheritance or gift). Home-ownership convert rents is calculated by depreciation method. It belongs to the physical consumer expenditure, excluding expenditure in cash.

Engel's Coefficient

refers to the percentage of expenditure on food in the total living consumption expenditure, using the following formula:

$$Engel's\ Coefficient = \frac{Expenditure\ on\ Food}{Living\ Consumption\ Expenditure} \times 100\%$$

第七篇 财 政

Chapter 7 Government Finance

7-1 财政收支(1994—2020)
Finance Revenue & Expenditure,1994-2020

单位：亿元(100 million yuan)

年 份 Year	一般公共预算收入 General Public Budget Revenue	# 增值税 Value-added Tax	# 企业所得税 Income Tax of Enterprises	# 个人所得税 Individual Income Tax	一般公共预算支出 General Public Budget Expenditure
1994	46.83	14.26	11.21	2.41	69.00
1995	58.94	16.66	12.67	3.77	90.37
1996	76.02	17.25	19.06	5.30	110.19
1997	89.91	17.30	21.48	6.49	122.78
1998	101.40	18.99	20.34	7.91	137.93
1999	112.81	20.83	24.02	8.86	157.41
2000	133.61	26.12	29.25	11.34	187.05
2001	163.64	34.87	39.38	16.58	234.67
2002	171.83	38.73	26.24	13.20	265.21
2003	204.53	45.19	23.80	12.53	312.08
2004	246.18	35.17	32.12	15.98	375.02
2005	331.85	64.24	41.11	18.82	442.12
2006	417.05	80.67	53.20	21.21	543.12
2007	540.44	94.81	76.41	29.36	674.33
2008	675.62	109.68	103.70	32.17	867.72
2009	821.99	99.08	95.56	35.66	1124.28
2010	1068.81	119.20	125.89	42.96	1376.84
2011	1455.13	141.32	182.95	52.01	1796.33
2012	1760.02	149.87	187.70	49.56	2143.21
2013	2079.07	225.88	204.38	58.31	2549.21
2014	2390.35	252.92	234.91	71.98	2884.70
2015	2667.11	252.04	260.00	81.77	3232.35
2016	2723.50	455.80	278.46	96.78	3699.43
2017	2310.36	649.05	310.14	116.51	3282.54
2018	2106.24	698.46	319.53	129.78	3103.16
2019	2410.41	727.13	323.91	96.47	3555.71
2020	1923.11	650.26	310.58	103.40	3151.35

资料来源：天津市财政局
Source: Tianjin Municipal Finance Bureau
注：2002年开始中央与地方实施所得税收入分享改革，所得税中央与地方分享比例2002年为5：5，2003年以来为6：4，下表同。
Note: The income tax revenue sharing reformed between the central and local government shared in 2002, and the income tax sharing ratio between the central and local government is 5：5, while since 2003 it is 6：4. Same as the following table.

7-2 财政收支增长速度(1995—2020年)
Increase Rate over Preceding Year of Finance Revenue & Expenditure,1995-2020

单位：%(%)

年 份 Year	一般公共预算收入 General Public Budget Revenue	#增值税 Value-added Tax	#企业所得税 Income Tax of Enterprises	#个人所得税 Individual Income Tax	一般公共预算支出 General Public Budget Expenditure
1995	16.0	28.8	13.0	56.5	31.0
1996	29.0	3.6	50.4	40.4	21.9
1997	18.3	0.3	12.7	22.5	11.4
1998	12.8	9.8	-5.3	21.9	6.9
1999	11.3	9.7	18.1	12.1	14.1
2000	18.4	25.4	21.8	27.9	17.1
2001	22.5	33.5	34.6	46.2	27.3
2002	16.9	11.1	9.6	23.1	13.0
2003	24.8	16.7	13.6	18.7	17.8
2004	28.9	16.7	34.8	27.5	20.2
2005	28.2	21.8	27.8	17.5	17.9
2006	25.7	25.6	29.8	12.7	22.8
2007	29.7	17.5	44.4	38.4	24.2
2008	25.1	15.7	36.2	9.6	25.4
2009	21.6	-9.7	-8.4	10.8	21.3
2010	30.1	20.3	32.6	20.5	23.1
2011	36.1	18.6	45.3	21.1	28.2
2012	21.0	6.1	2.7	-4.7	19.2
2013	18.1	50.7	8.9	17.6	18.9
2014	15.0	11.9	15.1	23.5	15.2
2015	11.6	-0.3	10.7	13.6	12.0
2016	10.0	36.4	7.1	18.4	6.3
2017	-10.4	32.8	11.4	20.4	-11.3
2018	-8.8	6.7	3.1	11.4	-5.4
2019	14.4	0.6	4.3	-25.7	13.1
2020	-10.2	-10.6	-4.1	7.2	-11.4

注：本表中增长速度均按可比口径计算，表7-3同。
Note: Increase rate in this table is calculated on the basis of constant coverage. Same as table 7-3.

7-3 财政收入
Government Revenue

单位：亿元(100 million yuan)

项 目	Item	2019	2020	2020比2019年增长(%) Increase Rate in 2020 over 2019(%)
一、一般公共预算收入	**General Public Budget Revenue**	**2410.41**	**1923.11**	**-10.2**
按科目分	**By Subject**			
税收收入	Revenue from Taxes	1634.35	1500.14	-8.2
#增值税(50%)	Value-added Tax (50%)	727.13	650.26	-10.6
企业所得税	Income Tax of Enterprises	323.91	310.58	-4.1
个人所得税	Individual Income Tax	96.47	103.40	7.2
非税收入	Non-tax Income	776.06	422.97	-17.5
专项收入	Special Project Income	157.83	119.04	-24.6
行政事业性收费收入	Income from Administrative Fees	34.49	27.21	-21.1
罚没收入	Penalty and Confiscatory Income	138.21	76.21	-44.9
国有资本经营收入	State-owned Capital Operation Income	227.78	12.29	-94.6
国有资源(资产)有偿使用收入	Paid Use of State-owned Resources (assets) Income	130.10	109.51	-15.8
政府住房基金收入	Government Housing Fund Receipts	25.65	37.63	46.7
其他收入	Others	61.99	41.08	-33.7
按级次分	**By Level**			
市级一般公共预算收入	General Public Budget Revenue at City Level	1140.77	788.80	-9.5
区级一般公共预算收入	General Public Budget Revenue at District Level	1269.64	1134.31	-10.7
二、政府性基金收入	**Governmental Fund Revenue**	**1430.79**	**911.93**	**-36.3**
市级政府性基金收入	Governmental Fund Revenue at City Level	418.86	238.58	-43.0
区级政府性基金收入	Governmental Fund Revenue at District Level	1011.93	673.35	-33.5

7-4 财政支出
Government Expenditure

单位：亿元(100 million yuan)

项　目	Item	2019	2020	2020比2019年增长(%) Increase Rate in 2020 over 2019(%)
一、一般公共预算支出	**General Public Budget Expenditure**	**3555.71**	**3151.35**	**-11.4**
按科目分	**By Subject**			
一般公共服务	General Public Service	225.87	220.66	-2.3
公共安全	Public Safety	213.26	206.27	-3.3
教　育	Education	467.63	442.91	-5.3
科学技术	Science and Technology	109.93	118.17	7.5
文化旅游体育与传媒	Culture,Tourism, Sports and Media	46.41	34.01	-26.7
社会保障和就业	Social Security and Employment	550.98	518.88	-5.8
卫生健康	Health and Wellness	197.86	175.49	-11.3
节能环保	Energy Conservation and Environmental Protection	242.29	60.72	-74.9
城乡社区	Urban & Rural Community Affairs	797.47	543.72	-31.8
农林水	Agriculture, Forestry and Water Conservancy Affairs	161.51	154.82	-4.1
交通运输	Transportation	81.00	103.92	28.3
住房保障	Housing Security Spending	84.77	67.48	-20.4
按级次分	**By Level**			
市级一般公共预算支出	General Public Budget Expenditure at City Level	1297.26	1101.90	-15.1
区级一般公共预算支出	General Public Budget Expenditure at District Level	2258.44	2049.45	-9.3
二、政府性基金支出	**Governmental Fund Expenditure**	**2276.29**	**1997.14**	**-12.3**
市级政府性基金支出	Governmental Fund Expenditure at City Level	625.79	325.62	-48.0
区级政府性基金支出	Governmental Fund Expenditure at District Level	1650.50	1671.53	1.3

7-5 区级财政收入(2020年)
Finance Revenue at District Level,2020

单位：万元(10 000 yuan)

地 区	Region	一般公共预算收入 General Public Budget Revenue	税收收入 Revenue from Taxes	增值税 Value-added Tax	企业所得税 Income Tax of Enterprises	个人所得税 Individual Income Tax
总 计	**Total**	**11343142**	**9245862**	**3037288**	**2014690**	**470701**
和平区	Heping District	320389	281508	91501	39056	13713
河东区	Hedong District	274783	238897	62122	30075	7270
河西区	Hexi District	504448	438516	145296	48572	15933
南开区	Nankai District	331539	255887	75869	30742	16453
河北区	Hebei District	182792	134229	43562	11718	3974
红桥区	Hongqiao District	206803	123853	26080	16652	3892
东丽区	Dongli District	513313	380019	118349	63914	11360
西青区	Xiqing District	676150	527116	139393	96670	13713
津南区	Jinnan District	608845	366167	106370	66040	7878
北辰区	Beichen District	562370	413456	125593	59123	10195
武清区	Wuqing District	814717	658096	226041	113303	60901
宝坻区	Baodi District	317285	233467	76414	34906	7339
滨海新区	Binhai New Area	5154853	4527524	1536422	1300500	284898
宁河区	Ninghe District	238343	183807	85454	27736	3005
静海区	Jinghai District	431486	364522	144340	61039	6052
蓟州区	Jizhou District	205026	118798	34482	14644	4125

7-5续表1 *Continued*

单位：万元(10 000 yuan)

地 区	Region	城市维护建设税 Tax on Urban Maintenance and Construction	土地增值税 Land Value Added Tax	契 税 Deed Tax	其他各项税收收入 Other Kinds of Taxes	非税收入 Non-tax Income
总 计	**Total**	**953718**	**455924**	**930430**	**1383111**	**2097280**
和平区	Heping District	26442	10017	19758	81021	38881
河东区	Hedong District	19524	36521	46131	37254	35886
河西区	Hexi District	42992	34633	77825	73265	65932
南开区	Nankai District	21412	12177	41579	57655	75652
河北区	Hebei District	9892	18076	19907	27100	48563
红桥区	Hongqiao District	9438	18048	18891	30852	82950
东丽区	Dongli District	57721	12486	47688	68501	133294
西青区	Xiqing District	42203	50369	90652	94116	149034
津南区	Jinnan District	31459	23323	79004	52093	242678
北辰区	Beichen District	39336	19891	74424	84894	148914
武清区	Wuqing District	67865	34782	69650	85554	156621
宝坻区	Baodi District	23062	23450	33671	34625	83818
滨海新区	Binhai New Area	479656	141312	242213	542523	627329
宁河区	Ninghe District	26820	3635	8057	29100	54536
静海区	Jinghai District	45378	11164	35482	61067	66964
蓟州区	Jizhou District	10518	6040	25498	23491	86228

7-5续表2 *Continued*

单位：万元(10 000 yuan)

地　区	Region	专项收入 Special Project Income	行政事业性收费收入 Income from Administrative Fees	罚没收入 Penalty and Confiscatory Income	国有资源(资产)有偿使用及经营 Paid Use of State-owned Resources (assets) Income	其他各项非税收入 Other Kinds of Non-tax Income
总　计	**Total**	**1031516**	**94878**	**147315**	**684159**	**139412**
和平区	Heping District	22801	2223	3922	1035	8900
河东区	Hedong District	16726	4602	6007	7024	1527
河西区	Hexi District	35198	6051	3602	20384	697
南开区	Nankai District	19254	4216	6685	28399	17098
河北区	Hebei District	8196	3990	6013	28520	1844
红桥区	Hongqiao District	7734	2129	4449	64760	3878
东丽区	Dongli District	91009	4431	9617	28229	8
西青区	Xiqing District	89996	5986	6518	43143	3391
津南区	Jinnan District	96566	4767	8333	128342	4670
北辰区	Beichen District	49060	6084	8021	85568	181
武清区	Wuqing District	105937	17420	13097	18469	1698
宝坻区	Baodi District	44254	4217	8535	9941	16871
滨海新区	Binhai New Area	361167	16854	38090	133463	77755
宁河区	Ninghe District	20650	3725	5901	24024	236
静海区	Jinghai District	35814	5393	11737	13859	161
蓟州区	Jizhou District	27154	2790	6788	48999	497

7-6 区级财政支出(2020年)
Finance Expenditure at District Level,2020

单位：万元(10 000 yuan)

地　区	Region	一般公共预算支出 General Public Budget Expenditure	一般公共服务 General Public Service	公共安全 Public Safety	教　育 Education	科学技术 Science and Technology
总　计	**Total**	**20494479**	**1683034**	**1031141**	**3189443**	**913156**
和平区	Heping District	469528	45893	45084	148888	4158
河东区	Hedong District	648735	67582	62675	162491	1854
河西区	Hexi District	712025	91677	64799	190685	8940
南开区	Nankai District	551815	49907	46510	159048	8411
河北区	Hebei District	454427	41537	39992	138882	1889
红桥区	Hongqiao District	485809	62288	46967	123394	2980
东丽区	Dongli District	938229	86357	63336	123308	9743
西青区	Xiqing District	1155880	135894	82087	181181	32929
津南区	Jinnan District	1492206	91326	56156	148498	23461
北辰区	Beichen District	881277	97444	77260	158515	23984
武清区	Wuqing District	1512571	92436	59009	273840	14311
宝坻区	Baodi District	854229	113247	47314	195896	19487
滨海新区	Binhai New Area	8066024	497576	211893	638657	740841
宁河区	Ninghe District	510842	57610	31347	131379	5918
静海区	Jinghai District	945634	81621	42970	187694	11015
蓟州区	Jizhou District	815248	70639	53742	227087	3235

7-6续表1　*Continued*

单位：万元(10 000 yuan)

地　　区	Region	文化旅游体育与传媒 Culture,Tourism, Sports and Media	社会保障和就业 Social Security and Employment	卫生健康 Health and Wellness	节能环保 Energy Conservation and Environmental Protection
总　　计	**Total**	**170018**	**2225913**	**1287247**	**471488**
和平区	Heping District	8273	121690	33195	5801
河东区	Hedong District	4085	183622	66687	5506
河西区	Hexi District	8805	190400	65778	5905
南开区	Nankai District	4476	148019	66227	6262
河北区	Hebei District	3103	99973	58635	16762
红桥区	Hongqiao District	3280	126442	41137	7808
东丽区	Dongli District	10058	133855	64715	45392
西青区	Xiqing District	14098	121677	97231	63402
津南区	Jinnan District	5123	108777	83069	33934
北辰区	Beichen District	10123	88533	75084	49670
武清区	Wuqing District	11921	183538	144875	81917
宝坻区	Baodi District	10323	132636	90450	25073
滨海新区	Binhai New Area	52868	202477	194680	58983
宁河区	Ninghe District	3930	89019	53482	13459
静海区	Jinghai District	11762	127068	75879	38215
蓟州区	Jizhou District	7790	168187	76123	13399

7-6续表2 *Continued*

单位：万元(10 000 yuan)

地　区	Region	城乡社区 Urban & Rural Community Affairs	农林水、自然海洋气象和粮油物资储备等事务 Agriculture, Forestry and Water Conservancy, Land,Sea and Meteorology, Reserves of Cereals, Oils and Material	资源勘探信息、商业服务业、金融监管、交通运输等事务 Resource Exploration and Power Information, Business Services, Financial Supervision, Transportation	其他支出 Others
总　计	**Total**	**4622941**	**1029404**	**3146308**	**724386**
和平区	Heping District	43080	2180	1672	9614
河东区	Hedong District	52591	1113	3624	36905
河西区	Hexi District	59174	2331	4677	18854
南开区	Nankai District	49304	2721	3008	7922
河北区	Hebei District	31617	1341	596	20100
红桥区	Hongqiao District	45023	2573	10910	13007
东丽区	Dongli District	133239	35563	205830	26833
西青区	Xiqing District	288797	99544	25051	13989
津南区	Jinnan District	740495	81035	87214	33118
北辰区	Beichen District	167211	76165	21113	36175
武清区	Wuqing District	437843	142537	21788	48556
宝坻区	Baodi District	19162	117589	43192	39860
滨海新区	Binhai New Area	2300226	143041	2676735	348047
宁河区	Ninghe District	27233	60500	11062	25903
静海区	Jinghai District	182597	137278	15157	34378
蓟州区	Jizhou District	45349	123893	14679	11125

主要统计指标解释

财政收入

指国家可直接支配的财力，主要包括税收收入和其他收入两大类。1994 年我国统一实行分税制财政体制，按税种分为上划中央收入和地方财政收入。上划中央收入包括：增值税的 75%和消费税的 100%等；地方财政收入包括：增值税的 25%、营业税（不含银行总行、铁道、保险总公司的营业税）、地方企业交纳的企业所得税、外商投资企业和外国企业所得税、个人所得税、土地使用税、固定资产投资方向调节税、城市维护建设税（不含银行总行、铁道、保险总公司集中交纳的部分）、资源税（不包括海洋石油资源税）、房产税、车船使用税、印花税、屠宰税、农牧业税、耕地占用税、契税、遗产和赠与税、土地增值税、国有土地有偿使用收入以及基金收入等。地方财政收入加上划中央收入为全市财政收入。需要指出的是 1994 年以后地方财政收入与以前实行的总额分成财政体制下的地方财政收入在内容和范围上有一定差别，历年数据不完全可比。

一般公共预算收入

是通过一定的形式和程序，由各级财政部门组织并纳入预算管理的各项收入，也就是会计制度改革以前所称的“预算收入”。

政府性基金收入

是按规定收取，转入或通过当年财政安排，由财政管理并具有指定用途的政府性基金预算收入等。

一般公共预算支出

是各级财政部门对集中的一般预算收入有计划地分配和使用而安排的支出。

政府性基金支出

是各级财政部门用基金预算收入安排的支出。

Explanatory Notes on Main Statistical Indicators

Government Revenue

refers to the revenue of the government directly disposable finance, including various tax revenue and other revenue. In accordance with the classification of the structure of the government finance in 1994 on the basis of the classification of channels for collection of tax revenue, the revenue of the central government and the revenue of the local governments have different coverage. Revenue of the central government includes 75% of the value added tax and 100% of the value consumption tax, etc. The revenue of the local governments includes 25% of the value added tax, business tax (excluding business taxes of head offices of bank, profits of railways, head office of insurance company), income tax of the local enterprises subordinated to the local government, income tax of foreign, Hong Kong, Macao and Taiwan funded enterprises, personal income tax, tax on the use of urban land, tax on the adjustment of the investment in fixed assets, tax on town maintenance and construction, tax on resources (excluding tax on ocean petroleum resources), tax on real estates, tax on the use of vehicles and ships, stamp tax, slaughter tax, tax on agriculture and animal husbandry, tax on the occupancy of cultivated land, contract tax, inheritance tax, gift tax, land value added tax, income of non-gratuitous use on the state-owned land and income of funds. Total of government revenue included the revenue of the central government and the revenue of the local governments. Now the content and coverage of the local financial revenue is different from that before 1994, please pay attention to distinguish when you use.

General Public Budget Revenue

refers to financial revenue with budgetary management through certain form and procedure by financial departments at each level, also called "budgetary revenue" before reformation of accounting system.

Governmental Fund Revenue

refers to government fund budgetary revenue with financial management and assigned uses gathered by rules or through financial arrangement.

General Public Budget Expenditure

refers to expenditure distributed and used from general budgetary financial revenue by financial departments at each level.

Governmental Fund Expenditure

refers to expenditure arranged from fund budgetary revenue by financial departments at each level.

第八篇 资源环境和公共设施

Chapter 8 Resources Environment and Public Facilities

8-1 各月份气象资料(2020年)
Meteorological Data of Each Month,2020

月份 Month	平均气温 Average Temperature (℃)	最高气温 Highest Temperature (℃)	最低气温 Lowest Temperature (℃)	平均相对湿度 Average Relative Humidity (%)	日照时数(小时) Hours of Sunshine (hour)	降水量(毫米) Precipi-tation (mm)	一日最大降水量(毫米) Largest Precipitation in One Day (mm)	平均风速(米/秒) Average Wind Speed (m/sec)
全年 Year	**13.6**	**38.6**	**-15.9**	**60.0**	**2624.7**	**600.2**	**149.6**	**2.2**
一月 January	-1.3	9.5	-14.8	63.0	177.2	4.5	5.3	1.5
二月 February	1.4	16.4	-15.2	67.0	155.3	17.2	14.2	2.2
三月 March	8.9	28.0	-5.9	47.0	264.7	15.1	14.8	2.8
四月 April	14.9	35.2	0.8	38.0	301.3	22.2	23.6	3.0
五月 May	20.2	35.5	7.3	62.0	240.6	75.7	57.4	2.6
六月 June	26.0	38.2	10.2	58.0	240.4	28.5	34.0	2.4
七月 July	26.8	38.6	17.8	72.0	193.3	118.8	98.2	2.0
八月 August	26.4	37.1	15.5	80.0	187.7	175.0	149.6	1.8
九月 September	21.4	34.6	8.2	70.0	223.6	106.4	125.9	1.8
十月 October	13.6	24.1	0.1	56.0	239.5	4.7	7.1	1.8
十一月 November	6.7	20.0	-7.5	56.0	186.4	30.9	35.8	1.9
十二月 December	-2.3	8.4	-15.9	47.0	214.9	1.2	6.7	2.0

8-2 各区气象资料(2020年)
Meteorological Data by District,2020

地区 Region	全年平均气温 Annual Average Temperature (℃)	平均相对湿度 Average Relative Humidity (%)	日照时数(小时) Hours of Sunshine (hour)	降水量(毫米) Precipitation (mm)	大雾天数(天) Great Foggy Days (day)	轻雾天数(天) Thin Foggy Days (day)
市区 Urban District	14.8	52		621.4	7	205
东丽区 Dongli District	14.2	57	2609.5	602.5	8	231
西青区 Xiqing District	13.8	59	2604.8	704.4	30	239
津南区 Jinnan District	13.6	60	2728.5	591.0	23	235
北辰区 Beichen District	13.4	59	2541.9	515.8	38	239
武清区 Wuqing District	13.3	59	2604.0	505.3	25	223
宝坻区 Baodi District	12.9	58	2685.2	568.8	26	233
滨海新区 Binhai New Area	13.8	60	2617.8	641.8	17	231
宁河区 Ninghe District	12.6	69	2679.3	510.8	35	262
静海区 Jinghai District	14.0	60	2533.2	619.3	25	278
蓟州区 Jizhou District	12.2	63	2657.1	637.9	26	250

资料来源：天津市气象局
Source: Tianjin Meteorological Service

8-3 城市建设用地(2017—2020年)
City Construction Land,2017-2020

单位：平方公里(sq.km)

指 标	Item	2017	2018	2019	2020
总 计	**Total**	**995.05**	**950.55**	**998.14**	**1040.63**
按行政区域分	**By Administrative Area**				
和平区	Heping District	9.77	9.79	9.79	9.60
河东区	Hedong District	30.55	30.85	30.75	34.16
河西区	Hexi District	34.23	34.23	34.23	34.68
南开区	Nankai District	35.05	37.06	37.06	37.07
河北区	Hebei District	23.55	24.16	24.16	26.60
红桥区	Hongqiao District	17.43	17.44	17.15	19.32
东丽区	Dongli District	79.24	64.70	68.93	80.62
# 天津滨海国际机场	Tianjin Binhai International Airport				2.53
西青区	Xiqing District	70.64	62.95	75.81	89.26
津南区	Jinnan District	35.32	34.04	35.86	40.23
北辰区	Beichen District	84.49	73.70	74.03	69.13
武清区	Wuqing District	84.59	60.10	76.00	71.88
宝坻区	Baodi District	65.68	66.77	68.99	69.28
滨海新区	Binhai New Area	355.47	361.50	365.34	374.66
宁河区	Ninghe District	21.16	21.68	21.56	21.98
静海区	Jinghai District	17.25	24.01	30.79	33.80
蓟州区	Jizhou District	30.63	27.57	27.69	28.36
按建设用途分	**By Use of Construction**				
居住用地	Dwelling	277.49	248.27	263.32	289.37
公共管理与公共服务用地	Public Facilities of Management and Service	77.52	71.19	75.82	81.37
商业服务业设施用地	Facilities for Business Services	76.99	79.03	79.51	86.80
工业用地	Industry	242.48	222.38	237.71	238.79
物流仓储用地	Warehouse	60.12	52.17	55.22	51.18
交通设施用地	Facilities for Traffic	134.62	141.87	151.92	165.52
公用设施用地	Public Facilities of Administration	20.96	19.89	20.16	20.36
绿 地	Green Land	104.85	115.75	114.49	107.24

资料来源：天津市住房和城乡建设委员会，表8-6至8-10同。
Source: Tianjin Municipal Housing Urban & Rural Construction Committee. Same as table 8-6 to 8-10.

8-4 水资源情况(2001—2020年)
Water Resources,2001-2020

年 份 Year	水资源总量 (亿立方米) Total Amount of Water Resources (100 million cu.m)	地表水 Surface Water	地下水 Underground Water	地表水与地下水资源重复量 Duplicated Measurement of Surface and Underground	人均水资源量 (立方米/人) Per Capita Water Resources (cu.m/person)
2001	5.66	3.53	2.41	0.28	56.45
2002	3.67	1.85	2.09	0.27	36.49
2003	10.60	6.15	4.82	0.37	105.03
2004	14.31	9.79	5.16	0.64	140.64
2005	10.63	7.13	4.44	0.94	102.87
2006	10.11	6.62	4.46	0.97	95.47
2007	11.31	7.50	4.76	0.95	103.29
2008	18.30	13.61	5.91	1.22	159.76
2009	15.24	10.59	5.60	0.95	126.80
2010	9.20	5.58	4.45	0.83	70.81
2011	15.38	10.89	5.22	0.73	113.54
2012	32.92	26.54	7.62	1.24	232.95
2013	14.64	10.80	5.01	1.17	145.82
2014	11.37	8.33	3.67	0.63	111.84
2015	12.82	8.70	4.87	0.75	124.84
2016	18.92	14.10	6.08	1.26	121.12
2017	13.01	8.80	5.54	1.33	83.60
2018	17.58	11.76	7.33	1.51	112.72
2019	8.09	5.12	4.16	1.19	51.80
2020	13.30	8.60	5.76	1.07	95.92

资料来源：天津市水务局
Source: Tianjin Municipal Water Conservancy Bureau

8-5 供水用水情况(2001—2020年)
Water Supply and Water Use,2001-2020

单位：万立方米(10 000 cu.m)

年份 地区	Year Region	供用水总量 Water Supply & Use	#地表水 Surface Water	#地下水 Underground Water	农业用水 Agricultural Use
2001		188141	111738	76403	99056
2002		199610	117421	82189	106244
2003		205118	133713	71405	114072
2004		219623	148932	70691	121529
2005		225193	160224	64969	135267
2006		224996	161001	63995	133965
2007		230060	164917	65143	138408
2008		214274	154793	59481	120603
2009		229204	172135	57069	128400
2010		217258	161585	55673	109653
2011		224569	169420	55149	115500
2012		212920	161926	50994	107793
2013		237560	180653	56907	121667
2014		240869	159382	53396	114012
2015		256750	178580	49235	123188
2016		272307	190734	47270	120490
2017		274905	189926	46085	107199
2018		284235	194633	44065	100011
2019		284483	191558	39072	92416
2020		278204	192259	30096	102988
东丽区	Dongli District	12080	8012	83	1409
西青区	Xiqing District	11388	7826	217	2567
津南区	Jinnan District	10204	7128	119	2059
北辰区	Beichen District	14106	8773	536	2625
武清区	Wuqing District	33388	25433	4065	20802
宝坻区	Baodi District	49209	41424	5728	38580
滨海新区	Binhai New Area	59749	33511	2572	4691
宁河区	Ninghe District	19828	12132	4022	12787
静海区	Jinghai District	15902	10284	1063	8853
蓟州区	Jizhou District	18540	4526	11687	8615

8-6 城市市政设施情况(2018—2020年)
Municipal Facilities in City,2018-2020

指 标	Item	单 位	Unit	2018	2019	2020
年末实有道路	**Road (year-end)**					
铺装道路长度	Length of Paved Roads	公 里	km	8242	8927	9234
铺装道路面积	Area of Paved Roads	万平方米	10 000 sq.m	15131	16918	17510
#人行道面积	Area of Footway	万平方米	10 000 sq.m	3712.44	4001.05	4081.30
人均拥有道路面积	Per Capita Area of Paved Roads	平方米	sq.m	11.67	12.98	14.91
年末实有桥梁	**Bridges (year-end)**					
桥梁座数	Number of Bridges	座	unit	1009	1151	1196
#立交桥	Flyovers	座	unit	117	140	141
年末实有路灯盏数	**Number of Road Lamps (year-end)**	**万 盏**	**10 000 units**	**37.69**	**37.75**	**39.64**
排泄污水能力	**Capacity of Sewage Drainage**					
污水年排放量	Annual Volume of Sewage Drainage	万 吨	10 000 tons	104090	110141	112734
排水管道长度	Length of Drainpipe	公 里	km	21369	22393	22338
污水处理厂	Sewage Treatment Works	座	set	40	41	44
污水处理厂能力	Disposal Capacity of Sewage Treatment Works	万吨/日	10 000 tons/day	283.2	315.5	338.5
建成区排水管道密度	Density of Drainpipe in Developed Area	公里/平方公里	km/sq.km	18.93	19.45	19.09
污水处理率	**Percentage of Disposed Sewage Treatment**	**%**	**%**	**93.8**	**96.0**	**96.4**

8-7 城市自来水(2018—2020年)
Urban Tap Water,2018-2020

指 标	Item	单 位	Unit	2018	2019	2020
综合生产能力	Production Capacity	万吨/日	10 000 tons/day	413.60	414.00	430.10
供水管道	Length of Water Supply Pipelines	公 里	km	18546	20283	21598
供水总量	Total Annual Volume of Water Supply	万 吨	10 000 tons	87555	91298	90328
售水总量	Total Annual Volume of Water Sold	万 吨	10 000 tons	73468	76596	76313
#生活用水	For Residential Use	万 吨	10 000 tons	41824	43272	46100
生产用水	For Productive Use	万 吨	10 000 tons	27575	28590	26679
用水人口	Number of Residents with Access to Tap Water	万 人	10 000 persons	1296.80	1304.00	1174.00
人均日生活用水量	Per Capita Daily Living Consumption of Tap Water	公 斤	kg	88.36	90.92	84.00

8-8 城市燃气基本情况(2018—2020年)
Basic Statistics on Gas in City,2018-2020

项 目	Item	2018	2019	2020
液化石油气	**Liquefied Petroleum Gas**			
储气能力(吨)	Storage Capacity(ton)	4871	3607	4901
销售量(吨)	Volume of Gas Sold(ton)	55840	52996	59891
工业用	For Industrial Use	16850	19542	20748
民 用	For Residential Use	38990	33454	39142
用气户数(万户)	Gas Users(10 000 households)	22.20	31.84	33.59
工业用	For Industrial Use	0.34	0.96	0.53
民 用	For Residential Use	21.86	30.88	33.06
天然气	**Natural Gas**			
储气能力(万立方米)	Storage Capacity(10 000 cu.m)	759	1074	1149
管道长度(公里)	Length of Pipelines(km)	27953	29356	46447
销售量(万立方米)	Volume of Gas Sold(10 000 cu.m)	488848	536544	589362
居民家庭	Households	61050	73687	93414
集中供热	Centralized Heating	161996	147706	159628
燃气汽车	Compressed Natural Gas Vehicle	16195	32313	29041
其 他	Others	249607	282839	307278
用气户数(万户)	Gas Users(10 000 households)	526.11	547.00	640.38
# 居民家庭	Households	496.85	520.35	575.48
用气普及率(%)	**Percentage of Population with Access to Gas(%)**	**100**	**100**	**100**

注：工业用液化石油气数据含福利、商业和其他用。
Note: Volume of liquefied petroleum gas sold for industrial use include those for welfare, commerce and other use.

8-9 城市集中供热(2018—2020年)
Heating in City,2018-2020

项 目	Item	单 位	Unit	2018	2019	2020
供热能力	Heating Capacity					
蒸 汽	Steam	吨/小时	ton/hour	2445	2445	1875
热 水	Hot Water	兆瓦/小时	mega watts/hour	29256	30404	31269
供热总量	Volume Supplied					
蒸 汽	Steam	万吉焦/年	10 000 gigajoules/year	908	937	1014
热 水	Hot Water	万吉焦/年	10 000 gigajoules/year	16517	16751	17125
管道长度	Length of Pipelines	公 里	km	29272	31427	33687
供热面积	Heating Area	万平方米	10 000 sq.m	49452	51410	55336
# 住 宅	Residential Buildings	万平方米	10 000 sq.m	37794	39468	42826

8-10 城市公共交通(2018—2020年)
Public Traffic in City,2018-2020

指　　标	Item	单　位	Unit	2018	2019	2020
公共汽车	**Public Transportation Vehicles**					
运营车辆	Operation Vehicles	辆	unit	13813	12746	12399
线路条数	Number of Routes	条	route	926	970	1002
线路长度	Length of Routes	公　里	km	23920	25526	27140
客运总量	Volume of Passengers	万人次	10 000 person-times	109725	111058	61391
日均乘客人数	Average Daily Passengers	万人次	10 000 person-times	300	304	168
每万人拥有公共交通车辆	Number of Public Transportation Vehicles per 10 000 Persons	标　台	unit	9.9	9.2	8.9
营运出租汽车	**Operating Taxis**	**辆**	**unit**	**31940**	**31940**	**31779**
轨道交通	**Subway**					
地　铁	**Metro**					
运营车辆	Operation Vehicles	节	car	954	1068	1244
运营线路长度	Length of Operation Lines	公　里	km	166.8	178.7	238.9
客运总量	Volume of Passengers	万人次	10 000 person-times	35966	49037	30250
津滨轻轨	**Binhai Mass Trains**					
运营车辆	Operation Vehicles	节	car	152	152	152
运营线路长度	Length of Operation Lines	公　里	km	52.2	52.2	52.2
客运总量	Volume of Passengers	万人次	10 000 person-times	4783	5541	3595

8-11 城市环境卫生事业发展情况(2018—2020年)
Development of Urban Environmental Sanitation,2018-2020

指　　标	Item	单　位	Unit	2018	2019	2020
清运垃圾粪便工作量	**Volume of Garbage, Excrement and Urine Disposal**					
道路清扫保洁面积	Area of Road Cleaned	万平方米	10 000 sq.m	12181	13296	13256
生活垃圾清运量	Volume of Living Garbage Disposal	万　吨	10 000 tons	295	300	290
粪便清运量	Volume of Excrement and Urine Disposal	万　吨	10 000 tons	26	28	21
垃圾无害化处理量	Volume of Garbage Innocuous Disposal	万　吨	10 000 tons	290	300	290
生活垃圾无害化处理率	**Innocuous Disposal Rate of Living Garbage**	**%**	**%**	**98**	**100**	**100**
环境卫生设施	**Environmental Sanitation Facilities**					
公共厕所	Lavatories	座	unit	1384	1510	4120
垃圾无害化处理厂	Garbage Innocuous Disposal Plant	座	unit	11	13	17
无害化处理厂能力	Capacity of Innocuous Disposal Plant	吨/日	ton/day	12100	13500	20050
环卫职工人数	**Number of Environment Sanitation Staff & Workers**	**人**	**person**	**22730**	**26633**	**27353**

资料来源：天津市城市管理委员会，表8-12、8-13同。
注：2020年以前，公共厕所不含社会公厕。
Source: Tianjin Municipal Commission of Urban Management, same as table 8-12 and 8-13.
Note: Number of lavatories before 2020 excludes social lavatories.

8-12 城市绿化情况(2018—2020年)
Green Area in City,2018-2020

指　　标	Item	2018	2019	2020
公　园(个)	Parks(unit)	125	126	134
花　圃(个)	Gardens(unit)	12	10	7
建成区绿地面积(公顷)	Total Area of Green Area in Developed Area(hectare)	37314	39472	40326
公园绿地	Park Green Area	10928	11253	11432
生产绿地	Production Green Area	1102		
防护绿地	Protection Green Area	3467	3681	4150
广场绿地	Square Green Area		52	75
附属绿地	Accessorial Green Area	17007	18984	19359
区域绿地	Area Green Space		5503	5309
其他绿地	Other Green Area	4810		
年末实有树木(万株)	Trees(year-end)(10 000 trees)	11911.26	12239.60	10883.94
#行道树	Roadside Trees	130.04	128.37	118.71
建成区绿化覆盖率(%)	Coverage Rate of Afforestation in Developed Area(%)	38.0	37.5	37.6
建成区绿地率(%)	Coverage Rate of Green Area in Developed Area(%)	34.6	34.3	34.5
人均公园面积(平方米)	Per Capita Area of Parks(sq.m)	9.4	9.2	10.3

注：本表建成区绿地面积2019年以前年份为建成区园林绿地面积。
Note: In the years before 2019, the total area of green area in developed area in this table represents the garden green area in developed area.

8-13 公园分布(2020年)
Distribution of Parks,2020

地　区	Region	公园个数(个) Number of Parks (unit)	地　区	Region	公园面积(公顷) Area of Parks (hectare)
合　计	**Total**	**134**	**合　计**	**Total**	**2726.94**
和平区	Heping District	5	和平区	Heping District	5.32
河东区	Hedong District	8	河东区	Hedong District	75.27
河西区	Hexi District	17	河西区	Hexi District	163.20
南开区	Nankai District	8	南开区	Nankai District	303.59
河北区	Hebei District	8	河北区	Hebei District	92.82
红桥区	Hongqiao District	9	红桥区	Hongqiao District	67.86
东丽区	Dongli District	3	东丽区	Dongli District	14.22
西青区	Xiqing District	7	西青区	Xiqing District	307.13
津南区	Jinnan District	3	津南区	Jinnan District	79.94
北辰区	Beichen District	4	北辰区	Beichen District	24.49
武清区	Wuqing District	9	武清区	Wuqing District	431.67
宝坻区	Baodi District	5	宝坻区	Baodi District	103.94
滨海新区	Binhai New Area	39	滨海新区	Binhai New Area	837.42
宁河区	Ninghe District	3	宁河区	Ninghe District	20.25
静海区	Jinghai District	1	静海区	Jinghai District	3.47
蓟州区	Jizhou District	5	蓟州区	Jizhou District	196.35

8-14 水、大气、声、生态环境情况(2016—2020年)
Water, Atmospheric, Acoustic and Ecological Environment,2016-2020

指　　标　　Item	2016	2017	2018	2019	2020
水 环 境					
Water Environment Conditions					
城市集中式饮用水水源地水质达标率(%)					
Urban Centralized Drinking Water Sources Quality Rate (%)	100	100	100	100	100
近岸海域优良水质比例(%)					
Inshore Area Good Water Quality Rate (%)	39.5	16.6	60.6	68.3	70.4
大气环境					
Atmospheric Environment Conditions					
可吸入颗粒物(毫克/立方米)					
(PM_{10}) Particulate Matters (milligram/cu.m)	0.103	0.094	0.082	0.076	0.068
细颗粒物(毫克/立方米)					
($PM_{2.5}$) Fine Particulate Matters (milligram/cu.m)	0.069	0.062	0.052	0.051	0.048
二氧化硫(毫克/立方米)					
(SO_2) Sulphur Dioxide (milligram/cu.m)	0.021	0.016	0.012	0.011	0.008
二氧化氮(毫克/立方米)					
(NO_2) Nitrogen Dioxide (milligram/cu.m)	0.048	0.050	0.047	0.042	0.039
空气质量优良天数(天)					
Days of Good Ambient Air Quality (day)	226	209	207	219	245
空气质量优良天数比例(%)					
Good Ambient Air Quality Rate (%)	61.7	57.9	58.1	60.0	66.9
声 环 境(分贝)					
Acoustic Environment Conditions(decibel)					
道路交通噪声平均声级					
Equivalent Sound Level of City Traffic Noise	65.7	65.7	65.7	66.5	65.0
全市区域环境噪声平均声级					
Equivalent Sound Level of City Environmental Noise	54.0	53.9	54.5	54.4	52.8
生态环境					
Ecological Environment Conditions					
自然保护区(个)					
Nature Reserves(unit)	8	8	8	8	8
# 国家级自然保护区					
State-level Nature Reserves	3	3	3	3	3
自然保护区面积(万公顷)					
Nature Reserves Area(10 000 hectares)	9.06	9.06	9.06	9.04	9.04

资料来源：天津市生态环境局，表8-15至8-17同。
Source: Tianjin Ecology and Environment Bureau, same as table 8-15 to 8-17.

8-15 水环境保护(2016—2020年)
Water Environment Protection,2016-2020

指　　标	2016	2017	2018	2019	2020
废水排放总量(万吨)					
Volume of Waste Water Discharged (10 000 tons)	55015.3	62924.5	70435.0	71689.3	47129.2
工业源					
Industrial Source	13992.8	14077.0	14891.0	15066.7	11160.3
生活源					
Residential Source	40950.4	48741.9	55472.0	56569.6	35920.1
集中式治理设施					
Centralized Treatment Facilities	72.1	105.6	72.0	53.0	48.8
化学需氧量排放量(吨)					
COD of Waste Water Discharged (ton)	48032.7	44277.5	41726.5	37759.2	156341.7
工业源					
Industrial Source	3415.0	3324.5	3152.2	2943.6	2820.7
生活源					
Residential Source	29780.2	29008.9	27594.8	24922.5	33600.0
农业源					
Agricultural Source	14749.4	11842.5	10886.3	9807.5	119889.1
集中式治理设施					
Centralized Treatment Facilities	88.1	101.6	93.2	85.6	31.9
氨氮排放量(吨)					
Emission of Ammonia and Nitrogen (ton)	1845.5	1834.4	1757.0	1670.5	2565.3
工业源					
Industrial Source	253.2	168.2	142.6	122.3	96.3
生活源					
Residential Source	1492.6	1509.6	1521.2	1459.5	1302.1
农业源					
Agricultural Source	89.0	146.6	89.5	84.9	1162.7
集中式治理设施					
Centralized Treatment Facilities	10.7	10.0	3.7	3.8	4.2

注：1. 2020年环境统计口径调整，与之前年份不可比，表8-16、8-17同。2. 2020年废水排放中生活源包括城镇生活与农村生活污染排放情况，之前年份仅统计城镇生活；农业源包括规模化畜禽养殖场和养殖户、种植业、水产养殖业污染排放情况，之前年份仅统计大型畜禽养殖场。

Note: a)The scope of environmental statistics in 2020 has changed and is not comparable to previous years. Same as table 8-16 and 8-17.
b)The residential sources of wastewater discharge included urban life and rural life pollution discharge, while only urban living was counted in previous years. Agricultural sources include large-scale livestock and poultry farms and farmers, plantations, aquaculture pollution emissions, while the previous years is only the statistics of large livestock and poultry farms.

8-16 大气环境保护(2016—2020年)
Atmospheric Environment Protection,2016-2020

指　　标	2016	2017	2018	2019	2020
二氧化硫排放量(吨) Sulphur Dioxide in Waste Gas (ton)	26744.3	25145.8	19027.4	17831.3	10196.1
工业源 Industrial Source	22047.8	21793.5	16608.7	15963.2	9756.4
生活源 Residential Source	4628.0	3317.7	2355.6	1818.1	416.6
集中式治理设施 Centralized Treatment Facilities	68.5	34.6	63.1	50.0	23.1
氮氧化物排放量(吨) Emission of Nitrogen Oxides (ton)	130755.9	120423.8	118572.6	114222.6	116979.7
工业源 Industrial Source	52032.4	41585.8	41909.5	38785.3	29167.3
生活源 Residential Source	7265.1	6077.3	5295.5	4888.9	3458.0
机动车 Automobiles	71343.9	72600.5	71200.7	70341.3	84270.0
集中式治理设施 Centralized Treatment Facilities	114.5	160.2	166.9	207.1	84.4
烟(粉)尘排放量(吨) Volume of Fumes (Dust) Emission (ton)	52791.0	43303.5	34972.7	29206.2	15559.8
工业源 Industrial Source	28832.1	25924.6	22423.9	19383.1	10053.1
生活源 Residential Source	22895.0	16411.0	11650.0	8990.0	4428.1
机动车 Automobiles	1058.2	959.4	889.7	828.4	1068.9
集中式治理设施 Centralized Treatment Facilities	5.7	8.5	9.1	4.7	9.7

注：2020年废气排放中工业源统计重点调查工业企业排放情况，之前年份统计重点调查及非重点调查工业企业排放情况。
Note: The emissions of industrial source in the statistics of 2020 focus on the investigation of industrial emissions, while the previous statistics focus on the investigation and non-focused investigation of industrial emissions.

8-17 工业固体废物利用与处置情况(2016—2020年)
Utilization and Disposal of Industrial Waste Residue,2016-2020

单位：万吨(10 000 tons)

指　　标 Item	2016	2017	2018	2019	2020
一般工业固体废物产生量					
Amount of Industrial Waste Residue Produced	1567.0	1601.7	1873.8	1968.0	1738.8
一般工业固体废物综合利用量					
Volume of Comprehensive Utilization of Industrial Waste Residue	1544.0	1553.1	1848.6	1939.1	1731.5
一般工业固体废物处置量					
Volume of Industrial Solid Waste Disposed	21.9	46.0	22.9	25.3	5.8
一般工业固体废物综合利用率(%)					
Rate of Comprehensive Utilization of Industrial Waste Residue (%)	98.5	96.9	98.6	98.5	99.5
一般工业固体废物处置率(%)					
Disposal Rate of Industrial Waste Residue (%)	1.4	2.9	1.2	1.3	0.3
危险废物产生量					
Dangerous Waste	26.7	41.5	47.3	62.4	63.7
危险废物利用处置量					
Dangerous Waste	26.7	43.3	47.1	62.3	63.8
危险废物利用处置率(%)					
Dangerous Waste (%)	99.9	100.0	99.2	99.7	99.6

注：2020年仅统计重点调查工业企业情况，之前年份包括重点调查与非重点调查工业企业情况。

Note: Only the key surveyed industrial enterprises were counted in 2020, while the previous years included both key surveyed and non-key surveyed ones.

主要统计指标解释

建成区

指城市行政区内实际已成片开发建设、市政公用设施和公共设施基本具备的区域。对核心城市，它包括集中连片的部分以及分散的若干个已经成片建设起来的市政公用设施和公共设施基本具备的地区；对一城多镇来说，它包括由几个连片开发建设起来的市政公用设施和公共设施基本具备的地区组成。因此建成区范围，一般是指建成区外轮廓线所能包括的地区，也就是这个城市实际建设用地所达到的范围。

水资源总量

一定区域内的水资源总量指当地降水形成的地表和地下产水量，即地表径流量与降水入渗补给量之和，不包括过境水量。

化学需氧量(COD)

测量有机和无机物质化学分解所消耗氧的质量浓度的水污染指数。

工业固体废物产生量

系指未被列入《国家危险废物名录》或者根据国家规定的危险废物鉴别标准（GB5085）、固体废物浸出毒性浸出方法（GB5086）及固体废物浸出毒性测定方法（GB/T 15555）鉴别方法判定不具有危险特性的工业固体废物。计算公式是：

工业固体废物产生量=（工业固体废物综合利用量-综合利用往年贮存量）+工业固体废物贮存量+（工业固体废物处置量-处置往年贮存量）+工业固体废物倾倒丢弃量

工业固体废物综合利用量

指报告期内企业通过回收、加工、循环、交换等方式，从固体废物中提取或者使其转化为可以利用的资源、能源和其他原材料的固体废物量(包括当年利用往年的工业固体废物贮存量)。如用作农业肥料、生产建筑材料、筑路等。综合利用量由产生固体废物的单位统计。

工业固体废物综合利用率

指工业固体废物综合利用量占工业固体废物产生量(包括综合利用往年贮存量)的百分率。计算公式为：

$$\text{工业固体废物综合利用率}=\frac{\text{工业固体废物综合利用量}}{\text{工业固体废物产生量}+\text{综合利用往年贮存量}}\times 100\%$$

Explanatory Notes on Main Statistical Indicators

Developed Area

refers to the land in administrative areas having been developed concentratedly with municipal public facilities. For core city, developed areas include concentrated areas and decentralized areas having basic perfect municipal public facilities; for the city with several towns, developed areas are composed of several concentrated areas with municipal public facilities. Therefore, the scope of developed areas refers to actual construction land of a city.

Total Water Resources

refer to the total volume of surface and underground water formed by precipitation in the local region, which equals to the sum of surface runoff and the infiltration supplement of underground water from precipitation, excluding crossing water.

Chemical Oxygen Demand (COD)

refers to the water pollution index of measuring the mass concentration of oxygen consumed in the chemical decomposition of organic and inorganic matter.

Industrial Solid Wastes Produced

refers to the industrial solid wastes that are not listed in the *National Catalogue of Hazardous Wastes*, or not regarded as hazardous according to the national hazardous waste identification standards (GB5085), solid waste-Extraction procedure for leaching toxicity (GB5086) and solid waste-Extraction procedure for leaching toxicity (GB/T 15555). The calculation formula is as followed:

Common Industrial Solid Wastes Produced = (common industrial solid wastes utilized-the proportion of utilized stock of previous years) + common industrial solid waste stock + (common industrial solid wastes disposed-the proportion of disposed stock of previous years) + common industrial solid wastes discharged.

Industrial Solid Wastes Comprehensively Utilized

refers to volume of solid wastes from which useful materials can be extracted or which can be converted into usable resources, energy or other materials by means of reclamation, processing, recycling and exchange (including utilizing in the year the stocks of industrial solid wastes of the previous year) during the report period, e.g. being used as agricultural fertilizers, building materials or as material for paving road. Examples of such utilization include fertilizers, building materials and road materials. The information shall be collected by the producing units of the wastes.

Ratio of Comprehensive Utilization of Industrial Waste Residue

refers to the percentage of industrial solid wastes utilized over industrial solid wastes produced (including stocks of the previous years). It is calculated as:

$$\textit{Ratio of Comprehensive Utilization of Industrial Waste Residue} = \frac{\textit{Volume of Industrial Solid Wastes Utilized}}{\textit{Industrial Solid Wastes Produced} + \textit{Stock of Previous Years}} \times 100\%$$

第九篇 能源生产和消费

Chapter 9 Energy Production and Consumption

9-1 一次能源生产量及构成(1990—2020年)
Primary Energy Production and Composition,1990-2020

年 份 Year	一次能源生产量 (万吨标准煤) Primary Energy Production (10 000 tons of SCE)	占能源生产总量的比重(%) As Percentage of Total Energy Production (%)		
		原 油 Crude Oil	天然气 Natural Gas	其 他 Others
1990	719.41	93.23	6.77	
1991	726.45	93.39	6.61	
1992	757.45	92.75	7.25	
1993	790.99	93.38	6.62	
1994	936.65	89.84	10.16	
1995	978.82	90.61	9.39	
1996	1036.17	89.15	10.85	
1997	1014.77	90.93	9.07	
1998	1079.73	91.46	8.54	
1999	1084.63	90.45	9.55	
2000	1201.94	90.81	9.19	
2001	1494.84	92.73	7.27	
2002	1844.92	94.16	5.84	
2003	1983.56	94.80	5.20	
2004	2171.94	95.12	4.88	
2005	2663.93	95.61	4.39	
2006	2915.55	95.21	4.79	
2007	2926.45	93.94	6.06	
2008	3034.76	93.86	6.14	
2009	3471.63	94.52	5.48	
2010	5007.63	95.08	4.57	0.36
2011	4833.38	94.40	5.10	0.50
2012	4708.80	94.00	5.29	0.71
2013	4634.41	93.85	5.38	0.77
2014	4726.73	92.93	5.95	1.12
2015	5338.18	93.58	5.12	1.30
2016	5017.52	93.20	5.22	1.58
2017	4870.52	91.00	5.87	3.13
2018	4989.24	88.35	9.05	2.60
2019	5106.83	87.05	9.09	3.86
2020	5318.13	87.10	9.08	3.82

9-2 能源终端消费量(2015—2020年)

Final Consumption of Energy,2015-2020

单位：万吨标准煤(10 000 tons of SCE)

年 份 Year	能源终端消费量 Final Consumption of Energy	农、林、牧、渔业 Farming, Forestry, Animal Husbandry and Fishery	工业和建筑业 Industry and Construction	服务业 Service Industry	生活消费 Living Consumption
2015	8137.29	105.43	5713.81	1304.36	1013.69
2016	7875.03	110.18	5368.22	1336.63	1060.00
2017	7687.75	116.68	5101.45	1366.86	1102.76
2018	7917.81	107.81	5263.17	1355.01	1191.83
2019	8261.29	107.00	5538.91	1413.37	1202.00
2020	8206.70	105.22	5517.91	1346.66	1236.91

注：本表服务业为《国民经济行业分类》(GB/T4754-2017)附录中的门类F批发和零售业至T国际组织，不包括行业大类05农、林、牧、渔业及辅助性活动、11开采专业及辅助性活动、43金属制品、机械和设备修理业。

Note: The service industries in this table refers to the sector F wholesale and retail trade to Tinternational organizations in the Appendix of *National Economical Industry Classification* (GB/T4754-2017), excluding industry categories 05 Farming, Forestry, Animal Husbandry, Fishery Industry and auxiliary activities, 11 professional and support activities for mining and 43 metal products, machine and equipment repair.

9-3 能源消耗基本情况(2015—2020年)

Basic Statistics on Energy Consumption,2015-2020

年 份 Year	能源消耗 (万吨标准煤) Energy Consumption (10 000 tons of SCE)	#工 业 Industry	电力消耗(亿千瓦小时) Electricity Power Consumption (100 million kWh)	#工 业 Industry
2015	8319.38	5681.52	851.13	592.45
2016	8078.28	5359.73	861.60	585.73
2017	7831.72	5033.38	857.00	557.94
2018	7973.29	5111.58	939.23	620.16
2019	8240.70	5304.75	964.30	628.90
2020	8104.60	5199.31	972.76	625.67

注：能源消耗指标采用等价值计量。

Note: Indicators of energy consumption are converted into same value.

9-4 人均生活能源消费量(2015—2020年)

Annual per Capita Energy Consumption for Non-production Purpose,2015-2020

年 份 Year	平均每人生活消费能源 (千克标准煤) Annual per Capita Consumption for Non-production Purpose(kg of SCE)	煤 炭 (千克) Coal (kg)	电 力 (千瓦小时) Electricity (kWh)	液化石油气 (千克) LPG (kg)	天然气和煤气 (立方米) Natural Gas and Coal Gas(cu.m)
2015	707	55	609	7	38
2016	736	51	644	8	39
2017	773	44	699	7	47
2018	853	32	799	7	70
2019	868	28	825	6	71
2020	892	17	910	5	88

注：本表数据根据第七次全国人口普查数据进行修订。

Note: The data in this table are adjusted according to the data of the Seventh National Population Census.

9-5 综合能源平衡表(标准量)
Overall Energy Balance Sheet(Standard Equivalent)

单位：万吨标准煤(10 000 tons of SCE)

项　　目	Item	2019	2020
可供本地区消费的能源量	**Volume of Energy Available for Consumption**	**8240.70**	**8104.60**
年初库存量	Stock at the Beginning of the Year	662.59	517.58
一次能源生产量	Primary Energy Output	5106.83	5318.13
外省(区、市)调入量	Inflow from Other Provinces(Regions, Cities)	15055.72	14519.50
进口量	Import	289.46	248.53
境内飞机和轮船在境外加油量	Our Steamship and Plane Oiled Abroad	2.18	0.26
本市调出量(－)	Outflow to Other Provinces(Regions, Cities)(－)	-12243.19	-12056.92
出口量(－)	Export(－)	-110.50	
境外飞机和轮船在境内加油量(－)	Foreign Steamship and Plane Oiled in Tianjin(－)	-6.75	-3.97
年末库存量(－)	Stock at Year-end(－)	-515.63	-438.51
加工转换投入(－)产出(+)量	**Input(－) or Output(+) of Processing and Transformation**	**202.75**	**273.45**
火力发电	Thermal Power		
供　热	Heating	-191.43	-220.60
煤炭洗选	Separation Coal		
炼　焦	Coke Making	-15.31	-13.81
炼油及煤制油	Oil Refining	435.77	366.35
# 油品再投入量(－)	Input of Oil(－)	-474.95	-421.59
制　气	Gas Making		13.77
# 再投入量(－)	Input of Coke(－)		-16.89
天然气液化	Liquefaction of Natural Gas		
煤制品加工	Processing of Coal Products		
回收能	Recovery of Energy	448.68	566.22
损失量	**Loss Volume**	**182.17**	**171.35**
终端消费量	**Final Consumption**	**8261.29**	**8206.70**
农、林、牧、渔业	Agriculture, Forestry, Animal Husbandry & Fishery Industry	107.00	105.22
工　业	Industry	5325.34	5301.41
建筑业	Construction	213.58	216.50
交通运输、仓储和邮政业	Transportation, Storage and Post Services	591.54	542.92
批发和零售业、住宿和餐饮业	Wholesale & Retail Trade, Accommodation & Catering Services	258.30	256.34
其　他	Others	563.53	547.40
生活消费	Living Consumption	1202.00	1236.91
平衡差额	**Balance**		
消费量合计	**Total Consumption**	**8240.70**	**8104.60**

9-6 电力平衡表(2016—2020年)
Electricity Balance Sheet,2016-2020

单位：亿千瓦小时(100 million kWh)

项　目 Item	2016	2017	2018	2019	2020
可供量 Total Energy Available for Consumption	**861.60**	**857.00**	**939.23**	**964.30**	**972.76**
生产量 Output	644.61	625.05	723.63	735.42	773.69
火力发电 Thermal Power	635.62	612.87	707.35	709.04	743.12
水电、核电、风电及其他 Hydropower, Nuclear Power, Wind Power and Others	8.99	12.18	16.28	26.38	30.57
外省(区、市)调入量 Inflow from Other Provinces (Regions, Cities)	217.96	232.97	217.17	231.03	200.78
本市调出量(-) Outflow to Other Provinces (-)	0.97	1.02	1.57	2.15	1.71
消费量 Total Energy Consumption	**861.60**	**857.00**	**939.23**	**964.30**	**972.76**
在消费量中 Consumption by Sector					
农、林、牧、渔业 Farming, Forestry, Animal Husbandry & Fishery Industry	16.08	17.28	15.16	17.84	14.47
工　业 Industry	585.73	557.94	620.16	628.90	625.67
建筑业 Construction	11.38	11.05	11.52	13.14	14.14
交通运输、仓储和邮政业 Transportation, Storage and Post Services	38.27	42.07	46.49	49.70	44.74
批发和零售业、住宿和餐饮业 Wholesale & Retail Trade, Accommodation & Catering Services	33.92	37.46	27.83	29.44	32.29
其　他 Others	83.40	91.52	106.45	111.09	115.35
生活消费 Living Consumption	92.82	99.68	111.62	114.19	126.10
在消费量中 Consumption by Usage					
终端消费 Final Consumption	812.74	805.80	884.40	911.73	933.16
#工　业 Industry	536.87	506.74	565.33	576.33	586.07
输配电损失量 Losses in Transmission	48.86	51.20	54.83	52.57	39.60
平衡差额 Balance					

9-7 能源消费量(2016—2020年)
Energy Consumption,2016-2020

品种 Item	单位 Unit	2016	2017	2018	2019	2020
合　计	万吨标准煤					
Total	**10 000 tons of SCE**	**8078.28**	**7831.72**	**7973.29**	**8240.70**	**8104.60**
煤 炭	万 吨					
Coal	10 000 tons	4230.16	3875.61	3832.89	3766.11	3745.28
焦 炭	万 吨					
Coke	10 000 tons	887.29	808.70	867.23	903.99	929.37
原 油	万 吨					
Crude Oil	10 000 tons	1433.60	1624.85	1688.23	1693.35	1394.16
燃料油	万 吨					
Fuel Oil	10 000 tons	45.33	40.68	46.99	50.00	52.61
汽 油	万 吨					
Gasoline	10 000 tons	274.79	274.16	273.65	284.46	284.73
煤 油	万 吨					
Kerosene	10 000 tons	82.02	101.50	108.92	110.58	85.32
柴 油	万 吨					
Diesel Oil	10 000 tons	371.76	349.11	326.06	316.92	325.05
天然气	亿立方米					
Natural Gas	100 million cu.m	74.06	82.31	101.92	108.49	117.03
电 力	亿千瓦小时					
Electricity	100 million kWh	861.60	857.00	939.23	964.30	972.76

9-8 生活能源消费量(2016—2020年)
Energy Consumption for Non-production Purpose,2016-2020

品种 Item	单位 Unit	2016	2017	2018	2019	2020
合　计	万吨标准煤					
Total	**10 000 tons of SCE**	**1060.00**	**1102.76**	**1191.83**	**1202.00**	**1236.91**
煤 炭	万 吨					
Coal	10 000 tons	73.83	62.31	44.55	38.16	23.24
液化石油气	万 吨					
LPG	10 000 tons	11.13	9.84	9.55	7.76	7.53
天然气和煤气	亿立方米					
Natural Gas and Coal Gas	100 million cu.m	5.62	6.72	9.72	9.80	12.14
热 力	万百万千焦					
Heat	10 000 million kJ	9612.76	10218.36	10866.90	10791.50	9813.42
电 力	亿千瓦小时					
Electricity	100 million kWh	92.82	99.68	111.62	114.19	126.10

9-9 工业行业主要能源终端消费量(2020年)
The Final Consumption of Main Energy by Industrial Sector,2020

行业	Sector	煤炭(万吨) Coal (10 000 tons)	焦炭(万吨) Coke (10 000 tons)	原油(万吨) Crude Oil (10 000 tons)
总计	**Total**	**562.81**	**927.04**	**9.45**
煤炭开采和洗选业	Mining and Washing of Coal			
石油和天然气开采业	Extraction of Petroleum and Natural Gas			8.55
黑色金属矿采选业	Mining and Processing of Ferrous Metal Ores		32.63	
有色金属采矿业	Mining and Processing of Non-ferrous Metal Ores			
非金属矿采选业	Mining and Processing of Nonmetal Ores			
开采专业及辅助性活动	Professional and Support Activities for Mining	0.02		
其他采矿业	Other Mining			
农副食品加工业	Processing of Food from Agricultural Products			
食品制造业	Manufacture of Foods			
酒、饮料和精制茶制造业	Manufacture of Alcohol, Beverages and Refined Tea			
烟草制品业	Manufacture of Tobacco			
纺织业	Manufacture of Textile			
纺织服装、服饰业	Manufacture of Textile Wearing Apparel			
皮革、毛皮、羽毛及其制品和制鞋业	Manufacture of Leather, Fur, Feather and Related Products, Footware			
木材加工和木、竹、藤、棕、草制品业	Processing of Timber, Manufacture of Wood, Bamboo, Rattan, Palm and Straw Products			
家具制造业	Manufacture of Furniture			
造纸及纸制品业	Manufacture of Paper and Paper Products			
印刷和记录媒介复制业	Printing, Reproduction of Recording Media			
文教、工美、体育和娱乐用品制造业	Manufacture of Articles for Culture, Education and Industrial Arts, Sport Activities, Amusement Manufacturing			
石油煤炭及其他燃料加工业	Processing of Petroleum, Coal and Other Fuel	0.34		0.90
化学原料和化学制品制造业	Manufacture of Raw Chemical Materials and Chemical Products	176.83		
医药制造业	Manufacture of Medicines		0.07	
化学纤维制造业	Manufacture of Chemical Fibers			
橡胶和塑料制品业	Manufacture of Rubber and Plastic			
非金属矿物制品业	Manufacture of Non-metallic Mineral Products	14.64		
黑色金属冶炼和压延加工业	Smelting and Pressing of Ferrous Metals	364.48	894.19	
有色金属冶炼和压延加工业	Smelting and Pressing of Non-ferrous Metals	4.41		
金属制品业	Manufacture of Metal Products	1.60		
通用设备制造业	Manufacture of General Purpose Machinery			
专用设备制造业	Manufacture of Special Purpose Machinery			
汽车制造业	Manufacture of Motorcar			
铁路、船舶、航空航天和其他运输设备制造业	Railway, Watercraft, Aerospace and Other Transport Equipment			
电气机械和器材制造业	Manufacture of Electrical Machinery and Equipment			
计算机、通信和其他电子设备制造业	Manufacture of Computers, Communication and Other Electronic Equipment			
仪器仪表制造业	Manufacture of Measuring Instruments			
其他制造业	Other Manufacturing			
废弃资源综合利用业	Comprehensive Recycling of Waste		0.15	
金属制品、机械和设备修理业	Metal Products, Machine and Equipment Repair			
电力、热力的生产和供应业	Production and Supply of Electric Power and Heat Power	0.49		
燃气生产和供应业	Production and Supply of Gas			
水的生产和供应业	Production and Supply of Water			

9-9续表1 *Continued*

行　业	Sector	汽　油（万吨）Gasoline (10 000 tons)	柴　油（万吨）Diesel Oil (10 000 tons)	燃料油（万吨）Fuel Oil (10 000 tons)
总　计	**Total**	**7.92**	**32.24**	**15.53**
煤炭开采和洗选业	Mining and Washing of Coal			
石油和天然气开采业	Extraction of Petroleum and Natural Gas	0.24	5.17	
黑色金属矿采选业	Mining and Processing of Ferrous Metal Ores		0.04	
有色金属采矿业	Mining and Processing of Non-ferrous Metal Ores			
非金属矿采选业	Mining and Processing of Nonmetal Ores	0.03	0.04	
开采专业及辅助性活动	Professional and Support Activities for Mining	0.62	17.36	
其他采矿业	Other Mining			
农副食品加工业	Processing of Food from Agricultural Products	0.08	0.06	0.08
食品制造业	Manufacture of Foods	0.19	0.10	0.09
酒、饮料和精制茶制造业	Manufacture of Alcohol, Beverages and Refined Tea	0.05	0.06	
烟草制品业	Manufacture of Tobacco			
纺织业	Manufacture of Textile	0.03	0.03	
纺织服装、服饰业	Manufacture of Textile Wearing Apparel	0.05		
皮革、毛皮、羽毛及其制品和制鞋业	Manufacture of Leather, Fur, Feather and Related Products, Footware	0.03		
木材加工和木、竹、藤、棕、草制品业	Processing of Timber, Manufacture of Wood, Bamboo, Rattan, Palm and Straw Products	0.03	0.03	
家具制造业	Manufacture of Furniture	0.05	0.04	
造纸及纸制品业	Manufacture of Paper and Paper Products	0.14	0.61	
印刷和记录媒介复制业	Printing, Reproduction of Recording Media	0.14	0.03	
文教、工美、体育和娱乐用品制造业	Manufacture of Articles for Culture, Education and Industrial Arts, Sport Activities, Amusement Manufacturing	0.05	0.03	
石油煤炭及其他燃料加工业	Processing of Petroleum, Coal and Other Fuel	0.03	0.22	
化学原料和化学制品制造业	Manufacture of Raw Chemical Materials and Chemical Products	0.46	0.50	
医药制造业	Manufacture of Medicines	0.14	0.14	
化学纤维制造业	Manufacture of Chemical Fibers			
橡胶和塑料制品业	Manufacture of Rubber and Plastic	0.32	0.24	
非金属矿物制品业	Manufacture of Non-metallic Mineral Products	0.41	3.91	15.14
黑色金属冶炼和压延加工业	Smelting and Pressing of Ferrous Metals	0.32	1.28	
有色金属冶炼和压延加工业	Smelting and Pressing of Non-ferrous Metals	0.22	0.27	
金属制品业	Manufacture of Metal Products	0.53	0.52	
通用设备制造业	Manufacture of General Purpose Machinery	0.61	0.26	
专用设备制造业	Manufacture of Special Purpose Machinery	0.59	0.18	
汽车制造业	Manufacture of Motorcar	0.62	0.23	
铁路、船舶、航空航天和其他运输设备制造业	Railway, Watercraft, Aerospace and Other Transport Equipment	0.30	0.17	0.20
电气机械和器材制造业	Manufacture of Electrical Machinery and Equipment	0.41	0.11	
计算机、通信和其他电子设备制造业	Manufacture of Computers, Communication and Other Electronic Equipment	0.27	0.04	
仪器仪表制造业	Manufacture of Measuring Instruments	0.14		
其他制造业	Other Manufacturing	0.03		
废弃资源综合利用业	Comprehensive Recycling of Waste	0.03	0.13	0.02
金属制品、机械和设备修理业	Metal Products, Machine and Equipment Repair	0.03		
电力、热力的生产和供应业	Production and Supply of Electric Power and Heat Power	0.43	0.43	
燃气生产和供应业	Production and Supply of Gas	0.19		
水的生产和供应业	Production and Supply of Water	0.11	0.01	

9-9续表2 *Continued*

行业	Sector	天然气（亿立方米）Natural Gas(100 million cu.m)	热力（万百万千焦）Heat (10 000 million kJ)	电力（亿千瓦时）Electricity (100 million kWh)
总计	**Total**	**26.93**	**9907.55**	**586.07**
煤炭开采和洗选业	Mining and Washing of Coal			
石油和天然气开采业	Extraction of Petroleum and Natural Gas	1.73	17.59	51.48
黑色金属矿采选业	Mining and Processing of Ferrous Metal Ores			2.85
有色金属采矿业	Mining and Processing of Non-ferrous Metal Ores			
非金属矿采选业	Mining and Processing of Nonmetal Ores	0.02	154.82	1.26
开采专业及辅助性活动	Professional and Support Activities for Mining	0.21	11.81	2.94
其他采矿业	Other Mining			
农副食品加工业	Processing of Food from Agricultural Products	0.36	580.94	6.42
食品制造业	Manufacture of Foods	0.66	334.72	5.97
酒、饮料和精制茶制造业	Manufacture of Alcohol, Beverages and Refined Tea	0.13	80.25	2.54
烟草制品业	Manufacture of Tobacco	0.03		0.23
纺织业	Manufacture of Textile	0.16	10.57	2.51
纺织服装、服饰业	Manufacture of Textile Wearing Apparel	0.01	1.06	0.14
皮革、毛皮、羽毛及其制品和制鞋业	Manufacture of Leather, Fur, Feather and Related Products, Footware		0.27	0.33
木材加工和木、竹、藤、棕、草制品业	Processing of Timber, Manufacture of Wood, Bamboo, Rattan, Palm and Straw Products	0.01	0.02	0.45
家具制造业	Manufacture of Furniture	0.05	0.16	1.14
造纸及纸制品业	Manufacture of Paper and Paper Products	0.45	94.07	18.80
印刷和记录媒介复制业	Printing, Reproduction of Recording Media	0.06	19.80	1.79
文教、工美、体育和娱乐用品制造业	Manufacture of Articles for Culture, Education and Industrial Arts, Sport Activities, Amusement Manufacturing	0.03	4.05	1.07
石油煤炭及其他燃料加工业	Processing of Petroleum, Coal and Other Fuel	2.01	1612.93	21.30
化学原料和化学制品制造业	Manufacture of Raw Chemical Materials and Chemical Products	3.79	4826.33	73.00
医药制造业	Manufacture of Medicines	0.38	157.29	4.64
化学纤维制造业	Manufacture of Chemical Fibers	0.01		0.18
橡胶和塑料制品业	Manufacture of Rubber and Plastic	0.93	64.00	15.65
非金属矿物制品业	Manufacture of Non-metallic Mineral Products	3.11	13.48	14.18
黑色金属冶炼和压延加工业	Smelting and Pressing of Ferrous Metals	5.64	731.95	114.83
有色金属冶炼和压延加工业	Smelting and Pressing of Non-ferrous Metals	1.23	76.19	9.91
金属制品业	Manufacture of Metal Products	2.75	34.97	30.00
通用设备制造业	Manufacture of General Purpose Machinery	0.26	31.11	8.72
专用设备制造业	Manufacture of Special Purpose Machinery	0.08	35.84	4.42
汽车制造业	Manufacture of Motorcar	1.07	231.08	29.10
铁路、船舶、航空航天和其他运输设备制造业	Railway, Watercraft, Aerospace and Other Transport Equipment	0.35	29.25	4.64
电气机械和器材制造业	Manufacture of Electrical Machinery and Equipment	0.61	39.80	17.14
计算机、通信和其他电子设备制造业	Manufacture of Computers, Communication and Other Electronic Equipment	0.31	49.10	24.27
仪器仪表制造业	Manufacture of Measuring Instruments		6.08	0.38
其他制造业	Other Manufacturing			0.14
废弃资源综合利用业	Comprehensive Recycling of Waste	0.11	14.83	0.66
金属制品、机械和设备修理业	Metal Products, Machine and Equipment Repair		1.03	0.09
电力、热力的生产和供应业	Production and Supply of Electric Power and Heat Power	0.06	623.12	102.55
燃气生产和供应业	Production and Supply of Gas	0.32		1.40
水的生产和供应业	Production and Supply of Water		19.04	8.95

主要统计指标解释

能源生产总量

指一定时期内全市一次能源生产量的总和。该指标是观察全市能源生产水平、规模、过程、构成和发展速度的总量指标。一次能源生产量包括原煤、原油、天然气、水电、核能及其他动力能(如风能、地热能等)发电量，不包括低热值燃料生产量、生物质能、太阳能等的利用和由一次能源加工转换而成的二次能源产量。

能源消费总量

指全市国民经济各行业和居民家庭在一定时期消费的各种能源的总和。能源消费总量分为三部分，即终端能源消费量、能源加工转换损失量和损失量。

终端能源消费量

指一定时期内全市各行业和居民生活消费的各种能源在扣除了用于加工转换二次能源消费量和损失量以后的数量。

能源加工转换损失量

指一定时期内全市投入加工转换的各种能源数量之和与产出各种能源产品之和的差额。该指标是观察能源在加工转换过程中损失量变化的指标。

能源损失量

指一定时期内能源在输送、分配、储存过程中发生的损失和由客观原因造成的各种损失量，不包括各种气体能源放空、放散量。

Explanatory Notes on Main Statistical Indicators

Total Energy Production

refers to the total production of primary energy by all energy producing enterprises in the city in a given period of time. It is a comprehensive indicator to show the capacity, scale, process, composition and development of energy production of the country. The production of primary energy includes that of coal, crude oil, natural gas, hydropower and electricity generated by nuclear energy and other means such as wind power and geothermal power. However, it excludes the production of fuels of low calorific value, bio-energy, solar energy and the secondary energy converted from the primary energy.

Total Energy Consumption

refers to the total consumption of energy of various kinds of national economy industries and residents in the city in a given period of time. Total energy consumption can be divided into three parts: final energy consumption, loss during the process of energy conversion, and energy loss.

Final Consumption of Energy

refers to the total energy consumption by various industries and households in the city in a given period of time, but excludes the consumption in conversion of the primary energy into the secondary energy and the loss in the process of energy conversion.

Loss During the Process of Energy Conversion

refers to the total input of various kinds of energy for conversion, minus the total output of various kinds of energy in the city in a given period of time. It is an indicator to show the loss that occurs during the process of energy conversion.

Energy Loss

refers to the total of the loss of energy during the course of energy transport, distribution and storage and the loss caused by any objective reason in a given period of time. The loss of various kinds of gas due to gas discharges and stocktaking is excluded.

第十篇 固定资产投资和房地产

Chapter 10 Investment in Fixed Assets and Real Estate

10-1 固定资产投资(不含农户)比上年增长情况
Increase Rate over Last Year Investment in Fixed Assets(Non-agricultural)

单位：% (%)

项　目	Item	2019	2020
固定资产投资	**Total Investment in Fixed Assets**	**13.9**	**3.0**
按三次产业分	**Grouped by Three Strata of Industry**		
第一产业	Primary Industry	10.3	83.0
第二产业	Secondary Industry	17.4	1.6
第三产业	Tertiary Industry	12.8	2.6
按隶属关系分	**Grouped by Administrative Relationship**		
中　央	Central Government	44.6	10.1
地　方	Local Government	10.0	1.9
按建设性质分	**Grouped by Type of Construction**		
#新　建	New Construction	-0.9	13.8
改、扩建及其他	Expansion, Reconstruction and Others	57.2	5.4
按构成分	**Grouped by Composition of Use**		
建筑安装工程	Construction	22.6	1.7
设备工器具购置	Purchases of Equipment and Instruments	3.8	2.7
其他费用	Others	8.2	4.8
按登记注册类型分	**Grouped by Registered Status**		
内资企业	Domestic-funded Enterprises	14.4	3.5
国　有	State-owned Enterprises	16.3	19.5
集　体	Collective-owned Enterprises	-32.6	-22.8
股份合作	Cooperative Enterprises	10662.3	
私营企业	Private Enterprises	-7.8	-2.9
股份有限公司	Share Holding Corporations Ltd.	39.6	9.4
有限责任公司	Limited Liability Corporations	19.9	1.3
#国有独资公司	Sole State-funded Corporations	99.8	-30.5
联营企业	Joint Ownership Enterprises		
其　他	Others	24.6	103.8
港、澳、台商投资企业	Enterprises with Investment from Hong Kong, Macao and Taiwan	29.7	33.6
外商投资企业	Foreign Funded Enterprises	2.5	-15.2
个体经营	Self-employed Enterprises	127.7	-75.6

注：表中按建设性质分组数据不含房地产开发投资，表10-11同。
Note: Investment grouped by type of construction of this table excludes real estate development,same as table 10-11.

10-2 按行业分固定资产投资(不含农户)比上年增长情况
Increase Rate over Last Year Investment in Fixed Assets by Sector(Non-agricultural)

单位：% (%)

行 业 Sector	2019	2020
总 计 **Total**	**13.9**	**3.0**
农、林、牧、渔业 Farming, Forestry, Animal Husbandry and Fishery	13.3	73.6
采矿业 Minerals Mining	47.6	-3.1
制造业 Manufacturing	9.1	0.6
电力、热力、燃气及水生产和供应业 Production and Supply of Electricity, Heat, Gas and Water	11.7	8.3
建筑业 Construction		
批发和零售业 Wholesale and Retail Trade	-40.3	-5.3
交通运输、仓储和邮政业 Transportation, Storage and Post Services	26.3	37.6
住宿和餐饮业 Accommodation and Catering Services	29.9	-50.6
信息传输、软件和信息技术服务业 Information Transmitting, Software and Information Technology Services	-32.6	62.2
金融业 Finance Intermediation	106.9	-58.9
房地产业 Real Estate	9.9	-4.2
租赁和商务服务业 Leasing and Business Services	34.2	0.5
科学研究和技术服务业 Scientific Research and Technical Services	2.8	-2.4
水利、环境和公共设施管理业 Management for Water Conservancy, Environment and Public Facilities	7.1	16.4
居民服务、修理和其他服务业 Resident Services, Repair and Other Services	-20.1	-30.4
教 育 Education	46.9	13.9
卫生和社会工作 Health Care and Social Work	98.9	-0.5
文化、体育和娱乐业 Culture, Sports and Recreational Services	-45.6	85.8
公共管理、社会保障和社会组织 Public Management, Social Security and Social Organizations	150.0	-15.2

10-3 按行业分民间固定资产投资(不含农户)比上年增长情况
Increase Rate over Last Year Private Investment in Fixed Assets by Sector

单位：% (%)

行　业 Sector	2019	2020
总　计 Total	**3.5**	**-7.2**
农、林、牧、渔业 Farming, Forestry, Animal Husbandry and Fishery	-51.6	12.3
采矿业 Minerals Mining		
制造业 Manufacturing	3.2	-18.8
电力、热力、燃气及水生产和供应业 Production and Supply of Electricity, Heat, Gas and Water	41.9	-62.8
建筑业 Construction		
批发和零售业 Wholesale and Retail Trade	-54.3	-70.5
交通运输、仓储和邮政业 Transportation, Storage and Post Services	-32.6	68.1
住宿和餐饮业 Accommodation and Catering Services	-74.3	83.9
信息传输、软件和信息技术服务业 Information Transmitting, Software and Information Technology Services	-80.8	277.8
金融业 Finance Intermediation	-89.8	35.9
房地产业 Real Estate	0.2	-1.6
租赁和商务服务业 Leasing and Business Services	33.2	-32.6
科学研究和技术服务业 Scientific Research and Technical Services	15.0	2.1
水利、环境和公共设施管理业 Management for Water Conservancy, Environment and Public Facilities	98.5	-6.6
居民服务、修理和其他服务业 Resident Services, Repair and Other Services	-87.1	-85.7
教　育 Education	284.8	53.2
卫生和社会工作 Health Care and Social Work	1219.0	15.0
文化、体育和娱乐业 Culture, Sports and Recreational Services	-31.9	-49.6
公共管理、社会保障和社会组织 Public Management, Social Security and Social Organizations	40.1	-23.5

10-4 按制造业行业分固定资产投资(不含农户)比上年增长情况
Increase Rate over Last Year Investment in Fixed Assets of Manufacturing(Non-agricultural)

单位：% (%)

行　业	Sector	2019	2020
总　计	**Total**	**9.1**	**0.6**
农副食品加工业	Processing of Food from Agricultural Products	51.9	90.1
食品制造业	Manufacture of Food	64.5	16.1
酒、饮料和精制茶制造业	Manufacture of Alcohol, Beverage and Refined Tea	72.6	-73.0
烟草制品业	Manufacture of Tobacco		
纺织业	Manufacture of Textile	313.5	-35.1
纺织服装、服饰业	Manufacture of Textile Wearing and Apparel	5270.8	-87.7
皮革、皮毛、羽毛及其制品和制鞋业	Manufacture of Leather, Fur, Feather and Related Products, Footwear		
木材加工和木、竹、藤、棕、草制品业	Processing of Timber, Manufacture of Wood, Bamboo, Rattan, Palm and Straw Products	-31.5	203.4
家具制造业	Manufacture of Furniture	-31.0	-52.6
造纸和纸制品业	Manufacture of Paper and Paper Products	-38.8	-31.0
印刷和记录媒介的复制业	Printing, Reproduction of Recording Media	-24.6	-9.5
文教、工美、体育和娱乐用品制造业	Manufacture of Articles for Culture, Education and Industrial Arts, Sport Activity, Amusement Manufacturing	-21.1	9.6
石油煤炭及其他燃料加工业	Processing of Petroleum, Coal and Other Fuel	45.4	52.9
化学原料和化学制品制造业	Manufacture of Raw Chemical Materials and Chemical Products	76.0	49.8
医药制造业	Manufacture of Medicines	88.6	37.8
化学纤维制造业	Manufacture of Chemical Fibers	1051.2	-99.3
橡胶和塑料制品业	Manufacture of Rubber and Plastic	-16.8	-20.9
非金属矿物制品业	Manufacture of Non-metallic Mineral Products	17.0	-5.9
黑色金属冶炼和压延加工业	Smelting and Pressing of Ferrous Metals	-21.1	-36.9
有色金属冶炼和压延加工业	Smelting and Pressing of Non-Ferrous Metals	-9.4	-31.2
金属制品业	Manufacture of Metal Products	34.6	-22.4
通用设备制造业	Manufacture of General Purpose Machinery	-8.5	5.6
专用设备制造业	Manufacture of Special Purpose Machinery	52.4	-10.1
汽车制造业	Manufacture of Motorcar	-39.8	-13.3
铁路、船舶、航空航天和其他运输设备制造业	Railway, Watercraft, Aerospace and Other Transport Equipment	29.5	-22.2
电气机械和器材制造业	Manufacture of Electrical Machinery and Equipment	33.9	-50.7
计算机、通信和其他电子设备制造业	Manufacture of Computers, Communication and Other Electronic Equipment	57.9	13.9
仪器仪表制造业	Manufacture of Measuring Instruments	23.0	-27.0
其他制造业	Other Manufacture	27.1	122.7
废弃资源综合利用业	Comprehensive Recycling of Waste	-23.7	10.1
金属制品、机械和设备修理业	Metal Products, Machine and Equipment Repair	1013.8	-62.6

10-5 按行业分固定资产投资资金来源(不含农户)比上年增长情况(2020年)

行　　业 Sector	上年末结余资金 Balance of Funds Brought Forward from Previous Year	本年实际到位资金 Subtotal of the Sources of Funds in Current Year	国家预算资金 State Budgetary Appropriation
总　　计 **Total**	**5.1**	**-5.1**	**152.7**
农、林、牧、渔业 Farming, Forestry, Animal Husbandry and Fishery	2.0	139.6	3532.2
采矿业 Minerals Mining		-3.1	
制造业 Manufacturing	34.7	-22.1	140.2
电力、热力、燃气及水生产和供应业 Production and Supply of Electricity, Heat, Gas and Water	-86.8	3.0	1551.0
建筑业 Construction			
批发和零售业 Wholesale and Retail Trade		50.0	
交通运输、仓储和邮政业 Transportation, Storage and Post Services	18.9	18.1	89.0
住宿和餐饮业 Accommodation and Catering Services		-61.3	
信息传输、软件和信息技术服务业 Information Transmitting, Software and Information Technology Services	-28.1	68.2	618.9
金融业 Finance Intermediation	-36.4	-56.8	
房地产业 Real Estate	5.6	-10.1	-84.3
租赁和商务服务业 Leasing and Business Services	34.7	0.5	1924.8
科学研究和技术服务业 Scientific Research and Technical Services	4.5	11.5	768.6
水利、环境和公共设施管理业 Management for Water Conservancy, Environment and Public Facilities	44.4	33.9	159.3
居民服务、修理和其他服务业 Resident Services, Repair and Other Services	-31.2	60.5	
教　育 Education	-78.6	85.7	106.9
卫生和社会工作 Health Care and Social Work	-43.1	16.7	241.2
文化、体育和娱乐业 Culture, Sports and Recreational Services	77.5	86.3	79.3
公共管理、社会保障和社会组织 Public Management, Social Security and Social Organizations	85.4	-36.1	10.0

Increase Rate over Last Year Source of Funds for Investment in Fixed Assets by Sector,2020(Non-agricultural)

单位：% (%)

# 中 央 预算资金 Central Budgetary Appropriation	国内贷款 Domestic Loans	债 券 Bonds	利用外资 Foreign Investment	自筹资金 Fundraising	其他资金来源 Others
67.5	**-15.7**	**-99.0**	**-37.7**	**-7.6**	**-3.4**
12.9	-82.4			15.2	-76.5
			-15.5	-1.8	
-36.9	-58.8		-40.9	-11.4	-63.7
335.4	-24.6	-84.1	-79.9	-8.2	353.4
				105.7	-95.7
127.3	0.4		4.8	53.6	-10.3
				-55.2	
51.1				44.7	
				-37.4	
981.1	-11.2			-17.4	-3.7
	-60.9		-1.7	16.3	-56.1
79064.3	-53.9				151.7
6.9	8.3	-99.6		-28.6	73.2
					89.9
9.3	105.9			101.2	7.1
225.3	-95.7			-1.8	-66.0
	377.4			96.4	-52.2
211.2				-44.7	-63.2

10-6 能源工业固定资产投资(不含农户)比上年增长情况
Increase Rate over Last Year Investment in Fixed Assets of Energy Industry(Non-agricultural)

单位：% (%)

行　业	Sector	2019	2020
总　计	**Total**	**27.4**	**4.6**
石油和天然气开采业	Petroleum and Natural Gas Extraction	47.5	-4.5
电力、热力生产和供应业	Production and Supply of Electric Power and Heat Power	15.3	-4.1
燃气生产和供应业	Production and Supply of Gas	-22.1	65.3
水的生产和供应业	Production and Supply of Water	39.9	12.4
石油煤炭及其他燃料加工业	Processing of Petroleum, Coal and Other Fuel	45.4	52.9

10-7 城市基础设施固定资产投资比上年增长情况
Increase Rate over Last Year Urban Infrastructure Investment in Fixed Assets

单位：% (%)

行　业	Sector	2019	2020
总　计	**Total**	**15.0**	**18.4**
交通运输、仓储和邮政业	Transportation, Storage and Post Services	26.3	37.6
电信、广播电视和卫星传输服务	Telecommunication, Broadcast Television and Satellite Transmission Services and Other Information	-4.8	22.2
互联网和相关服务	Internet and Relative Services	80.6	155.5
电力、热力生产和供应业	Production and Supply of Electric Power and Heat Power	15.3	-4.1
燃气生产和供应业	Production and Supply of Gas	-22.1	65.3
水的生产和供应业	Production and Supply of Water	39.9	12.4
公共设施管理业	Management for Public Facilities	5.7	-3.1

10-8 全社会房屋施工和竣工面积
Floor Space of Buildings under Construction and Completed

单位：万平方米(10 000 sq.m)

项　目	Item	2019	2020	2020比2019年增长(%) Increase Rate in 2020 over 2019(%)
房屋施工面积	**Floor Space of Building under Construction**	**11508.11**	**12078.33**	**5.0**
# 住　宅	Residential Buildings	8188.69	8545.42	4.4
# 农村农户	Rural Area	54.68	43.82	-19.9
# 住　宅	Residential Buildings	31.75	27.25	-14.2
房屋竣工面积	**Floor Space of Building Completed**	**1707.59**	**1667.43**	**-2.4**
# 住　宅	Residential Buildings	1216.53	1280.05	5.2
# 农村农户	Rural Area	52.08	32.96	-36.7
# 住　宅	Residential Buildings	29.85	23.62	-20.9

注：因2020年房屋面积指标统计口径调整，故2019年同期基数相应调整。
Note: Since the statistical coverage of floor space indicator was adjusted in 2020, corresponding data in 2019 was adjusted accordingly.

10-9 固定资产投资资金来源(不含农户)比上年增长情况
Increase Rate over Last Year Source of Funds for Investment in Fixed Assets(Non-agricultural)

单位：% (%)

项　目	Item	2019	2020
上年末结余资金	Balance of Funds Brought Forward from Previous Year	22.9	5.1
本年实际到位资金	Subtotal of the Sources of Funds in Current Year	14.2	-5.1
国家预算资金	State Budgetary Appropriation	9.1	152.7
国内贷款	Domestic Loans	12.1	-15.7
债　券	Bonds	172.9	-99.0
利用外资	Foreign Investment	71.9	-37.7
自筹资金	Fundraising	17.8	-7.6
其他资金来源	Others	-19.2	-3.4

10-10 建设项目主要新增生产能力(2020年)
Main Newly Increased Production Capacity of Construction Projects,2020

生产能力名称	Item	建设规模 Construction Size	累计新增生产能力 Accumulated Production Capacity Newly Increased
天然原油开采(万吨/年)	Natural Crude Oil Extraction (10 000 tons/year)	389	.389
石油加工: 裂化设备能力	Oil Processing: Cracking Equipment Capacity		
(处理万吨/年)	(Processing 10 000 tons/year)	4	1
钢　材(万吨/年)	Rolled Steel (10 000 tons/year)	85	85
铝加工材(万吨/年)	Aluminum Material Production (10 000 tons/year)	180	60
铜加工材(吨/年)	Copper Material Production (ton/year)	541749	541749
风力发电(万千瓦)	Wind Power (10 000 kW)	5	5
其他发电(万千瓦)	Other Power (10 000 kW)	80015	80000
输电线路长度(110千伏及以上)(公里)	Length of Transmission Line (110 kV and above)(km)	2001	808
轮胎外胎(万条/年)	Outer Tire (10 000 units/year)	229	132
轿车制造(辆/年)	Cars (unit/year)	883560	170000
新建铁路里程(公里)	Mileage of New Railways (km)	142	72
复线里程(公里)	Mileage of Double Track Railways (km)	143	110
电气化铁路里程(公里)	Mileage of Electrified Railways (km)	142	142
新建公路(公里)	Length of New Roads (km)	609	604
# 一级公路	First Class	545	545
改建公路(公里)	Length of Rebuilt Roads (km)	24	18
# 一级公路	First Class	4	4
新建独立公路桥梁(延长米)	New Independent Highway Bridges (linear meter)	4637	3700
新建独立公路桥梁(座)	New Independent Highway Bridges (unit)	2	1
飞机购置(架)	Aircraft Purchase (unit)	21	21
城市自来水供水能力(万吨/日)	Tap Water Supply Capacity (10 000 tons/day)	85	60
城市污水处理能力(万吨/日)	Disposal Capacity of Sewage in City (10 000 tons/day)	170	150

10-11 地方固定资产投资(不含农户)比上年增长情况
Increase Rate over Last Year Local Investment in Fixed Assets(Non-agricultural)

单位：% (%)

项　目	Item	2019	2020
总　计	**Total**	**10.0**	**1.9**
按构成分	**Grouped by Composition of Use**		
建筑安装工程	Construction	18.9	1.2
设备工器具购置	Purchases of Equipment and Instruments	-5.3	-1.2
其他费用	Others	6.6	3.3
按建设性质分	**Grouped by Type of Construction**		
#新　建	New Construction	1.5	15.9
扩　建	Expansion	22.6	68.4
改　建	Reconstruction	43.1	-4.3
其　他	Others	9.5	-13.6
按行业分	**Grouped by Sector**		
农、林、牧、渔业	Farming, Forestry, Animal Husbandry & Fishery	13.3	73.5
采矿业	Minerals Mining	72.0	-81.6
制造业	Manufacturing	3.5	
电力、热力、燃气及水生产和供应业	Production and Supply of Electricity,Heat, Gas and Water	1.8	36.7
建筑业	Construction		
批发和零售业	Wholesale and Retail Trade	-40.9	-11.8
交通运输、仓储和邮政业	Transportation, Storage and Post Services	20.5	22.5
住宿和餐饮业	Accommodation and Catering Services	29.9	-50.6
信息传输、软件和信息技术服务业	Information Transmitting, Software and Information Technology Services	-72.9	176.8
金融业	Finance Intermediation	17.9	-48.6
房地产业	Real Estate	9.9	1.9
租赁和商务服务业	Leasing and Business Services	27.8	-13.0
科学研究和技术服务业	Scientific Research and Technology Service	-36.9	55.6
水利、环境和公共设施管理业	Management for Water Conservancy, Environment and Public Facilities	6.3	17.6
居民服务、修理和其他服务业	Resident Services, Repair and Other Services	-24.0	-26.4
教　育	Education	51.6	4.1
卫生和社会工作	Health Care and Social Work	98.9	-0.8
文化、体育和娱乐业	Culture, Sports and Recreational Services	-46.9	90.2
公共管理、社会保障和社会组织	Public Management, Social Security and Social Organizations	146.6	-14.3

10-12 房地产开发投资、建设情况(2000—2020年)
Investment and Construction of Real Estate Development,2000-2020

单位：亿元(100 million yuan)

年 份 Year	本年完成投资额 Investment Completed in Current Year	住 宅 Residential Buildings	办公楼 Office Buildings	商业营业用房 Buildings for Business Use	其 他 Others
2000	133.93	90.02	3.13	7.18	33.60
2001	161.27	96.40	4.52	15.65	44.70
2002	175.84	103.18	7.51	14.72	50.43
2003	211.39	150.93	7.78	24.26	28.43
2004	263.92	175.24	15.75	28.24	44.69
2005	327.54	234.92	11.95	41.74	38.92
2006	402.32	311.34	23.74	35.66	31.58
2007	505.30	342.82	34.55	63.76	64.17
2008	653.72	459.33	30.97	79.87	83.55
2009	735.18	494.86	32.83	97.32	110.18
2010	866.64	565.39	77.18	127.35	96.72
2011	1080.04	689.08	109.84	176.79	104.33
2012	1260.00	843.05	85.70	155.31	175.94
2013	1480.82	986.28	99.91	165.29	229.34
2014	1699.65	1122.26	123.58	217.93	235.88
2015	1871.55	1251.53	107.70	249.01	263.31
2016	2300.01	1598.27	124.64	252.44	324.66
2017	2233.39	1559.70	92.58	189.39	391.72
2018	2458.49	1887.23	65.37	161.63	344.26
2019	2727.82	2200.01	58.10	168.99	300.72
2020	2608.54	2084.80	50.24	175.29	298.20

10-12续表 *Continued*

单位：万平方米(10 000 sq.m)

年 份 Year	施工面积 Floor Space of Building under Construction	#住 宅 Residential Buildings	竣工面积 Floor Space of Building Completed	#住 宅 Residential Buildings
2000	1783.00	1582.15	583.51	532.63
2001	1863.48	1590.62	690.48	626.63
2002	2135.56	1746.13	746.44	673.00
2003	2314.43	1953.50	911.27	750.67
2004	2865.55	2352.98	1108.13	1014.46
2005	3470.57	2827.87	1479.22	1270.96
2006	4142.60	3396.45	1520.24	1308.95
2007	4836.49	3744.87	1704.36	1398.61
2008	5704.27	4306.33	1799.37	1492.54
2009	6052.16	4517.83	1902.06	1580.82
2010	7160.75	5117.60	2098.55	1603.65
2011	9233.98	6623.95	2102.79	1645.10
2012	9864.22	6923.52	2542.75	1913.97
2013	10892.17	7562.48	2805.37	2117.66
2014	10652.37	7204.46	2924.82	2130.25
2015	10230.22	6968.75	2903.57	2182.99
2016	9349.76	6311.70	2914.25	2189.14
2017	8795.82	5911.03	2023.41	1433.24
2018	10541.39	7382.25	2135.57	1559.27
2019	11453.43	8156.94	1655.50	1186.69
2020	12034.51	8518.17	1634.47	1256.43

10-13 房地产开发投资情况
Investment in Real Estate Development

单位：亿元(100 million yuan)

项　目	Item	2019	2020	2020比2019年增长(%) Increase Rate in 2020 over 2019(%)
本年完成投资额	**Investment Completed in Current Year**	**2727.82**	**2608.54**	**-4.4**
按隶属关系分	**Grouped by Administrative Relationship**			
中　央	Central Government			
地　方	Local Government	2727.82	2608.54	-4.4
按登记注册类型分	**Grouped by Registered Status**			
内资企业	Domestic-funded Enterprises	2568.94	2492.33	-3.0
国　有	State-owned Enterprises	66.26	83.45	26.0
集　体	Collective-owned Enterprises	0.06	0.32	401.7
股份合作	Cooperative Enterprises	20.17		
联营企业	Joint Ownership Enterprises			
有限责任公司	Limited Liability Corporations	1669.43	1520.89	-8.9
#国有独资公司	Sole State-funded Corporations	254.69	175.49	-31.1
股份有限公司	Share Holding Corporations Ltd.	58.42	75.55	29.3
私营企业	Private Enterprises	749.71	803.40	7.2
其　他	Others	4.89	8.71	78.1
港、澳、台商投资企业	Enterprises with Investment from Hong Kong, Macao and Taiwan	74.64	72.02	-3.5
外商投资企业	Foreign Funded Enterprises	84.24	44.19	-47.5
按构成分	**Grouped by Composition of Use**			
建筑工程	Construction	985.90	901.03	-8.6
安装工程	Installation	38.30	22.49	-41.3
设备工器具	Equipment and Instruments	5.18	6.93	33.7
其他费用	Others	1698.44	1678.10	-1.2
按工程用途分	**Grouped by Use of Projects**			
住　宅	Residential Buildings	2200.01	2084.80	-5.2
办公楼	Office Buildings	58.10	50.24	-13.5
商业营业用房	Houses for Business Use	168.99	175.29	3.7
其　他	Others	300.72	298.20	-0.8
本年新增固定资产	**Newly Increased Fixed Assets in Current Year**	**959.55**	**933.07**	**-2.8**

10-14 房地产开发建设情况
Construction of Real Estate Development

项目	Item	2019	2020	2020比2019年增长(%) Increase Rate in 2020 over 2019(%)
施工房屋面积(万平方米)	**Floor Space of Buildings under Construction (10 000 sq.m)**	**11453.43**	**12034.51**	**5.1**
住宅	Residential Buildings	8156.94	8518.17	4.4
办公楼	Office Buildings	562.40	586.48	4.3
商业营业用房	Houses for Business Use	1057.83	1127.65	6.6
其他	Others	1676.25	1802.21	7.5
竣工房屋面积(万平方米)	**Floor Space of Buildings Completed(10 000 sq.m)**	**1655.50**	**1634.47**	**-1.3**
住宅	Residential Buildings	1186.69	1256.43	5.9
办公楼	Office Buildings	41.99	32.44	-22.7
商业营业用房	Houses for Business Use	147.51	135.70	-8.0
其他	Others	279.32	209.90	-24.9
竣工房屋价值(亿元)	**Value of Buildings Completed(100 million yuan)**	**750.94**	**748.85**	**-0.3**
住宅	Residential Buildings	462.85	562.11	21.4
办公楼	Office Buildings	66.19	20.90	-68.4
商业营业用房	Houses for Business Use	123.66	71.49	-42.2
其他	Others	98.24	94.35	-4.0
上年末结余资金	Balance of Funds Brought Forward from Previous Year	2685.12	2854.06	6.3
本年实际到位资金	Subtotal of the Sources of Funds in Current Year	4377.94	3942.10	-10.0
国内贷款	Domestic Loans	840.35	758.54	-9.7
利用外资	Foreign Investment	17.00		
自筹资金	Fundraising	1277.38	1043.11	-18.3
定金及预收款	Deposit and Advance Payment	1791.26	1650.28	-7.9
个人按揭贷款	Personal Mortgage Loans	232.26	339.48	46.2
其他资金	Others	219.69	150.70	-31.4

10-15 房地产销售情况

Basic Statistics on Real Estate Sales

项　　目	Item	2019	2020	2020比2019年增长(%) Increase Rate in 2020 over 2019(%)
商品房销售面积(万平方米)	**Floor Space of Commercial Houses Sold(10 000 sq.m)**	**1478.68**	**1306.96**	**-11.6**
住　宅	Residential Buildings	1382.63	1220.74	-11.7
办公楼	Office Buildings	23.99	18.32	-23.6
商业营业用房	Houses for Business Use	55.99	43.13	-23.0
其　他	Others	16.07	24.76	54.1
商品房销售额(亿元)	**Total Sales of Commercial Houses(100 million yuan)**	**2274.14**	**2113.61**	**-7.1**
住　宅	Residential Buildings	2132.48	2000.98	-6.2
办公楼	Office Buildings	34.20	20.90	-38.9
商业营业用房	Houses for Business Use	94.76	67.65	-28.6
其　他	Others	12.71	24.09	89.6

10-16 房地产物业管理情况(2017—2020年)

Basic Statistics on Real Estate Property Management,2017-2020

指　　标　　Item	2017	2018	2019	2020
企业总数(个) Number of Enterprises(unit)	1568	1091	1123	1077
物业管理项目个数(个) Number of Projects Managed(unit)	4212	4251	4267	4401
房屋建筑面积(万平方米) Floor Space of Buildings(10 000 sq.m)	39785	42240	43602	44932
住　宅 Residential Buildings	31372	33837	35209	36483
办公用房 Office Buildings	3347	3337	3279	2890
商业营业用房 Houses for Business Use	2734	2734	2047	2102
工业仓储用房 Houses for Industry and Storage	1572	1572	1426	1406
其　他 Others	760	760	1641	2052
从业人员(人) Employment Personnel(person)	177786	186736	189215	131803
# 管理人员 Administrative Personnel	40935	43262	45857	18423
年经营收入(亿元) Annual Income(100 million yuan)	105.14	129.03	126.79	141.92
从业人员报酬(亿元) Remuneration of Employment Personnel(100 million yuan)	49.12	59.41	70.67	56.63

主要统计指标解释

固定资产投资（不含农户）

是以货币形式表现的在一定时期内建造和购置固定资产的工作量以及与此有关的费用的总称。

房地产开发投资

指各种登记注册类型的房地产开发法人单位统一开发的包括统代建、拆迁还建的住宅、厂房、仓库、饭店、宾馆、度假村、写字楼、办公楼等房屋建筑物，配套的服务设施，土地开发工程（如道路、给水、排水、供电、供热、通讯、平整场地等基础设施工程）和土地购置的投资；不包括单纯的土地开发和交易活动。

民间固定资产投资

指具有集体、私营、个人性质的内资调查单位以及由其控股（包括绝对控股和相对控股）的调查单位在中华人民共和国境内建造或购置固定资产的投资。

固定资产投资的资金来源

指固定资产投资项目单位在报告期收到的（以到账为准），用于固定资产建造和购置的各种货币资金。包括国家预算资金、国内贷款、债券、利用外资、自筹资金和其他资金。

国家预算资金 指各级政府用于固定资产投资的财政资金，包括中央预算资金和地方预算资金。国家预算包括一般预算、政府性基金预算、国有资本经营预算和社保基金预算。各类预算中用于固定资产投资的资金全部作为国家预算资金填报，其中一般预算中用于固定资产投资的部分包括基建投资、车购税、灾后恢复重建基金和其他财政投资。各级政府债券也应归入国家预算资金。

国内贷款 指报告期固定资产投资项目单位向银行及非银行金融机构借入用于固定资产投资的各种国内借款，包括银行利用自有资金及吸收存款发放的贷款、上级拨入的国内贷款、国家专项贷款，地方财政专项资金安排的贷款、国内储备贷款、周转贷款等。

债券 指企业或金融机构为筹集用于固定资产投资的资金向投资者出具的承诺按一定发行条件还本付息的债务凭证，包括金融债券和企业债券。

利用外资 指报告期收到的境外（包括外国及港澳台地区）资金（包括设备、材料、技术在内）。包括对外借款（外国政府贷款、国际金融组织贷款、出口信贷、外国银行商业贷款、对外发行债券和股票）、外商直接投资、外商其他投资（包括补偿贸易、加工装配由外商提供的设备价款、国际租赁，外商投资收益的再投资资金）。不包括我国自有外汇资金（包括国家外汇、地方外汇、留成外汇、调剂外汇和中国境内银行自有资金发放的外汇贷款等）。各类外资按报告期的外汇牌价（中间价）折成人民币计算。

自筹资金 指固定资产投资项目单位在报告期内筹集的用于项目建设和购置的资金。包括自有资金、股东投入资金和借入资金，但不包括各类财政性资金、从各类金融机构借入资金和国外资金。

其他资金来源 指在报告期收到的除以上各种资金之外的用于固定资产投资的资金。包括社会集资、个人资金、无偿捐赠的资金及其他单位拨入的资金等。

固定资产投资按构成分

建筑工程 指各种房屋、建筑物的建造工程。这部分投资额必须兴工动料，通过施工活动才能实现，是固定资产投资额的重要组成部分。建筑工程包括各种房屋的建造；设备基础及各种窑炉的砌筑工程和金属结构工程；为施工而进行的建筑场地布置、工程地质勘探、平整场地、施工临时用水、电、气、路和清理绿化等；矿井的开凿，铁路、公路、桥梁、水利及防空、地下建筑等特殊工程。

安装工程 指各种设备、装置的安装工程。在安装工程投资额中，不包括被安装设备本身价值。安装工程包括生产、动力、起重、运输、传动和医疗、试验等各种需要安装设备的装配和安装，与设备相连的工作台、梯子、栏杆以及管线敷设、保温、油漆、防腐和单机试运、系统联动无负荷试运工作（不包括投料试运）。

设备、工具、器具购置 指报告期内购置或自制的，达到固定资产标准的设备、工具、器具的价值。但新建单位、扩建单位的新建车间，按照设计和计划要求购置或自制的全部设备、工具、器具，不论是否达到固定资产标准均计入“设备、工具、器具购置”中。

其他费用 指在固定资产建造和购置过程中发生的，除建筑安装工程和设备、工器具购置投资完成额以外的应当分摊计入固定资产投资项目的费用，包括土地购置费（建设用地费）、旧建筑物购置费（房屋建筑物购置费）等，但不指经营中财务上的其他费用。

固定资产投资按建设性质分

新建 指从无到有“平地起家”开始建设的项目。有的单位原有基础很小，经扩大建设后，其新增加的固定资产价值（原值）超过原有固定资产价值三倍以上的也应算为新建。

扩建 指为扩大原有产品生产能力（或效益）或增加新的产品生产能力，而增建的生产车间（或主要工程）、独立的生产线等。事业单位和行政单位在原单位增建业务用房，也作为扩建。

改建和技术改造 指对原有设施进行技术改造或更新（包括相应配套的辅助性生产、生活福利设施）的建设项目。有的还充分发挥现有的生产能力，进行填平补齐而增建不直接增加本单位主要产品生产能力的车间等，也属于改建。

新增固定资产

指报告期内已经完成建造和购置过程，并已交付生产或使用单位的固定资产价值，包括已经建成投入生产或交付使用的工程投资和达到固定资产标准的设备、工具、器具的投资以及有关的摊入费用。属于增加固定资产价值的其他建设费用，应随同交付使用的工程一并计入新增固定资产。

固定资产交付使用率

指报告期内新增固定资产与同期完成投资额的比率。它是反映各个时期固定资产动用速度，衡量建设过程中投资效果的一个综合性指标。

商品房销售面积

指报告期内出售商品房屋的合同总面积（即双方签署的正式买卖合同中所确定的建筑面积）。由现房销售建筑面积和期房销售建筑面积两部分组成。

商品房销售额

指报告期内出售商品房屋的合同总价款（即双方签署的正式买卖合同中所确定的合同总价）。该指标与商品房销售面积同口径，由现房销售额和期房销售额两部分组成。

Explanatory Notes on Main Statistical Indicators

Investment in Fixed Assets (Excluding Rural Households)

refers to the total amount of construction and acquisition of fixed assets completed in a monetary form and the total amount of costs associated with it during a given period.

Investment in Real Estate Development

refers to investment by real estate development companies, commercialized buildings construction companies and other real estate development units of various types of ownership in the construction of buildings, such as residential buildings, factory buildings, warehouses, hotels, guesthouses, holiday villages, office buildings, the complementary service facilities and land development projects, such as roads, water supply, water drainage, power supply, heating supply, telecommunications, land leveling and other infrastructural projects. It does not include activities in pure land development and transactions.

Private Fixed Asset Investment

refers to the domestic investigation unit and institutions of collective or private or individual, as well as its holding (including absolute holding and relative holding) units within the territory of PRC construction or purchase of fixed assets investment.

Source of Funds for Investment in Fixed Assets

refers to the funds used to establish or buy fixed assets by the construction unit of investment project in report period, included the state budget, domestic loans, bonds, foreign investment, self-raised funds, and others.

State Budgetary Appropriation refers to the financial funds used by governments at all levels for investment in fixed assets, including central budgetary appropriation and local budgetary appropriation. National budget includes the general budget, government fund budget, state-owned capital management budget and social security funds. In various types of budget, funds used for investment in fixed assets are all calculated as state budgetary appropriation. And general budget used for investment in fixed assets includes infrastructure investment, vehicle purchase tax, post-earthquake recovery and reconstruction funds and other financial investments. Government bonds of all levels are also included in the state budgetary appropriation.

Domestic Loans refer to loans of various forms borrowed by the construction unit of investment project from banks and non-bank financial institutions during the reference period for the purpose of investment in fixed assets, including the bank loans of its own funds and deposits, the domestic loans appropriated by the superior competent department, the national special loans (including coal oil loans, the special loans for reform-through-labour coal mine), the loans of local financial special funds, the domestic bank loans, revolving credits, etc.

Bonds refer to the voucher issued enterprise (company) or financial institutions in order to raise funds with commit of payback with interests according to certain conditions, including the financial bonds and enterprise bonds (approved by the National Development and Reform Commission and the China Securities Regulatory Commission).

Foreign Investment refers to overseas (foreign regions, Hong Kong, Macao and Taiwan) funds received during the reference period (covering equipment, materials and technology), including foreign borrowings (loans from foreign governments and international financial institutions, export credit, commercial loans from foreign banks, issue of bonds and stocks overseas), foreign direct investment and other foreign investments (includes compensation trade, equipment price provided by foreign investors, international leasing, and Reinvestment funds of foreign investment income). Excluded from this category is capital in foreign exchanges owned by China (foreign exchanges owned by the central and local governments, foreign exchanges retained by enterprises, foreign exchanges by enterprises through the regulating mechanism, loans in foreign exchanges issued by the banks within China with its own fund, etc.). In calculating the utilization of foreign capital, foreign currencies are converted into Chinese RMB applying the current exchange rate during the reference period.

Fundraising refer to funds for investment in fixed assets raised by enterprises and institutions and received by investment project units for project construction and purchase during the reference period, including self-raised funds of enterprises and institutions, funds invested and borrowed by shareholders, excluding government financial capital, funds borrowed from various financial institutions and foreign funds. Compared with the original fundraising concept, the biggest change is that the local finance all belong to the state budget funds and the fundraising do not contain financial funds.

Other Sources of Funding refer to funds for investment in fixed assets received from sources other than those listed above, including funds raised from individuals and through social donations, and funds transferred from other units.

Investment in Fixed Assets by Composition of Use

Construction refers to the construction of various houses and buildings, it also is called the work volume of construction. It is an important part of fixed assets investment, including construction of various houses, equipment foundations and industrial kilns and stoves, preparation works for project construction, and clearing up works post project construction, geological examination, land-leveling, water, electricity, gas road-cleaning, planting trees, drilling of mines, pavement of railways and roads, highway, bridge, construction of projects of water conservancy, construction of underground air-raid shelters and construction of other special projects.

Installation refers to the installation of various kinds of equipment and instruments (work volume of installation). The value of equipment installed is excluded in the value of installation projects. Including various kinds of equipment, i.e. production, power-driven, lifting, transport, transmission, medical experiment etc. and working table, stepladder railing, putting up of pipes, keep warm, paint, rot-proofing, try operation (excluding put in material try operation).

Purchases of Equipment and Instruments refer to the total value of equipment, tools, and vessels purchased or self-produced by construction units, enterprises or institutions, within the reference period, which come up to standards for fixed assets. Equipment, tools and vessels purchased or self-produced for new workshops by newly established or expanded units are categorized as "purchase of equipment and instruments" no matter whether they come up to the standards for fixed assets or not.

Other Expenses refer to investment in assets construction and purchases excluded in above items, which should be apportioned and included in the fixed assets investment project, including land acquisition costs (costs of land for construction use), old building purchase costs (building purchase costs), etc., but does not refer to any other financial expenses.

Investment in Fixed Assets by Type of Construction

New Construction refers to newly constructed units. In the case, in which the value of the original fixed assets of the unit is quite small, and the value of newly added fixed assets exceeds the original ones by three times, the expansion construction is considered as new construction.

Expansion Construction refers to construction of new major production workshop or independent production line within a factory or in other locations, or construction of a branch factory so as to increase the production capacity of the original products. Newly constructed business houses in institutions and administrative organizations are also classified as expansion.

Reconstruction and Technical Innovation refers to construction of technical innovation and transformation of the existing equipment and technical conditions undertaken by enterprises and institutions, (including accessory facilities for production and living purposes). The construction of new workshops for improving existing production capacity rather than increasing production capacity is also considered as reconstruction.

Newly Increased Fixed Assets

refers to the newly increased value of fixed assets finished construction and purchase in the reference period and delivered to the production or use units, including the value of projects completed and put into production, the value of equipment, tools, and vessels considered as fixed assets, as well as the relevant expenses as investment in fixed assets. Other construction expenses to increase the volume in fixed assets should be calculated into newly increased fixed assets with the project put in use.

Rate of Fixed Assets Put into Use

refers to the ratio of the newly increased fixed assets to the total investment made in the same period. This is a comprehensive indicator, reflecting the speed of the employment of fixed assets and the investment efficiency.

Floor Space of Commercial Houses Sold

refers to total contracted area of commercialized housing (the area of floor space as designated in the formal contracts signed by both sides) during the reference time. It is constituted by floor space of completed housing and floor space of future housing.

Sales of Commercial Houses

refer to the total contracted value (the value of sales/purchase for selling/purchase of commercialized housing as designated in the contract signed by both sides) during the reference time. This indicator has the same coverage as the area of commercialized housing sold, which is constituted by floor space of completed housing and floor space of housing yet to be completed.

第十一篇 对外经济贸易

Chapter 11 Foreign Trade, Economic Cooperation

11-1 对外贸易进出口总额(1978—2020年)
Total Value of Imports and Exports in Foreign Trade,1978-2020

年 份 Year	绝对数(亿美元) Absolute Value(USD 100 million)			增长速度(%)(比上年) Increase Rate(%)(Over Preceding Year)		
	进出口总额 Imports & Exports	出口总额 Exports	进口总额 Imports	进出口总额 Imports & Exports	出口总额 Exports	进口总额 Imports
1978	9.88	8.65	1.24	26.1	25.1	34.0
1979	13.83	12.21	1.62	39.9	41.2	31.3
1980	18.27	15.42	2.85	18.5	26.3	75.3
1981	16.83	15.37	1.47	-7.9	-0.4	-48.5
1982	15.37	14.24	1.13	-8.7	-7.3	-22.8
1983	15.78	14.27	1.51	2.7	0.2	33.3
1984	14.67	12.34	2.34	-7.0	-13.6	55.0
1985	14.86	11.53	3.33	1.3	-6.6	43.9
1986	16.64	12.55	4.09	12.0	8.9	21.6
1987	20.13	15.17	4.96	21.0	20.9	21.2
1988	22.78	16.83	5.96	13.2	10.9	20.2
1989	22.14	16.86	5.28	-2.8	0.2	-11.3
1990	22.10	17.86	4.24	-0.2	5.9	-19.7
1991	20.20	16.06	4.14	-8.6	-10.0	-2.5
1992	23.76	17.52	6.23	17.6	9.1	50.7
1993	27.77	19.42	8.34	16.9	10.8	33.8
1994	33.12	24.00	9.13	19.3	23.6	9.4
1995	65.46	29.98	35.47	97.6	24.9	288.7
1996	82.97	40.49	42.48	26.8	35.0	19.8
1997	100.23	50.18	50.05	20.8	23.9	17.8
1998	106.16	54.99	51.17	5.9	9.6	2.3
1999	126.05	63.32	62.73	18.7	15.2	22.6
2000	171.57	86.29	85.28	36.1	36.3	36.0
2001	181.86	95.02	86.85	6.0	10.1	1.8
2002	228.27	115.95	112.32	25.5	22.0	29.3
2003	293.71	143.74	149.97	28.7	24.0	33.5
2004	420.19	208.65	211.54	43.2	45.4	41.4
2005	533.87	274.15	259.72	27.1	31.4	22.8
2006	645.73	335.40	310.33	21.0	22.3	19.5
2007	715.50	381.61	333.89	10.8	13.8	7.6
2008	805.39	422.29	383.10	12.6	10.7	14.7
2009	639.44	299.85	339.59	-20.6	-29.0	-11.4
2010	822.01	375.17	446.84	28.8	25.5	31.7
2011	1033.91	444.98	588.93	25.9	18.7	32.0
2012	1156.23	483.14	673.09	11.8	8.6	14.3
2013	1285.28	490.25	795.03	11.2	1.5	18.1
2014	1339.12	525.97	813.16	4.2	7.3	2.3
2015	1143.47	511.83	631.64	-14.6	-2.7	-22.3
2016	1026.51	442.86	583.65	-10.2	-13.4	-7.6
2017	1129.45	435.65	693.81	10.0	-1.6	18.8
2018	1225.11	487.96	737.16	8.5	12.0	6.3
2019	1066.45	437.94	628.51	-13.0	-10.3	-14.8
2020	1059.31	443.60	615.71	-0.7	1.3	-2.0

注：自1998年始，用海关数据。
Note: From 1998, data of this table are provided by Tianjin Customs.

11-2 天津口岸进出口总额(1981—2020年)
Total Value of Imports and Exports in Tianjin Port,1981-2020

年 份 Year	按美元计算(亿美元) Calculated by USD (USD 100 million)			按人民币计算(亿元) Calculated by RMB (100 million yuan)		
	进出口总额 Imports & Exports	出口总额 Exports	进口总额 Imports	进出口总额 Imports & Exports	出口总额 Exports	进口总额 Imports
1981	57.84	22.74	35.10	96.62	37.99	58.63
1982	58.36	25.80	32.56	108.21	47.84	60.70
1983	60.55	22.92	37.63	119.42	45.19	74.23
1984	69.35	21.77	47.58	154.21	48.06	106.15
1985	96.18	20.07	76.11	283.30	59.13	224.17
1986	96.82	26.37	70.45	338.13	92.11	246.02
1987	89.98	32.85	57.13	334.91	122.27	212.64
1988	102.77	38.78	63.99	388.00	146.00	242.00
1989	106.30	39.70	66.60	399.69	149.27	250.42
1990	85.95	42.53	43.42	410.84	203.29	207.55
1991	91.37	46.48	44.89	486.98	239.59	247.39
1992	104.61	54.60	50.01	572.23	298.68	273.55
1993	125.04	66.03	59.01	726.48	383.63	342.85
1994	161.67	86.81	74.86	1397.96	750.65	647.31
1995	217.46	127.81	89.65	1821.23	1070.41	750.82
1996	216.85	122.89	93.96	1804.19	1022.44	781.75
1997	215.62	131.24	84.38	1787.55	1088.02	699.53
1998	223.19	134.84	88.35	1852.48	1119.17	733.31
1999	248.29	139.18	109.11	2055.34	1152.13	903.21
2000	298.03	165.29	132.74	2479.60	1375.20	1104.40
2001	323.71	178.13	145.58	2679.30	1474.40	1204.90
2002	365.35	190.55	174.80	3025.46	1577.94	1447.52
2003	461.67	259.57	202.10	3831.86	2154.43	1677.43
2004	677.66	384.80	292.86	5608.66	3184.80	2423.86
2005	819.29	446.83	372.46	6711.38	3660.30	3051.08
2006	1018.85	571.24	447.61	8122.07	4553.81	3568.26
2007	1290.00	752.87	537.13	9616.05	5612.12	4003.93
2008	1631.02	940.98	690.04	11137.09	6425.29	4711.80
2009	1242.24	612.04	630.20	8484.50	4180.23	4304.27
2010	1641.10	794.41	846.69	10935.57	5293.60	5641.97
2011	1972.49	959.19	1013.29	12497.50	6077.33	6420.10
2012	2042.52	980.13	1062.40	12838.26	6160.61	6677.72
2013	2148.15	997.14	1151.01	13189.64	6122.44	7067.20
2014	2285.04	1097.98	1187.06	14037.81	6744.73	7293.09
2015	1874.29	994.30	879.99	11622.68	6162.81	5459.87
2016	1702.35	873.68	828.68	11233.21	5754.27	5478.94
2017	1872.46	902.18	970.28	12681.95	6117.09	6564.86
2018	2097.80	1004.73	1093.07	13846.04	6616.24	7229.80
2019	2010.07	918.73	1091.34	13845.06	6326.51	7518.55
2020	1909.06	882.24	1026.82	13214.53	6107.66	7106.87

资料来源：天津海关，表11-4至11-6同。
Source: Tianjin Customs, same as table 11-4 to 11-6.

11-3 利用外资情况(1979—2020年)
Utilization of Foreign Capital,1979-2020

单位：万美元，%(USD 10 000,%)

年 份 Year	直接利用外资合同额 Foreign Direct Investment Contracted		实际使用外资金额 Actual Use of Foreign Capital		实际借用国外资金 Actually Used Foreign Loans	
	绝对数 Absolute Value	增长速度(比上年) Increase Rate (Over Preceding Year)	绝对数 Absolute Value	增长速度(比上年) Increase Rate (Over Preceding Year)	绝对数 Absolute Value	增长速度(比上年) Increase Rate (Over Preceding Year)
1979	279					
1980	511	83.2	271			
1981	204	-60.1	40	-85.2		
1982	150	-26.5	578	1345.0		
1983	555	270.0	40	-93.1	251	
1984	6290	1033.3	1190	2875.0	933	271.7
1985	5452	-13.3	4409	270.5	2098	124.9
1986	6583	20.7	4287	-2.8	11229	435.2
1987	1417	-78.5	5491	28.1	18547	65.2
1988	8931	530.3	2395	-56.4	42878	131.2
1989	8452	-5.4	8134	239.6	3517	-18.0
1990	16367	93.6	8315	2.7	25122	-28.6
1991	19656	20.1	9388	12.9	38711	54.1
1992	121927	520.3	23138	146.5	59922	54.8
1993	225567	85.0	54120	133.9	39112	-34.7
1994	350234	55.3	101499	87.5	75985	94.3
1995	385053	9.9	152064	49.8	58924	-22.5
1996	392431	1.9	200587	31.9	97771	65.9
1997	385066	-1.9	251135	25.2	91166	-6.8
1998	363729	-5.5	251803	0.3	53984	-40.8
1999	362034	-0.5	253203	0.6	21332	-60.5
2000	460000	27.1	256000	1.1	26467	24.1
2001	463000	0.7	322000	25.8	7688	-71.0
2002	581220	25.5	380591	18.2	6310	-17.9
2003	351297	74.3	163325	62.9	7225	14.5
2004	558855	59.1	247243	51.4	22993	218.2
2005	732281	31.0	332885	34.6	31688	37.8
2006	811156	10.8	413077	24.1	23819	-24.8
2007	1151856	42.0	527776	27.8	18257	-23.4
2008	1325629	15.1	741978	40.6	17701	-22.9
2009	1383817	4.4	901985	21.6	6933	-60.8
2010	1529569	10.5	1084872	20.3	20983	202.7
2011	1683700	10.1	1305602	20.4	18378	-12.4
2012	1858541	10.4	1501633	15.0	14867	-19.1
2013	2073332	11.6	1682897	12.1	41791	181.1
2014	2281979	10.1	1886676	12.1	152250	264.3
2015	3135740	37.4	2113444	12.0	123549	-18.9
2016	3082564	-1.7	1010045	12.2	753599	510.0
2017	2642295	-14.3	1060784	5.0	1673238	122.0
2018	2464851	-6.7	485104			
2019	3159446	28.2	473161	3.0		
2020	3624782	14.7	473536	0.1		

资料来源：天津市商务局
Source: Tianjin Municipal Bureau of Commerce
注：2013、2016、2018、2019年直接利用外资统计口径依商务部统计制度进行了调整，增速为可比口径，表11-7至11-12同。
Note: The statistics caliber of Foreign Direct Investment was adjusted by statistics system of the Ministry of Commerce in 2013,2016,2018 and 2019, the growth rate is comparable coverage. Same as table 11-7 to 11-12.

11-4 对外贸易进出口总额(2020年)
Total Value of Imports and Exports in Foreign Trade,2020

单位：万元(10 000 yuan)

项目	Item	进出口总额 Imports & Exports	出口总额 Exports	进口总额 Imports
合计	**Total**	**73406555**	**30751180**	**42655375**
按口岸分	**By Port**			
本口岸	Local Port	48593351	19927173	28666178
外口岸	Outside Port	24813204	10824007	13989197
按经营单位分	**By Managing Unit**			
# 国有企业	State-owned Enterprises	8072732	3309214	4763519
集体企业	Collective-owned Enterprises	279935	260613	19322
私营企业	Private Enterprises	26769903	13128459	13641444
外资企业	Foreign Funded Enterprises	38122799	14041410	24081389
中外合资企业	Joint Venture Enterprises	13955342	5471599	8483743
中外合作企业	Cooperative Operation Enterprises	150094	15080	135014
外商独资企业	Foreign-funded Sole Enterprises	24017363	8554731	15462632
按贸易性质分	**By Way of Trade**			
# 一般贸易	General Trade	41997333	17462443	24534890
加工贸易	Processing Trade	19273106	11428514	7844592
进料加工	Processing Using Import Material	16816380	11150148	5666232
来料加工	Processing Using Provided Material	2456725	278366	2178359
外商投资企业作为投资进口的设备、物品	Equipment and Goods Imported by Foreign-invested Enterprises	73486		73486
对外承包工程出口货物	Merchandise Exports of Contracted Foreign Projects	595343	595343	
租赁贸易	Leasing Trade	742737	9723	733014
海关保税监管场所进出境货物	Customs Bonded Cargo Entry and Exit Monitoring Sites	3048323	201827	2846496
海关特殊监管区域物流货物	Special Customs Supervision Areas of Goods Logistics	7394967	987720	6407247
按商品类别分	**By Category of Commodities**			
# 机电产品	Mechanical and Electronic Products	42976062	20298027	22678035
# 高新技术产品	High & New Technology Products	21695810	8721877	12973932

注：机电产品、高新技术产品进出口数据来自天津市商务局。
Note: The source of data of Mechanical and Electronic Products and High & New Technology Products is Tianjin Municipal Bureau of Commerce.

11-5 对外贸易分国别(地区)进出口总额(2020年)

Total Value of Imports and Exports in Foreign Trade by Country(Region),2020

单位：万元(10 000 yuan)

国别(地区)	Country(Region)	进出口总额 Imports & Exports	出口总额 Exports	进口总额 Imports
合　计	**Total**	**73406555**	**30751180**	**42655375**
亚　洲	**Asia**	**33748476**	**14614096**	**19134380**
# 中国香港	Hong Kong,China	2039678	2003846	35832
印　度	India	1300121	927805	372316
印度尼西亚	Indonesia	904047	539775	364272
伊　朗	Iran	424277	108820	315458
日　本	Japan	6536265	1857653	4678612
马来西亚	Malaysia	2585272	579052	2006220
菲律宾	The Philippines	965926	384136	581790
新加坡	Singapore	1388785	824666	564119
韩　国	Republic of Korea	6569132	1833714	4735418
泰　国	Thailand	1099807	670768	429039
越　南	Vietnam	2469241	1971397	497843
中国台湾	Taiwan,China	1980010	468632	1511378
非　洲	**Africa**	**1830753**	**1342086**	**488667**
# 阿尔及利亚	Algeria	29885	29563	322
安哥拉	Angola	58632	25877	32755
埃　及	Egypt	170065	164999	5065
加　纳	Ghana	111842	95307	16536
尼日利亚	Nigeria	181318	178987	2331
南　非	South Africa	435397	226594	208803

11-5续表 *Continued*

单位：万元(10 000 yuan)

国别(地区)	Country(Region)	进出口总额 Imports & Exports	出口总额 Exports	进口总额 Imports
欧　洲	**Europe**	**18360049**	**6633741**	**11726308**
# 英　国	United Kingdom	1648697	731621	917076
德　国	Germany	4608205	1067422	3540783
法　国	France	2680640	407846	2272794
意大利	Italy	736500	299966	436535
荷　兰	Netherlands	921761	651035	270726
俄罗斯	Russia	1257067	709719	547348
乌克兰	Ukraine	151399	73432	77966
捷克共和国	The Czech Republic	352877	250476	102401
斯洛伐克共和国	The Slovak Republic	735284	125394	609890
比利时	Belgium	223421	150082	73339
丹　麦	Denmark	1890264	437117	1453147
葡萄牙	Portugal	90756	60325	30431
西班牙	Spain	771000	280414	490586
奥地利	Austria	252719	20229	232490
匈牙利	Hungary	211974	173590	38384
拉丁美洲	**Latin America**	**6859537**	**2724149**	**4135387**
# 阿根廷	Argentina	501383	76047	425336
巴　西	Brazil	3141349	669022	2472327
北美洲	**North America**	**9360416**	**4543011**	**4817405**
# 加拿大	Canada	1080725	421142	659583
美　国	United States	8273284	4121763	4151521
大洋洲及太平洋岛屿	**Oceania and Pacific Islands**	**3227046**	**894097**	**2332950**
# 澳大利亚	Australia	2397773	753565	1644208
新西兰	New Zealand	784140	104340	679800
其　他	**Others**	**20278**		**20278**

11-6 天津口岸进出口商品检验情况(2016—2020年)
Inspection of Imports and Exports Commodities in Tianjin Port,2016-2020

单位：批、万美元(batch, USD 10 000)

项 目	Item	2016	2017	2018	2019	2020
进口商品检验	**Imports Inspection**					
批 数	Batches	240059	251150	214981	352934	336526
#不合格	Disqualification	24643	48527	16368	15019	11895
金 额	Value	3935237	5183050	5743186	8325654	9133422
#不合格	Disqualification	718333	1086161	915599	874836	1095260
出口商品检验	**Exports Inspection**					
批 数	Batches	63186	60376	54780	50434	45768
#不合格	Disqualification	500	586	136	45	76
金 额	Value	334325	413797	434183	395030	337040
#不合格	Disqualification	4374	8238	7859	180	81

11-7 本市在境外设立企业和机构情况
Municipal Overseas Enterprises and Agencies

项 目	Item	2019	2020	至2020年底累计 Accumulated at the End of 2020
企业机构总计(个)	Total (unit)	131	99	875
投资总额(万美元)	Total Investment (USD 10 000)	460722	622917	5152600
#中方投资额	Chinese Investment	159469	164769	3255400
中方投资占比重(%)	Proportion of Chinese Investment (%)	34.6	26.5	63.2
投资国家和地区(个)	Number of Countries and Regions Invested (unit)	40	30	100

11-8 直接利用外资签约情况(2018—2020年)
Utilization of Foreign Direct Investment,2018-2020

单位：万美元 (USD 10 000)

项　目	Item	2018	2019	2020
合 同 数(个)	**Number of Contracts (item)**	**1088**	**711**	**570**
# 合资企业	Joint Venture Enterprises	549	232	95
合作企业	Cooperative Operation Enterprises	1		
独资企业	Sole Foreign-funded Enterprises	531	456	376
合同外资金额	**Foreign Investment Contracted**	**2464851**	**3159446**	**3624782**
# 合资企业	Joint Venture Enterprises	837378	648360	275950
合作企业	Cooperative Operation Enterprises	11250	26	5335
独资企业	Sole Foreign-funded Enterprises	1558381	1733925	1469036

11-9 实际使用外资情况(2018—2020年)
Actual Use of Foreign Capital,2018-2020

单位：万美元 (USD 10 000)

项　目	Item	2018	2019	2020
总　　计	**Total**	**485104**	**473161**	**473536**
# 合资企业	Joint Venture Enterprises	154200	145776	119148
合作企业	Cooperative Operation Enterprises	41986	29871	5079
独资企业	Sole Foreign-funded Enterprises	279637	251145	212355

11-10 对外经济合作(2018—2020年)
Economic Cooperation with Foreign Countries or Regions,2018-2020

项 目	Item	2018	2019	2020
对外承包工程	**Contracted Foreign Projects**			
签订合同份数(个)	Number of Contracts(unit)	242		
签订合同金额(万美元)	Contracted Value(USD 10 000)	444930		591928
完成营业额(万美元)	Fulfilling Value(USD 10 000)	529939	542427	566535
年末在外劳动人数(人)	Number of Outside Labours at Year-end(person)	16524	15434	13115

11-11 外商及港澳台商投资企业投资情况(2020年)
Investment of Foreign-funded and Hong Kong, Macao and Taiwan Funded Enterprises,2020

项 目 Item	签订合同项目(个) Number of Contracts Signed (item)		合同外资额(万美元) Foreign Investment Contracted (USD 10 000)		实际使用外资金额(万美元) Actual Use of Foreign Capital (USD 10 000)	
	2020	至2020年底累计 Accumulated by the End of 2020	2020	至2020年底累计 Accumulated by the End of 2020	2020	至2020年底累计 Accumulated by the End of 2020
总 计 Total	**570**	**30209**	**3624782**	**38035040**	**473536**	**18661051**
按投资方式分 By Mode of Investment						
# 合资企业 Joint Venture Enterprises	95	10572	275950	8059299	119148	5580593
合作企业 Cooperative Operation Enterprises		692	5335	1100049	5079	583805
独资企业 Sole Foreign-funded Enterprises	376	18754	1469036	25833691	212355	11950601
按行业分 By Sector						
# 农、林、牧、渔业 Farming, Forestry, Animal Husbandry and Fishery	2	184	5650	152109		84129
制造业 Manufacturing	24	12598	167465	8570914	58892	8348855
建筑业 Construction	2	439	1564	416478		159277
批发和零售贸易 Wholesale, Retail Trade	125	7614	109440	3163503	28060	1339080
交通运输、仓储业和邮政业 Transportation, Storage and Post Services	11	611	29655	1791259	6050	1011204
房地产业 Real Estate	3	1018	36447	3041268	15222	2037269
租赁和商务服务业 Leasing and Business Services	159	2994	1321902	7725363	215830	2056871

11-11续表 *Continued*

项　目 Item	签订合同项目(个) Number of Contracts Signed (item)		合同外资额(万美元) Foreign Investment Contracted (USD 10 000)		实际使用外资金额(万美元) Actual Use of Foreign Capital Contracted (USD 10 000)	
	2020	至2020年底累计 Accumulated by the End of 2020	2020	至2020年底累计 Accumulated by the End of 2020	2020	至2020年底累计 Accumulated by the End of 2020
按国别(地区)分 By Country (Region)						
# 中国香港 Hong Kong,China	263	11257	3215701	24634927	396102	9097609
日　本 Japan	20	2321	66624	1485639	20051	1395178
美　国 United States	38	3721	112382	2293380	12977	1033050
韩　国 Republic of Korea	50	3683	5344	1524373	2542	1427683
新加坡 Singapore	29	1036	76898	1209984	23883	1041749
中国台湾 Taiwan,China	30	2274	9299	693241	1105	451060
德　国 Germany	17	448	34350	498495	1705	382202
英　国 United Kingdom	12	440	12790	586941	4278	265445
法　国 France	5	239	2018	133841	6	117461
意大利 Italy	6	171	217	91993		45574

11-12　服务外包情况
Statistics on Service Outsourcing

单位：亿美元(USD 100 million)

项　目	Item	2019	2020	2020比2019年增长(%) Increased Rate in 2020 over 2019(%)
接包合同额	**Contracted Value of Service Outsourcing**	**75.0**	**70.9**	**-5.4**
# 离岸接包合同额	Contracted Value of Offshore Service Outsourcing Contracted	47.6	36.8	-22.7
接包执行额	**Actual Value of Service Outsourcing**	**36.6**	**45.2**	**23.5**
# 离岸接包执行额	Actual Value of Offshore Service Outsourcing	19.1	23.3	22.3

11-13 外省市在津投资情况
Domestic Capital from Other Provinces and Municipalities

地 区	Region	项目数(个) Number of Contracts(unit)		实际利用内资额(万元) Domestic Capital Actually Used (10 000 yuan)	
		2019	2020	2019	2020
总 计	**Total**	**4525**	**3024**	**28824356**	**29261773**
北京市	Beijing	802	676	13469880	12622651
河北省	Hebei	918	562	1236794	1761412
山西省	Shanxi	124	81	77729	214202
内蒙古自治区	Inner Mongolia	117	78	47559	179620
辽宁省	Liaoning	142	76	203662	191592
吉林省	Jilin	160	71	531145	512297
黑龙江省	Heilongjiang	291	166	68201	35610
上海市	Shanghai	146	135	3407149	4193795
江苏省	Jiangsu	146	100	648404	494336
浙江省	Zhejiang	160	96	1309985	1435496
安徽省	Anhui	140	57	49690	33933
福建省	Fujian	125	69	555474	1046948
江西省	Jiangxi	50	40	278552	124060
山东省	Shandong	327	211	519211	920392
河南省	Henan	214	155	117997	347090
湖北省	Hubei	97	60	224054	115280
湖南省	Hunan	75	36	359739	455964
广东省	Guangdong	188	146	3397656	3590917
广西壮族自治区	Guangxi	14	5	178290	38383
海南省	Hainan	18	6	825501	18364
重庆市	Chongqing	18	20	58415	320832
四川省	Sichuan	77	45	562588	296229
贵州省	Guizhou	14	6	20806	5063
云南省	Yunnan	6	7	29097	62860
陕西省	Shanxi	56	37	216584	93415
甘肃省	Gansu	35	19	133399	5602
青海省	Qinghai	4	5	940	40649
宁夏回族自治区	Ningxia	15	13	34894	34116
新疆维吾尔自治区	Xinjiang	31	35	81997	55823
西藏自治区	Xizang	15	11	178964	14842

11-14 实际利用内资额(2016—2020年)
Domestic Capital Actually Used,2016-2020

单位：亿元(100 million yuan)

地　区	Region	2016	2017	2018	2019	2020
全市总计	**Total**	**4536.53**	**2500.78**	**2657.06**	**2882.44**	**2926.18**
中心城区	**Central Districts**	**796.20**	**468.42**	**486.81**	**523.03**	**363.03**
和平区	Heping District	141.03	95.85	100.01	106.00	24.95
河东区	Hedong District	141.02	67.81	70.18	74.19	44.38
河西区	Hexi District	141.03	96.06	100.28	108.00	115.50
南开区	Nankai District	141.01	95.94	100.00	106.05	62.29
河北区	Hebei District	141.01	67.90	70.10	74.14	74.21
红桥区	Hongqiao District	91.10	44.85	46.24	54.65	41.71
滨海新区	**Binhai New Area**	**1122.00**	**755.31**	**823.55**	**929.91**	**1153.18**
其他区	**Other Districts**	**2618.33**	**1277.05**	**1346.70**	**1429.50**	**1366.97**
东丽区	Dongli District	341.04	154.52	160.21	169.19	174.53
西青区	Xiqing District	341.06	193.39	205.20	217.61	181.67
津南区	Jinnan District	341.06	193.02	205.08	217.72	228.02
北辰区	Beichen District	341.04	193.16	205.31	217.51	169.69
武清区	Wuqing District	341.07	193.60	205.41	217.80	238.51
宝坻区	Baodi District	341.05	193.32	205.01	217.78	185.51
宁河区	Ninghe District	179.00	68.07	70.26	75.14	81.50
静海区	Jinghai District	150.00	68.13	70.12	75.10	84.18
蓟州区	Jizhou District	243.00	19.84	20.09	21.65	23.36
其　他	**Other**					**43.00**

注：滨海新区数据不含东丽区无瑕街、津南区葛沽镇数据。
Note: Data of Binhai New Area exclude figures of Wuxia Street,Dongli District and Gegu Town,Jinnan District.

主要统计指标解释

外贸进出口总额

指海关统计中按经营单位即进出口企业在海关注册地的行政区域口径统计的数据，它反映的是天津行政辖区内各类具有进出口经营权企业（外贸企业）的进出口。它不包含外省市外贸企业途经天津口岸由天津海关结关放行及统计的进出口商品，但包含天津外贸企业经由非天津口岸进出口结关放行及统计的商品。

口岸进出口总额

指由海关统计的天津口岸实际进出的货物总金额。包括天津经营单位和其他省市经营单位经天津口岸实现的进出口货物总额。我国规定出口货物按离岸价格统计，进口货物按到岸价格统计。

合同外资金额

指外商投资企业的合同、章程中规定的外方投资者认缴的出资额和企业投资总额内的应由外方投资者以自己的境外自有资金直接向企业提供的期限 1 年以上的中长期贷款。包括新设立企业合同外资和原有企业的增资/减资，增资/减资不对企业（项目）个数进行调整。合伙企业的合同外资是指登记设立的外商投资合伙企业，其外方认缴的出资额。

实际使用外资金额

指合同外资金额的实际执行数，外方投资者根据外商投资企业的合同（章程）的规定实际缴付的出资额和企业投资总额内外方投资者以自己的境外自有资金实际直接向企业提供的期限 1 年以上的中长期贷款。

对外承包工程

包括对外承包公司以招标议标承包方式承揽的下列业务：(1) 承包国外工程建设项目。(2) 承包我国对外经济援助项目。(3) 承包我国驻外机构的工程建设项目。(4) 承包我国境内利用外资进行建设的工程项目。(5) 与外国承包公司合营或联合承包工程项目时我国公司分包部分。(6) 以服务成果向业主收费的技术服务项目（包括承担地形地貌测绘；地质资源勘探与普查；建设区域规划；提供设计文件、图纸、生产工艺技术资料和工程技术经济咨询；工程项目的可行性考察、研究和评估；进行技术指导和培训人员等）。(7) 对外承包兼营的房屋开发业务。对外承包工程的营业额是以货币表现的本期内完成的对外承包工程的工作量，包括以前年度签订的合同和本年度新签订的合同在报告期完成的工作量。

对外劳务合作

指以收取工资的形式向业主或承包商提供技术和劳动服务的活动。天津对外承包公司在境外开办的合营企业，天津公司同时又提供劳务的，其劳务部分也纳入劳务合作统计。劳务合作营业额按报告期内向雇主提交的结算数（包括工资、加班费和奖金等）统计。

Explanatory Notes on Main Statistical Indicators

Total Value of Imports and Exports in Foreign Trade

is offered by Customs authorities, covering the operations units, or the enterprises involved in import and export, that have registered in the administrative regions where the Customs operate. It reflects the import and export of all the enterprises with import and export rights (foreign trade enterprises) under the administration of Tianjin Municipality. It excludes those commodities of foreign trade enterprises from out of town that underwent customs clearance at Tianjin ports but includes commodities of foreign trade enterprises of Tianjin that underwent customs clearance in non-Tianjin ports.

Total Value of Imports and Exports in Port

is offered by customs authorities, refer to the value of commodities imported into and exported from Tianjin Port. It includes the value of commodities imported into and exported from Tianjin Port of Tianjin business units and business units of other provinces (municipalities). In accordance with the stipulation of the Chinese government, imports are calculated at CIF, while exports are calculated at FOB.

Contracted Amount of Foreign Capital

refers to the medium and long-term loans with a term of more than one year provided by the foreign investors directly to the enterprises with their own overseas funds within the amount of capital contribution subscribed by the foreign investors and the total investment amount of the enterprises stipulated in the contracts and articles of foreign-invested enterprises. It includes the newly established enterprise's contractual foreign capital and the original enterprise's capital increase / decrease, the number of enterprises (projects) will not be adjusted. The contractual foreign capital of a partnership enterprise refers to the amount of capital contribution subscribed by the foreign party of the registered foreign-invested partnership enterprise.

Foreign Investment in Actual Use

refers to the actually utilized amount of foreign investment in the contract, the amount of capital contribution actually paid by the foreign investor and the total amount of enterprise investment made by the foreign investor in accordance with the contract /articles of the foreign-invested enterprise, and the medium and long-term loans with a term of more than one year provided by the foreign investors' own overseas funds within the total enterprise investment.

Contracted Foreign Projects

refer to projects undertaken by Chinese contractors (project contracting companies) through bidding process. They include: (1) overseas civil engineering construction projects financed by foreign investors. (2) overseas projects financed by the Chinese government through its foreign-aid programs. (3) construction projects of Chinese diplomatic missions, trade offices and other institutions stationed abroad. (4) construction projects in China financed by foreign investment. (5) sub-construction to be taken by Chinese-contractors through a joint umbrella project with foreign contractor. (6) technical assistance projects in the form of service results and chargeable to the owners (such as topographic surveying, geological prospecting, development zone programming, provision of documents, blueprint, materials on production process, technical consultation, project feasibility studies and evaluation, personnel training, etc.). (7) housing developing projects. The business turnover from international contracting is the work of contracted projects completed during the reporting period, expressed in monetary terms, including completed work on project contracts signed in previous years.

Overseas Labour Cooperation

refers to activities of providing technology and labour services to employers or contractors by collecting salaries and wages. Labour services provided by Tianjin's international contrasting corporations to their overseas joint ventures shall be included into the statistics of overseas serviced. The business turn over of overseas labour services is the settlement price (including salaries, overtime pay and bonuses) submitted to the employers during the reporting period.

第十二篇　农　业

Chapter 12　Agriculture

12-1 农村经济主要指标
Major Indicators of Rural Economy

项 目	Item	2019	2020	2020比2019年增长(%) Increase Rate in 2020 over 2019(%)
农林牧渔业总产值(亿元)	**Gross Output Value of Farming, Forestry, Animal Husbandry and Fishery (100 million yuan)**	**414.35**	**476.44**	**1.4**
农 业	Farming	202.91	228.75	4.8
林 业	Forestry	24.92	15.73	-34.1
牧 业	Animal Husbandry	100.39	145.47	0.6
渔 业	Fishery	71.42	68.09	2.4
农林牧渔服务业	FFAF Services	14.71	18.40	13.8
农业机械及灌溉	**Agricultural Machinery and Irrigation**			
农机总动力(万千瓦)	Total Power of Agricultural Machinery (10 000 kW)	359.84	365.08	1.5
大中型拖拉机(台)	Large and Medium-sized Tractors (set)	13163	13392	1.7
小型拖拉机(万台)	Mini-tractors (10 000 sets)	0.36	0.34	-5.6
年末实有机电井(眼)	Motor-pumped Well (year-end) (unit)	25165	25525	1.4
有效灌溉面积(万公顷)	Effective Irrigated Area (10 000 hectares)	30.48	29.91	-1.9
节水灌溉面积(万公顷)	Water-saving Irrigated Area (10 000 hectares)	24.50	25.79	5.2
水库总容量(万立方米)	Total Capacity of Reservoir (10 000 cu.m)			
大型水库	Large Reservoir	223900	223900	
中型水库	Medium Reservoir	34854	29973	-14.0
农村用电量(万千瓦小时)	**Rural Electricity Consumption (10 000 kWh)**	**392351**	**410114**	**4.5**
农作物总播种面积(万公顷)	**Total Sown Areas of Farm Crops (10 000 hectares)**	**41.03**	**41.92**	**2.2**
#粮 食	Grain	33.93	35.02	3.2
蔬 菜	Vegetables	4.83	5.29	9.5
总产量(万吨)	**Yield of Farm Crops (10 000 tons)**			
#粮 食	Grain	223.25	228.18	2.2
蔬 菜	Vegetables	242.78	266.47	9.8

注：1.农林牧渔业总产值增长速度按可比价格计算，下表同。2.本篇2006年后部分指标数据根据第三次全国农业普查结果进行了修正和修订。

Note: a)Increase rate of gross output value of farming, forestry, animal husbandry and fishery is calculated based on constant prices. Same as following next. b)Partial data after 2006 are revised according to Third National Agricultural Census.

12-1续表 *Continued*

项　目	Item	2019	2020	2020比2019年增长(%) Increase Rate in 2020 over 2019(%)
水果产量(万吨)	**Yield of Fruits (10 000 tons)**	**35.77**	**31.72**	**-11.3**
# 果用瓜	Melon-Fruits	21.67	24.67	13.8
当年造林面积(万公顷)	**Afforested Area in Current Year (10 000 hectares)**	**1.65**	**0.39**	**-76.4**
畜牧业生产	**Production of Animal Husbandry**			
生猪年末存栏(万头)	Pigs in Hand (year-end) (10 000 heads)	124.26	162.33	30.6
生猪当年出栏(万头)	Number of Slaughtered Pigs (10 000 heads)	197.78	193.99	-1.9
牛年末存栏(万头)	Cattle in Hand (year-end) (10 000 heads)	25.68	28.16	9.7
# 乳　牛	Cows	11.00	10.71	-2.6
牛当年出栏(万头)	Number of Slaughtered Cattle (10 000 heads)	14.10	14.39	2.0
羊年末存栏(万只)	Sheep & Goats in Hand (year-end) (10 000 heads)	39.23	45.22	15.3
羊当年出栏(万只)	Number of Slaughtered Sheep and Goats (10 000 heads)	34.21	36.05	5.4
家禽年末存栏(万只)	Poultry in Hand (year-end) (10 000 heads)	2432.77	2232.62	-8.2
# 产蛋鸡	Hens	1413.34	1428.20	1.1
家禽当年出栏(万只)	Number of Slaughtered Poultry (10 000 heads)	6786.50	6564.50	-3.3
畜禽产品产量(万吨)	**Output of Animal and Poultry (10 000 tons)**			
肉类总产量	Output of Meat	30.43	29.61	-2.7
# 猪　肉	Pork	15.64	15.35	-1.8
牛羊肉	Beef and Mutton	3.38	3.55	5.0
禽　肉	Poultry	11.27	10.56	-6.3
禽蛋产量	Output of Poultry Eggs	19.36	20.83	7.6
奶类产量	Output of Milk	47.37	50.07	5.7
渔业生产	**Production of Fishery**			
水产养殖面积 (万公顷)	Culture Areas of Aquatic Products (10 000 hectares)	2.39	2.37	-0.8
# 淡　水	Fresh Water	2.31	2.27	-1.7
水产品产量(万吨)	Output of Aquatic Products (10 000 tons)	26.22	28.48	8.6
# 淡　水	Fresh Water	22.21	24.20	9.0

12-2 农业生产条件情况(2000—2020年)
Conditions of Agricultural Production,2000-2020

单位：万公顷(10 000 hectares)

年 份 Year	年末实有 常用耕地面积 Cultivated Area (year-end)	当年造林面积 Afforested Area in Current Year	水产养殖面积 Culture Area of Aquatic Products	有 效 灌溉面积 Effective Irrigated Area
2000	42.43	0.93	3.64	35.32
2001	42.39	0.50	3.67	35.43
2002	42.28	0.85	3.82	35.44
2003	41.85	0.69	3.83	35.41
2004	41.53	0.53	4.04	35.34
2005	41.45	0.36	4.17	35.52
2006		0.30	4.34	34.96
2007	40.60	0.51	4.19	34.93
2008	40.44	1.50	4.08	34.80
2009	40.26	1.62	4.31	34.76
2010	39.88	1.81	4.16	34.46
2011	39.65	0.86	4.04	33.80
2012	39.54	0.57	4.13	33.70
2013	39.25	0.74	4.12	30.89
2014	38.88	0.71	4.06	30.89
2015	38.96	0.80	3.99	30.89
2016	39.08	0.93	3.84	30.66
2017	37.14	0.96	3.33	30.53
2018	35.39	0.87	3.06	30.47
2019	35.46	1.65	2.39	30.48
2020	35.57	0.39	2.37	29.91

12-2续表 *Continued*

年 份 Year	农用机械总动力 (万千瓦) Total Power of Agricultural Machinery (10 000 kW)	机耕面积 (万公顷) Cultivated Area Using Machinery (10 000 hectares)	机播面积 (万公顷) Sown Area Using Machinery (10 000 hectares)	化肥施用量 (折纯)(万吨) Consumption of Chemical Fertilizers (Pureness) (10 000 tons)	农村用电量 (万千瓦小时) Rural Electricity Consumption (10 000 kWh)
2000	593.40	39.62	25.73	16.64	354946
2001	603.32	37.26	24.11	17.31	377823
2002	612.72	38.17	23.95	17.59	402785
2003	601.66	37.05	23.57	17.80	423157
2004	608.13	37.35	27.66	22.85	484221
2005	611.94	37.62	28.94	23.29	522492
2006	603.39	37.74	29.91		
2007	604.90	37.71	34.32	25.82	525220
2008	596.60	36.04	36.31	25.88	457875
2009	595.00	36.14	36.69	25.96	513898
2010	587.79	37.65	40.23	25.54	509920
2011	583.87	37.53	41.78	24.39	512968
2012	568.13	37.07	41.98	24.45	516155
2013	554.18	36.23	41.90	24.34	692249
2014	552.41	38.19	41.91	23.30	1090388
2015	546.92	37.21	40.79	21.78	1024361
2016	470.00	31.65	38.86	21.36	373805
2017	464.65	32.36	37.77	18.01	403199
2018	347.98	30.84	39.71	16.95	369145
2019	359.84	30.21	37.95	16.24	392351
2020	365.08	31.52	37.79	15.29	410114

12-3 农林牧渔业总产值(1978—2020年)
Gross Output Value of Farming, Forestry, Animal Husbandry and Fishery,1978-2020

单位：亿元(100 million yuan)

年 份 Year	合 计 Total	农 业 Farming	林 业 Forestry	牧 业 Animal Husbandry	渔 业 Fishery	农林牧渔服务业 FFAF Services
1978	6.72	5.40	0.04	1.05	0.22	
1979	8.88	7.10	0.04	1.48	0.26	
1980	9.25	7.25	0.05	1.63	0.33	
1981	8.34	6.11	0.05	1.95	0.23	
1982	12.56	10.17	0.11	1.90	0.37	
1983	12.68	9.58	0.16	2.47	0.47	
1984	16.68	12.17	0.25	3.70	0.56	
1985	20.44	13.81	0.27	5.10	1.25	
1986	26.93	18.80	0.31	5.67	2.14	
1987	32.93	22.47	0.37	7.22	2.87	
1988	42.34	29.39	0.72	7.94	4.29	
1989	49.08	34.71	0.33	10.09	3.95	
1990	51.72	34.71	0.45	11.54	5.02	
1991	54.55	36.68	0.34	12.88	4.65	
1992	58.50	39.24	0.45	13.44	5.37	
1993	66.32	44.28	0.44	15.82	5.78	
1994	88.74	57.71	0.60	22.91	7.52	
1995	125.44	85.25	0.85	28.76	10.58	
1996	133.53	90.17	0.96	30.27	12.13	
1997	140.47	89.77	1.00	33.99	15.71	
1998	156.16	98.83	1.19	38.09	18.05	
1999	150.11	91.58	1.42	38.95	18.16	
2000	156.30	83.42	1.37	51.75	19.76	
2001	169.51	86.73	1.46	60.76	20.56	
2002	181.07	86.06	1.52	69.21	24.28	
2003	193.44	88.20	1.61	77.22	26.41	
2004	221.35	95.29	1.66	92.55	31.85	
2005	238.34	97.49	1.89	102.71	36.25	
2006	225.04	110.05	2.01	70.52	35.32	7.14
2007	235.40	114.18	2.08	75.64	35.49	8.01
2008	256.40	120.35	2.22	83.18	42.27	8.38
2009	263.21	127.86	2.22	79.45	45.04	8.64
2010	289.41	149.52	2.36	81.78	46.79	8.97
2011	311.83	155.20	2.46	90.55	53.59	10.03
2012	327.44	164.19	2.79	94.90	55.38	10.18
2013	351.12	176.63	3.09	96.53	64.58	10.29
2014	367.75	182.23	3.22	102.74	68.87	10.69
2015	378.44	182.51	7.74	108.70	68.42	11.08
2016	395.57	181.89	8.35	118.99	74.39	11.95
2017	382.07	183.17	8.98	107.96	69.81	12.15
2018	390.50	197.21	12.73	95.76	71.13	13.67
2019	414.35	202.91	24.92	100.39	71.42	14.71
2020	476.44	228.75	15.73	145.47	68.09	18.40

12-4 农林牧渔业总产值增长速度(1978—2020年)
Increase Rate of Farming, Forestry, Animal Husbandry and Fishery,1978-2020

单位：%(%)

年 份 Year	合 计 Total	农 业 Farming	林 业 Forestry	牧 业 Animal Husbandry	渔 业 Fishery	农林牧渔服务业 FFAF Services
1978	23.0	28.2	-9.8	16.9	-6.8	
1979	16.8	16.1	4.9	6.9	-23.8	
1980	4.9	4.4	31.9	8.1	-5.7	
1981	-10.3	-13.0	-24.9	3.3	-13.1	
1982	20.9	26.5	9.1	2.7	16.7	
1983	1.3	-3.3	25.0	16.9	18.4	
1984	27.7	25.7	73.5	33.9	18.9	
1985	12.7	6.5	-15.0	36.1	12.0	
1986	11.4	15.9	0.2	-4.3	41.3	
1987	9.2	7.6	1.7	4.1	37.0	
1988	6.1	-0.5	77.3	15.8	17.3	
1989	11.2	15.4	-48.1	5.3	11.5	
1990	6.7	6.6	17.4	7.4	5.0	
1991	6.7	7.0	-16.3	10.2	-0.2	
1992	4.1	4.5	21.5	3.0	3.4	
1993	4.3	5.6	-12.3	7.8	-9.6	
1994	7.3	4.3	4.1	14.3	8.4	
1995	13.0	13.5	-1.0	5.1	33.4	
1996	7.5	8.5	10.3	3.5	10.6	
1997	7.6	5.1	2.6	10.5	15.7	
1998	11.8	8.2	39.7	15.4	21.2	
1999	0.4	-6.3	15.1	13.7	3.1	
2000	4.2	-4.4	-5.7	19.6	6.1	
2001	8.0	4.1	7.2	15.9	3.0	
2002	6.0	-8.9	13.7	14.9	36.2	
2003	6.6		3.8	13.6	6.7	
2004	5.2	3.1	2.6	5.8	10.5	
2005	4.8	0.2	13.6	7.5	10.6	
2006	3.6	4.0	4.6	2.9	4.8	1.4
2007	1.5	2.1	4.6	-1.1	4.0	3.7
2008	3.3	3.1	6.2	3.5	3.4	2.0
2009	3.7	4.8	1.3	3.0	2.2	2.1
2010	3.5	4.6	3.1	2.4	2.2	2.8
2011	4.2	5.5	4.0	2.0	2.9	9.0
2012	3.2	1.8	8.2	6.6	2.3	0.4
2013	3.8	4.4	2.8	2.4	5.4	0.4
2014	3.0	3.3	3.5	2.9	2.2	2.0
2015	2.6	4.2	8.7	0.5	1.2	2.3
2016	3.3	5.5	7.9	-1.3	3.2	7.5
2017	2.1	3.2	7.5	2.6	-2.1	1.6
2018	0.9	-0.8	41.8	-5.2	7.7	12.6
2019	0.6	3.2	95.8	-16.5	-2.1	7.6
2020	1.4	4.8	-34.1	0.6	2.4	13.8

12-5 农林牧渔业总产值结构(2000—2020年)
Structure of Gross Output Value of Farming, Forestry, Animal Husbandry and Fishery,2000-2020

单位：%(%)

年 份 Year	合 计 Total	农 业 Farming	林 业 Forestry	牧 业 Animal Husbandry	渔 业 Fishery	农林牧渔服务业 FFAF Services
2000	100	53.4	0.9	33.1	12.6	
2001	100	51.2	0.9	35.8	12.1	
2002	100	47.5	0.8	38.3	13.4	
2003	100	45.6	0.8	39.9	13.7	
2004	100	43.1	0.7	41.8	14.4	
2005	100	40.9	0.8	43.1	15.2	
2006	100	48.9	0.9	31.3	15.7	3.2
2007	100	48.5	0.9	32.1	15.1	3.4
2008	100	46.9	0.9	32.4	16.5	3.3
2009	100	48.6	0.8	30.2	17.1	3.3
2010	100	51.7	0.8	28.2	16.2	3.1
2011	100	49.8	0.8	29.0	17.2	3.2
2012	100	50.1	0.9	29.0	16.9	3.1
2013	100	50.3	0.9	27.5	18.4	2.9
2014	100	49.6	0.9	27.9	18.7	2.9
2015	100	48.2	2.1	28.7	18.1	2.9
2016	100	46.0	2.1	30.1	18.8	3.0
2017	100	47.9	2.3	28.3	18.3	3.2
2018	100	50.5	3.3	24.5	18.2	3.5
2019	100	49.0	6.0	24.2	17.2	3.6
2020	100	48.0	3.3	30.5	14.3	3.9

12-6 农作物播种面积(2000—2020年)
Sown Areas of Farm Crops,2000-2020

单位：万公顷(10 000 hectares)

年 份 Year	合 计 Total	粮 食 Grain	棉 花 Cotton	油 料 Oil-bearing Crops	蔬 菜 Vegetables	其他农作物 Others
2000	53.31	34.59	1.51	2.63	12.83	1.75
2001	54.45	32.85	4.50	2.05	12.95	2.10
2002	52.28	31.13	4.48	1.89	12.84	1.94
2003	50.15	25.81	7.06	1.58	13.46	2.24
2004	50.43	26.35	8.69	0.61	13.19	1.59
2005	49.94	28.77	6.12	0.51	12.97	1.57
2006	42.98	28.43	6.89	0.20	6.38	1.08
2007	42.98	29.21	6.68	0.17	5.99	0.93
2008	43.73	29.37	6.79	0.17	6.44	0.96
2009	44.09	30.68	5.40	0.19	6.80	1.02
2010	43.93	31.14	4.99	0.20	6.74	0.86
2011	44.33	31.07	5.73	0.20	6.54	0.79
2012	44.99	32.29	5.24	0.17	6.30	0.99
2013	44.21	33.39	3.67	0.16	6.01	0.98
2014	44.43	34.67	2.80	0.14	5.70	1.12
2015	43.47	35.21	1.73	0.11	5.14	1.28
2016	44.37	36.20	1.29	0.56	4.69	1.63
2017	43.95	35.14	2.07	0.56	4.93	1.25
2018	42.93	35.02	1.71	0.21	4.97	1.02
2019	41.03	33.93	1.41	0.11	4.83	0.75
2020	41.92	35.02	0.78	0.08	5.29	0.75

12-7 主要农产品产量情况(1978—2020年)
Yield of Major Farm Crops,1978-2020

单位：万吨(10 000 tons)

年 份 Year	粮 食 Grain	#小 麦 Wheat	#玉 米 Corn	棉 花 Cotton	油 料 Oil-bearing Crops	蔬 菜 Vegetables
1978	117.10	47.96	31.68	0.23	1.00	122.37
1979	138.69	49.04	42.47	0.11	1.51	127.32
1980	137.76	27.42	57.74	0.16	2.79	111.72
1981	110.00	20.80	55.53	0.23	4.50	111.25
1982	122.51	18.83	68.02	0.45	4.43	129.29
1983	110.87	32.89	47.07	1.14	3.09	128.07
1984	131.30	32.79	56.21	3.29	5.52	147.77
1985	140.52	43.52	55.12	2.38	6.84	151.52
1986	157.60	46.10	64.20	1.33	5.86	193.95
1987	167.67	47.52	69.64	1.28	5.22	202.48
1988	158.30	52.36	52.72	1.01	3.45	215.44
1989	169.80	57.30	63.50	1.10	4.42	260.51
1990	188.75	64.74	74.00	1.53	4.68	268.14
1991	198.50	62.00	79.90	2.55	4.50	282.56
1992	198.74	62.00	76.04	1.63	3.96	310.41
1993	199.82	59.07	80.80	0.76	4.45	354.34
1994	190.33	50.76	77.65	0.93	4.03	407.86
1995	207.46	65.40	80.50	1.12	4.01	434.17
1996	207.00	67.35	75.41	0.51	3.13	452.71
1997	206.16	77.41	65.45	0.39	3.01	486.23
1998	210.12	76.06	75.51	0.63	3.76	505.35
1999	174.85	71.60	56.30	0.57	2.34	486.07
2000	124.05	59.91	40.95	1.75	3.31	530.60
2001	143.33	45.09	75.19	6.36	3.90	564.50
2002	137.82	44.11	71.05	6.24	3.40	584.31
2003	119.29	35.91	64.81	9.47	3.08	602.78
2004	125.27	37.81	70.71	12.03	1.55	585.43
2005	137.50	47.42	73.16	8.36	1.29	542.74
2006	141.90	49.90	79.70	9.50	0.50	275.50
2007	147.41	50.42	85.12	9.22	0.45	261.11
2008	149.46	52.12	84.37	8.14	0.46	284.53
2009	157.13	53.49	88.87	6.89	0.51	322.23
2010	160.56	52.62	92.93	6.04	0.60	343.94
2011	163.16	53.31	94.62	6.90	0.60	336.68
2012	163.56	54.66	92.73	5.44	0.50	332.59
2013	177.44	55.96	102.50	4.54	0.51	321.72
2014	178.19	57.21	101.80	3.54	0.45	309.63
2015	184.48	58.06	107.82	2.35	0.36	282.72
2016	200.40	58.90	118.69	2.10	1.34	274.43
2017	212.27	62.41	119.29	2.48	1.26	269.61
2018	209.69	57.13	110.55	1.83	0.72	253.98
2019	223.25	60.47	115.18	1.81	0.41	242.78
2020	228.18	62.86	109.70	1.02	0.31	266.47

12-7续表 *Continued*

单位：万吨(10 000 tons)

年 份 Year	肉 类 Meat	# 猪 肉 Pork	# 牛羊肉 Beef and Mutton	禽 蛋 Poultry Eggs	奶 类 Milk	水产品 Aquatic Products
1978	6.51	5.96	0.06	1.64	1.72	4.49
1979	6.63	5.97	0.08	1.94	1.96	3.28
1980	6.46	5.98	0.09	1.27	2.24	3.21
1981	7.14	6.77	0.10	1.91	2.61	2.69
1982	5.90	5.30	0.16	2.63	2.92	3.59
1983	5.50	4.88	0.18	4.49	3.37	4.11
1984	6.54	5.47	0.45	7.19	3.90	4.45
1985	7.12	5.85	0.47	10.62	4.30	4.87
1986	7.57	6.14	0.67	10.65	4.71	6.73
1987	7.14	5.73	0.61	10.88	5.31	8.13
1988	7.76	6.03	0.67	10.83	6.07	9.15
1989	8.23	6.37	0.73	12.18	6.63	10.38
1990	9.13	7.07	0.84	13.01	7.40	10.83
1991	9.89	7.19	1.05	15.01	8.41	10.81
1992	11.31	7.43	1.24	14.95	9.10	11.10
1993	11.47	7.26	1.61	15.08	9.14	11.39
1994	13.69	8.32	2.37	17.48	9.43	12.83
1995	15.86	9.59	3.09	16.94	10.47	15.35
1996	16.94	10.50	3.30	16.65	10.69	16.99
1997	18.70	11.77	3.44	17.71	12.13	18.98
1998	21.74	13.88	3.74	22.68	11.69	21.38
1999	23.53	14.59	4.24	23.56	12.94	23.03
2000	29.49	17.96	4.76	25.60	16.52	24.22
2001	36.40	21.92	5.97	26.00	24.06	26.46
2002	44.88	26.09	7.39	24.47	33.59	28.56
2003	52.41	30.56	8.53	24.25	43.23	29.83
2004	53.73	33.05	8.73	24.38	54.24	31.00
2005	57.78	35.63	9.28	23.47	63.41	33.81
2006	36.69	21.78	5.22	18.98	62.81	31.40
2007	33.58	20.35	5.24	19.21	65.18	32.50
2008	36.74	23.23	5.10	19.39	65.60	33.67
2009	38.86	25.26	4.99	19.16	62.28	34.17
2010	41.69	27.38	4.55	18.18	62.97	34.49
2011	41.82	26.91	4.55	17.98	63.01	35.21
2012	44.32	28.29	4.66	17.83	56.46	36.50
2013	44.81	28.73	4.69	17.92	56.77	39.86
2014	44.57	28.78	4.83	18.28	57.31	40.80
2015	43.51	27.85	4.88	18.87	50.03	40.12
2016	43.07	27.67	4.95	19.13	50.04	32.66
2017	36.14	22.59	4.81	18.99	52.05	32.33
2018	33.88	21.24	4.03	19.41	48.04	32.64
2019	30.43	15.64	3.38	19.36	47.37	26.22
2020	29.61	15.35	3.55	20.83	50.07	28.48

12-8 林业生产、果园面积及产量(2016—2020年)
Forestry Production, Orchard Areas and Output,2016-2020

项　目 Item	2016	2017	2018	2019	2020
当年造林面积(万公顷)					
Afforested Areas in Current Year (10 000 hectares)	0.93	0.96	0.87	1.65	0.39
育苗面积(万公顷)					
Areas Used for Cultivating Sapling (10 000 hectares)	1.37	1.34	1.38	1.31	1.01
年末实有果园面积(万公顷)					
Areas of Orchards (year-end) (10 000 hectares)	3.36	3.15	2.87	2.66	2.40
干果产量(吨)					
Output of Dry Fruits (ton)	2716	3364	3778	3750	8081
#核　桃					
Walnuts	1331	1613	1945	1886	6883
栗　子					
Chestnuts	1385	1751	1833	1742	1196
园林水果产量(吨)					
Output of Fruits in Orchards (ton)	323756	379843	398311	357685	317215
#苹　果					
Apples	53294	56266	36146	34462	28463
梨					
Pears	39922	64067	84099	72813	49933
桃					
Peaches	61188	67547	79656	92374	95617
鲜　枣					
Fresh Jujubes	36235	55251	71264	28931	33747
葡　萄					
Grapes	103633	114112	101703	100514	87732
柿　子					
Persimmons	15135	10502	14229	13704	9949

主要统计指标解释

农林牧渔业总产值

指以货币表现的农、林、牧、渔业全部产品和对农林牧渔业生产活动进行的各种支持性服务活动的价值总量，它反映一定时期内农林牧渔业生产总规模和总成果。

农林牧渔业总产值的计算方法通常是按农、林、牧、渔业产品及其副产品的产量分别乘以各自单位产品价格求得；少数生产周期较长，当年没有产品或产品产量不易统计的，则采用间接方法匡算其产值；然后将四业产品产值相加即为农林牧渔业总产值。

农林牧渔业增加值

指各种经济类型的农业生产单位和农户从事农业生产经营活动所提供的社会最终产品的货币表现。其计算方法有两种，一是生产法：农林牧渔业增加值＝农林牧渔业总产值－农林牧渔业中间消耗；二是分配法：农林牧渔业增加值＝固定资产折旧＋劳动者报酬＋生产税净额（生产税－生产补贴）＋营业盈余。

农用化肥施用量

指本年内实际用于农业生产的化肥数量，包括氮肥、磷肥、钾肥和复合肥。化肥施用量要求按折纯量计算数量。折纯量是指把氮肥、磷肥、钾肥分别按含氮、含五氧化二磷、含氧化钾的百分之百成份进行折算后的数量。复合肥按其所含主要成分折算。公式为：

折纯量＝实物量×某种化肥有效成份含量的百分比

农业机械总动力

指主要用于农、林、牧、渔业的各种动力机械的动力总和。包括耕作机械、排灌机械、收获机械、农用运输机械、植物保护机械、牧业机械、林业机械、渔业机械和其他农业机械。不包括专门用于乡、镇、村、组办工业、基本建设、非农业运输、科学试验和教学等非农业生产方面用的动力机械与作业机械。

有效灌溉面积

指灌溉工程或设备已基本配套，有一定水源，土地比较平整，在一般年景可以进行正常灌溉的耕地面积。在一般情况下，有效灌溉面积应等于灌溉工程或设备已经配套，能够进行灌溉的水田和水浇地面积之和。

当年出栏头数

指农林牧渔企业生产单位饲养的，供屠宰并已出栏的全部牲畜头数。包括交售给国家，集市上出售的部分。

肉类总产量

指当年出栏并已屠宰的猪、牛、羊、马、骡、驴、家禽、兔等肉产量。即屠宰后除去头、蹄、下水后带骨肉的重量，也叫胴体重。

水产品产量

指本年度内捕捞的水产品（包括人工养殖并捕捞的水产品和捕捞天然生长的水产品）产量。不论自食或出售的，都应计算在内。用作继续扩大再生产的水产品（如鱼苗、鱼种、鱼饵及转塘鱼、存塘鱼等）不作水产品产量统计。在淡水生长的各种水生植物，如莲藕、菱角等，因属农作物范畴，均不包括在水产品产量之内。

园林水果产量

指本年度内从果树上收获的全部水果产量，不论自食的或出售的，都应计算在内。不包括果用瓜(如西瓜、甜瓜、白兰瓜、哈密瓜、脆瓜等)和主要作蔬菜食用的藕、西红柿等。也不包括采集的野生水果。水果的产量按鲜果计算，干枣、葡萄干、柿饼、桔饼等应统一折成鲜果计算。

Explanatory Notes on Main Statistical Indicators

Gross Output Value of Farming, Forestry, Animal Husbandry and Fishery

refers to the total value of products of farming, forestry, animal husbandry and fishery, and total value of services rendered to support farming, forestry, animal husbandry and fishery activities. It reflects the total scale and results of agricultural production during a given period.

Gross output value of agriculture is obtained by first multiplying the output of each product or by product by its price, resulting in the output value of each single item. For a small number of products, annual output of which is not available or difficult to get due to the long production (growing) process involved, the output value is estimated through an indirect approach. The sum of output value of all products of farming, forestry, animal husbandry and fishery is then equal to the gross output value of agriculture.

Value-added of Farming, Forestry, Animal Husbandry and Fishery

refers to the final results of various agricultural production and trade units in monetary expression. It is calculated with two approaches. First, production approach, *value-added of farming, forestry, animal husbandry and fishery = gross output value of farming, forestry, animal husbandry and fishery - intermediate input of farming, forestry, animal husbandry and fishery*. Second, distribution approach, *value-added of farming, forestry, animal husbandry and fishery = depreciation of fixed assets + Labourers remuneration + net taxes on production (taxes on production - subsidies of production) + operating - surplus.*

Consumption of Chemical Fertilizers in Agriculture

refers to the quantity of chemical fertilizers applied in agriculture in the year, including nitrogenous fertilizer, phosphate fertilizer, potash fertilizer, and compound fertilizer. The consumption of chemical fertilizers is required in calculation to convert the gross weight into weight containing 100% effective component (e.g. 100% nitrogen content in nitrogenous fertilizer, 100% phosphorous pent oxide contents in phosphate fertilizer, 100% potassium oxide contents in potash fertilizer). Compound fertilizer is converted with its major component. The formula is:

Volume of effective component = physical quantity × effective component of certain chemical fertilizer (%)

Total Power of Agricultural Machinery

refers to total mechanical power of machinery used in farming, forestry, animal husbandry, and fishery, including ploughing, irrigation and drainage, harvesting, transport, plant protection, stock breeding, forestry and fishery and other agricultural machineries. Machinery employed for non-agricultural purposes, such as the machines used in township run and village-run industry, construction, non-agricultural transport, scientific experiments and teaching, are excluded.

Effective Irrigated Area

refers to areas that are effectively irrigated, i.e. level land which has water source and complete sets of irrigation facilities to lift and move adequate water for irrigation purpose under normal conditions. In general, irrigated area equal to the sum area of paddy fields and irrigated land for irrigated engineering or complete sets.

Number of Livestock Slaughtered

refers to the total number of animals for butchering by farming, forestry, animal husbandry and fishery, including parts of selling to country and markets.

Output of Meat

refers to output of butchered pork, beef, mutton, horse, mule, donkey, fowls, and rabbit in the current year, which is the heaviness minus head, hoof, offal, named nes weight also.

Output of Aquatic Products

refers to amount of fishing (including artificially cultured, naturally grown), in respective consumption by peasants themselves or sold. It excludes aquatic (i.e. fish fry, fish grows, fish bait and transferred fish from piscine, leave fish) for continuing expanded reproduction aquatic. Since various fresh water plants (i.e. lotus roots, water chestnut) are belong to farm crops, not included in aquatic products.

Yield of Fruits in Orchards

refer to total output of fruits harvested from fruit trees in current year, not only for eating but also for sale, but not include melon-fruits (for example, watermelon, muskmelon, honey dew melon, hami melon, crisp melon, etc.), vegetables such as lotus root, tomatoes and so on, and collection of wild fruits. Output of fruits is calculated as fresh fruits. Dried dates, raisins, persimmon, orange cake, etc. should be unified into fresh fruits in the calculation.

第十三篇 工 业

Chapter 13 Industry

13-1 规模以上工业企业主要经济效益指标(1978—2020年)
Main Indicators on Economic Benefit of Industrial Enterprises above Designated Size,1978-2020

年 份 Year	资产负债率(%) Ratio of Debts to Assets (%)	流动资产周转率(次) Turnover of Working Capitals (time)	总资产贡献率(%) Ratio of Total Assets to Industrial Output Value (%)	营业收入利润率(%) Ratio of Profits to Operating Revenue (%)	产销率(%) Proportion of Products Sold (%)	每百元资产实现的营业收入(元) Operating Revenue on Assets per 100 yuan(yuan)
1978		3.0		17.3	93.7	
1979		3.5		17.1	97.8	
1980		3.8		14.7	94.8	
1981		3.8		16.7	97.7	
1982		3.7		15.1	97.4	
1983		3.8		14.6	97.7	
1984		3.8		13.9	98.3	
1985		4.2		13.7	98.2	
1986		3.8		12.2	99.1	
1987		3.9		11.2	98.4	
1988		4.2		8.8	98.1	
1989		3.7		5.8	92.1	
1990		1.9		3.7	88.8	
1991		1.7		3.8	93.1	
1992		1.7		3.7	92.7	
1993		1.9	9.1	3.2	97.6	89.6
1994		1.5		4.3	85.2	68.7
1995		1.6	9.6	4.3	86.4	63.6
1996		1.4	8.3	4.5	91.6	62.4
1997		1.4	7.1	3.7	96.4	56.6
1998	64.1	1.4	6.6	3.4	97.9	57.5
1999	61.9	1.5	6.5	3.5	98.6	59.4
2000		1.8	8.9	6.2	98.4	66.4
2001		1.7	9.3	6.2	96.7	70.8
2002		1.8	8.7	5.4	99.1	78.4
2003		2.1	9.9	5.7	98.9	90.8
2004	56.4	2.3	12.8	7.0	99.0	107.5
2005	58.5	2.3	14.5	7.7	100.6	112.3
2006	57.8	2.6	15.9	7.9	99.2	123.4
2007	60.1	2.6	15.0	7.5	99.7	122.2
2008	60.8	2.5	12.1	5.6	98.4	122.7
2009	62.5	2.1	12.1	6.3	98.2	105.0
2010	60.5	2.3	17.3	9.0	98.9	118.8
2011	62.5	2.2	18.0	9.2	99.3	125.1
2012	63.5	2.2	17.6	8.9	98.9	104.5
2013	63.6	2.2	17.4	8.3	98.1	124.6
2014	61.7	2.2	15.7	8.0	97.7	105.3
2015	62.8	2.1	14.6	7.9	97.2	97.4
2016	61.4	2.1	14.6	7.9	97.3	106.8
2017	59.6	1.6	9.3	6.6	99.3	81.5
2018	58.2	1.7	10.3	6.9	98.9	86.4
2019	57.9	1.8	9.4	6.6	99.3	87.6
2020	55.3	1.8	7.7	5.1	100.0	87.7

注：1.本表统计范围1998年以前为街乡及以上工业；1998-2010年为全部国有及年产品销售收入500万元及以上的其他工业企业；2011年起为规模以上工业，规模以上标准为年主营业务收入2000万元及以上工业企业。2.根据国家统一规定，2018年开始，用“营业收入”“营业成本”“税金及附加”三个指标代替之前年度的“主营业务收入”“主营业务成本”“主营业务税金及附加”三个指标。主营业务收入利润率、每百元资产实现的主营业务收入等指标同步调整。

Note: a) Data in this table covered enterprises at and above the township level before 1998; Data from 1998 to 2010 refer to state-owned industry enterprises and other industrial enterprises with annual business revenue over 5 million yuan; and data from 2011 adopt coverage of industry above designated size, which refers to industrial enterprises with annual business revenue over 20 million yuan.

b) According to the National Bureau of Statistics, indicators named 'Revenue from Principal Business', 'Costs on Revenue from Principal Business' and 'Business Tax and Surcharges of Principal Business' become 'Operating Revenue', 'Operating Cost' and 'Business Tax and Surcharges' in 2018, related indicators are adjusted synchronously.

13-2 国有经济工业企业主要经济效益指标(1978—2020年)
Main Indicators on Economic Benefit of State-Owned Industrial Enterprises,1978-2020

年 份 Year	资 产 负债率 (%) Ratio of Debts to Assets (%)	流动资产 周转率 (次) Turnover of Working Capitals (time)	总资产贡献率 (%) Ratio of Total Assets to Industrial Output Value (%)	营业收入 利润率(%) Ratio of Profits to Operating Revenue (%)	产销率 (%) Proportion of Products Sold (%)	每百元资产实现的营业收入(元) Operating Revenue on Assets per 100 yuan (yuan)
1978						
1979					98.8	
1980				17.1	95.3	
1981				17.2	98.1	
1982				15.4		
1983				14.7	97.9	
1984				14.4	98.7	
1985				13.8	98.2	
1986				12.1	100.0	
1987				11.2	100.1	
1988				8.6	100.3	
1989				5.4	94.4	
1990		1.9		3.0	92.1	
1991		1.8		3.0	97.6	
1992		1.8		2.2	98.2	
1993		1.9	7.0	0.6	100.8	
1994		1.3		1.0	97.9	
1995		1.3	6.5	0.5	107.5	
1996		1.2	5.0	0.3	98.2	
1997		1.2	4.7	-0.4	95.8	
1998		1.0	4.1	-0.7	99.2	
1999		0.9	3.2	-3.3	101.0	31.6
2000		1.0	1.3	-2.8	100.0	36.8
2001		1.1	2.4	-3.3	99.0	38.1
2002		1.0	2.4	-1.7	100.5	69.1
2003		1.4	4.2	1.6	100.2	50.0
2004		1.6	3.3	2.5	101.0	59.3
2005		1.3	3.7	1.5	102.0	52.9
2006		1.7	7.1	2.6	99.9	64.8
2007		1.9	6.9	3.4	99.5	70.0
2008	73.1	2.1	5.4	1.5	97.2	83.1
2009	70.7	1.6	5.6	0.1	100.0	70.5
2010	67.0	2.0	8.2	1.4	99.2	87.5
2011	66.3	1.9	7.5	1.0	98.1	91.3
2012	66.8	1.8	6.6	0.9	97.4	87.8
2013	66.3	1.5	7.2	1.4	96.5	86.8
2014	60.1	1.5	6.4	0.2	94.5	78.7
2015	62.2	1.3	6.8	1.8	96.4	66.9
2016	60.6	1.2	14.3	2.6	96.7	60.3
2017	59.8	1.2	6.8	3.3	96.2	56.6
2018	66.3	0.8	0.8	-2.4	94.5	39.9
2019	62.2	1.1	3.3	1.9	95.7	48.5
2020	61.2	1.0	2.4	-0.4	100.5	40.9

注：国有经济包括登记注册类型中内资部分的国有、国有独资和国有联营企业(下同)。
Note: State-owned economy including state-owned, sole state-funded, state-owned joint enterprises of domestic-funded in status of registration (Same as follows).

13-3 规模以上工业企业主要经济指标(2020年)

项　　目	Item	企业单位数(个) Number of Enterprises (unit)	平均用工人数(人) Annual Average Employees (person)
全市总计	**Total**	**5120**	**1076154**
按企业规模分	**Grouped by Size of Enterprises**		
大　型	Large-sized	120	347623
中　型	Medium-sized	462	246291
小　型	Small-sized	3875	462207
微　型	Mini-sized	663	20033
按登记注册类型分	**Grouped by Status of Registration**		
内资企业	Domestic-funded Enterprises	4020	736217
#国　有	State-owned Enterprises	31	7953
集　体	Collective-owned Enterprises	13	1320
股份合作	Cooperative Enterprises	19	2420
私营企业	Private Enterprises	2780	372480
股份有限公司	Share-holding Corporations Ltd.	188	94541
有限责任公司	Limited Liability Corporations	987	257318
#国有独资公司	Sole State-funded Corporations	84	71206
港、澳、台商投资企业	Enterprises with Investment from Hong Kong, Macao and Taiwan	221	74470
外商投资企业	Foreign Funded Enterprises	879	265467
按隶属关系分	**Grouped by Administrative Relationship**		
中　央	Central Industry	83	91219
地　方	Local Industry	5037	984935
按企业控股情况分	**Grouped by Company Holding Type**		
国有及国有控股企业	State-owned and State-holding Enterprises	459	215833
民营及民营控股企业	Private and Private Holding Enterprises	3707	566993
外商及港澳台商控股企业	Hong Kong, Macao,Taiwan and Foreign Funded Holding Enterprises	954	293328

Main Economic Indicators of Industrial Enterprises above Designated Size,2020

单位：万元(10 000 yuan)

资产总计 Total Assets	流动资产合计 Total Working Capitals	应收账款 Accounts Receivable	负债合计 Total Liabilities	利税总额 Total Profits and Taxes	#利润总额 Total Pre-tax Profits
216660214	**107529702**	**28073483**	**119804906**	**15779467**	**9711463**
99296290	38571313	8734756	54300541	9022996	5509249
48508801	25457977	7037597	25044330	2946105	1671069
62190625	38936967	11447755	35935352	3524653	2338180
6664498	4563446	853375	4524683	285714	192966
143212915	69136976	16628070	81876675	5790752	2102083
3250724	1385547	218956	2982235	411457	-13050
57673	44572	10652	21759	2995	1453
224454	147463	36893	114612	7790	1922
37587317	22958666	6417719	22093869	1972993	1305981
31522196	12528674	2853475	13779836	2102348	459441
70533565	32056790	7089624	42858874	1293658	346994
28306952	11842955	1519745	16327011	216178	-40621
22707643	6977101	1985361	13595900	4347392	3486712
50739656	31415625	9460053	24332330	5641322	4122669
33350717	10317616	2240881	16778778	1781762	-178681
183309496	97212086	25832602	103026128	13997704	9890144
85473852	33271086	6063602	47970894	3282229	408482
70881262	41842209	11561567	40182111	3588691	2251899
60305101	32416407	10448314	31651901	8908547	7051082

13-4 按行业分规模以上工业企业主要经济指标(2020年)

行　业	Sector	企业单位数(个) Number of Enterprises (unit)	平均用工人数(人) Annual Average Employees (person)
总　计	**Total**	**5120**	**1076154**
# 煤炭开采和洗选业	Mining and Washing of Coal	2	413
石油和天然气开采业	Extraction of Petroleum and Natural Gas	2	19481
黑色金属矿采选业	Mining and Processing of Ferrous Metal Ores	2	582
非金属矿采选业	Mining and Processing of Nonmetal Ores	2	5059
开采专业及辅助性活动	Mining Professional and Auxiliary Activities	6	33031
农副食品加工业	Processing of Food from Agricultural Products	131	13468
食品制造业	Manufacture of Food	124	26492
酒、饮料和精制茶制造业	Manufacture of Alcohol, Beverages and Refined Tea	32	7160
纺织业	Manufacture of Textile	44	6747
纺织服装、服饰业	Manufacture of Textile Wearing and Apparel	37	4595
皮革、毛皮、羽毛及其制品和制鞋业	Manufacture of Leather, Fur, Feather and Related Products, Footwear	21	4747
木材加工和木、竹、藤、棕、草制品业	Processing of Timber, Manufacture of Wood, Bamboo, Rattan, Palm and Straw Products	33	1281
家具制造业	Manufacture of Furniture	46	14227
造纸和纸制品业	Manufacture of Paper and Paper Products	122	12652
印刷和记录媒介复制业	Printing, Reproduction of Recording Media	75	9523
文教、工美、体育和娱乐用品制造业	Manufacture of Articles for Culture, Education and Industrial Arts, Sport Activity, Amusement Manufacturing	72	10107
石油、煤炭及其他燃料加工业	Processing of Petroleum, Coal and Other Fuel	39	11299
化学原料和化学制品制造业	Manufacture of Raw Chemical Materials and Chemical Products	297	38994
医药制造业	Manufacture of Medicines	114	46992
化学纤维制造业	Manufacture of Chemical Fibers	3	275
橡胶和塑料制品业	Manufacture of Rubber and Plastic	294	36434
非金属矿物制品业	Manufacture of Non-metallic Mineral Products	355	32293
黑色金属冶炼和压延加工业	Smelting and Pressing of Ferrous Metals	309	68146
有色金属冶炼和压延加工业	Smelting and Pressing of Non-ferrous Metals	111	13377
金属制品业	Manufacture of Metal Products	544	61222
通用设备制造业	Manufacture of General Purpose Machinery	418	57178
专用设备制造业	Manufacture of Special Purpose Machinery	314	50046
汽车制造业	Manufacture of Motorcar	349	106183
铁路、船舶、航空航天和其他运输设备制造业	Railway, Watercraft, Aerospace and Other Transport Equipment	258	164598
电气机械和器材制造业	Manufacture of Electrical Machinery and Equipment	319	61976
计算机、通信和其他电子设备制造业	Manufacture of Computers, Communication and Other Electronic Equipment	252	96117
仪器仪表制造业	Manufacture of Measuring Instruments	90	11778
其他制造业	Other Manufacturing	30	2621
废弃资源综合利用业	Comprehensive Recycling of Waste	42	2441
金属制品、机械和设备修理业	Metal Products, Machine and Equipment Repair	21	3174
电力、热力生产和供应业	Production and Supply of Electric Power and Heat Power	120	26613
燃气生产和供应业	Production and Supply of Gas	39	6922
水的生产和供应业	Production and Supply of Water	50	7155

Main Economic Indicators of Industrial Enterprises above Designated Size by Sector,2020

单位：万元(10 000 yuan)

资产总计 Total Assets	流动资产合计 Total Working Capitals	应收账款 Accounts Receivable	负债合计 Total Liabilities	利税总额 Total Profits and Taxes	利润总额 Total Pre-tax Profits
216660214	**107529702**	**28073483**	**119804906**	**15779467**	**9711463**
70725	59130	45905	36264	7833	6210
15536614	1016410	33126	9663289	3254107	2523971
216689	141204	55878	103767	5612	2622
3262267	1884692	17994	1240846	17389	7432
4093914	2472578	679316	1939024	38724	9313
3267107	2118289	294836	2088044	204042	175641
4023853	2522347	427672	2092173	400732	274720
1014060	554758	239346	486944	96448	49779
1430169	864414	78703	832592	81803	66917
151376	119076	22074	103803	8211	4437
147201	105689	33642	84909	4440	1557
121409	78643	24550	81404	1679	-125
853786	438738	67124	503320	49952	28365
2062466	836945	252172	865157	188251	156887
1044889	420213	185910	385931	42699	22771
782336	483734	27702	394431	25217	17993
5521984	2118337	459340	2526364	976468	-318281
14672057	5916069	1385555	7500151	1016869	744818
10401406	6137696	1216021	3532368	1036390	755823
48055	29826	5993	24650	7597	6519
4686134	2646612	805006	2484078	286096	182897
5929140	3969718	1943660	3591840	438155	295076
15808076	8348623	504892	10087774	32888	-178492
7593701	3222892	609979	4729497	97732	33448
7684311	4994802	1528100	3869752	244753	96404
8348807	5741456	2081591	4851357	807717	610939
10673729	6846967	1689063	5454642	433364	280695
17832792	10125280	2989069	9418845	2445682	1511725
6221415	3408495	1095167	4287242	292256	213935
12231060	7639395	3210163	6817787	604299	446312
17056658	11428562	3746543	7565779	1103719	997857
1457028	1218961	426863	691420	144880	104684
141948	100715	31324	58998	5198	2736
722901	448805	108672	375944	47343	26092
358606	240068	91317	190050	10239	2626
21587991	5520624	806366	14659308	522266	232681
4138657	1410221	448814	2502678	154858	133221
5127684	1673983	389762	3345272	178486	124618

13-5 规模以上工业企业主要经济效益指标(2020年)

项 目	Item	资产负债率(%) Ratio of Debts to Assets(%)	总资产贡献率(%) Ratio of Total Assets to Industrial Output Value (%)
全市总计	**Total**	**55.3**	**7.7**
按企业规模分	**Grouped by Size of Enterprises**		
大 型	Large-sized	54.7	9.4
中 型	Medium-sized	51.6	6.7
小微型	Small&Mini-sized	58.8	6.0
按登记注册类型分	**Grouped by Status of Registration**		
内资企业	Domestic-funded Enterprises	57.2	4.6
#国 有	State-owned Enterprises	91.7	13.6
集 体	Collective-owned Enterprises	37.7	5.3
股份合作	Cooperative Enterprises	51.1	3.5
私营企业	Private Enterprises	58.8	5.6
股份有限公司	Share-holding Corporations Ltd.	43.7	7.2
有限责任公司	Limited Liability Corporations	60.8	2.4
#国有独资公司	Sole State-funded Corporations	57.7	1.1
港、澳、台商投资企业	Enterprises with Investment from Hong Kong, Macao and Taiwan	59.9	19.2
外商投资企业	Foreign Funded Enterprises	48.0	11.4
按隶属关系分	**Grouped by Administrative Relationship**		
中 央	Central Industry	50.3	5.5
地 方	Local Industry	56.2	8.1
按企业控股情况分	**Grouped by Company Holding Type**		
国有及国有控股企业	State-owned and State-holding Enterprises	56.1	4.4
民营及民营控股企业	Private and Private Holding Enterprises	56.7	5.5
外商及港澳台商控股企业	Hong Kong, Macao,Taiwan and Foreign Funded Holding Enterprises	52.5	15.0

Main Economic Benefit Indicators of Industrial Enterprises above Designated Size,2020

每百元资产实现的营业收入(元) Operating Revenue on Assets per 100 yuan (yuan)	流动资产周转率(次) Turnover of Working Capitals (time)	人均营业收入(万元/人) Operating Revenue per Capita (10 000 yuan/person)	营业收入利润率(%) Ratio of Profits to Operating Revenue (%)	百元营业收入成本(元) Costs on Operating Revenue per 100 yuan (yuan)	产销率(%) Proportion of Products Sold (%)
87.7	**1.8**	**176.6**	**5.1**	**85.8**	**100.0**
83.0	2.1	237.1	6.7	84.6	99.8
90.2	1.7	177.6	3.8	85.3	99.6
92.8	1.5	132.5	4.0	87.5	100.6
77.6	1.6	150.9	1.9	88.7	99.9
48.2	1.1	196.8	-0.8	67.3	103.0
144.5	1.9	63.1	1.7	95.3	101.9
90.6	1.4	84.0	1.0	93.6	99.4
117.6	1.9	118.7	3.0	90.4	100.2
59.8	1.5	199.4	2.4	83.3	99.6
65.5	1.4	179.6	0.8	89.9	99.5
40.0	1.0	159.2	-0.4	93.7	100.3
70.6	2.3	215.1	21.8	69.6	99.9
124.0	2.0	237.0	6.6	84.7	100.4
59.6	1.9	218.0	-0.9	88.6	100.0
92.8	1.8	172.8	5.8	85.4	100.0
58.0	1.5	229.7	0.8	88.4	100.3
106.1	1.8	132.6	3.0	89.0	99.6
108.3	2.0	222.6	10.8	80.0	100.3

13-6 分行业规模以上工业企业主要经济效益指标(2020年)

行　业	Sector	资产负债率(%) Ratio of Debts to Assets (%)	总资产贡献率(%) Ratio of Total Assets to Industrial Output Value (%)
总　计	**Total**	**55.3**	**7.7**
煤炭开采和洗选业	Mining and Washing of Coal	51.3	11.1
石油和天然气开采业	Extraction of Petroleum and Natural Gas	62.2	20.8
黑色金属矿采选业	Mining and Processing of Ferrous Metal Ores	47.9	2.2
非金属矿采选业	Mining and Processing of Nonmetal Ores	38.0	0.7
开采专业及辅助性活动	Mining Professional and Auxiliary Activities	47.4	0.5
农副食品加工业	Processing of Food from Agricultural Products	63.9	6.5
食品制造业	Manufacture of Food	52.0	10.3
酒、饮料和精制茶制造业	Manufacture of Alcohol, Beverages and Refined Tea	48.0	9.6
纺织业	Manufacture of Textile	58.2	8.2
纺织服装、服饰业	Manufacture of Textile Wearing and Apparel	68.6	5.5
皮革、毛皮、羽毛及其制品和制鞋业	Manufacture of Leather, Fur, Feather and Related Products, Footwear	57.7	3.3
木材加工和木、竹、藤、棕、草制品业	Processing of Timber, Manufacture of Wood, Bamboo, Rattan, Palm and Straw Products	67.1	1.8
家具制造业	Manufacture of Furniture	59.0	6.1
造纸和纸制品业	Manufacture of Paper and Paper Products	42.0	9.2
印刷和记录媒介复制业	Printing, Reproduction of Recording Media	36.9	4.5
文教、工美、体育和娱乐用品制造业	Manufacture of Articles for Culture, Education and Industrial Arts, Sport Activity, Amusement Manufacturing	50.4	3.7
石油、煤炭及其他燃料加工业	Processing of Petroleum, Coal and Other Fuel	45.8	17.7
化学原料和化学制品制造业	Manufacture of Raw Chemical Materials and Chemical Products	51.1	8.1
医药制造业	Manufacture of Medicines	34.0	10.1
化学纤维制造业	Manufacture of Chemical Fibers	51.3	15.6
橡胶和塑料制品业	Manufacture of Rubber and Plastic	53.0	6.7
非金属矿物制品业	Manufacture of Non-metallic Mineral Products	60.6	7.8
黑色金属冶炼和压延加工业	Smelting and Pressing of Ferrous Metals	63.8	0.6
有色金属冶炼和压延加工业	Smelting and Pressing of Non-ferrous Metals	62.3	2.3
金属制品业	Manufacture of Metal Products	50.4	3.6
通用设备制造业	Manufacture of General Purpose Machinery	58.1	10.0
专用设备制造业	Manufacture of Special Purpose Machinery	51.1	4.7
汽车制造业	Manufacture of Motorcar	52.8	14.0
铁路、船舶、航空航天和其他运输设备制造业	Railway, Watercraft, Aerospace and Other Transport Equipment	68.9	5.2
电气机械和器材制造业	Manufacture of Electrical Machinery and Equipment	55.7	5.3
计算机、通信和其他电子设备制造业	Manufacture of Computers, Communication and Other Electronic Equipment	44.4	6.5
仪器仪表制造业	Manufacture of Measuring Instruments	47.5	10.1
其他制造业	Other Manufacturing	41.6	4.1
废弃资源综合利用业	Comprehensive Recycling of Waste	52.0	6.8
金属制品、机械和设备修理业	Metal Products, Machine and Equipment Repair	53.0	2.6
电力、热力生产和供应业	Production and Supply of Electric Power and Heat Power	67.9	3.2
燃气生产和供应业	Production and Supply of Gas	60.5	4.5
水的生产和供应业	Production and Supply of Water	65.2	4.3

Main Economic Benefit Indicators of Industrial Enterprises above Designated Size by Sector,2020

每百元资产实现的营业收入(元) Operating Revenue on Assets per 100 yuan (yuan)	流动资产周转率(次) Turnover of Working Capitals (time)	人均营业收入(万元/人) Operating Revenue per Capita (10 000 yuan/person)	营业收入利润率(%) Ratio of Profits to Operating Revenue (%)	百元营业收入成本(元) Costs on Operating Revenue per 100 yuan (yuan)	产销率(%) Proportion of Products Sold (%)
87.7	**1.8**	**176.6**	**5.1**	**85.8**	**100.0**
20.0	0.2	34.2	43.9	51.3	100.0
43.6	6.7	347.5	37.3	54.1	99.6
323.8	5.0	1205.5	0.4	99.2	100.0
10.9	0.2	70.5	2.1	85.6	98.2
68.3	1.1	84.7	0.3	96.5	100.0
175.1	2.7	424.7	3.1	92.2	102.7
90.9	1.5	138.1	7.5	77.9	101.0
88.2	1.6	124.9	5.6	76.8	120.5
74.5	1.2	157.8	6.3	84.3	100.7
86.5	1.1	28.5	3.4	80.4	100.8
109.2	1.5	33.9	1.0	88.4	101.1
104.2	1.6	98.7	-0.1	91.6	98.6
76.0	1.5	45.6	4.4	84.8	97.7
112.9	2.8	184.0	6.7	86.1	99.8
64.3	1.6	70.5	3.4	84.2	99.7
98.0	1.6	75.9	2.4	89.0	103.4
126.8	3.3	619.7	-4.6	81.2	99.8
68.0	1.7	256.0	7.5	81.1	99.4
57.7	1.0	127.6	12.6	60.6	99.0
79.4	1.3	138.7	17.1	61.9	108.8
83.7	1.5	107.6	4.7	83.4	102.2
78.5	1.2	144.1	6.3	83.5	99.3
172.3	3.3	399.7	-0.7	94.9	99.8
92.6	2.2	525.7	0.5	96.5	102.4
117.8	1.8	147.8	1.1	90.5	101.4
86.8	1.3	126.8	8.4	79.9	99.9
54.3	0.9	115.9	4.8	79.5	100.0
133.5	2.4	224.3	6.4	86.5	100.0
91.3	1.7	34.5	3.8	88.5	99.2
94.3	1.5	186.1	3.9	87.6	98.7
110.8	1.7	196.7	5.3	88.2	99.4
89.1	1.1	110.2	8.1	75.1	98.8
112.6	1.6	61.0	1.7	82.2	98.8
120.1	1.9	355.6	3.0	96.9	102.5
50.0	0.8	56.5	1.5	87.1	94.7
42.5	1.7	344.4	2.5	94.1	99.9
48.4	1.4	289.1	6.7	87.9	99.9
20.3	0.6	145.3	12.0	80.7	97.7

13-7 大中型工业企业主要经济效益指标(2020年)

项 目	Item	资产负债率(%) Ratio of Debts to Assets (%)	总资产贡献率(%) Ratio of Total Assets to Industrial Output Value (%)
全市总计	**Total**	**53.7**	**8.5**
按登记注册类型分	**Grouped by Status of Registration**		
内资企业	Domestic-funded Enterprises	54.1	4.4
#国 有	State-owned Enterprises	101.3	22.9
私营企业	Private Enterprises	53.6	6.6
股份有限公司	Share-holding Corporations Ltd.	43.0	6.7
有限责任公司	Limited Liability Corporations	58.9	1.4
#国有独资公司	Sole State-funded Corporations	54.9	0.9
港、澳、台商投资企业	Enterprises with Investment from Hong Kong, Macao and Taiwan	62.0	21.4
外商投资企业	Foreign Funded Enterprises	48.1	12.7
按隶属关系分	**Grouped by Administrative Relationship**		
中 央	Central Industry	49.4	5.8
地 方	Local Industry	54.8	9.2
按企业规模分	**Grouped by Size of Enterprises**		
大 型	Large-sized	54.7	9.4
中 型	Medium-sized	51.6	6.7
按企业控股情况分	**Grouped by Company Holding Type**		
国有及国有控股企业	State-owned and State-holding Enterprises	53.3	4.7
民营及民营控股企业	Private and Private Holding Enterprises	53.2	5.1
外商及港澳台商控股企业	Hong Kong, Macao,Taiwan and Foreign Funded Holding Enterprises	54.7	17.3

Main Economic Benefit Indicators of Large and Medium-sized Industrial Enterprises,2020

每百元资产实现的营业收入(元) Operating Revenue on Assets per 100 yuan (yuan)	流动资产周转率(次) Turnover of Working Capitals (time)	人均营业收入(万元/人) Operating Revenue per Capita (10 000 yuan/person)	营业收入利润率(%) Ratio of Profits to Operating Revenue (%)	百元营业收入成本(元) Costs on Operating Revenue per 100 yuan (yuan)	产销率(%) Proportion of Products Sold (%)
85.4	**2.0**	**212.4**	**5.7**	**84.9**	**99.8**
70.9	1.7	191.3	1.0	88.4	99.3
57.7	1.6	207.9	1.7	55.9	98.2
110.0	2.3	203.5	4.1	89.8	100.2
58.6	1.6	210.0	0.8	84.2	99.2
65.3	1.6	176.6	-0.7	91.1	98.9
40.9	1.1	152.2	-0.6	95.1	100.0
70.0	3.0	237.3	24.7	67.0	99.7
131.5	2.2	243.6	7.1	84.8	100.4
60.0	2.0	217.9	-1.1	88.8	100.0
92.1	2.0	211.5	6.9	84.2	99.7
83.0	2.1	237.1	6.7	84.6	99.8
90.2	1.7	177.6	3.8	85.3	99.6
59.1	1.6	226.7	0.3	88.3	99.9
101.8	2.1	182.9	2.7	89.0	98.9
111.9	2.3	229.5	12.5	78.9	100.3

13-8 分行业大中型工业企业主要经济效益指标(2020年)

行业	Sector	资产负债率(%) Ratio of Debts to Assets (%)	总资产贡献率(%) Ratio of Total Assets to Industrial Output Value (%)
总计	**Total**	**53.7**	**8.5**
石油和天然气开采业	Extraction of Petroleum and Natural Gas	62.2	20.8
非金属矿采选业	Mining and Processing of Nonmetal Ores	38.0	0.7
开采专业及辅助性活动	Mining Professional and Auxiliary Activities	46.2	0.6
农副食品加工业	Processing of Food from Agricultural Products	54.3	11.6
食品制造业	Manufacture of Food	55.1	14.6
酒、饮料和精制茶制造业	Manufacture of Alcohol, Beverages and Refined Tea	43.8	7.2
纺织业	Manufacture of Textile	64.3	4.7
纺织服装、服饰业	Manufacture of Textile Wearing and Apparel	85.8	7.7
皮革、毛皮、羽毛及其制品和制鞋业	Manufacture of Leather, Fur, Feather and Related Products, Footwear	33.5	1.7
家具制造业	Manufacture of Furniture	52.6	6.7
造纸和纸制品业	Manufacture of Paper and Paper Products	19.2	14.3
印刷和记录媒介复制业	Printing, Reproduction of Recording Media	31.2	3.9
文教、工美、体育和娱乐用品制造业	Manufacture of Articles for Culture, Education and Industrial Arts, Sport Activity, Amusement Manufacturing	41.8	4.1
石油、煤炭及其他燃料加工业	Processing of Petroleum, Coal and Other Fuel	45.3	17.8
化学原料和化学制品制造业	Manufacture of Raw Chemical Materials and Chemical Products	53.2	6.7
医药制造业	Manufacture of Medicines	34.8	12.1
橡胶和塑料制品业	Manufacture of Rubber and Plastic	50.4	6.0
非金属矿物制品业	Manufacture of Non-metallic Mineral Products	45.5	13.4
黑色金属冶炼和压延加工业	Smelting and Pressing of Ferrous Metals	59.8	-1.7
有色金属冶炼和压延加工业	Smelting and Pressing of Non-ferrous Metals	62.4	2.1
金属制品业	Manufacture of Metal Products	45.1	2.4
通用设备制造业	Manufacture of General Purpose Machinery	59.7	11.6
专用设备制造业	Manufacture of Special Purpose Machinery	48.3	2.9
汽车制造业	Manufacture of Motorcar	50.8	15.7
铁路、船舶、航空航天和其他运输设备制造业	Railway, Watercraft, Aerospace and Other Transport Equipment	70.5	5.1
电气机械和器材制造业	Manufacture of Electrical Machinery and Equipment	58.9	5.3
计算机、通信和其他电子设备制造业	Manufacture of Computers, Communication and Other Electronic Equipment	42.5	7.3
仪器仪表制造业	Manufacture of Measuring Instruments	58.7	6.8
金属制品、机械和设备修理业	Metal Products, Machine and Equipment Repair	45.0	-1.0
电力、热力生产和供应业	Production and Supply of Electric Power and Heat Power	64.0	3.4
燃气生产和供应业	Production and Supply of Gas	51.7	2.2
水的生产和供应业	Production and Supply of Water	68.2	4.4

Main Economic Benefit Indicators of Large and Medium-sized Industrial Enterprises by Sector,2020

每百元资产实现的营业收入(元) Operating Revenue on Assets per 100 yuan (yuan)	流动资产周转率(次) Turnover of Working Capitals (time)	人均营业收入(万元/人) Operating Revenue per Capita (10 000 yuan/person)	营业收入利润率(%) Ratio of Profits to Operating Revenue (%)	百元营业收入成本(元) Costs on Operating Revenue per 100 yuan (yuan)	产销率(%) Proportion of Products Sold (%)
85.4	**2.0**	**212.4**	**5.7**	**84.9**	**99.8**
43.6	6.7	347.5	37.3	54.1	99.6
10.9	0.2	70.5	2.1	85.6	98.2
68.6	1.1	85.1	0.4	96.5	100.0
198.7	3.2	484.5	5.3	89.6	105.5
133.8	2.3	152.9	6.9	77.0	101.0
130.9	2.6	150.2	2.7	78.6	143.0
63.1	1.1	230.0	2.0	90.2	111.0
51.0	0.7	22.1	9.8	56.2	97.7
114.7	1.6	22.0	-0.2	85.7	101.1
71.2	1.6	43.6	5.7	85.1	94.9
99.1	4.0	255.4	13.7	79.1	99.0
45.5	1.5	82.3	4.5	82.6	99.6
56.5	0.7	38.8	4.8	80.3	106.8
129.1	4.0	626.5	-7.2	81.8	99.6
54.9	1.8	277.4	7.1	80.6	98.5
64.5	1.1	135.4	13.7	61.6	99.5
71.4	1.6	104.7	4.3	82.7	103.8
78.0	1.6	115.4	13.5	74.0	97.6
183.2	4.6	395.5	-1.9	94.6	99.9
37.9	1.0	276.0	0.9	93.4	101.1
94.7	1.6	150.7	0.6	88.3	101.5
87.2	1.3	142.7	10.4	78.9	100.5
42.6	0.8	111.8	2.6	82.1	99.0
142.5	2.5	265.4	6.7	86.6	99.7
77.5	1.6	122.6	4.5	87.7	99.8
94.8	1.6	196.6	3.9	87.9	97.2
114.4	1.8	204.8	6.0	89.0	98.8
101.5	1.2	116.1	4.1	80.4	97.4
27.9	0.5	22.0	-15.3	102.6	90.3
51.6	2.8	422.3	1.6	95.2	100.0
65.5	2.5	233.7	1.8	94.8	100.0
17.9	0.6	133.4	14.5	83.6	98.5

13-9 规模以上小微型工业企业主要经济效益指标(2020年)

项　　目	Item	资产负债率(%) Ratio of Debts to Assets(%)	总资产贡献率(%) Ratio of Total Assets to Industrial Output Value (%)
全 市 总 计	**Total**	**58.8**	**6.0**
按登记注册类型分	**Grouped by Status of Registration**		
内资企业	Domestic-funded Enterprises	62.9	5.0
#国　有	State-owned Enterprises	76.9	-0.7
集　体	Collective-owned Enterprises	37.7	5.3
股份合作	Cooperative Enterprises	51.4	3.5
私营企业	Private Enterprises	62.8	4.9
股份有限公司	Share-holding Corporations Ltd.	49.5	11.4
有限责任公司	Limited Liability Corporations	64.5	4.5
#国有独资公司	Sole State-funded Corporations	69.2	1.6
港、澳、台商投资企业	Enterprises with Investment from Hong Kong, Macao and Taiwan	50.2	9.2
外商投资企业	Foreign Funded Enterprises	47.5	8.4
按隶属关系分	**Grouped by Administrative Relationship**		
中　央	Central Industry	63.8	2.3
地　方	Local Industry	58.6	6.1
按企业规模分	**Grouped by Size of Enterprises**		
小　型	Small-sized	57.8	6.1
微　型	Mini-sized	67.9	4.7
按企业控股情况分	**Grouped by Company Holding Type**		
国有及国有控股企业	State-owned and State-holding Enterprises	66.6	3.4
民营及民营控股企业	Private and Private Holding Enterprises	60.5	5.9
外商及港澳台商控股企业	Hong Kong, Macao, Taiwan and Foreign Funded Holding Enterprises	46.7	8.9

Main Economic Benefit Indicators of Small and Mini-sized Industrial Enterprises above Designated Size,2020

每百元资产实现的营业收入(元) Operating Revenue on Assets per 100 yuan (yuan)	流动资产周转率(次) Turnover of Working Capitals (time)	人均营业收入(万元/人) Operating Revenue per Capita (10 000 yuan/person)	营业收入利润率(%) Ratio of Profits to Operating Revenue (%)	百元营业收入成本(元) Costs on Operating Revenue per 100 yuan (yuan)	产销率(%) Proportion of Products Sold (%)
92.8	**1.5**	**132.5**	**4.0**	**87.5**	**100.6**
90.2	1.5	115.0	3.2	89.0	100.8
33.3	0.6	172.2	-7.5	97.6	113.7
144.5	1.9	63.1	1.7	95.3	101.9
90.6	1.4	95.7	1.0	93.5	99.4
123.5	1.8	92.4	2.2	90.7	100.3
69.0	1.0	148.7	13.5	77.6	103.4
66.0	1.2	186.0	3.7	87.5	101.0
36.5	0.7	202.1	0.6	87.2	101.4
73.1	1.2	152.2	9.0	80.9	100.7
106.5	1.6	219.8	5.1	84.6	100.2
54.0	1.1	220.4	2.2	86.1	102.0
94.1	1.5	131.5	4.0	87.5	100.6
93.2	1.5	125.4	4.0	87.1	100.4
89.4	1.3	297.5	3.2	91.6	103.2
54.0	1.1	242.7	3.0	88.5	102.2
110.8	1.6	103.7	3.3	89.1	100.4
99.0	1.5	204.8	6.0	83.4	100.2

13-10 分行业规模以上小微型工业企业主要经济效益指标(2020年)

行　业	Sector	资产负债率(%) Ratio of Debts to Assets (%)	总资产贡献率(%) Ratio of Total Assets to Industrial Output Value (%)
总　计	**Total**	**58.8**	**6.0**
# 开采专业及辅助性活动	Mining Professional and Auxiliary Activities	145.3	-2.1
农副食品加工业	Processing of Food from Agricultural Products	69.3	3.7
食品制造业	Manufacture of Food	49.3	6.5
酒、饮料和精制茶制造业	Manufacture of Alcohol, Beverages and Refined Tea	50.6	11.1
纺织业	Manufacture of Textile	43.1	17.1
纺织服装、服饰业	Manufacture of Textile Wearing and Apparel	61.7	4.6
皮革、毛皮、羽毛及其制品和制鞋业	Manufacture of Leather, Fur, Feather and Related Products, Footwear	79.9	4.8
木材加工和木、竹、藤、棕、草制品业	Processing of Timber, Manufacture of Wood, Bamboo, Rattan, Palm and Straw Products	67.1	1.8
家具制造业	Manufacture of Furniture	72.2	4.9
造纸和纸制品业	Manufacture of Paper and Paper Products	59.5	5.3
印刷和记录媒介复制业	Printing, Reproduction of Recording Media	45.2	5.3
文教、工美、体育和娱乐用品制造业	Manufacture of Articles for Culture, Education and Industrial Arts, Sport Activity, Amusement Manufacturing	59.8	3.3
石油、煤炭及其他燃料加工业	Processing of Petroleum, Coal and Other Fuel	47.6	17.5
化学原料和化学制品制造业	Manufacture of Raw Chemical Materials and Chemical Products	47.1	10.7
医药制造业	Manufacture of Medicines	31.3	3.6
化学纤维制造业	Manufacture of Chemical Fibers	51.3	15.6
橡胶和塑料制品业	Manufacture of Rubber and Plastic	55.4	7.4
非金属矿物制品业	Manufacture of Non-metallic Mineral Products	66.5	5.6
黑色金属冶炼和压延加工业	Smelting and Pressing of Ferrous Metals	70.6	4.5
有色金属冶炼和压延加工业	Smelting and Pressing of Non-ferrous Metals	61.6	2.9
金属制品业	Manufacture of Metal Products	56.9	5.2
通用设备制造业	Manufacture of General Purpose Machinery	56.3	8.1
专用设备制造业	Manufacture of Special Purpose Machinery	55.1	7.3
汽车制造业	Manufacture of Motorcar	61.2	6.8
铁路、船舶、航空航天和其他运输设备制造业	Railway, Watercraft, Aerospace and Other Transport Equipment	63.1	5.6
电气机械和器材制造业	Manufacture of Electrical Machinery and Equipment	49.1	5.4
计算机、通信和其他电子设备制造业	Manufacture of Computers, Communication and Other Electronic Equipment	51.1	3.6
仪器仪表制造业	Manufacture of Measuring Instruments	40.4	12.2
其他制造业	Other Manufacturing	42.4	6.7
废弃资源综合利用业	Comprehensive Recycling of Waste	52.0	6.8
金属制品、机械和设备修理业	Metal Products, Machine and Equipment Repair	57.8	4.7
电力、热力生产和供应业	Production and Supply of Electric Power and Heat Power	75.1	2.9
燃气生产和供应业	Production and Supply of Gas	66.5	6.1
水的生产和供应业	Production and Supply of Water	61.6	4.2

Main Economic Benefit Indicators of Small and Mini-sized Industrial Enterprises above Designated Size by Sector,2020

每百元资产实现的营业收入(元) Operating Revenue on Assets per 100 yuan (yuan)	流动资产周转率(次) Turnover of Working Capitals (time)	人均营业收入(万元/人) Operating Revenue per Capita (10 000 yuan/person)	营业收入利润率(%) Ratio of Profits to Operating Revenue (%)	百元营业收入成本(元) Costs on Operating Revenue per 100 yuan (yuan)	产销率(%) Proportion of Products Sold (%)
92.8	**1.5**	**132.5**	**4.0**	**87.5**	**100.6**
42.1	0.5	48.5	-6.3	99.0	100.0
161.9	2.4	391.5	1.6	93.9	100.9
53.9	0.8	114.3	8.7	80.0	100.8
62.1	1.1	102.7	9.3	74.3	101.3
102.9	1.7	106.5	12.8	75.4	98.5
100.7	1.2	30.3	2.1	85.3	101.5
104.2	1.4	74.2	2.2	91.0	101.1
104.2	1.6	98.7	-0.1	91.6	98.6
86.0	1.3	49.7	2.1	84.2	103.0
123.4	2.4	156.9	2.4	90.4	100.4
91.4	1.7	63.9	2.6	85.4	99.8
142.9	3.3	128.3	1.3	92.7	101.5
117.5	1.9	591.3	6.9	78.3	101.1
94.2	1.6	234.9	7.9	81.8	100.5
35.1	0.5	94.8	5.8	54.4	96.1
79.4	1.3	138.7	17.1	61.9	108.8
95.1	1.4	109.7	4.9	83.9	101.1
78.7	1.1	159.5	3.6	87.2	100.0
154.2	2.1	408.3	1.9	95.6	99.5
337.0	5.1	964.2	0.3	98.0	103.0
146.9	2.1	145.6	1.5	92.3	101.3
86.4	1.2	112.3	6.1	81.0	99.1
70.9	0.9	119.6	6.8	77.2	101.0
96.3	1.6	114.9	4.2	85.8	101.9
142.4	1.9	14.1	2.2	90.1	97.6
93.3	1.3	167.0	3.8	86.9	102.0
97.8	1.3	168.1	2.3	84.9	102.0
81.3	1.0	106.0	11.2	71.0	100.1
109.6	1.5	69.0	4.0	80.5	98.3
120.1	1.9	355.6	3.0	96.9	102.5
63.4	0.9	96.9	5.9	83.0	96.1
25.5	0.7	203.7	6.3	90.3	99.5
36.6	0.9	408.3	12.7	79.4	99.9
23.3	0.6	158.9	9.6	77.9	96.9

13-11 分行业国有及国有控股工业企业主要经济效益指标(2020年)

行业	Sector	资产负债率(%) Ratio of Debts to Assets (%)	总资产贡献率(%) Ratio of Total Assets to Industrial Output Value(%)
总计	**Total**	**56.1**	**4.4**
#非金属矿采选业	Mining and Processing of Nonmetal Ores	38.0	0.7
开采专业及辅助性活动	Mining Professional and Auxiliary Activities	46.2	0.6
农副食品加工业	Processing of Food from Agricultural Products	73.3	1.5
食品制造业	Manufacture of Food	60.2	4.6
酒、饮料和精制茶制造业	Manufacture of Alcohol, Beverages and Refined Tea	90.2	6.2
纺织业	Manufacture of Textile	64.1	6.4
皮革、毛皮、羽毛及其制品和制鞋业	Manufacture of Leather, Fur, Feather and Related Products, Footwear	54.3	18.2
造纸和纸制品业	Manufacture of Paper and Paper Products	90.8	1.1
印刷和记录媒介复制业	Printing, Reproduction of Recording Media	21.8	-0.6
文教、工美、体育和娱乐用品制造业	Manufacture of Articles for Culture, Education and Industrial Arts, Sport Activity, Amusement Manufacturing	53.2	1.0
石油、煤炭及其他燃料加工业	Processing of Petroleum, Coal and Other Fuel	45.2	17.8
化学原料和化学制品制造业	Manufacture of Raw Chemical Materials and Chemical Products	61.2	5.2
医药制造业	Manufacture of Medicines	27.8	7.7
橡胶和塑料制品业	Manufacture of Rubber and Plastic	66.9	0.7
非金属矿物制品业	Manufacture of Non-metallic Mineral Products	74.3	4.3
黑色金属冶炼和压延加工业	Smelting and Pressing of Ferrous Metals	68.0	-3.3
有色金属冶炼和压延加工业	Smelting and Pressing of Non-ferrous Metals	77.3	2.9
金属制品业	Manufacture of Metal Products	62.0	-23.4
通用设备制造业	Manufacture of General Purpose Machinery	76.3	0.6
专用设备制造业	Manufacture of Special Purpose Machinery	53.8	-0.3
汽车制造业	Manufacture of Motorcar	48.4	17.3
铁路、船舶、航空航天和其他运输设备制造业	Railway, Watercraft, Aerospace and Other Transport Equipment	82.7	3.5
电气机械和器材制造业	Manufacture of Electrical Machinery and Equipment	58.9	-1.9
计算机、通信和其他电子设备制造业	Manufacture of Computers, Communication and Other Electronic Equipment	44.1	5.7
仪器仪表制造业	Manufacture of Measuring Instruments	38.5	4.6
其他制造业	Other Manufacturing	32.1	26.5
废弃资源综合利用业	Comprehensive Recycling of Waste	27.7	1.6
金属制品、机械和设备修理业	Metal Products, Machine and Equipment Repair	69.4	-1.0
电力、热力生产和供应业	Production and Supply of Electric Power and Heat Power	66.9	3.2
燃气生产和供应业	Production and Supply of Gas	52.1	5.9
水的生产和供应业	Production and Supply of Water	66.5	4.1

Main Economic Benefit Indicators of State-owned and State-holding Industrial Enterprises by Sector,2020

每百元资产实现的营业收入(元) Operating Revenue on Assets per 100 yuan (yuan)	流动资产周转率(次) Turnover of Working Capitals (time)	人均营业收入(万元/人) Operating Revenue per Capita (10 000 yuan/person)	营业收入利润率(%) Ratio of Profits to Operating Revenue (%)	百元营业收入成本(元) Costs on Operating Revenue per 100 yuan (yuan)	产销率(%) Proportion of Products Sold (%)
58.0	**1.5**	**229.7**	**0.8**	**88.4**	**100.3**
10.9	0.2	70.5	2.1	85.6	98.2
68.6	1.1	85.1	0.4	96.5	100.0
115.6	1.6	617.9	1.0	95.3	101.6
102.9	2.0	117.7	2.2	87.4	101.6
48.8	0.7	87.9	-2.4	76.0	103.6
61.2	1.0	361.7	4.4	87.2	96.2
144.5	1.7	55.6	7.0	71.6	107.7
87.6	2.1	144.7	0.3	87.5	106.4
22.6	0.9	48.0	-4.6	83.8	93.2
19.2	0.2	37.6	1.1	80.4	173.2
129.4	3.9	618.4	-7.0	81.8	99.6
49.7	1.7	324.1	5.2	83.9	99.8
48.9	1.1	133.2	11.1	69.4	97.0
39.2	0.9	68.1	-3.4	85.9	107.0
55.9	0.9	143.6	3.5	84.5	101.4
68.0	1.4	227.5	-6.4	98.4	99.2
347.0	5.3	988.1	-0.1	97.2	104.8
71.5	1.2	186.4	-35.1	93.1	110.8
28.6	0.7	85.2	-5.5	84.5	95.1
39.3	0.7	140.3	-5.0	90.8	102.2
163.9	3.4	527.7	4.9	89.9	100.6
33.1	0.9	94.9	5.4	84.1	102.9
45.8	0.8	112.7	-6.0	92.5	100.2
50.9	0.8	195.4	9.6	77.9	97.2
40.7	0.6	77.1	5.6	71.0	108.4
92.0	2.3	134.7	22.0	57.8	105.6
45.9	0.8	68.7	-8.7	66.1	139.3
50.7	0.7	219.6	0.5	95.0	100.0
43.1	1.8	361.3	2.1	94.4	100.0
53.0	2.1	285.4	7.7	86.8	99.9
18.7	0.6	142.0	12.2	82.6	97.5

13-12 分行业民营及民营控股工业企业主要效益指标(2020年)

Main Benefit Indicators of Private and Private Holding Enterprises by Sector,2020

行业	Sector	资产负债率(%) Ratio of Debts to Assets (%)	营业收入利润率(%) Ratio of Profits to Operating Revenue (%)	总资产贡献率(%) Ratio of Total Assets to Industrial Output Value (%)	产销率(%) Proportion of Products Sold (%)
总计	**Total**	**56.7**	**3.0**	**5.5**	**99.6**
# 煤炭开采和洗选业	Mining and Washing of Coal	51.3	43.9	11.1	100.0
黑色金属矿采选业	Mining and Processing of Ferrous Metal Ores	47.9	0.4	2.2	100.0
开采专业及辅助性活动	Mining Professional and Auxiliary Activities	182.6	-12.6	-4.5	100.0
农副食品加工业	Processing of Food from Agricultural Products	60.9	3.9	8.0	100.7
食品制造业	Manufacture of Food	60.1	2.7	4.8	100.3
酒、饮料和精制茶制造业	Manufacture of Alcohol, Beverages and Refined Tea	54.4	9.7	13.9	100.4
纺织业	Manufacture of Textile	56.1	10.0	19.5	103.8
纺织服装、服饰业	Manufacture of Textile Wearing and Apparel	71.3	3.6	5.4	100.9
皮革、毛皮、羽毛及其制品和制鞋业	Manufacture of Leather, Fur, Feather and Related Products, Footwear	61.7	0.9	2.9	100.4
木材加工和木、竹、藤、棕、草制品业	Processing of Timber, Manufacture of Wood, Bamboo, Rattan, Palm and Straw Products	70.9		1.9	98.9
家具制造业	Manufacture of Furniture	58.8	5.7	6.8	100.3
造纸和纸制品业	Manufacture of Paper and Paper Products	61.9	2.3	5.0	99.7
印刷和记录媒介复制业	Printing, Reproduction of Recording Media	53.5	1.1	4.2	100.1
文教、工美、体育和娱乐用品制造业	Manufacture of Articles for Culture, Education and Industrial Arts, Sport Activity, Amusement Manufacturing	46.5	2.7	4.4	102.0
石油、煤炭及其他燃料加工业	Processing of Petroleum, Coal and Other Fuel	48.8	4.4	7.6	103.8
化学原料和化学制品制造业	Manufacture of Raw Chemical Materials and Chemical Products	35.0	8.6	9.4	98.9
医药制造业	Manufacture of Medicines	37.5	22.5	14.6	93.5
橡胶和塑料制品业	Manufacture of Rubber and Plastic	59.7	4.1	6.9	102.8
非金属矿物制品业	Manufacture of Non-metallic Mineral Products	62.5	5.3	7.2	98.9
黑色金属冶炼和压延加工业	Smelting and Pressing of Ferrous Metals	62.8	-0.1	1.8	100.2
有色金属冶炼和压延加工业	Smelting and Pressing of Non-ferrous Metals	62.0	0.5	2.0	100.9
金属制品业	Manufacture of Metal Products	53.4	3.2	6.9	100.3
通用设备制造业	Manufacture of General Purpose Machinery	58.4	5.0	6.7	101.1
专用设备制造业	Manufacture of Special Purpose Machinery	44.3	11.1	8.1	100.0
汽车制造业	Manufacture of Motorcar	74.3	-0.6	3.3	99.2
铁路、船舶、航空航天和其他运输设备制造业	Railway, Watercraft, Aerospace and Other Transport Equipment	66.2	2.6	6.0	98.8
电气机械和器材制造业	Manufacture of Electrical Machinery and Equipment	49.5	2.8	4.1	97.3
计算机、通信和其他电子设备制造业	Manufacture of Computers, Communication and Other Electronic Equipment	41.9	7.5	5.8	95.9
仪器仪表制造业	Manufacture of Measuring Instruments	34.7	10.3	10.3	100.5
其他制造业	Other Manufacturing	46.8	1.8	4.2	98.0
废弃资源综合利用业	Comprehensive Recycling of Waste	53.2	2.3	6.7	102.2
金属制品、机械和设备修理业	Metal Products, Machine and Equipment Repair	50.6	-2.1	2.3	96.4
电力、热力生产和供应业	Production and Supply of Electric Power and Heat Power	81.6	7.8	2.4	98.7
燃气生产和供应业	Production and Supply of Gas	84.8	2.2	0.5	100.0
水的生产和供应业	Production and Supply of Water	54.0	7.9	4.9	96.6

13-13 分行业外商及港澳台商控股工业企业主要效益指标(2020年)

Main Benefit Indicators of Hong Kong, Macao,Taiwan and Foreign Funded Holding Industrial Enterprises by Sector,2020

行　业	Sector	资产负债率(%) Ratio of Debts to Assets (%)	营业收入利润率(%) Ratio of Profits to Operating Revenue (%)	总资产贡献率(%) Ratio of Total Assets to Industrial Output Value (%)	产销率(%) Proportion of Products Sold (%)
总　计	**Total**	**52.5**	**10.8**	**15.0**	**100.3**
农副食品加工业	Processing of Food from Agricultural Products	59.2	3.5	9.1	103.6
食品制造业	Manufacture of Food	46.4	10.7	14.1	101.2
酒、饮料和精制茶制造业	Manufacture of Alcohol, Beverages and Refined Tea	38.7	4.5	8.2	133.3
纺织业	Manufacture of Textile	23.7	7.8	7.6	98.7
纺织服装、服饰业	Manufacture of Textile Wearing and Apparel	42.7	2.4	6.7	100.2
皮革、毛皮、羽毛及其制品和制鞋业	Manufacture of Leather, Fur, Feather and Related Products, Footwear	28.1	-4.2	-2.5	102.4
木材加工和木、竹、藤、棕、草制品业	Processing of Timber, Manufacture of Wood, Bamboo, Rattan, Palm and Straw Products	33.7	-0.9	0.9	95.4
家具制造业	Manufacture of Furniture	59.4	0.8	3.7	90.2
造纸和纸制品业	Manufacture of Paper and Paper Products	26.6	11.2	12.4	99.7
印刷和记录媒介复制业	Printing, Reproduction of Recording Media	43.9	10.0	14.0	102.0
文教、工美、体育和娱乐用品制造业	Manufacture of Articles for Culture, Education and Industrial Arts, Sport Activity, Amusement Manufacturing	65.2	1.2	3.1	99.4
石油、煤炭及其他燃料加工业	Processing of Petroleum, Coal and Other Fuel	48.1	8.0	22.1	100.2
化学原料和化学制品制造业	Manufacture of Raw Chemical Materials and Chemical Products	37.2	9.8	15.6	99.2
医药制造业	Manufacture of Medicines	36.0	7.0	7.8	103.5
橡胶和塑料制品业	Manufacture of Rubber and Plastic	36.1	7.6	8.4	100.5
非金属矿物制品业	Manufacture of Non-metallic Mineral Products	34.4	14.4	15.0	99.5
黑色金属冶炼和压延加工业	Smelting and Pressing of Ferrous Metals	52.9	1.1	6.3	92.1
有色金属冶炼和压延加工业	Smelting and Pressing of Non-ferrous Metals	42.8	3.5	5.6	99.7
金属制品业	Manufacture of Metal Products	34.4	4.4	5.5	103.4
通用设备制造业	Manufacture of General Purpose Machinery	52.6	11.8	15.6	99.6
专用设备制造业	Manufacture of Special Purpose Machinery	60.8	5.9	7.8	98.2
汽车制造业	Manufacture of Motorcar	43.1	10.4	18.2	100.0
铁路、船舶、航空航天和其他运输设备制造业	Railway, Watercraft, Aerospace and Other Transport Equipment	42.8	9.7	7.1	99.2
电气机械和器材制造业	Manufacture of Electrical Machinery and Equipment	59.7	6.3	10.0	99.3
计算机、通信和其他电子设备制造业	Manufacture of Computers, Communication and Other Electronic Equipment	45.5	4.3	7.1	100.2
仪器仪表制造业	Manufacture of Measuring Instruments	65.8	6.6	11.1	97.1
其他制造业	Other Manufacturing	36.7	-4.5	-5.0	97.6
废弃资源综合利用业	Comprehensive Recycling of Waste	53.2	10.6	8.5	100.0
金属制品、机械和设备修理业	Metal Products, Machine and Equipment Repair	35.4	11.6	9.5	90.4
电力、热力生产和供应业	Production and Supply of Electric Power and Heat Power	70.3	8.5	8.7	100.0
燃气生产和供应业	Production and Supply of Gas	92.1	-1.3	-0.1	100.0
水的生产和供应业	Production and Supply of Water	59.5	13.3	6.5	100.0

13-14 工业战略性新兴产业增加值比重(2015—2020年)
Proportion of Industrial Strategic Emerging Industry Added Value,2015-2020

单位：%(%)

指 标 Item	增加值占规模以上工业比重 Proportion of Added Value to Industry above Designated Size					
	2015	2016	2017	2018	2019	2020
全市总计 Total	**17.5**	**18.8**	**20.8**	**23.5**	**22.1**	**26.9**
按产业分 Grouped by Industry						
新一代信息技术产业 New Generation of Information Technology Industry	4.8	3.3	6.4	6.9	5.3	6.4
高端装备制造业 High-end Equipment Manufacturing Industry	4.6	4.5	3.2	2.9	3.2	3.8
新材料产业 New Materials Industry	1.9	4.8	2.6	4.5	3.6	4.5
生物产业 Bio-Industry	2.8	2.9	5.3	5.6	5.5	5.9
新能源汽车产业 New Energy Auto Industry	0.4	0.6	0.3	0.2	0.5	0.8
新能源产业 New Energy Industry	0.7	1.1	1.3	1.6	2.0	3.1
节能环保产业 Energy Saving and Environmental Protection Industry	2.3	1.7	1.8	1.7	1.9	2.2
数字创意产业 Digital Creative Industry				0.1	0.1	0.1
相关服务业 Related Service Industry						

注：战略性新兴产业为全国统一标准，具体内容详见本篇指标解释；2014-2016年执行《战略性新兴产业分类(2012)(试行)》，2017-2020年执行的分类标准是《战略性新兴产业分类(2018)》。

Note: Strategic Emerging Industry adopt relevant national standards, and the specific content is in the explanatory. The classification standard in 2014-2016 is 'Classification of Strategic Emerging Industry (2012)(Trial)', and in 2017-2020 is 'Classification of Strategic Emerging Industry (2018)'.

13-15 工业战略性新兴产业基本情况(2020年)
Basic Situation of Industrial Strategic Emerging Industry,2020

指 标 Item	企业单位数(个) Number of Enterprises (unit)	增加值 Added Value	
		2020比2019年增长(%) Increase Rate in 2020 over 2019 (%)	产业比重(%) Proportion (%)
全市总计 Total	**1587**	**4.4**	**100.0**
按产业分 Grouped by Industry			
新一代信息技术产业 New Generation of Information Technology Industry	178	4.3	23.8
高端装备制造业 High-end Equipment Manufacturing Industry	325	4.4	14.0
新材料产业 New Materials Industry	407	-0.7	16.8
生物产业 Bio-Industry	200	-2.3	22.1
新能源汽车产业 New Energy Auto Industry	77	11.2	2.9
新能源产业 New Energy Industry	138	35.4	11.7
节能环保产业 Energy Saving and Environmental Protection Industry	254	4.8	8.3
数字创意产业 Digital Creative Industry	8	-25.6	0.3
相关服务业 Related Service Industry			

13-16 高技术产业(制造业)增加值比重(2015—2020年)
Proportion of High Technology Industry (Manufacturing) Added Value,2015-2020

单位：%(%)

指 标 Item	增加值占规模以上工业比重 Proportion of Added Value to Industry above Designated Size					
	2015	2016	2017	2018	2019	2020
全市总计 Total	**13.5**	**12.6**	**14.0**	**13.4**	**14.0**	**15.4**
按技术领域分 Grouped by Technical Field						
医药制造业 Medical and Pharmaceutical Product	2.5	2.6	3.6	4.4	5.2	5.6
航空、航天器及设备制造业 Aviation and Aircraft Equipment Manufacturing	1.9	2.1	0.3	0.3	0.3	0.2
电子及通信设备制造业 Electron and Communicate Equipments	7.7	6.6	7.8	5.9	5.8	6.7
计算机及办公设备制造业 Manufacture of Computers and Office Equipment	1.0	0.8	1.5	1.9	1.8	1.7
医疗仪器设备及仪器仪表制造业 Medical Treatment Instrument and Meter Manufacturing Industry	0.4	0.4	0.6	0.8	0.9	1.2
信息化学品制造 Information Chemicals Manufacturing		0.1	0.2	0.1		

注：高技术产业(制造业)为全国统一标准，具体内容详见本篇指标解释。

Note: Hightech industry (Manufacturing) adopt relevant national standards, and the specific content is in the explanatory notes on main statistical indicators.

13-17 高技术产业(制造业)基本情况(2020年)
Basic Statistics for High Technology Industry (Manufacturing),2020

指 标 Item	企业单位数(个) Number of Enterprises (unit)	增加值占规模以上工业比重(%) Proportion of Added Value to Industry above Designated Size (%)	营业收入利润率(%) Ratio of Profits to Operating Revenue (%)	成本费用利润率(%) Ratio of Pretax Profits to Industrial Cost (%)
全市总计 Total	**549**	**15.4**	**6.8**	**7.3**
按技术领域分 Grouped by Technical Field				
医药制造业 Medical and Pharmaceutical Product	114	5.6	12.6	14.1
航空、航天器及设备制造业 Aviation and Aircraft Equipment Manufacturing	25	0.2	12.1	12.6
电子及通信设备制造业 Electronic and Communicate Equipments Manufacturing	254	6.7	4.1	4.3
计算机及办公设备制造业 Manufacture of Computers and Office Equipment	29	1.7	5.4	5.7
医疗仪器设备及仪器仪表制造业 Medical Treatment Instrument and Meter Manufacturing Industry	127	1.2	11.7	13.1

13-18 高新技术产业主要经济效益指标(2020年)

行业	Sector	资产负债率(%) Ratio of Debts to Assets (%)	总资产贡献率(%) Ratio of Total Assets to Industrial Output Value (%)
全市总计	**Total**	**49.3**	**7.1**
按企业规模分	**Grouped by Size of Enterprises**		
大型	Large-sized	49.3	7.8
中型	Medium-sized	48.9	6.9
小微型	Small&Mini-sized	49.8	6.5
按登记注册类型分	**Grouped by Status of Registration**		
内资企业	Domestic-funded Enterprises	51.4	6.1
#国有	State-owned Enterprises	95.8	-1.0
股份合作	Cooperative Enterprises	43.3	4.5
私营企业	Private Enterprises	48.5	9.0
股份有限公司	Share-holding Corporations Ltd.	35.0	7.1
有限责任公司	Limited Liability Corporations	58.6	4.8
#国有独资公司	Sole State-funded Corporations	47.2	1.8
港、澳、台商投资企业	Enterprises with Investment from Hong Kong, Macao and Taiwan	41.9	7.2
外商投资企业	Foreign Funded Enterprises	47.6	8.8
按技术领域分	**Grouped by Technical Field**		
电子信息	Electronics and Information	44.8	6.6
航空航天	Aviation and Spaceflight	53.6	5.3
光机电一体化	Photoelectric Mechanical Electron Incorporated	56.8	7.0
生物技术和医药	Biology Technology and Pharmaceutical	35.6	10.1
新材料	New Materials	39.0	9.1
新能源和节能材料	New Energy and Energy Saving Materials	68.1	3.1
环境保护	Environmental Protection	55.7	7.7

注：高新技术产业为天津地方标准。
Note: High & New Technology Industry adopt Tianjin municipal standards.

Main Economic Benefit Indicators of High & New Technology Industry,2020

每百元资产实现的营业收入(元) Operating Revenue on Assets per 100 yuan (yuan)	流动资产周转率(次) Turnover of Working Capitals (time)	人均营业收入(万元/人) Operating Revenue per Capita (10 000 yuan/person)	营业收入利润率(%) Ratio of Profits to Operating Revenue (%)	百元营业收入成本(元) Costs on Operating Revenue per 100 yuan (yuan)	产销率(%) Proportion of Products Sold (%)
75.8	**1.3**	**173.8**	**6.8**	**82.5**	**99.3**
89.0	1.6	200.2	7.0	84.5	99.4
64.3	1.3	156.6	7.1	81.3	97.6
71.6	1.1	158.7	6.2	80.5	100.8
53.1	1.0	127.9	7.3	79.4	98.1
25.3	0.9	110.5	-10.5	88.8	131.6
256.9	3.4	218.5	0.5	96.4	94.9
73.8	1.1	113.7	9.2	77.6	99.9
39.8	0.8	130.1	13.9	73.9	99.3
54.9	1.1	137.7	4.1	82.4	96.4
25.2	0.6	88.8	3.9	82.3	98.6
72.7	1.2	176.4	7.8	82.9	101.4
112.9	1.7	238.0	6.3	84.7	99.8
106.6	1.6	187.0	5.4	87.8	99.9
37.8	0.6	69.9	11.8	79.9	97.2
77.8	1.2	172.6	6.4	83.4	98.0
57.2	0.9	125.5	13.0	62.4	99.2
80.3	1.8	374.4	8.4	84.1	100.5
50.2	1.6	172.8		88.4	99.3
26.9	0.8	155.0	20.9	70.7	98.7

13-19 装备制造业主要效益指标(2020年)
Main Benefit Indicators of Equipment Manufacture Industry,2020

指 标 Item	企业单位数(个) Number of Enterprises (unit)	营业收入占规模以上工业比重(%) Proportion of Operating Revenue to Industry above Designated Size (%)	营业收入利润率(%) Ratio of Profits to Operating Revenue (%)	成本费用利润率(%) Ratio of Pretax Profits to Industrial Cost (%)
全 市 总 计				
Total	**2544**	**43.8**	**5.1**	**5.4**
按行业分				
Grouped by Sector				
金属制品业				
Manufacture of Metal Products	544	4.8	1.1	1.1
通用设备制造业				
Manufacture of General Purpose Machinery	418	3.8	8.4	9.2
专用设备制造业				
Manufacture of Special Purpose Machinery	314	3.1	4.8	5.1
汽车制造业				
Manufacture of Motorcar	349	12.5	6.4	6.9
铁路、船舶、航空航天和其他运输设备制造业				
Railway, Watercraft, Aerospace and Other Transport Equipment	258	3.0	3.8	3.9
电气机械和器材制造业				
Manufacture of Electrical Machinery and Equipment	319	6.1	3.9	4.1
计算机、通信和其他电子设备制造业				
Manufacture of Computers, Communication and Other Electronic Equipment	252	9.9	5.3	5.6
仪器仪表制造业				
Manufacture of Measuring Instruments	90	0.7	8.1	8.8

注：装备制造业为全国统一分类标准，具体内容详见本篇指标解释。

Note: Equipment Manufacture Industry adopt the national unified classification standards, and the specific content is in the explanatory notes on main statistical indicators.

13-20 消费品制造业主要效益指标(2020年)
Main Benefit Indicators of Consumption Goods Manufacture,2020

指 标 Item	企业单位数(个) Number of Enterprises (unit)	营业收入占规模以上工业比重(%) Proportion of Operating Revenue to Industry above Designated Size (%)	营业收入利润率(%) Ratio of Profits to Operating Revenue (%)	成本费用利润率(%) Ratio of Pretax Profits to Industrial Cost (%)
全市总计				
Total	**822**	**12.0**	**7.1**	**7.8**
按行业分				
Grouped by Sector				
农副食品加工业				
Processing of Food from Agricultural Products	131	3.0	3.1	3.2
食品制造业				
Manufacture of Food	124	1.9	7.5	8.1
酒、饮料和精制茶制造业				
Manufacture of Alcohol, Beverages and Refined Tea	32	0.5	5.6	6.0
烟草制品业				
Manufacture of Tobacco	1	0.3	8.7	23.3
纺织业				
Manufacture of Textile	44	0.6	6.3	6.7
纺织服装、服饰业				
Manufacture of Textile Wearing and Apparel	37	0.1	3.4	3.5
皮革、毛皮、羽毛及其制品和制鞋业				
Manufacture of Leather, Fur, Feather and Related Products, Footwear	21	0.1	1.0	1.0
家具制造业				
Manufacture of Furniture	46	0.3	4.4	4.6
造纸和纸制品业				
Manufacture of Paper and Paper Products	122	1.2	6.7	7.2
印刷和记录媒介复制业				
Printing, Reproduction of Recording Media	75	0.4	3.4	3.5
文教、工美、体育和娱乐用品制造业				
Manufacture of Articles for Culture, Education and Industrial Arts, Sport Activity, Amusement Manufacturing	72	0.4	2.4	2.4
医药制造业				
Manufacture of Medicines	114	3.2	12.6	14.1
化学纤维制造业				
Manufacture of Chemical Fibers	3		17.1	21.3

注：消费品制造业为全国统一分类标准，具体内容详见本篇指标解释。

Note: Manufacture of Consumption Goods adopt the national unified classification standards, and the specific content is in the explanatory notes on main statistical indicators.

13-21 优势产业主要经济效益指标(2020年)

项　目	Item	资产负债率(%) Ratio of Debts to Assets (%)	总资产贡献率(%) Ratio of Total Assets to Industrial Output Value (%)
全市总计	**Total**	**53.6**	**8.5**
按产业分	Grouped by Industry		
电子信息产业	Electronic Information Industry	44.7	6.5
航空航天产业	Aerospace Industry	53.6	5.3
机械装备产业	Equipment Manufacturing Industry	55.0	5.3
汽车产业	The Automotive Manufacturing	52.8	14.0
新材料产业	New Materials Industry	52.4	6.1
生物医药产业	Biomedical Industry	35.4	10.2
新能源产业	New Energy Industry	58.6	5.6
资源循环及环保产业	Recycling and Environmental Protection Industry	54.9	7.5
石油化工产业	Petrochemical Industry	58.8	14.6
冶金产业	Metallurgy Industry	63.8	0.6
轻纺工业	Light and Textile Industry	54.0	10.5

注：优势产业为天津地方标准。
Note: Competitive Industry adopt Tianjin municipal standards.

13-22 优势产业主要经济指标占全市规模以上工业比重(2020年)

项　目	Item	企业单位数比重 Proportion of Enterprise Number	平均用工人数(人) Annual Average Employees (person)
全市总计	**Total**	**90.1**	**81.8**
按产业分	Grouped by Industry		
电子信息产业	Electronic Information Industry	5.4	9.5
航空航天产业	Aerospace Industry	0.5	0.7
机械装备产业	Equipment Manufacturing Industry	26.0	16.0
汽车产业	The Automotive Manufacturing	6.8	9.9
新材料产业	New Materials Industry	17.0	8.7
生物医药产业	Biomedical Industry	3.6	5.5
新能源产业	New Energy Industry	2.4	3.6
资源循环及环保产业	Recycling and Environmental Protection Industry	2.0	0.7
石油化工产业	Petrochemical Industry	2.1	7.1
冶金产业	Metallurgy Industry	6.0	6.3
轻纺工业	Light and Textile Industry	18.2	13.7

Main Economic Benefit Indicators of Competitive Industry,2020

每百元资产实现的营业收入(元) Operating Revenue on Assets per 100 yuan (yuan)	流动资产周转率(次) Turnover of Working Capitals (time)	人均营业收入(万元/人) Operating Revenue per Capita (10 000 yuan/person)	营业收入利润率(%) Ratio of Profits to Operating Revenue (%)	百元营业收入成本(元) Costs on Operating Revenue per 100 yuan (yuan)	产销率(%) Proportion of Products Sold (%)
95.1	**1.8**	**195.3**	**5.3**	**85.2**	**100.1**
109.8	1.6	190.3	5.3	88.1	99.6
37.3	0.6	71.2	12.1	80.1	96.7
79.0	1.3	135.0	3.8	84.7	100.6
133.5	2.4	224.3	6.4	86.5	100.0
88.8	1.7	214.0	4.2	87.8	101.0
56.9	0.9	126.4	13.2	62.1	99.2
76.6	1.4	212.9	5.2	86.1	97.4
45.8	1.1	221.5	11.4	84.6	100.8
62.8	2.7	256.4	12.0	74.2	99.7
172.3	3.3	399.7	-0.7	94.9	99.8
119.9	2.1	138.2	4.8	84.5	101.5

Proportion of Main Economic Indicators of Competitive Industry to Municipal Industry above Designated Size,2020

单位：%(%)

资产总计比重 Proportion of Total Assets	负债合计比重 Proportion of Total Liabilities	营业收入比重 Proportion of Operating Revenue	营业成本比重 Proportion of Operating Costs	利税总额比重 Proportion of Total Profits and Taxes	#利润总额比重 Proportion of Total Pre-tax Profits
83.4	**80.8**	**90.4**	**89.8**	**92.8**	**93.5**
8.2	6.6	10.3	10.6	7.3	10.6
0.7	0.7	0.3	0.3	0.5	0.7
13.6	13.5	12.2	12.1	8.9	9.1
8.2	7.9	12.5	12.6	15.5	15.6
10.4	9.9	10.6	10.8	7.8	8.6
6.1	3.9	3.9	2.8	8.4	10.2
5.0	5.3	4.4	4.4	3.4	4.4
1.6	1.6	0.9	0.8	1.5	1.9
14.4	15.4	10.3	8.9	28.4	24.2
7.3	8.4	14.3	15.9	0.2	-1.8
7.8	7.6	10.7	10.5	10.9	10.0

13-23 各区工业企业主要效益指标(2020)

Main Indicators on Economic Benefit of Industrial Enterprises by District,2020

地　区	Region	资　产负债率(%) Ratio of Debts to Assets (%)	流动资产周转率(次) Turnover of Working Capitals (time)	总资产贡献率(%) Ratio of Total Assets to Industrial Output Value (%)	营业收入利润率(%) Ratio of Profits to Operating Revenue (%)	产销率(%) Proportion of Products Sold (%)
全市总计	**Total**	**55.3**	**1.8**	**7.7**	**5.1**	**100.0**
和平区	Heping District	69.4	0.7	1.1	1.5	99.4
河东区	Hedong District	63.5	1.0	4.2	8.6	97.1
河西区	Hexi District	52.4	0.9	3.7	8.5	100.4
南开区	Nankai District	44.7	1.6	7.6	8.7	102.2
河北区	Hebei District	59.9	2.7	2.2	1.2	100.2
红桥区	Hongqiao District	26.3	0.7	10.7	12.7	95.5
东丽区	Dongli District	62.1	1.7	2.1	-4.1	101.1
西青区	Xiqing District	46.7	1.5	7.6	5.8	100.2
津南区	Jinnan District	52.8	2.1	6.0	3.0	101.4
北辰区	Beichen District	51.5	1.6	6.6	3.8	100.9
武清区	Wuqing District	54.6	1.2	5.8	6.0	101.3
宝坻区	Baodi District	60.1	1.2	5.2	4.7	100.4
滨海新区	Binhai New Area	54.4	1.8	9.8	7.2	99.4
宁河区	Ninghe District	67.4	3.3	6.4	2.5	100.3
静海区	Jinghai District	62.3	2.6	5.8	2.3	100.3
蓟州区	Jizhou District	70.7	1.4	3.8	1.6	102.2

13-24 规模以上工业主要产品产量(1978—2020年)
Output of Major Industrial Products above Designated Size,1978-2020

年 份 Year	布 (万米) Cloth (10 000 m)	纱 (万吨) Yarn (10 000 tons)	机制纸及纸板 (万吨) Machine-made Paper and Paperboards (10 000 tons)	合成洗涤剂 (万吨) Synthetic Detergents (10 000 tons)	饮料酒 (万千升) Alcoholic Beverage (10 000 kiloliters)	家用电冰箱 (万台) Household Refrigerators (10 000 units)	电视机 (万台) Television Sets (10 000 units)	# 彩色电视机 Color Television Sets
1978	33727	8.30	19.26	2.38	2.88	0.50	2.54	
1979	36067	9.20	21.46	2.70	3.66	0.55	8.11	
1980	39215	9.96	22.75	2.95	4.49	0.40	15.28	0.60
1981	42427	10.73	21.25	3.19	5.86	0.14	36.70	2.01
1982	45831	11.50	22.82	3.53	5.76	0.23	36.11	5.00
1983	46803	11.95	23.04	3.70	6.75	0.51	43.62	8.28
1984	44865	11.67	26.27	4.12	7.46	2.01	61.59	15.72
1985	44043	11.95	24.60	5.04	8.40	6.89	90.22	34.02
1986	43798	12.22	26.45	5.39	9.79	9.79	89.85	33.54
1987	43885	12.57	27.92	5.56	10.60	14.53	100.02	55.46
1988	43410	12.67	27.10	5.88	10.96	33.32	135.25	62.07
1989	41729	11.30	28.31	7.36	9.47	40.41	137.85	57.32
1990	49194	11.69	26.75	8.54	9.28	23.34	143.93	62.46
1991	46790	11.23	27.18	9.34	10.75	6.71	140.27	72.63
1992	43031	10.86	33.32	10.56	10.88	9.27	140.99	68.29
1993	39259	11.59	36.84	10.00	11.40	2.71	134.88	73.30
1994	41437	13.19	31.01	9.68	11.09	3.95	124.00	80.37
1995	49803	12.35	41.42	11.95	12.34	3.70	160.82	109.54
1996	39662	10.51	45.89	12.07	10.72	0.29	157.34	117.80
1997	49845	13.61	40.56	10.28	13.73	0.69	84.36	59.16
1998	33326	8.37	33.64	9.65	15.25	2.29	82.94	47.87
1999	27308	8.45	25.50	8.75	14.21	9.93	84.67	50.34
2000	29217	8.80	25.18	7.19	15.75	8.42	94.27	72.28
2001	25861	8.13	20.63	5.68	20.71	3.85	66.24	51.42
2002	27082	9.18	27.98	5.41	20.64	19.14	87.06	76.35
2003	25114	7.47	17.76	5.09	24.72	29.17	121.09	112.41
2004	30805	7.51	36.03	5.04	23.65	28.25	110.99	109.42
2005	25850	7.32	18.89	1.40	20.81	19.30	66.01	64.90
2006	28346	7.62	26.71	0.74	29.80	9.34	98.51	98.11
2007	27783	7.28	33.90	0.58	35.27	50.03	153.75	153.75
2008	28934	4.95	41.38	0.83	31.62	59.38	203.58	203.58
2009	25819	4.32	33.06	0.67	41.02	53.87	140.50	140.50
2010	26352	3.81	91.82	0.58	43.57	62.84	212.67	212.67
2011	27792	3.08	125.86	0.62	41.82	49.37	186.61	186.61
2012	19854	3.05	222.80	1.38	33.20	51.41	192.80	192.80
2013	21221	5.05	241.66	21.49	31.04	49.26	277.10	277.10
2014	23100	8.51	249.72	48.48	31.86	45.37	279.20	279.20
2015	24946	10.72	249.26	58.30	35.61	58.41	245.84	245.84
2016	24279	12.64	285.00	49.08	37.67	64.29	224.10	224.10
2017	8243	1.84	286.43	54.04	40.39	53.49	209.41	209.41
2018	8160	1.33	279.95	63.37	38.39	49.94	93.08	93.08
2019	37363	1.29	261.97	48.27	33.29	44.59	78.66	78.66
2020	3852	0.89	266.70	36.96	24.19	22.15	49.29	49.29

13-24续表 *Continued*

年　份 Year	天然原油 (万吨) Crude Petroleum Oil (10 000 tons)	发电量 (亿千瓦小时) Electricity (100 million kWh)	粗　钢 (万吨) Crude Steel (10 000 tons)	水　泥 (万吨) Cement (10 000 tons)	硫　酸 (万吨) Sulfuric Acid (10 000 tons)	烧　碱 (万吨) Caustic Soda (10 000 tons)	农用化肥 (万吨) Chemical Fertilizer (10 000 tons)
1978	316.90	51.68	101.75	47.34	10.52	17.02	4.67
1979	307.30	52.56	109.53	56.52	11.86	19.26	5.39
1980	307.41	63.20	124.94	62.55	12.38	19.93	6.22
1981	303.84	72.96	125.15	75.71	12.41	19.19	4.78
1982	302.24	75.01	124.56	81.80	13.53	21.21	5.85
1983	310.41	77.34	133.86	82.68	13.22	21.27	7.05
1984	320.81	79.57	132.49	90.52	12.00	21.97	7.66
1985	374.63	80.65	111.93	105.11	11.72	23.36	5.56
1986	413.33	78.38	150.32	112.41	10.33	23.97	4.09
1987	453.01	81.09	162.96	120.19	11.30	24.73	6.56
1988	462.79	91.07	156.44	129.37	8.32	25.18	7.61
1989	470.43	96.60	151.57	127.84	8.09	24.90	7.79
1990	469.50	94.85	166.74	122.14	7.70	25.23	7.21
1991	474.90	90.27	175.43	137.24	8.31	27.25	7.85
1992	491.76	98.62	183.45	144.58	8.15	27.99	7.84
1993	517.00	126.65	221.98	152.39	7.36	28.27	10.61
1994	589.00	122.47	188.55	177.00	7.79	29.28	15.75
1995	620.82	133.65	171.57	200.62	5.58	32.57	9.74
1996	646.60	146.04	200.99	207.88	8.11	50.75	11.31
1997	645.90	166.53	236.79	209.00	11.33	44.15	10.91
1998	691.28	172.51	255.27	250.00	10.36	39.90	10.26
1999	686.72	182.56	317.69	240.51	11.47	47.04	26.82
2000	763.99	211.49	356.76	267.81	11.17	49.28	17.04
2001	970.29	217.43	395.30	338.99	11.27	49.39	14.91
2002	1215.94	268.83	482.58	377.75	12.15	63.65	16.03
2003	1316.30	319.95	565.95	449.31	10.96	79.89	16.40
2004	1446.21	339.76	788.48	520.52	9.99	81.14	15.96
2005	1782.89	365.70	955.28	519.15	11.95	80.45	16.94
2006	1943.09	359.24	1285.34	607.33	13.76	88.86	16.33
2007	1924.28	393.13	1602.13	611.44	26.90	134.49	21.62
2008	1993.86	382.12	1686.40	549.72	19.70	146.47	16.16
2009	2296.96	415.77	2124.20	690.87	29.16	109.32	15.19
2010	3332.73	589.08	2162.11	809.71	32.34	123.30	1.49
2011	3187.78	619.08	2295.75	765.53	39.60	129.63	6.35
2012	3098.30	589.70	2124.25	784.26	30.88	113.87	11.84
2013	3044.53	624.01	2305.06	971.50	28.06	127.53	15.95
2014	3074.84	624.66	2287.13	957.93	24.48	106.06	16.37
2015	3496.77	621.68	2068.91	777.59	19.08	96.77	13.06
2016	3273.26	616.09	1798.93	788.61	20.52	75.27	13.43
2017	3102.42	609.28	1812.55	418.56	17.08	79.95	13.61
2018	3085.55	699.30	1808.79	653.84	21.22	93.09	15.02
2019	3111.89	715.43	2194.77	687.74	19.23	86.56	16.44
2020	3242.22	755.13	2171.82	551.50	21.59	82.32	14.78

13-25 规模以上工业主要产品产量
Output of Major Industrial Products above Designated Size

产品名称	Product	单 位	Unit	2019	2020
天然原油	Crude Petroleum Oil	万 吨	10 000 tons	3111.89	3242.22
原油加工量	Crude Oil Processed	万 吨	10 000 tons	1667.71	1368.16
发电量	Electricity	亿千瓦小时	100 million kWh	715.43	755.13
天然气	Natural Gas	亿立方米	100 million cu.m	34.90	36.31
原 盐	Salt	万 吨	10 000 tons	188.31	195.61
精制食用植物油	Edible Vegetable Oil	万 吨	10 000 tons	295.12	297.68
饮料酒	Alcoholic Beverage	万千升	10 000 kiloliters	33.29	24.19
# 啤 酒	Beer	万千升	10 000 kiloliters	26.81	16.42
方便面	Staple Food	万 吨	10 000 tons	29.27	32.78
软饮料	Soft Drinking	万 吨	10 000 tons	259.51	248.90
纱	Yarn	万 吨	10 000 tons	1.29	0.89
布	Cloth	万 米	10 000 m	37363	3852
呢 绒	Woolen Piece Goods	万 米	10 000 m	5.10	
机制纸及纸板	Machine-made Paper & Paperboards	万 吨	10 000 tons	261.97	266.70
焦 炭	Coke	万 吨	10 000 tons	158.34	175.36
硫 酸	Sulfuric Acid	万 吨	10 000 tons	19.23	21.59
纯 碱	Soda Ash	万 吨	10 000 tons	68.39	62.82
烧 碱	Caustic Soda	万 吨	10 000 tons	86.56	82.32
乙 烯	Ethene	万 吨	10 000 tons	135.41	111.82
农用化肥	Chemical Fertilizer	万 吨	10 000 tons	16.44	14.78
涂 料	Paint	万 吨	10 000 tons	41.33	43.99
初级形态塑料	Primary form of Plastic	万 吨	10 000 tons	341.10	339.70
合成洗涤剂	Synthetic Detergents	万 吨	10 000 tons	48.27	36.96
中成药	Traditional Chinese Medicines	吨	ton	15446	15229
化学纤维	Chemical Fiber	万 吨	10 000 tons	9.35	7.49

13-25续表 *Continued*

产品名称	Product	单位	Unit	2019	2020
农用塑料薄膜	Plastic Film for Farm Use	吨	ton	19768	3483
水　泥	Cement	万　吨	10 000 tons	687.74	551.50
平板玻璃	Plate Glass	万重量箱	10 000 weight cases	3324.81	3152.11
生　铁	Pig Iron	万　吨	10 000 tons	2073.56	2198.87
粗　钢	Crude Steel	万　吨	10 000 tons	2194.77	2171.82
钢　材	Rolled Steel	万　吨	10 000 tons	5454.95	5724.05
# 无缝钢管	Seamless Steel Pipe	万　吨	10 000 tons	258.41	238.28
发动机	Internal Combustion Engines	万千瓦	10 000 kW	10159.85	8600.43
金属切削机床	Metal-cutting Machine	台	unit	1041	882
电　梯	Elevator	万　台	10 000 units	4.73	5.54
医疗仪器设备及器械	Medical Equipment and Instrument	万　台	10 000 units	469.99	1020.65
汽　车	Motor Vehicles	万　辆	10 000 units	104.15	94.57
# 轿　车	Cars	万　辆	10 000 units	57.10	53.73
自行车	Bicycles	万　辆	10 000 units	1798.27	2225.52
电动自行车	Electric Bicycles	万　辆	10 000 units	839.95	1237.24
光　纤	Optical Fibre	万千米	10 000 km	1407.39	1965.64
光　缆	Optical Cable	万芯千米	10 000 core km	506.67	396.22
锂离子电池	Lithium-ion Battery	万　只	10 000 units	65562.15	73076.85
太阳能电池(光伏电池)	Solar Cell	万千瓦	10 000 kW	62.53	33.76
家用电冰箱	Household Refrigerators	万　台	10 000 units	44.59	22.15
房间空气调节器	Air Conditioners	万　台	10 000 units	219.26	158.75
微波炉	Microwave Ovens	万　台	10 000 units	577.11	583.46
电子计算机整机	Computers	万　台	10 000 units	46.52	87.97
显示器	Display	万　台	10 000 units	763.74	765.07
移动通信手持机	Mobile Telephones	万　部	10 000 units	11.50	6.73
彩色电视机	Color Television Sets	万　台	10 000 units	78.66	49.29
集成电路	Integrated Circuits	亿　块	100 million pieces	14.74	18.92
电子元件	Electronic Components	亿　只	100 million pieces	6373.61	8629.19
光电子器件	Optoelectronic Devices	亿只(片、套)	100 million pieces	80.17	251.41

13-26 新产品产量
Output of New Products

产品名称	Product	单 位	Unit	2019	2020
稀土磁性材料	Rare Earth Magnetic Materials	吨	ton	4042	3600
工业机器人	Industrial Robots	套	set	105	176
新能源汽车	New Energy Vehicles	辆	unit	9118	16712
城市轨道车辆	Urban Rail Vehicles	辆	unit	201	106
光 纤	Optical Fibre	万千米	10 000 km	1407.39	1965.64
光 缆	Optical Cable	万芯千米	10 000 core km	506.67	396.22
太阳能电池(光伏电池)	Solar Cell	万千瓦	10 000 kW	62.53	33.76
服务器	Servers	万 台	10 000 units	45.15	87.57
智能电视	Smart TVs	万 台	10 000 units	78.67	49.29
集成电路	Integrated Circuits	亿 块	100 million pieces	14.74	18.92

13-27 工业产能利用率(2015—2020年)
Industrial Capacity Utilization Rate,2015-2020

单位：%(%)

年 份 Year	全市总计 Total	采矿业 Minerals Mining	制造业 Manufacturing	电力、热力、燃气及水生产和供应业 Production and Supply of Electricity, Heat,Gas and Water
2015	75.1	75.8	74.9	77.6
2016	73.7	69.0	73.9	81.9
2017	77.1	88.3	76.3	79.7
2018	78.5	82.8	78.3	76.7
2019	78.2	86.9	77.5	77.5
2020	73.2	84.1	72.2	74.8

13-28 规模以上工业主要产品生产能力
Production Capacity of Major Industrial Products above Designated Size

产品名称	Product	单 位	Unit	年平均生产能力 Annual Average Production Capacity
2019年	**Year of 2019**			
天然原油	Crude Petroleum Oil	万 吨	10 000 tons	3510.30
原油加工量	Crude Oil Processed	万 吨	10 000 tons	1885.00
发电量	Electricity	万千瓦	10 000 kW	1746.23
焦 炭	Coke	万 吨	10 000 tons	222.00
烧 碱	Caustic Soda	万 吨	10 000 tons	106.43
农用化肥	Chemical Fertilizer	万 吨	10 000 tons	17.65
初级形态塑料	Primary Plastic	万 吨	10 000 tons	432.51
化学纤维	Chemical Fiber	万 吨	10 000 tons	10.29
水 泥	Cement	万 吨	10 000 tons	1333.08
平板玻璃	Plate Glass	万重量箱	10 000 weight cases	4014.00
粗 钢	Crude Steel	万 吨	10 000 tons	2110.00
金属切削机床	Metal-cutting Machines	台	unit	1830
汽 车	Motor Vehicles	万 辆	10 000 units	121.00
#乘用车	Passenger Car	万 辆	10 000 units	121.00
太阳能电池	Solar Cell	万千瓦	10 000 kW	141.13
家用电冰箱	Household Refrigerators	万 台	10 000 units	86.00
房间空气调节器	Air Conditioners	万 台	10 000 units	210.00
彩色电视机	Color Television Sets	万 台	10 000 units	130.50
2020年	**Year of 2020**			
天然原油	Crude Petroleum Oil	万 吨	10 000 tons	3602.59
原油加工量	Crude Oil Processed	万 吨	10 000 tons	1903.25
发电量	Electricity	万千瓦	10 000 kW	1839.24
焦 炭	Coke	万 吨	10 000 tons	222.00
烧 碱	Caustic Soda	万 吨	10 000 tons	107.74
农用化肥	Chemical Fertilizer	万 吨	10 000 tons	20.00
初级形态塑料	Primary Plastic	万 吨	10 000 tons	430.56
化学纤维	Chemical Fiber	万 吨	10 000 tons	10.21
水 泥	Cement	万 吨	10 000 tons	1233.11
平板玻璃	Plate Glass	万重量箱	10 000 weight cases	4023.00
粗 钢	Crude Steel	万 吨	10 000 tons	1570.00
金属切削机床	Metal-cutting Machines	台	unit	1150
汽 车	Motor Vehicles	万 辆	10 000 units	106.50
#乘用车	Passenger Car	万 辆	10 000 units	96.50
太阳能电池	Solar Cell	万千瓦	10 000 kW	108.63
家用电冰箱	Household Refrigerators	万 台	10 000 units	86.00
房间空气调节器	Air Conditioners	万 台	10 000 units	220.00
彩色电视机	Color Television Sets	万 台	10 000 units	74.39

主要统计指标解释

规模以上工业法人单位

指年主营业务收入 2000 万元及以上的工业法人单位。法人单位按照统计上相关单位划分规定标准进行界定。

大、中、小、微型企业

根据国家统计局制定的《统计上大中小微型企业划分办法（2017）》，以从业人员和营业收入两项指标为依据，将工业企业划分为大、中、小、微型。划分标准如下：

指标名称	计量单位	大型	中型	小型	微型
从业人员(X)	人	X≥1000	300≤X＜1000	20≤X＜300	X＜20
营业收入(Y)	万元	Y≥40000	2000≤Y＜40000	300≤Y＜2000	Y＜300

工业战略性新兴产业

战略性新兴产业是以重大技术突破和重大发展需求为基础，对经济社会全局和长远发展具有重大引领带动作用，知识技术密集、物质资源消耗少、成长潜力大、综合效益好的产业。根据《战略性新兴产业分类（2018）》，战略性新兴产业包括：新一代信息技术产业、高端装备制造产业、新材料产业、生物产业、新能源汽车产业、新能源产业、节能环保产业、数字创意产业、相关服务业等 9 大领域。第 9 领域“相关服务业”中没有工业行业，故工业战略性新兴产业包含前 8 大领域。

高技术产业（制造业）

指国民经济行业中 R&D 投入强度（即 R&D 经费支出占主营业务收入的比重）相对较高的制造业行业。根据《高技术产业（制造业）分类（2017）》，具体包括：医药制造，航空、航天器及设备制造业，电子及通信设备制造业，计算机及办公设备制造业，医疗仪器设备及仪器仪表制造业，信息化学品制造业等 6 大类。

装备制造业

为全国统一标准。包括制造业中 8 个行业大类，具体为：金属制品业，通用设备制造业，专用设备制造业，汽车制造业，电气机械及器材制造业，铁路船舶航空航天和其他运输设备制造业，计算机通信和其他电子设备制造业，仪器仪表制造业等。

消费品制造业

为全国统一标准。包括制造业中 13 个行业大类，具体为：农副食品加工业，食品制造业，酒、饮料和精制茶制造业，烟草制品业，纺织业，纺织服装、服饰业，皮革、毛皮、羽毛及其制品业和制鞋业，家具制造业，造纸及纸制品业，印刷和记录媒介复制业，文教、工美、体育和娱乐用品制造业，医药制造业，化学纤维制造业。

资产总计

指企业过去的交易或者事项形成的、由企业拥有或者控制的、预期会给企业带来经济利益的资源。资产一般按流动性（资产的变现或耗用时间长短）分为流动资产和非流动资产。其中流动资产可分为货币资金、交易性金融资产、应收票据、应收账款、预付款项、其他应收款、存货等；非流动资产可分为长期股权投资、固定资产、无形资产及其他非流动资产等。

流动资产合计 资产满足以下条件之一应归为流动资产：（1）预计在一个正常营业周期中变现、出售或耗用，主要包括存货、应收账款等；（2）主要为交易目的而持有；（3）预计在资产负债表日起一年内（含一年）变现；（4）自资产负债日起一年内，交换其他资产或清偿负债的能力不受限制的现金或现金等价物。包括货币资金、应收票据、应收账款、存货等项目。

负债合计

指企业过去的交易或者事项形成的，预期会导致经济利益流出企业的现时义务。负债一般按偿还期长短分为流动负债和非流动负债。

执行《企业会计准则》或《小企业会计准则》的企业：负债合计=流动负债合计+非流动负债合计；执行其他企业会计制度的企业负债包括流动负债和长期负债。

营业收入

指企业从事销售商品、提供劳务和让渡资产使用权等生产经营活动形成的经济利益流入。

营业成本

指企业从事销售商品、提供劳务和让渡资产使用权等生产经营活动发生的实际成本。

税金及附加

指企业因从事生产经营活动按税法规定应缴纳的消费税、城市维护建设税、资源税、环境保护税、教育费附加及房产税、土地使用税、车船使用税、印花税等相关税费。

利润总额

指企业在一定会计期间的经营成果，是生产经营过程中各种收入扣除各种耗费后的盈余，反映企业在报告期内实现的盈亏总额。利润总额为营业利润加上营业外收入，减去营业外支出后的金额。

利税总额

指利润总额、税金及附加和本期应交增值税之和。

应交增值税

指按照税法规定，以销售货物、服务、无形资产、不动产或提供加工、修理修配劳务的增值额和货物进口金额为计税依据而课征的一种流转税。根据会计相关科目贷方累计发生额，按下述公式计算填报：

应交增值税=销项税额－（进项税额－进项税额转出）－出口抵减内销产品应纳税额－减免税款+出口退税

或者根据本期《增值税纳税申报表（一般纳税人适用）》填报：

应交增值税=销项税额－（进项税额－进项税额转出－免、抵、退应退税额）+简易计税办法计算的应纳税额+按简易计税办法计算的纳税检查应补缴税额－应纳税额减征额

进项税额　指企业在报告期内购入货物或接受应税劳务而支付的、准予从销项税额中抵扣的增值税额。

销项税额　指企业在报告期内销售货物或提供应税劳务应收取的增值税额。

应收账款

指资产负债表日以摊余成本计量的、企业因销售商品、提供服务等经营活动应收取的款项。

平均用工人数

指报告期企业平均实际拥有的、参与本企业生产经营活动的人员数。

产销率

反映工业产品已实现销售的程度，是分析工业产销衔接情况，研究工业产品满足社会需求的指标。计算公式为：

$$\text{产品销售率（\%）}=\frac{\text{工业销售产值}}{\text{工业总产值（现价）}}\times 100\%$$

总资产贡献率

反映企业全部资产的获利能力，是企业经营业绩和管理水平的集中体现，是评价和考核企业盈利能力的核心指标。计算公式为：

$$\text{总资产贡献率（\%）}=\frac{\text{利润总额}+\text{税金总额}+(\text{利息费用}-\text{利息收入})}{\text{资产总额}}\times 100\%$$

公式中：税金总额为税金及附加与应交增值税之和

资产负债率

该指标既反映企业经营风险的大小，也反映企业利用债权人提供的资金从事经营活动的能力。计算公式为：

$$\text{资产负债率（\%）}=\frac{\text{负债总额}}{\text{资产总额}}\times 100\%$$

流动资产周转率

指一定时期内流动资产完成的周转次数，反映投入工业企业流动资金的周转速度。计算公式为：

$$\text{流动资产周转次数}=\frac{\text{营业收入}}{\text{全部流动资产平均余额}}$$

公式中：全部流动资产平均余额为期初和期末的流动资产之和的算术平均值。

营业收入利润率

该指标是评价企业经营效益的主要指标，反映企业业务的获利能力。计算公式为：

$$\text{营业收入利润率（\%）}=\frac{\text{利润总额}}{\text{营业收入}}\times 100\%$$

成本费用利润率

反映企业投入的生产成本及费用的经济效益，同时也反映企业降低成本所取得的经济效益。计算公式为：

$$\text{成本费用利润率（\%）}=\frac{\text{利润总额}}{\text{成本费用总额}}\times 100\%$$

公式中：成本费用总额为产品销售成本、销售费用、管理费用、财务费用和研发费用之和。

Explanatory Notes on Main Statistical Indicators

Industrial Legal Entities above Designated Size

refer to industrial legal entities as legal person with annual business revenue of over 20 million yuan. Legal entities adopt statistical relevant entities dividing standards.

Large, Medium, Small, Mini-sized Enterprises

Industrial enterprises are classified into large, medium, small, mini-sized enterprises according to employment personnel and sales revenue in accordance with the regulation of Classification of Large, Medium, Small, Mini-sized Enterprises on Statistics in 2017. The standard of classification as following:

Indicator	*Unit*	*Large-sized*	*Medium-sized*	*Small-sized*	*Mini-sized*
Employment Personnel(X)	*person*	*X≥1 000*	*300≤X <1 000*	*20≤X<300*	*X<20*
Sales Revenue(Y)	*10 000 yuan*	*Y≥40 000*	*2 000≤Y <40 000*	*300≤Y <2 000*	*Y<300*

Industrial Strategic Emerging Industry

refers to industry based on major technological breakthroughs and development needs, promoting long-term development of the economy and society. The industry has the characteristics of intensive knowledge and technology, less consumption of material resources, great potential of growth, good overall efficiency. The industry include new generation of information technology industry, high-end equipment manufacturing industry, new material industry, biotechnology industry, new energy powered automobile industry, new energy industry, energy conservation industry, digital creative industry and relevant services. Because relevant services excluding industry, industrial strategic emerging industry includes the first eight fields.

Hightech Industry (Manufacturing)

refers to the manufacturing with relatively high R&D input strength (the proportion of R&D expenses to the revenue from principal business) in the national economic industry. According to The Classification of Hightech Industry (Manufacturing) (2017), specific include: manufacture of medicines, manufacture of aviation, spacecraft and equipment, manufacture of electronic and communication equipment, manufacture of computer and office equipment, manufacture of medical instrument and equipment and measuring instrument, and manufacture of information chemicals.

Equipment Manufacturing

refers to the 8 major categories in the manufacturing sector, specific include: manufacture of metal products, manufacture of general purpose machinery, manufacture of special purpose machinery, manufacture of motorcar, manufacture of electrical machinery and equipment, manufacture of railway, watercraft, aerospace and other transport equipment, manufacture of computers, communication and other electronic equipment, and manufacture of measuring instruments.

Manufacture of Consumption Goods

refers to the 13 major categories in the manufacturing sector, specific include: processing of food from agricultural products, manufacture of food, manufacture of alcohol, beverages and refined tea, manufacture of tobacco, manufacture of textile, manufacture of textile wearing and apparel, manufacture of leather, fur, feather and related products, footwear, manufacture of furniture, manufacture of paper and paper products, printing, reproduction of recording media, manufacture of articles for culture, education and industrial arts, sport activity, amusement manufacturing, manufacture of medicines, manufacture of chemical fibers.

Total Assets

refer to all resources formed by transaction or other activities, which are owned or controlled by enterprises and expected to bring economic benefits to the enterprises. Classified by the degree of liquidity (the time of assets to be liquidated or consumed), total assets include working capitals and immovable assets. Working capitals can be classified into monetary assets, trading financial assets, notes receivable, accounts receivable, advanced payments, other prepaid money and inventories. Immovable assets can be divided into long-term equity investment, fixed assets, intangible assets and other immovable assets.

Working Capitals

the assets should be classified into working capital if meeting one of the following conditions: (1) expected to be liquidated, sold or consumed in one normal operating cycle, mainly including inventory, account receivable, etc.; (2) owned for transaction purpose; (3) expected to be liquidated in one year (including one year) since balance sheet date; (4) cash or cash equivalent without limited ability of exchanging other assets or paying debts in one year from balance sheet date, including monetary funds, note receivable, accounts receivable, inventory and other items.

Total Liabilities

refers to payable liabilities of enterprises that accumulated from previous trades or transactions with expectation of economic profits leaking out. In terms of payment, it can be divided into current liabilities and non-current liabilities .

The enterprises which implement "Enterprise Accounting Standards" or "Small Enterprise Accounting Standards", *Total Liabilities = Total current liabilities + Total non-current liabilities*; The Liabilities of the enterprises which implement other enterprise accounting system include current liabilities and long-term liabilities.

Operating Revenue

refers to total revenues recognized by selling goods, rendering labor services, alienating right to use assets, and other business of enterprises.

Operating Cost

refers to total costs recognized by selling goods, rendering labor services, alienating right to use assets, and other business of enterprises.

Business Tax and Surcharges

refer to the tax and charges by enterprises in accordance with the tax law for the production and operation activities, including consumption tax, city maintenance and construction tax, resources tax, environmental protection tax, the additional cost of education, property tax, land use tax, vehicle and vessel use tax, stamp tax and etc.

Total Pre-tax Profits

refer to the business results of enterprises in certain accounting period, that is the profits gained from the revenues after deducting the costs, which means the final achievements in the reference period. Total pre-tax profits equals to business profit add non-operating revenue and minus non-operating expenditures.

Total Profits and Taxes

refers to the sum of the total profits, business tax and surcharges, and the value added tax payable of industrial enterprises.

Value-added Tax Payable

refers to a kind of turnover tax with added value and import value of goods in selling of goods, services, intangible assets, real estate, or providing processing, repairing, and replacement services as the tax basis according to tax law. According to the accounting related subjects lender cumulative amount, completing the calculation according to the following formula:

Value-added Tax Payable =Tax on Sales – (Tax on Purchase –Transferred Tax on Purchase)-Exports Deduct Tax Payable on Domestic Sales-Tax Relief + The Export Tax Rebate

Or completing the calculation according to the <VAT payment return (general taxpayer application)> at the current period:

Value-added Tax Payable =Tax on Sales – (Tax on Purchase –Transferred Tax on Purchase – Refundable Tax for Tax Exemption, Offset and Refund of Goods) + Tax Payable under a Simplified Method + Overdue Tax Payable after Tax Inspection under a Simplified Method – Tax Reduction Amount of Tax Payable

Tax on Purchase refers to the value-added tax payable by enterprises that purchase goods or receiving taxable services durin gthe reference period and this part of the tax is allowed to be deducted from the tax on sales.

Tax on Sales refers to the value-added tax chargeable by enterprises that sell goods or provide taxable services during the reference period.

Accounts Receivable

refer to obligatory right of enterprises formed from selling of goods, providing services and other business activities. Including payment for goods to customers, value-added tax, freight and miscellaneous expenses advanced for customers and etc.

Annual Average Employees

refer to the average number of persons engaged in the enterprise production and operation activities in this period, which are actually owned by the enterprise.

Proportion of Products Sold

reflects the actual sale of industrial products, analyzing the production-selling and supply-demand relations. It is calculated as:

$$\text{Proportion of Products Sold (\%)} = \frac{\text{Value of Industrial Sales}}{\text{Gross Industrial Output Value (Current Prices)}} \times 100\%$$

Ratio of Total Assets to Industrial Output Value

reflects the profit-making capability of all assets of the enterprise and is a key indicator manifesting the performance and management and evaluating the profit-making potential of the enterprise. It is calculated as follows:

$$\text{Ratio of Total Assets to Industrial Output Value (\%)} = \frac{\text{Total Pre-tax Profits} + \text{Total Taxes} + \text{(Interest Expenses-Interest Income)}}{\text{Average Assets}} \times 100\%$$

In the above formula, total taxes is the sum of business tax and surcharges and value-added tax payable.

Ratio of Debts to Assets

reflects both the operation risk and the capability of the enterprise in making use of the capital from the creditors. It is calculated as follows:

$$\text{Ratio of Debts to Assets (\%)} = \frac{\text{Total Debts}}{\text{Total Assets}} \times 100\%$$

Turnover of Working Capitals

refers to the number of times of turnover of working capital in a given period of time, which reflects the speed of the turnover of working capital of industrial enterprises, and is calculated as follows:

$$\text{Turnover of Working Capital} = \frac{\text{Operating Revenue}}{\text{Average Balance of Total Working Capital}}$$

In the above formula, average balance of total working capital refers to the arithmetic mean of the sum of circulating funds at the beginning and at the end of the reference period.

Ratio of Profits to Costs

reflects economic benefits of production costs and expenses by the enterprise, also reflects economic benefits from reducing costs and is calculated as follows:

$$\text{Ratio of Profits to Costs}(\%) = \frac{\text{Total Pre-tax Profits}}{\text{Total Costs}} \times 100\%$$

Total Costs in the above formula is the sum of cost of products sold, marketing cost, management cost, financial cost, and development expenditure.

第十四篇 建筑业

Chapter 14 Construction

14-1 建筑企业基本情况(1978—2020年)
Basic Statistics on Construction Enterprises,1978-2020

年 份 Year	企业个数 (个) Number of Enterprises (unit)	从事建筑业活动的平均人数(万人) Average Number of People Engaged in Construction Activities (10 000 persons)	建筑业总产值 (亿元) Gross Output Value of Construction (100 million yuan)	房屋建筑施工面积 (万平方米) Floor Space of Building under Construction (10 000 sq.m)	房屋建筑竣工面积 (万平方米) Floor Space of Building Completed (10 000 sq.m)	#住 宅 Residential Buildings
1978	45	16.71	8.78			
1979	47	20.20	12.21	650.56	290.46	
1980	77	21.40	11.64	693.43	332.80	
1981	70	19.60	10.15	703.36	336.20	
1982	72	20.20	12.55	782.66	421.20	
1983	77	18.40	14.37	818.17	397.40	
1984	84	20.90	20.34	921.23	464.40	
1985	88	21.76	26.17	1040.02	505.50	
1986	88	22.23	27.59	902.13	483.00	
1987	85	21.85	29.54	917.42	451.90	
1988	83	20.20	31.08	865.15	409.80	
1989	81	19.70	32.35	774.30	399.10	
1990	82	18.71	31.70	675.46	333.60	
1991	83	18.95	36.17	582.73	295.41	
1992	96	18.76	48.43	721.50	344.70	158.50
1993	237	25.87	82.66	1210.94	505.02	270.70
1994	482	36.28	130.52	1359.96	600.15	376.97
1995	693	31.53	165.67	1604.10	640.25	328.40
1996	461	29.06	173.57	1579.53	567.98	285.82
1997	477	29.26	191.00	1752.13	727.61	398.82
1998	500	29.34	211.12	2059.23	868.00	527.98
1999	491	28.71	222.74	2087.01	901.88	637.85
2000	456	27.44	238.10	2253.99	1056.40	658.85
2001	420	25.96	288.68	2140.04	924.92	562.40
2002	925	34.56	406.16	2817.84	1332.10	726.87
2003	900	35.55	520.84	3395.94	1465.75	797.72
2004	1155	38.27	655.20	3547.76	1644.90	758.00
2005	1108	39.10	754.37	3940.56	1484.38	728.58
2006	1103	38.57	983.93	4555.08	1735.58	815.52
2007	1113	45.34	1221.94	5447.39	2101.38	1020.12
2008	1362	49.62	1453.79	5947.56	1643.66	687.62
2009	1371	59.31	1911.48	6572.69	2240.10	1010.85
2010	1448	65.47	2424.49	7564.29	2419.16	1168.62
2011	1494	65.38	2986.45	10058.78	2637.65	1352.95
2012	1648	49.75	3258.57	12484.91	2876.70	1526.04
2013	1731	82.01	3694.44	13000.83	3635.57	2196.16
2014	1774	91.20	4123.49	14158.77	3232.02	1864.61
2015	1774	90.64	4488.90	15644.62	3547.24	1981.99
2016	1740	99.36	4891.81	17036.16	3428.73	2228.32
2017	1840	95.45	4262.35	15081.16	3243.67	2144.16
2018	1991	96.24	3791.10	13379.88	2119.64	1363.55
2019	1964	97.25	4096.50	15616.89	2371.70	1404.52
2020	2208	112.13	4388.17	15234.45	2453.39	1651.40

14-2 建筑企业主要经济效益指标(1980—2020年)
Main Indicators of Economic Benefit of Construction Enterprises,1980-2020

年 份 Year	全员劳动生产率 (万元/人) Overall Labour Productivity (10 000 yuan/person)	平均每一从业人员竣工面积(平方米) Floor Space of Building Completed per Employment Personnel (sq.m)	产值利润率 (%) Ratio of Pre-tax Profit to Gross Output Value (%)	产值利税率 (%) Ratio of Profits and Taxes to Gross Output Value (%)	按面积计算竣工率 (%) Percentage of Building Completed in Terms of Floor Space(%)
1980	0.56	16.1	7.0	7.5	48.0
1981	0.50	18.0	9.0	9.5	52.1
1982	0.60	20.1	9.3	10.0	53.8
1983	0.70	19.4	10.2	13.1	48.6
1984	0.89	22.2	8.3	8.8	50.4
1985	1.06	20.5	7.0	7.8	48.6
1986	1.15	20.2	4.6	5.1	53.5
1987	1.25	19.1	4.5	4.9	49.3
1988	1.35	17.8	2.7	4.7	47.4
1989	1.50	18.6	0.6	4.3	51.5
1990	1.59	16.7	-0.3	2.7	49.4
1991	1.80	14.7	0.8	3.4	50.7
1992	2.36	16.8	1.0	3.5	38.2
1993	3.31	18.6	2.9	5.5	38.7
1994	3.68	16.0	0.5	3.2	42.3
1995	5.25	19.6	0.6	3.4	37.2
1996	5.97	19.5	1.0	3.6	36.0
1997	6.53	24.9	1.1	3.7	41.5
1998	7.20	29.6	1.4	3.9	42.2
1999	7.76	31.4	1.0	3.6	43.2
2000	8.68	38.5	1.1	4.0	46.9
2001	11.12	35.6	1.3	4.2	43.2
2002	11.75	38.5	1.8	4.7	47.3
2003	14.65	41.2	1.9	4.8	43.2
2004	17.12	43.0	1.9	4.9	46.4
2005	19.29	38.0	2.3	5.3	37.7
2006	25.51	45.0	2.6	5.8	38.1
2007	26.95	46.3	3.1	6.3	38.6
2008	29.30	33.1	3.3	6.5	27.6
2009	32.23	37.8	2.8	6.0	34.1
2010	37.03	36.9	2.7	6.0	32.0
2011	45.68	40.3	2.7	5.8	26.2
2012	65.49	57.8	2.9	6.0	23.0
2013	45.05	44.3	3.9	7.1	28.0
2014	45.22	35.4	3.9	6.9	22.8
2015	49.53	39.1	3.6	6.3	22.7
2016	49.23	34.5	2.0	4.0	20.1
2017	44.65	34.0	1.7	3.5	21.5
2018	39.39	22.0	2.3	4.0	15.8
2019	42.12	24.4	2.6	4.3	15.2
2020	39.13	21.9	1.6	3.7	16.1

14-3 建筑企业基本情况(按登记注册类型和控股情况分)
Basic Statistics on Construction Enterprises (Grouped by Status of Registration and Ownership)

项 目 Item	企业个数(个) Number of Enterprises (unit)		从事建筑业活动的平均人数(万人) Annual Average Employment Personnel (10 000 persons)		建筑业总产值(亿元) Gross Output Value of Construction (100 million yuan)	
	2019	2020	2019	2020	2019	2020
总 计 **Total**	**1964**	**2208**	**97.25**	**112.13**	**4096.50**	**4388.17**
按登记注册类型分 **Grouped by Status of Registration**						
内资企业 Domestic-funded Enterprises	1954	2199	96.97	112.04	4080.51	4381.49
国 有 State-owned Enterprises	19	17	2.87	0.57	68.62	21.11
集 体 Collective-owned Enterprises	22	19	0.77	0.78	42.55	34.35
股份合作 Cooperative Enterprises	6	7	0.02	0.04	1.00	1.38
私营企业 Private Enterprises	1217	1449	31.35	31.28	622.87	633.06
股份有限公司 Share-holding Corporations Ltd.	51	52	1.56	1.14	158.21	70.45
有限责任公司 Limited Liability Corporations	637	654	60.39	78.22	3187.11	3621.07
# 国有独资 Sole State-funded Corporations	50	54	8.78	16.58	735.94	1088.71
联营企业 Joint Ownership Enterprises	1	1	0.01	0.01	0.13	0.08
其 他 Others	1				0.02	
港、澳、台商投资企业 Enterprises with Investment from Hong Kong, Macao and Taiwan	5	5	0.04	0.05	3.26	2.77
外商投资企业 Foreign Funded Enterprises	5	4	0.24	0.04	12.73	3.91
按企业控股情况分 **Grouped by Company Holding Type**						
国有控股 State-holding Enterprises	213	216	46.67	63.84	2847.85	3136.90
集体控股 Collective-holding Enterprises	71	67	2.75	2.14	145.51	127.05
私人控股 Private-holding Enterprises	1557	1793	44.01	41.48	944.33	928.06
港澳台商控股 Hong Kong, Macao and Taiwan Holding Enterprises	3	4	0.02	0.03	0.48	0.80
外商控股 Foreign Funded Holding Enterprises	3	3	0.05	0.06	5.86	7.08
其 他 Others	117	125	3.75	4.59	152.45	188.29

14-3续表 *Continued*

项　目 Item	竣工产值(亿元) Gross Output Value Completed (100 million yuan)		房屋建筑施工面积(万平方米) Floor Space of Building under Construction (10 000 sq.m)		房屋建筑竣工面积(万平方米) Floor Space of Building Completed (10 000 sq.m)		#住　宅 Residential Buildings	
	2019	2020	2019	2020	2019	2020	2019	2020
总　计 Total	**1859.43**	**1235.03**	**15616.89**	**15234.45**	**2371.70**	**2453.39**	**1404.52**	**1651.40**
按登记注册类型分 Grouped by Status of Registration								
内资企业 Domestic-funded Enterprises	1855.60	1234.32	15616.89	15234.45	2371.70	2453.39	1404.52	1651.40
国　有 State-owned Enterprises	10.37	3.88	4.94	4.06	3.90	0.35	1.22	
集　体 Collective-owned Enterprises	17.38	9.20	328.84	281.24	32.77	24.34	23.80	4.48
股份合作 Cooperative Enterprises	0.52	0.55						
私营企业 Private Enterprises	343.75	195.28	1833.09	1539.80	405.34	634.62	254.15	447.20
股份有限公司 Share-holding Corporations Ltd.	83.23	16.87	5.61	110.54	5.32	25.21		7.88
有限责任公司 Limited Liability Corporations	1400.20	1008.54	13444.41	13298.81	1924.36	1768.87	1125.35	1191.84
#国有独资 Sole State-funded Corporations	193.97	161.20	1945.87	2939.65	192.52	115.59	101.20	58.95
联营企业 Joint Ownership Enterprises	0.13							
其　他 Others	0.02							
港、澳、台商投资企业 Enterprises with Investment from Hong Kong, Macao and Taiwan	0.18							
外商投资企业 Foreign Funded Enterprises	3.66	0.71						
按企业控股情况分 Grouped by Company Holding Type								
国有控股 State-holding Enterprises	1118.62	795.51	10211.48	11097.67	1130.13	1310.34	809.32	944.65
集体控股 Collective-holding Enterprises	89.81	56.31	561.01	409.18	128.02	49.49	53.16	6.15
私人控股 Private Holding Enterprises	524.99	293.64	3572.53	2106.06	800.64	817.25	421.54	523.39
港澳台商控股 Hong Kong, Macao and Taiwan Holding Enterprises	0.18							
外商控股 Foreign Funded Holding Enterprises	3.65	0.50						
其　他 Others	122.18	89.07	1271.87	1621.54	312.90	276.30	120.51	177.21

14-4 建筑企业基本情况(按行业和资质等级分)
Basic Statistics on Construction Enterprises (Grouped by Sector and Qualification Grade)

项　目 Item	企业个数(个) Number of Enterprises (unit)		从事建筑业活动的平均人数(万人) Annual Average Employment Personnel (10 000 persons)		建筑业总产值(亿元) Gross Output Value of Construction (100 million yuan)	
	2019	2020	2019	2020	2019	2020
按行业类别分						
Grouped by Sector						
房屋建筑业						
House Building	468	545	37.56	49.92	1443.83	1474.71
土木工程建筑业						
Civil Engineering	557	639	38.91	43.44	2118.97	2286.11
建筑安装业						
Building Installation	514	552	9.79	8.53	333.25	360.51
建筑装饰、装修和其他建筑业						
Building Decoration and Other Construction	425	472	10.99	10.24	200.44	266.84
按资质等级分						
Grouped by Qualification Grade						
施工总承包						
General Contractor	768	844	62.95	77.29	3457.30	3736.65
特　级						
Super Grade	14	14	21.39	29.32	1613.01	1894.51
一　级						
First Grade	133	139	30.73	38.74	1444.22	1418.34
二　级						
Second Grade	198	198	5.82	4.07	199.33	206.85
三级及以下						
Third Grade and Below	423	493	5.00	5.16	200.74	216.95
专业承包						
Specialized Contractor	1196	1364	34.30	34.85	639.20	651.52
一　级						
First Grade	175	183	4.22	4.07	248.45	231.51
二　级						
Second Grade	460	574	5.90	8.19	133.67	165.97
三级及以下						
Third Grade and Below	561	607	24.18	22.59	257.08	254.04

14-4续表 *Continued*

项　目 Item	竣工产值（亿元） Gross Output Value Completed (100 million yuan)		房屋建筑施工面积（万平方米） Floor Space of Building under Construction (10 000 sq.m)		房屋建筑竣工面积（万平方米） Floor Space of Building Completed (10 000 sq.m)		#住　宅 Residential Buildings	
	2019	2020	2019	2020	2019	2020	2019	2020
按行业类别分 Grouped by Sector								
房屋建筑业 House Building	742.02	559.23	13001.11	11800.68	1965.98	1814.88	1155.71	1147.86
土木工程建筑业 Civil Engineering	777.96	462.54	1988.74	2930.21	253.05	259.19	130.47	172.27
建筑安装业 Building Installation	224.05	152.86	133.05	313.26	19.91	275.48	5.38	251.82
建筑装饰、装修和其他建筑业 Building Decoration and Other Construction	115.40	60.39	493.98	190.30	132.75	103.85	112.96	79.45
按资质等级分 Grouped by Qualification Grade								
施工总承包 General Contractor	1478.42	1059.60	14602.68	14327.73	2165.29	1974.26	1258.80	1262.53
特　级 Super Grade	530.28	517.15	6984.17	7144.49	609.87	1092.17	390.32	777.28
一　级 First Grade	708.95	400.82	6735.35	6668.65	1248.89	731.03	756.07	457.05
二　级 Second Grade	134.46	59.55	531.79	351.82	171.90	57.89	95.98	17.64
三级及以下 Third Grade and Below	104.73	82.08	351.37	162.78	134.63	93.17	16.43	10.56
专业承包 Specialized Contractor	381.01	175.43	1014.20	906.72	206.41	479.13	145.72	388.88
一　级 First Grade	161.98	57.62	7.28	255.42	7.18	254.52	4.18	240.00
二　级 Second Grade	78.30	49.93	386.75	168.13	81.07	55.65	53.53	10.41
三级及以下 Third Grade and Below	140.73	67.89	620.18	483.16	118.16	168.96	88.01	138.46

14-5 建筑企业主要财务指标(2020年)
Main Financial Indicators of Construction Enterprises,2020

单位：亿元(100 million yuan)

指　　标	Item	全市总计 Total	# 国有控股 State-holding	# 集体控股 Collective-holding
期末资产负债	**Assets and Liabilities at Year-end**			
流动资产合计	Total Working Capital	6345.59	4296.96	241.63
固定资产原价	Original Value of Fixed Assets	747.74	565.48	17.97
累计折旧	Accumulative Depreciation	410.66	313.80	9.04
在建工程	Projects under Construction	42.75	30.27	1.93
资产总计	Total Assets	8199.37	5925.07	268.60
流动负债合计	Total Working Liabilities	5938.03	4445.40	190.98
负债合计	Total Liabilities	6389.80	4767.25	201.49
所有者权益合计	Total Owner's Equity	1809.56	1157.82	67.11
损益及分配	**Profit, Loss and Distribution**			
主营业务收入	Revenue of Principal Business	4858.28	3351.20	142.77
主营业务成本	Costs of Principal Business	4459.47	3092.55	129.94
税金及附加	Tax and Extra Charges	14.68	7.75	0.56
# 主营业务税金及附加	Taxes & Extra Charges of Principal Business	13.11	7.10	0.54
其他业务利润	Other Profits from Business	4.29	3.26	0.21
销售费用	Selling Expenses	13.36	4.79	0.41
管理费用	Management Expenses	164.57	84.68	9.26
财务费用	Financial Expenses	55.24	46.02	-0.02
利润总额	Total Pre-tax Profits	71.95	42.18	2.04
所得税费用	Income Taxes Expenses	20.20	12.11	0.74
应交增值税	Value-added Tax Payable	73.67	42.16	2.78
人工成本	**Wage and Welfare Expenses**			
应付职工薪酬	Total Remuneration Payable	448.02	227.65	16.60

14-5续表 *Continued*

单位：亿元(100 million yuan)

指　标	Item	# 私人控股 Private-holding	# 港澳台商控股 Hong Kong, Macao and Taiwan Holding	# 外商控股 Foreign Funded Holding
期末资产负债	**Assets and Liabilities at Year-end**			
流动资产合计	Total Working Capital	1426.96	2.22	8.52
固定资产原价	Original Value of Fixed Assets	150.30	0.64	0.28
累计折旧	Accumulative Depreciation	80.04	0.51	0.19
在建工程	Projects under Construction	9.99		
资产总计	Total Assets	1597.44	2.37	9.09
流动负债合计	Total Working Liabilities	971.80	1.84	5.29
负债合计	Total Liabilities	1081.87	1.84	5.32
所有者权益合计	Total Owner's Equity	515.57	0.54	3.77
损益及分配	**Profit, Loss and Distribution**			
主营业务收入	Revenue of Principal Business	1126.59	1.38	7.87
主营业务成本	Costs of Principal Business	1017.95	1.22	6.33
税金及附加	Tax and Extra Charges	5.79		0.04
# 主营业务税金及附加	Taxes & Extra Charges of Principal Business	5.02		0.04
其他业务利润	Other Profits from Business	0.82	0.01	0.03
销售费用	Selling Expenses	7.63	0.06	0.25
管理费用	Management Expenses	60.53	0.15	0.59
财务费用	Financial Expenses	8.08		0.02
利润总额	Total Pre-tax Profits	25.49	0.06	0.51
所得税费用	Income Taxes Expenses	6.62		0.09
应交增值税	Value-added Tax Payable	25.71	0.01	0.39
人工成本	**Wage and Welfare Expenses**			
应付职工薪酬	Total Remuneration Payable	184.78	0.31	0.98

14-6 建筑企业技术装备情况(2000—2020年)

Basic Statistics on Machinery and Equipment Owned by Construction Enterprises,2000-2020

年份 Year	总台数 Sets	年末自有机械设备总功率(万千瓦) Total Capacity of Machinery and Equipment Owned (Year-end) (10 000 kW)	年末自有机械设备净值(亿元) Net Value of Machinery and Equipment Owned (Year-end) (100 million yuan)	全部职工技术装备率(元/人) Value of Machines per Labour (yuan/person)	全部职工动力装备率(千瓦/人) Power of Machines per Labour (kW/person)
2000	75579	157.27	21.77	10714	7.74
2001	71514	168.83	23.15	12881	9.39
2002	107138	221.56	52.98	19423	8.12
2003	105861	227.81	58.20	24203	9.47
2004	99495	258.80	62.28	27354	11.37
2005	100040	246.33	69.50	26064	9.24
2006	97767	297.62	78.28	25420	9.66
2007	92060	293.46	85.48	24470	8.40
2008	101041	316.85	110.40	30390	8.72
2009	116658	440.64	172.22	41336	10.58
2010	128525	418.90	198.05	41373	8.75
2011	118402	391.62	186.48	57483	12.07
2012	110896	502.04	294.22	91016	15.53
2013	114250	438.28	173.41	21146	5.34
2014	115392	442.66	175.14	21356	5.40
2015	142866	478.62	213.54	23559	5.28
2016	102699	521.86	308.79	31292	5.29
2017	100466	485.61	182.64	30620	8.14
2018	81618	482.35	180.31	28009	7.49
2019	79374	408.77	122.35	15090	5.04
2020	66474	360.59	87.09	13143	5.44

14-7 建筑企业经济效益指标(2020年)
Economic Benefit Indicators of Construction Enterprises,2020

指标 Item	全市 Total	#国有控股 State-holding	#地方 Local
全员劳动生产率(万元/人) Overall Labour Productivity (10 000 yuan/person)	39.13	49.14	40.82
房屋竣工率(%) Percentage of Buildings Completed (%)	16.10	11.81	14.85
平均每一从业人员竣工面积(平方米/人) Floor Space of Buildings Completed per Employment Personnel (sq.m/person)	21.88	20.53	14.38
每百元产值实现利税(元) Ratio of Profits and Taxes to per 100 yuan Output Value (yuan)	3.65	2.94	1.47
百元产值占用流动资产(元) Ratio of Working Capital to per 100 yuan Output Value (yuan)	144.61	136.98	188.36

14-8 建筑业企业房屋建筑完成情况
Building Construction of Construction Enterprises

单位：万平方米 (10 000 sq.m)

指标	Item	2019	2020
房屋建筑施工面积	**Floor Space of Buildings under Construction**	**15616.89**	**15234.45**
#本年新开工面积	New Floor Space of Buildings in Current Year	4576.21	3922.07
房屋建筑竣工面积	**Floor Space of Buildings Completed**	**2371.70**	**2453.39**
住宅	Residential Buildings	1404.52	1651.40
批发和零售用房	Wholesale and Retail Trade Buildings	63.98	67.97
住宿和餐饮用房	Hotels and Restaurants Buildings	39.92	1.08
商务会展用房屋	Commercial Exhibition Buildings	6.64	2.78
居民服务业用房	Residential Service Buildings	41.78	27.02
办公用房	Office Buildings	95.10	82.77
科研用房	Scientific and Research Buildings	14.86	13.85
教育用房	Educational Buildings	98.08	90.36
卫生医疗用房	Health Care and Medical Buildings	39.77	31.59
文化、体育和娱乐用房	Cultural, Sports and Entertainment Buildings	57.58	16.19
厂房及建筑物	Factories and Buildings	356.06	269.59
仓库	Warehouse	27.13	40.51
其他	Others	126.28	158.29

主要统计指标解释

建筑业总产值

是以货币表现的建筑业企业在一定时期内生产的建筑业产品和服务的总和。建筑业总产值包括：

1. 建筑工程产值：指列入建筑工程预算内的各种工程价值；

2. 安装工程产值：指设备安装工程价值以及将预制部品部件安装成建筑工程产品的价值；

3. 其他产值：建筑业总产值中除建筑工程、安装工程以外的产值。包括房屋构筑物修理产值、非标准设备制造产值、总包企业向分包企业收取的管理费以及不能明确划分的施工活动所完成的产值。

房屋施工面积

指在报告期内施工的全部房屋建筑面积，包括本期新开工的房屋建筑面积、上期跨入本期继续施工的房屋建筑面积、上期停缓建在本期恢复施工的房屋建筑面积、本期竣工的房屋建筑面积及本期施工后又停缓建的房屋建筑面积。多层建筑应填各层建筑面积之和。

房屋建筑竣工面积

指在报告期内房屋建筑按照设计要求已全部完工，达到了住人和使用条件，经验收鉴定合格或达到竣工验收标准，可正式移交使用的各栋房屋建筑面积的总和。

Explanatory Notes on Main Statistical Indicators

Gross Output Value of Construction

refers to total Volume of construction products and services, expressed in monetary terms, completed by construction and installation enterprises during a given period of time. It includes:

1.Output value of construction projects, that is the value of projects covered by the project budgets;

2.Output value of installation projects, those are the value of the installation of equipment and the value of installing prefabricated parts into construction engineering products.

3.Other output values, that is the values excluding output value of construction projects and output value of installation projects, including output value of repair of buildings and structures, output value of manufactured non-standard equipment, management expenses received by head enterprises from subcontract enterprises and output value of construction activities completed but unclassified.

Floor Space of Buildings under Construction

refers to floor space of buildings under construction during the reference period, including newly started buildings, buildings started earlier and continued during the reference period, and buildings suspended earlier but restarted during the reference period, buildings completed during the reference period, and buildings under construction and then suspended during the reference period. A multi-storey building should be calculated as the sum of each floor's area.

Floor Space of Buildings Completed

refers to the total floor space of buildings that are completed in the reference period in accordance with the requirements of the design, up to the standard for putting them into use, have been checked and accepted by concerned departments as qualified ones or reached the completed qualification standard, and can be transferred to use formally.

第十五篇　规模以上服务业

Chapter 15 Service Industry above Designated Size

15-1 战略性新兴产业(服务业)基本情况(2020年)
Basic Situation of Strategic Emerging Industry (Service Industry),2020

指 标	Item	企业单位数(个) Number of Enterprises (unit)	营业收入 Operating Revenue 2020比2019年增长(%) Increase Rate in 2020 over 2019 (%)	产业比重(%) Proportion (%)
全市总计	**Total**	**965**	**10.0**	
按产业分	**Grouped by Industry**			
新一代信息技术产业	New Generation of Information Technology Industry	322	21.9	48.8
高端装备制造业	High-end Equipment Manufacturing Industry	18	31.4	1.8
新材料产业	New Material Industry	30	-15.2	1.5
生物产业	Bio-Industry	49	33.5	1.7
新能源汽车产业	New Energy Auto Industry	5	-17.9	0.4
新能源产业	New Energy Industry	9	5.3	0.5
节能环保产业	Energy Saving and Environmental Protection Industry	118	-6.8	10.8
数字创意产业	Digital Creative Industry	268	-3.7	15.2
相关服务业	Related Service Industry	146	6.5	19.3

15-2 高技术产业(服务业)基本情况(2020年)
Basic Statistics for High Technology Industry (Service Industry),2020

指 标	Item	企业单位数(个) Number of Enterprises (unit)	营业收入 Operating Revenue 2020比2019年增长(%) Increase Rate in 2020 over 2019 (%)	产业比重(%) Proportion (%)
全市总计	**Total**	**1060**	**7.2**	
按产业分	**Grouped by Industry**			
信息服务	Information Services	412	8.9	43.5
电子商务服务	E-Commerce Services	55	30.0	7.2
检验检测服务	Inspection and Testing Services	95	35.3	2.6
专业技术服务业的高技术服务业	High-tech Service Industry of Special Technical Services	286	0.9	35.8
研发与设计服务	Research, Development and Design Sevices	94	6.4	7.8
科技成果转化服务	Science and Technology Achievements Transformation Services	68	-7.2	1.9
知识产权及相关法律服务	Intellectual Property and Relevant Legal Services	25	34.3	0.7
环境监测及治理服务	Environmental Monitoring and Treatment Services	25	1.4	0.5

15-3 规模以上服务业企业主要指标
Main Indicators of Service Enterprises above Designated Size

项 目	Item	企业单位数(个) Number of Enterprises (unit)		平均用工人数(人) Average Number of Employed Persons (person)	
		2019	2020	2019	2020
全 市 总 计	**Total**	**4472**	**4691**	**684122**	**741895**
按行业分	**Grouped by Sector**				
# 道路运输业	Highway Transport	458	472	66965	66273
水上运输业	Waterway Transport	80	81	10738	10442
航空运输业	Air Transport	7	36	8516	8523
管道运输业	Pipeline Transport	7	7	561	585
多式联运和运输代理业	Intermodality and Forwarding	631	609	18540	17512
装卸搬运和仓储业	Loading, Unloading and Storage	226	186	17045	17824
邮政业	Post Services	13	19	15235	14615
电信、广播电视和卫星传输服务	Telecommunication, Broadcast Television and Satellite Transmission Services	17	19	15934	15548
互联网和相关服务	Internet and Relative Services	99	132	16374	22359
软件和信息技术服务业	Software and Information Technology Services	305	303	60378	58538
物业管理(中类)	Property Management(middle class)	243	242	74117	71749
房地产中介服务(中类)	The Real Estate Intermediary Services(middle class)	63	68	17007	14091
房地产租赁经营(中类)	The Real Estate Leasing Operations(middle class)	168	199	6568	8071
租赁业	Leasing Services	92	104	5896	5782
商务服务业	Business Services	900	988	157841	205642
研究和试验发展	R&D	49	50	7880	8840
专业技术服务业	Special Technical Services	434	480	79891	86390
科技推广和应用服务业	Science and Technology Generalizing and Application Services	80	82	6404	5384
公共设施管理业	Management for Public Facilities	76	73	16685	17596
土地管理业	Management for Land	16	14	960	831
居民服务业	Resident Services	23	25	1956	1574
机动车、电子产品和日用产品修理业	Motor Vehicle, Electronic Products and Household Products Repair Industry	34	41	2565	1574
其他服务业	Others	50	51	43507	47625
教 育	Education	42	42	8833	9279
卫 生	Health Care	103	106	12841	12682
新闻和出版业	News Publication	27	29	2199	2352
广播、电视、电影和录音制作业	Broadcast, TV, Movies, Video and Record Production Industry	128	129	3779	3370
文化艺术业	Culture and Art	33	21	1039	775
体 育	Sports	17	13	1706	1704
娱乐业	Recreational Services	40	44	1142	1257

15-3续表1 *Continued*

单位：亿元(100 million yuan)

项　目	Item	资产总计 Total Assets		营业收入 Revenue from Business	
		2019	2020	2019	2020
全市总计	**Total**	**33034.00**	**35999.60**	**7598.96**	**7646.51**
按行业分	**Grouped by Sector**				
# 道路运输业	Highway Transport	5273.75	5564.08	1915.78	1481.11
水上运输业	Waterway Transport	1892.76	1908.48	186.61	192.46
航空运输业	Air Transport	620.51	699.67	129.61	109.34
管道运输业	Pipeline Transport	121.97	124.11	26.11	34.60
多式联运和运输代理业	Intermodality and Forwarding	281.52	290.30	494.97	539.09
装卸搬运和仓储业	Loading, Unloading and Storage	807.92	745.92	320.22	264.77
邮政业	Post Services	32.71	39.01	56.42	73.32
电信、广播电视和卫星传输服务	Telecommunication, Broadcast Television and Satellite Transmission Services	358.60	338.18	169.60	165.87
互联网和相关服务	Internet and Relative Services	425.87	830.21	438.60	615.88
软件和信息技术服务业	Software and Information Technology Services	1033.83	1024.95	476.08	546.27
物业管理(中类)	Property Management(middle class)	325.27	304.96	118.37	135.88
房地产中介服务(中类)	The Real Estate Intermediary Services(middle class)	179.56	59.49	57.82	64.79
房地产租赁经营(中类)	The Real Estate Leasing Operations(middle class)	3251.69	4968.38	81.19	97.19
租赁业	Leasing Services	402.93	572.17	127.51	94.69
商务服务业	Business Services	10651.50	12231.22	1247.08	1407.36
研究和试验发展	R&D	191.34	215.23	80.70	75.08
专业技术服务业	Special Technical Services	1846.23	2046.49	1133.26	1185.22
科技推广和应用服务业	Science and Technology Generalizing and Application Services	106.24	129.00	74.08	65.21
公共设施管理业	Management for Public Facilities	1729.24	1230.00	78.22	90.27
土地管理业	Management for Land	2767.58	1751.68	73.19	49.43
居民服务业	Resident Services	20.95	21.24	6.87	15.79
机动车、电子产品和日用产品修理业	Motor Vehicle, Electronic Products and Household Products Repair Industry	9.63	10.93	9.06	12.06
其他服务业	Others	30.68	31.94	40.57	44.93
教　育	Education	45.65	57.34	35.59	42.04
卫　生	Health Care	35.72	38.72	45.18	52.21
新闻和出版业	News Publication	66.07	71.32	20.42	17.22
广播、电视、电影和录音制作业	Broadcast, TV, Movies, Video and Record Production Industry	298.72	301.52	91.68	99.32
文化艺术业	Culture and Art	115.18	82.68	32.73	9.37
体　育	Sports	33.32	40.83	7.12	2.84
娱乐业	Recreational Services	37.86	25.97	15.37	19.74

15-3续表2 *Continued*

单位：亿元(100 million yuan)

项目	Item	税收合计 Total Taxes		利润总额 Total Pre-tax Profits	
		2019	2020	2019	2020
全市总计	**Total**	**303.94**	**304.72**	**461.97**	**511.23**
按行业分	**Grouped by Sector**				
# 道路运输业	Highway Transport	65.56	38.41	51.00	14.51
水上运输业	Waterway Transport	7.95	9.42	17.62	23.39
航空运输业	Air Transport	4.21	1.73	4.53	-45.74
管道运输业	Pipeline Transport	2.98	3.26	10.87	13.42
多式联运和运输代理业	Intermodality and Forwarding	3.44	3.39	9.09	10.59
装卸搬运和仓储业	Loading, Unloading and Storage	9.12	10.34	21.03	18.63
邮政业	Post Services	0.51	0.48	-4.01	-2.67
电信、广播电视和卫星传输服务	Telecommunication, Broadcast Television and Satellite Transmission Services	7.01	4.28	2.16	1.56
互联网和相关服务	Internet and Relative Services	15.42	14.39	20.85	8.73
软件和信息技术服务业	Software and Information Technology Services	30.22	33.13	83.45	121.68
物业管理(中类)	Property Management(middle class)	5.62	7.43	5.40	9.98
房地产中介服务(中类)	The Real Estate Intermediary Services(middle class)	4.56	4.28	2.31	4.82
房地产租赁经营(中类)	The Real Estate Leasing Operations(middle class)	12.41	15.34	2.57	6.89
租赁业	Leasing Services	3.08	3.45	8.91	-7.61
商务服务业	Business Services	56.57	87.95	80.62	190.37
研究和试验发展	R&D	3.02	2.27	13.71	10.55
专业技术服务业	Special Technical Services	37.76	35.22	117.89	90.56
科技推广和应用服务业	Science and Technology Generalizing and Application Services	2.49	1.91	-0.59	4.65
公共设施管理业	Management for Public Facilities	3.27	2.19	5.15	6.71
土地管理业	Management for Land	16.85	14.51	7.68	8.23
居民服务业	Resident Services	0.57	0.72	1.42	1.94
机动车、电子产品和日用产品修理业	Motor Vehicle, Electronic Products and Household Products Repair Industry	0.21	0.24	0.07	0.33
其他服务业	Others	2.69	2.23	2.12	2.51
教　育	Education	1.46	1.17	-0.39	8.80
卫　生	Health Care	0.35	0.45	1.01	1.31
新闻和出版业	News Publication	0.81	0.74	1.91	1.66
广播、电视、电影和录音制作业	Broadcast, TV, Movies, Video and Record Production Industry	3.54	3.61	6.96	7.65
文化艺术业	Culture and Art	0.78	0.21	-0.56	0.03
体　育	Sports	0.12	0.12	-14.05	-8.75
娱乐业	Recreational Services	0.79	1.35	1.83	4.41

15-4 各区规模以上服务业企业主要指标
Main Indicators of Service Enterprises above Designated Size by District

地 区	Region	企业单位数（个）Number of Enterprises (unit)		平均用工人数（人）Average Number of Employed Persons (person)		资产总计（亿元）Total Assets (100 million yuan)	
		2019	2020	2019	2020	2019	2020
和平区	Heping District	274	241	46234	44802	7765.30	8300.06
河东区	Hedong District	160	158	19052	19914	116.20	190.15
河西区	Hexi District	289	297	35987	37185	2051.58	2555.97
南开区	Nankai District	229	228	67200	78152	785.69	799.19
河北区	Hebei District	98	100	18351	14725	1534.33	1510.44
红桥区	Hongqiao District	59	58	7337	8674	134.39	116.29
东丽区	Dongli District	220	208	31203	28836	1144.72	1272.83
西青区	Xiqing District	197	225	30119	35583	1088.61	1162.93
津南区	Jinnan District	130	134	15389	15123	946.73	1038.08
北辰区	Beichen District	151	141	27550	26185	931.33	1052.23
武清区	Wuqing District	302	353	33641	41542	540.74	630.62
宝坻区	Baodi District	54	50	9130	4727	26.46	52.61
滨海新区	Binhai New Area	2177	2373	331691	375185	15543.52	16853.67
宁河区	Ninghe District	41	39	3831	3709	31.93	43.82
静海区	Jinghai District	50	45	3613	3680	299.26	302.55
蓟州区	Jizhou District	41	41	3794	3873	93.21	118.14

15-4续表 *Continued*

单位：亿元 (100 million yuan)

地 区	Region	营业收入 Revenue from Business		税收合计 Total Taxes		利润总额 Total Pre-tax Profits	
		2019	2020	2019	2020	2019	2020
和平区	Heping District	318.08	276.88	10.52	5.92	37.62	25.36
河东区	Hedong District	91.20	110.46	2.57	2.91	2.40	1.06
河西区	Hexi District	283.78	323.98	10.19	10.27	-5.81	106.34
南开区	Nankai District	213.26	224.88	8.85	10.72	18.78	13.90
河北区	Hebei District	339.98	99.86	7.17	2.38	19.52	5.83
红桥区	Hongqiao District	48.04	56.97	1.47	1.46	3.30	-0.16
东丽区	Dongli District	142.75	149.91	5.48	5.57	13.09	12.05
西青区	Xiqing District	124.79	152.36	4.55	6.89	-0.91	0.67
津南区	Jinnan District	52.61	64.36	1.21	1.77	0.37	-0.30
北辰区	Beichen District	248.16	270.08	5.55	10.02	1.99	17.87
武清区	Wuqing District	361.22	442.24	15.59	15.52	16.24	13.06
宝坻区	Baodi District	29.77	28.63	1.36	1.21	3.52	3.25
滨海新区	Binhai New Area	5272.94	5350.77	226.15	225.51	347.66	308.70
宁河区	Ninghe District	19.53	44.36	1.29	2.69	2.19	2.88
静海区	Jinghai District	38.62	33.28	1.65	1.73	2.34	0.99
蓟州区	Jizhou District	14.23	17.48	0.34	0.16	-0.33	-0.25

主要统计指标解释

规模以上服务业法人单位

辖区内年营业收入 1500 万元及以上服务业法人单位。包括：交通运输、仓储和邮政业，信息传输、软件和信息技术服务业，水利、环境和公共设施管理业三个门类和卫生行业大类。

辖区内年营业收入 1000 万元及以上服务业法人单位。包括：租赁和商务服务业，科学研究和技术服务业，教育三个门类，以及物业管理、房地产中介服务、房地产租赁经营和其他房地产业四个行业小类。

辖区内年营业收入 500 万元及以上服务业法人单位。包括：居民服务、修理和其他服务业，文化、体育和娱乐业两个门类，以及社会工作行业大类。

战略性新兴产业（服务业）

根据《战略性新兴产业分类（2018）》，战略性新兴产业是以重大技术突破和重大发展需求为基础，对经济社会全局和长远发展具有重大引领带动作用，知识技术密集、物质资源消耗少、成长潜力大、综合效益好的产业，包括：新一代信息技术产业、高端装备制造产业、新材料产业、生物产业、新能源汽车产业、新能源产业、节能环保产业、数字创意产业、相关服务业等 9 大领域。

本篇中战略性新兴产业（服务业）统计范围为规模以上服务业法人单位。

高技术产业（服务业）

根据《高技术产业（服务业）分类（2018）》，指采用高技术手段为社会提供服务活动的集合，包括信息服务、电子商务服务、检验检测服务、专业技术服务业的高技术服务、研发与设计服务、科技成果转化服务、知识产权及相关法律服务、环境监测及治理服务和其他高技术服务等 9 大类。

本篇中高技术产业（服务业）统计范围为规模以上服务业法人单位。

Explanatory Notes on Main Statistical Indicators

Legal Entities of Service Industry above Designated Size

Legal Entities of Service Industry with annual business revenue of over 15 million yuan in every district in Tianjin Municipality include three categories: transport, storage and postal services, information transmission, software and information technology services, and management of Water Conservancy, Environment and Public Facilities and one major category: health.

Legal Entities of Service Industry with annual business revenue of over 10 million yuan in every district in Tianjin Municipality include three categories: leasing and business services, scientific research and technical services, and education and four classes: real estate agent services, real estate intermediary services, real estate leasing business, and other real estate.

Legal Entities of Service Industry with annual business revenue of over 5 million yuan in every district in Tianjin Municipality include two categories: households' service, repair and other services, culture, sports and entertainment services and one major category: social work.

Strategic Emerging Industry (Service Industry)

According to The Classification of Strategic Emerging Industry (2018), strategic emerging industry is based on major technological breakthroughs and development needs, promoting long-term development of the economy and society. The industry has the characteristics of intensive knowledge and technology, less consumption of material resources, great potential of growth, and good overall efficiency. The industry includes new generation of information technology industry, high-end equipment manufacturing industry, new material industry, biotechnology industry, new energy auto industry, new energy industry, energy saving and environmental protection industry, digital creative industry, and related service industry.

The statistical coverage of strategic emerging industry (service industry) in this chapter includes legal entities of service industry above designated size.

High-tech Industry (Service Industry)

According to The Classification of High-tech Industry (Service Industry) (2018), high-tech industry (service industry) refers to industry providing service activities for society through high-tech means, including information services, e-commerce services, inspection and testing services, high-tech service industry of special technical services, research, development and design services, science and technology achievements transformation services, intellectual property and relevant legal services, environmental monitoring and treatment services, and other high-tech services.

The statistical coverage of high-tech industry (service industry) in this chapter includes legal entities of service industry above designated size.

第十六篇 批发和零售业

Chapter 16 Wholesale and Retail Trade

16-1 限额以上批发和零售业商品购进、销售和库存(2001—2020年)

Purchases,Sales and Inventory of Wholesale and Retail Trade above Designated Size,2001-2020

单位：亿元(100 million yuan)

年份 Year	商品购进额 Purchases	#进口 Imports	商品销售额 Sales	#批发 Wholesale	年末库存额 Inventory (year-end)
2001	1343.64	49.89	1408.13	1167.82	137.96
2002	1356.68	57.27	1438.33	1215.56	105.87
2003	1858.19	92.81	1915.05	1678.86	107.93
2004	3578.89	238.89	3636.22	3199.33	221.68
2005	4192.39	197.44	4316.01	3897.80	204.52
2006	4912.09	267.56	5109.00	4640.25	245.87
2007	6639.77	298.80	6061.70	5518.56	323.18
2008	9183.67	442.79	10216.70	9262.70	453.39
2009	8940.76	343.15	9718.19	8651.55	575.76
2010	12346.01	514.07	13642.49	12392.62	624.38
2011	17760.51	920.11	18618.70	17065.38	888.38
2012	22100.52	1375.40	23284.41	21326.17	1079.16
2013	27095.13	1385.86	28747.85	26306.12	1209.74
2014	30600.76	1781.61	32601.83	29881.67	1524.93
2015	30793.20	1857.95	33156.29	30319.67	1296.67
2016	32734.98	1648.74	35270.82	32185.01	1543.99
2017	28681.22	1616.60	30258.38	27858.39	1632.23
2018	26880.89	1538.83	28185.13	25880.94	1736.58
2019	28925.98	1233.15	30700.10	28346.83	1725.56
2020	32134.84	1183.30	33705.95	31335.95	1360.09

16-2 限额以上批发和零售业商品购进额
Purchases of Wholesale and Retail Trade above Designated Size

单位：万元(10 000 yuan)

项 目 Item	商品购进额 Goods Purchases		#进 口 Imports	
	2019	2020	2019	2020
总 计 **Total**	**289259802**	**321348360**	**12331476**	**11832973**
按登记注册类型分 **Grouped by Registered Status**				
内资企业 Domestic-funded Enterprises	234542755	268105431	8428999	6802135
国 有 State-owned Enterprises	2053066	8702948	63537	130040
集 体 Collective-owned Enterprises	134376	162457	5748	9988
股份合作 Cooperative Enterprises	141411	154865		
私营企业 Private Enterprises	107198193	141292299	3930475	3086209
股份有限公司 Share-holding Corporations Ltd.	4989955	5643832	332521	370929
有限责任公司 Limited Liability Corporations	119002031	110757341	4096718	3204893
#国有独资公司 Sole State-funded Corporations	18355352	10392388	188346	81713
联营企业 Joint Ownership Enterprises	12756	63330		
#国有联营 State Joint Ownership Enterprises	12756	8389		
集体联营 Collective Joint Ownership Enterprises				
其 他 Others	1010968	1328360		76
港澳台商投资企业 Enterprises with Investment from Hong Kong, Macao and Taiwan	9001287	11694874	788829	944103
外商投资企业 Foreign Funded Enterprises	45715760	41548055	3113649	4086734
按企业控股情况分 **Grouped by Company Holding Type**				
国有及国有控股企业 State-owned and State-holding Enterprises	105769057	100960761	3737816	2799107
民营及民营控股企业 Private and Private Holding Enterprises	163061780	193032083	4689993	4186565
外商及港澳台控股企业 Hong Kong, Macao, Taiwan and Foreign Funded Holding Enterprises	20428966	27355516	3903666	4847301

16-2续表 *Continued*

单位：万元 (10 000 yuan)

项 目 Item	商品购进额 Goods Purchases		# 进 口 Imports	
	2019	2020	2019	2020
按国民经济行业分 Grouped by Sector				
批发业 Wholesale Trade	**269522492**	**303765802**	**11855121**	**11331675**
农、林、牧、渔产品批发 Farming, Forestry, Animal Husbandry and Fishery Products	3126617	5275901	267251	627560
食品、饮料及烟草制品批发 Food, Beverage and Tobacco	13664125	17176339	2054030	1944500
纺织、服装及日用品批发 Textile, Garments and Daily Articles	12304027	12061423	316506	206163
文化、体育用品及器材批发 Cultural and Sports Goods & Equipment	2586096	1713600	60204	65158
医药及医疗器械批发 Medicine and Medical Appliances	5613185	6127975	236042	214037
矿产品、建材及化工产品批发 Mineral Products, Building Material and Chemical Products	187884994	213049917	3041395	3537954
机械设备、五金交电及电子产品批发 Machinery Equipment, Hardware, Transport, Electric and Electronic Product	30737463	32141517	5464783	4353196
贸易经纪与代理 Trade Broker and Agent	2490651	1683578	157109	156082
其他批发 Others	11115335	14535552	257802	227025
零售业 Retail Trade	**19737310**	**17582558**	**476355**	**501298**
综合零售 Comprehensive Retail	1733876	1708664	8205	1058
食品、饮料及烟草制品专门零售 Special Retail of Food, Beverage and Tobacco	311024	279613	1072	
纺织、服装及日用品专门零售 Special Retail of Textile, Garments and Daily Articles	749791	707555	2532	2559
文化、体育用品及器材专门零售 Special Retail of Cultural and Sports Goods & Equipment	342810	208387	475	
医药及医疗器械专门零售 Special Retail of Medicine and Medical Appliances	260705	288187	219	1395
汽车、摩托车、零配件和燃料及其他动力销售业 Special Retail of Automobile, Autobike, Parts, Fittings, Fuel and Other Power	10229078	9229459	354857	486340
家用电器及电子产品专门零售 Special Retail of Household Appliances and Electronic Products	914867	791429	107295	8242
五金、家具及室内装饰材料专门零售业 Special Retail of Hardware, Furniture and Decoration Materials for Indoors	165728	156847	477	1706
货摊、无店铺及其他零售业 Booth, Non-shop and Other Retail	5029430	4212418	1224	

16-3 限额以上批发和零售业商品销售和库存额
Sales and Inventory of Wholesale and Retail Trade above Designated Size

单位：亿元(100 million yuan)

项 目 Item	商品销售额 Sales		#批 发 Wholesale		年末库存额 Inventory(year-end)	
	2019	2020	2019	2020	2019	2020
总 计 **Total**	**30700.10**	**33705.95**	**28346.83**	**31335.95**	**1725.56**	**1360.09**
按登记注册类型分 **Grouped by Registered Status**						
内资企业 Domestic-funded Enterprises	24728.18	27926.28	22962.73	26067.67	1366.32	1085.14
国 有 State-owned Enterprises	257.95	969.68	250.56	937.33	25.25	36.92
集 体 Collective-owned Enterprises	17.20	17.88	5.80	8.98	0.90	0.76
股份合作 Cooperative Enterprises	16.13	16.42	13.10	14.14	3.84	1.34
私营企业 Private Enterprises	11324.75	14708.10	10587.31	13689.02	443.90	501.95
股份有限公司 Share-holding Corporations Ltd.	538.29	600.02	470.53	544.59	33.48	23.99
有限责任公司 Limited Liability Corporations	12470.81	11470.32	11535.41	10733.15	858.76	519.67
#国有独资公司 Sole State-funded Corporations	1914.24	1059.78	1878.33	1031.26	135.32	107.94
联营企业 Joint Ownership Enterprises	1.62	7.09		5.93	0.06	0.07
#国有联营 State Joint Ownership Enterprises	1.62	1.15			0.06	0.01
其 他 Others	101.41	136.77	100.02	134.53	0.14	0.44
港澳台商投资企业 Enterprises with Investment from Hong Kong, Macao and Taiwan	1179.04	1414.93	899.73	1163.79	206.97	121.89
外商投资企业 Foreign Funded Enterprises	4792.88	4364.74	4484.37	4104.48	152.26	153.06
按企业控股情况分 **Grouped by Company Holding Type**						
国有及国有控股企业 State-owned and State-holding Enterprises	10908.57	10390.52	10436.84	9984.97	678.53	424.02
民营及民营控股企业 Private and Private Holding Enterprises	17298.75	20189.83	15762.86	18546.21	755.53	683.33
外商及港澳台控股企业 Hong Kong, Macao, Taiwan and Foreign Funded Holding Enterprises	2492.78	3125.60	2147.13	2804.77	291.50	252.73

16-3续表 *Continued*

单位：亿元(100 million yuan)

项　目 Item	商品销售额 Sales		#批　发 Wholesale		年末库存额 Inventory(year-end)	
	2019	2020	2019	2020	2019	2020
按国民经济行业分 Grouped by Sector						
批发业 Wholesale Trade	**28499.52**	**31771.58**	**28071.45**	**31195.99**	**1482.70**	**1226.58**
农、林、牧、渔产品批发 Farming, Forestry, Animal Husbandry and Fishery Products	337.85	542.32	337.70	535.67	75.29	83.45
食品、饮料及烟草制品批发 Food, Beverage and Tobacco	1554.18	1916.93	1537.60	1881.83	126.16	150.61
纺织、服装及日用品批发 Textile, Garments and Daily Articles	1451.42	1448.18	1278.80	1293.93	164.00	137.01
文化、体育用品及器材批发 Cultural and Sports Goods & Equipment	272.18	189.44	255.80	185.37	22.98	21.77
医药及医疗器械批发 Medicine and Medical Appliances	639.99	702.27	637.41	701.09	42.84	47.93
矿产品、建材及化工产品批发 Mineral Products, Building Material and Chemical Products	19391.27	21738.02	19334.60	21495.99	805.15	562.57
机械设备、五金交电及电子产品批发 Machinery Equipment, Hardware, Transport, Electric and Electronic Product	3389.67	3447.12	3232.52	3321.40	218.51	172.61
贸易经纪与代理 Trade Broker and Agent	263.63	175.57	260.41	173.81	9.78	6.97
其他批发 Others	1199.34	1611.73	1196.61	1606.91	17.97	43.66
零售业 Retail Trade	**2200.58**	**1934.37**	**275.38**	**139.96**	**242.86**	**133.51**
综合零售 Comprehensive Retail	210.36	198.87	17.41	3.02	22.95	17.49
食品、饮料及烟草制品专门零售 Special Retail of Food, Beverage and Tobacco	42.63	40.23	6.97	3.54	3.34	2.29
纺织、服装及日用品专门零售 Special Retail of Textile, Garments and Daily Articles	107.14	99.07	2.16	4.30	7.41	6.17
文化、体育用品及器材专门零售 Special Retail of Cultural and Sports Goods & Equipment	35.41	28.39	1.00	2.44	6.57	6.21
医药及医疗器械专门零售 Special Retail of Medicine and Medical Appliances	30.03	34.34	1.64	1.49	3.28	5.91
汽车、摩托车、零配件和燃料及其他动力销售业 Special Retail of Automobile, Autobike, Parts, Fittings, Fuel and Other Power	1095.35	964.56	111.55	71.40	172.08	83.45
家用电器及电子产品专门零售 Special Retail of Household Appliances and Electronic Products	126.17	87.62	8.50	17.15	4.85	4.04
五金、家具及室内装饰材料专门零售业 Special Retail of Hardware, Furniture and Decoration Materials for Indoors	21.82	20.44	1.23	1.79	2.38	2.03
货摊、无店铺及其他零售业 Booth, Non-shop and Other Retail	531.67	460.84	124.92	34.83	20.01	5.93

16-4 限额以上国有及国有控股批发和零售业主要指标(2020年)

Main Indicators of State-owned & State-holding Wholesale and Retail Trade above Designated Size,2020

单位：亿元(100 million yuan)

项目 Item	机构(个) Organizations (unit)	商品购进额 Purchases	商品销售额 Sales
总计 Total	**530**	**10096.08**	**10390.52**
批发业 Wholesale Trade	**382**	**9763.61**	**10030.25**
农、林、牧、渔产品批发 Farming, Forestry, Animal Husbandry and Fishery Products	24	189.54	193.44
食品、饮料及烟草制品批发 Food, Beverage and Tobacco	33	434.36	509.94
纺织、服装及日用品批发 Textile, Garments and Daily Articles	26	173.87	192.76
文化、体育用品及器材批发 Cultural and Sports Goods & Equipment	9	32.91	31.95
医药及医疗器械批发 Medicine and Medical Appliances	33	340.07	368.11
矿产品、建材及化工产品批发 Mineral Products, Building Material and Chemical Products	191	7636.39	7745.54
机械设备、五金交电及电子产品批发 Machinery Equipment, Hardware, Transport, Electric and Electronic Product	44	719.60	748.12
贸易经纪与代理 Trade Broker and Agent	10	105.83	105.46
其他批发 Others	12	131.05	134.93
零售业 Retail Trade	**148**	**332.46**	**360.27**
# 综合零售 Comprehensive Retail	10	3.86	5.98
食品、饮料及烟草制品专门零售 Special Retail of Food, Beverage and Tobacco	10	5.40	7.03
纺织、服装及日用品专门零售 Special Retail of Textile, Garments and Daily Articles	5	7.07	10.10
文化、体育用品及器材专门零售 Special Retail of Cultural and Sports Goods & Equipment	19	3.96	4.13
医药及医疗器械专门零售 Special Retail of Medicine and Medical Appliances	7	5.11	5.73
汽车、摩托车、燃料及零配件专门零售 Special Retail of Automobile, Autobike, Parts, Fittings and Fuel	93	305.38	325.16
无店铺及其他零售 Non-shop and Other Retail	3	1.34	1.73

16-5 按登记注册类型分限额以上批发和零售企业财务状况(2020年)

项 目	Item	营业收入 Revenue from Business	营业成本 Cost of Business
总 计	**Total**	**301167624**	**288649980**
批发企业	**Wholesale Trade**	**283192765**	**273059102**
#国有及国有控股企业	State-owned and State-holding Enterprises	89279352	87403528
内资企业	Domestic-funded Enterprises	235840068	229260590
国 有	State-owned Enterprises	8502098	7910840
集 体	Collective-owned Enterprises	79927	79144
股份合作	Cooperative Enterprises	127500	121724
联营企业	Joint Ownership Enterprises	52590	52439
有限责任公司	Limited Liability Corporations	96509284	93886382
股份有限公司	Share-holding Corporations Ltd.	5347357	5103955
私营企业	Private Enterprises	124016668	120929204
其他企业	Others	1204645	1176901
港澳台商投资企业	Enterprises with Investment from Hong Kong, Macao and Taiwan	11646735	9856372
外商投资企业	Foreign Funded Enterprises	35705961	33942140
零售企业	**Retail Trade**	**17974859**	**15590878**
#国有及国有控股企业	State-owned and State-holding Enterprises	3239086	2870394
内资企业	Domestic-funded Enterprises	13991422	12184938
国 有	State-owned Enterprises	152335	121371
集 体	Collective-owned Enterprises	79177	65330
股份合作	Cooperative Enterprises	19878	15632
联营企业	Joint Ownership Enterprises	10306	7810
有限责任公司	Limited Liability Corporations	5759906	4922563
股份有限公司	Share-holding Corporations Ltd.	156864	139445
私营企业	Private Enterprises	7797609	6898721
其他企业	Others	15348	14065
港澳台商投资企业	Enterprises with Investment from Hong Kong, Macao and Taiwan	1414665	1142645
外商投资企业	Foreign Funded Enterprises	2568772	2263295

Main Financial Indicators of Enterprises above Designated Size of Wholesale and Retail Trade by Status of Registration,2020

单位：万元(10 000 yuan)

税金及附加 Taxes and Other Charge	利润总额 Total Pre-tax Profits	资产总计 Total Assets	# 流动资产 Working Capitals	负债合计 Total Debts	所有者权益合计 Total Owners' Equities
908483	**2163304**	**142115206**	**120688702**	**120531213**	**21370431**
860762	**2299248**	**131899824**	**113915884**	**112223427**	**19516287**
267664	319037	41161167	33201668	37401431	3764281
479612	1136466	114038873	97467264	100110534	13895168
149507	206231	3226663	2907457	1960725	1265938
35	25	53439	48090	40845	12594
167	193	92331	83269	75117	17215
20	-749	15859	15791	11918	3940
151250	190081	56023000	49194398	53745035	2280818
5308	81988	6539960	2478251	2829886	3716723
172632	644700	47737367	42410021	41142321	6552376
694	13997	350253	329988	304689	45564
46679	633297	7964102	7322934	4567613	3272807
334471	529484	9896849	9125686	7545280	2348312
47721	**-135944**	**10215382**	**6772818**	**8307786**	**1854144**
8421	-61066	2710556	1024391	1439620	1272459
35825	-109821	7549429	5756471	6075913	1419662
1029	4948	183937	144440	98710	85227
273	7312	50520	44362	19802	30717
65	1207	16017	10468	8238	7779
42	1754	2118	1972	1486	632
17196	-72103	3157885	2413020	2775049	389687
1269	-25404	460564	103733	101123	359441
15913	-28211	3674366	3034472	3069474	544186
39	677	4023	4003	2030	1993
5442	44150	825926	496083	1018524	-192598
6454	-70273	1840027	520265	1213349	627080

16-6 按国民经济行业分限额以上批发和零售业财务状况(2020年)

项目	Item	营业收入 Revenue from Business	营业成本 Cost of Business
总计	**Total**	**301167624**	**288649980**
批发企业	**Wholesale Trade**	**283192765**	**273059102**
农、林、牧、渔产品批发	Wholesale of Farming, Forestry, Animal Husbandry and Fishery Products	5145614	4988335
食品、饮料及烟草制品批发业	Wholesale of Food, Beverage and Tobacco	16308667	14679992
纺织、服装及日用品批发业	Wholesale of Textiles, Garments and Daily Articles	13120541	11517554
文化、体育用品及器材批发业	Wholesale of Culture, Sports Appliances and Equipment	1829678	1666115
医药及医疗器材批发业	Wholesale of Medicines and Medical Appliances	6308396	5481368
矿产品、建材及化工产品批发业	Wholesale of Mineral Products, Building Material and Chemical Products	192782411	189379941
机械设备、五金交电及电子产品批发业	Wholesale of Machinery, Hardware, Transport, Electric and Electronic Equipment	31540660	29312291
贸易经纪与代理	Trade Broker and Agent	1671594	1604881
其他批发业	Other Wholesales	14485206	14428626
零售企业	**Retail Trade**	**17974859**	**15590878**
综合零售业	Comprehensive Retail	1940415	1567780
食品、饮料及烟草制品专门零售业	Special Retail of Food, Beverage and Tobacco	385837	269584
纺织、服装及日用品专门零售业	Special Retail of Textiles, Garments and Daily Articles	848042	571735
文化、体育用品及器材专门零售业	Special Retail of Culture, Sports Appliances and Equipment	266493	213361
医药及医疗器材专门零售业	Special Retail of Medicine and Medical Appliances	317822	264377
汽车、摩托车、零配件和燃料及其他动力销售业	Special Retail of Automobile, Autobike, Parts, Fittings and Fuel	8894096	8160702
家用电器及电子产品专门零售业	Special Retail of Household Electric Appliances and Electronic Products	815816	728736
五金、家具及室内装饰材料专门零售业	Special Retail of Hardware, Furniture and Decoration Materials for Indoors	183738	148817
货摊、无店铺及其他零售业	Non-shop and Other Retails	4322601	3665786

Main Financial Indicators of Enterprises above Designated Size of Wholesale and Retail Trade by Sector,2020

单位：万元(10 000 yuan)

税金及附加 Taxes and Other Charge	利润总额 Total Pre-tax Profits	资产总计 Total Assets	#流动资产 Working Capitals	负债合计 Total Debts	所有者权益合计 Total Owners' Equities
908483	**2163304**	**142115206**	**120688702**	**120531213**	**21370431**
860762	**2299248**	**131899824**	**113915884**	**112223427**	**19516287**
2644	-6309	2403075	2054943	1957059	446369
229210	520769	8308793	7497936	6143828	2159118
19891	192182	11008220	10114404	8751278	2139908
1865	52584	1471591	1337804	772081	697128
15433	181095	3971564	3581329	3001193	968639
125638	646835	78171291	68261828	72057625	6097489
342729	478206	22298128	17116565	15957797	6325479
1156	-1937	876574	725791	687855	188719
122197	235823	3390587	3225284	2894712	493438
47721	**-135944**	**10215382**	**6772818**	**8307786**	**1854144**
10542	-60183	1890527	832986	1865216	29829
1389	32527	228334	198218	120124	108448
4212	32188	547224	440294	481255	65964
4242	-6009	237267	174751	166113	71155
821	-3569	248612	163169	130841	118925
15560	-12807	5072785	3227698	3388926	1684784
855	-183724	530537	505221	990090	-459474
1625	-11971	295785	140718	183235	52187
8475	77605	1164312	1089764	981986	182326

16-7 连锁零售企业基本情况(2020年)
Basic Conditions of Chain Retail Enterprises,2020

项 目 Item	门店总数(个) Number of Stores (unit)	营业面积(平方米) Operation Area (sq.m)	从业人数(人) Employment Personnel (person)	商品销售额(万元) Sales of Commodities (10 000 yuan)	#零售额 Retail Sales
总 计					
Total	**2600**	**2033025**	**24518**	**4158287**	**3670071**
按登记注册类型分					
By Status of Registration					
内资企业					
Domestic Funded Enterprises	1583	600088	11298	1571913	1355483
国 有					
State-owned Enterprises	198	88898	2106	430714	368059
私营有限责任公司					
Private Limited Liability Corporations	156	105127	2478	428129	276883
其他有限责任公司					
Other Limited Liability Corporations	902	366493	6190	645308	642779
其 他					
Others	327	39570	524	67762	67762
港、澳、台商投资企业					
Enterprises with Funds from Hong Kong, Macao and Taiwan	233	198466	6529	439184	416373
外商投资企业					
Foreign Funded Enterprises	784	1234471	6691	2147190	1898215
#中外合资经营企业					
Joint-venture Enterprises	315	167500	3125	603254	603254
外商独资企业					
Enterprises with Sole Foreign Investment	5	36971	712	55425	55425

16-7续表 *Continued*

项　　目 Item	门店总数（个） Number of Stores (unit)	营业面积（平方米） Operation Area (sq.m)	从业人数（人） Employment Personnel (person)	商品销售额（万元） Sales of Commodities (10 000 yuan)	#零售额 Retail Sales
按业态分					
By Business Categories					
便利店					
Convenience Store	319	34463	425	77650	77650
超　市					
Supermarket	563	132895	2163	223822	222151
大型超市					
Hypermarket	207	322311	8288	544675	521898
专业店					
Specialty Store	365	220196	3349	638613	486509
加油站					
Gas Station	962	1283598	7778	2509184	2197712
专卖店					
Exclusive Store	168	34417	2318	120025	119833
家居建材商店					
Building Material Store	16	5145	197	44318	44318
按行业分					
By Sector					
综合零售					
Comprehensive Retail	1100	492271	11146	858486	834038
食品、饮料及烟草制品专门零售					
Special Retail of Food, Beverage and Tobacco	164	25269	2212	115333	93089
纺织、服装及日用品专门零售					
Special Retail of Textiles, Garments and Daily Articles	28	12121	283	15318	15283
医药及医疗器材专门零售					
Special Retail of Medicine and Medical Appliances	280	57366	1443	80914	78010
汽车、摩托车、燃料及零配件专门零售					
Special Retail of Automobile, Autobike, Parts, Fittings and Fuel	962	1283598	7778	2509184	2197712
家用电器及电子产品专门零售					
Special Retail of Household Electric Appliances and Electronic Products	50	157255	1459	534734	407621
五金、家具及室内装修材料专门零售					
Special Retail of Hardware, Furniture and Decoration Materials for Indoors	16	5145	197	44318	44318

16-8 亿元以上商品交易市场基本情况(2020年)
Basic Statistics on Commodity Exchange Markets with Transaction Value over 100 Million Yuan,2020

市 场	Market	市场数量(个) Number of Markets (unit)	摊位数(个) Number of Booths (unit)
总 计	**Total**	**41**	**33025**
综合市场	**Comprehensive Markets**	**10**	**7362**
工业消费品综合市场	Comprehensive Market of Industrial Consumables	1	432
农产品综合市场	Comprehensive Market of Agricultural Products	5	4051
其他综合市场	Other Comprehensive Markets	4	2879
专业市场	**Special Markets**	**31**	**25663**
生产资料市场	Market of Capital Goods	7	3953
煤炭市场	Coal Markets	2	2716
建材市场	Building Materials Markets	1	670
金属材料市场	Metal Materials Markets	4	567
农产品市场	Agricultural Products Markets	11	9663
粮油市场	Foodstuff and Oil Markets	3	762
蔬菜市场	Vegetable Markets	6	7225
其他农产品市场	Other Agricultural Product Markets	2	1676
食品、饮料及烟酒市场	Food, Beverage and Tobacco Markets	1	3136
其他食品、饮料及烟酒市场	Other Food, Beverage and Tobacco Markets	1	3136
纺织、服装、鞋帽市场	Textile, Garments, Shoes and Caps Markets	2	2806
服装市场	Garments Markets	2	2806
家具、五金及装饰材料市场	Furniture, Hardware and Decoration Materials Markets	5	3893
装饰材料市场	Decoration Materials Markets	2	570
五金材料市场	Hardware Markets	3	3323
汽车、摩托车及零配件市场	Automobile, Autobike, Parts and Fittings Markets	4	1444
花、鸟、鱼、虫市场	Flowers, Birds, Fish and Insects Markets	1	768

16-8续表 *Continued*

市　　场	Market	营业面积（万平方米）Operation Area (10 000 sq.m)	成交额（亿元）Transaction Value (100 million yuan)	#批　发 Wholesale
总　　计	**Total**	**314.34**	**863.05**	**834.87**
综合市场	**Comprehensive Markets**	**72.27**	**255.74**	**243.02**
工业消费品综合市场	Comprehensive Market of Industrial Consumables	0.93	3.00	3.00
农产品综合市场	Comprehensive Market of Agricultural Products	45.00	213.91	206.18
其他综合市场	Other Comprehensive Markets	26.34	38.83	33.84
专业市场	**Special Markets**	**242.07**	**607.31**	**591.86**
生产资料市场	Market of Capital Goods	26.81	137.92	137.92
煤炭市场	Coal Markets	0.14	25.02	25.02
建材市场	Building Materials Markets	18.60	9.48	9.48
金属材料市场	Metal Materials Markets	8.07	103.43	103.43
农产品市场	Agricultural Products Markets	106.61	299.81	299.81
粮油市场	Foodstuff and Oil Markets	17.44	56.24	56.24
蔬菜市场	Vegetable Markets	59.25	124.07	124.07
其他农产品市场	Other Agricultural Product Markets	29.92	119.50	119.50
食品、饮料及烟酒市场	Food, Beverage and Tobacco Markets	26.68	46.61	46.61
其他食品、饮料及烟酒市场	Other Food, Beverage and Tobacco Markets	26.68	46.61	46.61
纺织、服装、鞋帽市场	Textile, Garments, Shoes and Caps Markets	3.98	10.12	10.12
服装市场	Garments Markets	3.98	10.12	10.12
家具、五金及装饰材料市场	Furniture, Hardware and Decoration Materials Markets	44.77	96.37	94.12
装饰材料市场	Decoration Materials Markets	4.20	2.93	0.68
五金材料市场	Hardware Markets	40.57	93.44	93.44
汽车、摩托车及零配件市场	Automobile, Autobike, Parts and Fittings Markets	30.18	15.27	3.28
花、鸟、鱼、虫市场	Flowers, Birds, Fish and Insects Markets	3.03	1.22	

16-9 城市综合体基本情况(2020年)
Basic Statistics on Urban Complex,2020

项 目	Item	商户数量(个) Number of Merchant (unit)	从业人数(人) Employment Personnel (person)	商品销售额(万元) Sales of Commodities (10 000 yuan)
总 计	**Total**	**6255**	**43379**	**1616949**
零售业	**Retail Trade**	**3328**	**17678**	**1103087**
百货零售	Retail Department Stores	671	2584	111565
超级市场零售	Super Market Retail	47	2531	195287
食品、饮料及烟草制品零售	Retail of Food, Beverage and Tobacco	217	925	14372
服装鞋帽针纺织品零售	Retail of Clothing, Shoes, Hats and Needle Textiles	1564	7367	458432
化妆品零售	Retail of Cosmetics	119	595	33534
日用品零售	Retail of Daily Articles	104	624	24778
家用电器及电子产品零售	Retail of Household Appliances and Electronic Products	142	957	142200
其 他	Others	464	2095	122919
餐饮业	**Catering Industry**	**1781**	**17386**	**398407**
服务业	**Services Industry**	**1146**	**8315**	**115455**
电影放映	Film Screenings	34	699	19498
教育培训	Education and Training	340	2757	29614
室内娱乐活动	Indoor Entertainment	288	2124	24854
理发及美容服务	Hairdressing and Beauty Services	182	1190	13388
健身休闲活动	Fitness and Leisure Activities	43	471	5755
其 他	Others	259	1074	22346

主要统计指标解释

商品购进额

指从本企业以外的单位和个人购进（包括从国外直接进口）作为转卖或加工后转卖的商品金额（含增值税）。本指标反映批发和零售业从国内外市场上购进商品的总价。商品购进包括：（1）从工农业生产者、批发和零售业、住宿和餐饮业、出版社或报社的出版发行部门和其他服务业等企事业单位和个体经营户购进的商品；（2）从机关、社会团体购进的商品；（3）从海关、市场管理部门购进的缉私和没收的商品；（4）从居民收购的废旧商品等。商品购进不包括：（1）企业为本单位自身经营用，不是作为转卖而购进的商品，如材料物资、包装物、低值易耗品、办公用品等；（2）未通过买卖行为而收入的商品，如接受其他部门移交的商品、借入的商品、收入代其他单位保管的商品、其他单位赠送的样品、加工回收的成品等；（3）经本单位介绍，由买卖双方直接结算，本单位只收取手续费的业务；（4）销售退回和买方拒付货款的商品；（5）商品溢余；（6）期货交易商品。

商品销售额

指对本单位以外的单位和个人出售的商品金额（包括售给本单位消费用的商品，含增值税），在批发和零售业中，本指标反映在国内市场上销售商品以及出口商品的总价。商品销售包括：（1）售给个人和社会集团消费用的商品；（2）售给农业、工业、建筑业、服务业等国民经济各行业用于生产、经营用的商品，包括售予批发和零售业作为转卖或加工后转卖的商品；（3）对国（境）外直接出口的商品。商品销售不包括：（1）未通过买卖行为付出的商品，如因机构变动移交给其他企业单位的商品、借出的商品、归还受其他单位委托代保管的商品、付出的加工原料和赠送给其他单位的样品等；（2）促销返券所销售的、不计入营业收入的商品；（3）经本单位介绍，由买卖双方直接结算，本单位只收取手续费的业务；（4）未发生所有权转移的商品预付卡销售，如加油卡；（5）汽车维修、电话卡销售等服务性经济活动；（6）购货退回的商品；（7）商品损耗和损失；（8）出售本单位自用的废旧物资；（9）期货交易商品；（10）自来水供应企业、电力企业、天然气供应企业提供的水、电、气。

商品库存额

对于批发和零售业法人单位和个体经营户，是指报告期末取得所有权的全部商品金额（含增值税）；对于批发和零售业产业活动单位，是指报告期末实际在库且归属法人具有所有权的全部商品金额（含增值税）。这个指标反映批发和零售业的商品库存情况，以及对市场商品供应的保证程度。库存商品包括：（1）存放在本单位（如门市部、批发站、采购站、经营处）的仓库、货场、货柜和货架中的商品；（2）挑选、整理、包装中的商品；（3）已记入购进而尚未运到本单位的商品，即发货单或银行承兑凭证已到而货未到的商品；（4）寄放他处的商品，如因购货方拒绝付款而暂时存在购货方的商品；（5）委托其他单位代销（未作销售或调出）尚未售出的商品；（6）代其他单位购进尚未交付的商品。库存商品不包括：（1）所有权不属于本单位的商品，如商品已作销售但买方尚未取走的商品，代替他人保管、运输、加工的商品，代其他单位销售（未做购进或调入）而未售出的商品；（2）委托外单位加工的商品（包括本单位所属加工厂和其他生产单位加工生产尚未收回成品的商品）；（3）外贸企业代理其他单位从国外进口，尚未付给订货单位的商品；（4）代国家储备部门保管的商品。

营业收入

指企业从事销售商品、提供劳务和让渡资产使用权等生产经营活动形成的经济利益流入。包括“主营业务收入”和“其他业务收入”。

营业成本

指企业从事销售商品、提供劳务和让渡资产使用权等生产经营活动发生的实际成本，且“营业成本”应当与“营业收入”进行配比。包括“主营业务成本”和“其他业务成本”。

城市商业综合体

指以区域为中心、以购物中心为主导，融合了商业零售、餐饮、休闲养生、娱乐、文化、教育等多项城市主要功能活动，面向各类生活消费人群、提供综合性服务的大型建筑综合体。所确定的调查对象，除应具备城市商业综合体的融合多项城市主要功能、面向生活消费人群、提供综合性服务等特征，还应同时满足以下几个条件：(1)由企业有计划地管理运营，有统一的名称，如**中心、**广场、**城等。(2)涵盖超市、百货、专业店、专卖店等商品零售业态，正餐、快餐等餐饮业态，以及文化、娱乐、健身、培训等两项及以上主要服务业态。(3)营业面积不少于1万平方米且独立开展经营活动的商户不少于50个。(4)具备专门的停车场所，专供在城市商业综合体内进行消费的顾客使用。

批发和零售业统计限额标准

行业类别	统计指标名称	限额标准
批发业	年主营业务收入	2000万元
零售业	年主营业务收入	500万元

Explanatory Notes on Main Statistical Indicators

Purchases of Commodities

refer to the total value of purchases of commodities by the enterprises from other establishments or individuals (including direct import from abroad) for the purpose of re-selling, either with or without further processing of the commodities purchased (including value-added taxes). This indicator is used to show the total value of purchases of commodities by wholesale and retail establishments from domestic and overseas markets. The total purchases include: (1) commodities purchased from enterprises and institutions and individual operators of agricultural and industrial producers, wholesale and retail trades, accommodation and catering services, distribution departments of the publishers and other services, etc; (2) commodities purchased from government agencies and social organizations; (3) anti-smuggling and confiscated goods purchased from the customs authorities or market management agencies; (4) second-hand goods and wastes purchased from residents. Excluded are (1) commodities purchased by enterprises (establishments) for use in their own business operation, not for re-selling, such as materials, packages, low priced and easily worn articles, office supplies, etc; (2) commodities obtained without buying or selling procedures; (3) commission income from brokerage in transactions whose settlement is directly handled by buyers and sellers; (4) commodities rejected and refused to pay; (5) goods overflow; (6) commodities in futures trading.

Sales of Commodities

refer to value of commodities sold by the establishments to other establishments and individuals (including sales for the self-consumption and its value-added taxes). In the wholesale and retail trade, this indicator is used to show the total value of sales of commodities at domestic markets and export. The commodities include: (1) commodities sold to individual and social groups for their consumption; (2) commodities sold to establishments in all the industries, such as agriculture, industry, construction, services, etc., for their production and operation, including commodities sold to wholesale and retail establishments for re-selling, with or without further processing; (3) commodities for direct export to other countries. Excluded are (1) commodities transferred without buying or selling procedures, such as commodities handed over to other enterprises and institutions because of the change of organizations, lent commodities, returned commodities preserved for others, extended processing materials and samples donated to others, etc; (2) commodities sold in coupon promotion which not included in business revenue; (3) commission income from brokerage in transactions whose settlement is directly handled by buyers and sellers; (4) commodities prepaid card without ownership transfer, such as fuel card; (5) economic activity in services such as repairing automobiles, selling phone cards and etc; (6) rejected commodities in the purchase; (7) loss in commodities; (8) selling of waste packaging materials used by the establishments (units) themselves; (9) commodities in futures trading; (10) water, electricity and gas supplied by enterprises.

Inventory of Commodities

refers to total commodities (including value-added taxes) possessed by wholesale and retail enterprises, private and individuals, and total commodities (including value-added taxes) at storage and possessed by their institutional units for the wholesale and retail units with industrial undertakings. It reflects the commodity stock level of various wholesale and retail enterprises (units) and the potential for market supply. It includes: (1) commodities located in storage, garages, counters, and shelves of operating units (such as sale stores, wholesale centers, procurement stations and operating offices) of wholesale and retail enterprises; (2) commodities in the process of selecting, sorting, and packing; (3) commodities not arrived but recorded as purchase in the account, i.e. commodities not arrived but payment receipts for the commodities from the sellers or the banks arrived; (4) commodities deposited in other places rather than places mentioned above, for instance: commodities in the hold of purchasers temporarily due to the refusal of payment and commodities not taken back after going through the formalities; (5) commodities entrusted to other units to sell but not sold yet; (6) commodities purchased for other units but not delivered yet. Commodities not included as: (1) stock not owned by the enterprises (units), such as commodities have been sold but not taken away by buyers, commodities preserved, transported and processed for others, commodities remain unsold by agents (not purchased or transferred); (2) commodities entrusted to other units to process (including entrusted to subsidiary processing plants and other units and not taken back yet); (3) commodities imported from foreign countries agented by foreign trade enterprises and not delivered to the order units; (4) commodities managed on behalf of the state material reserves units.

Business Revenue

refers to the inflow of economic benefits formed by the enterprise's production and operation activities such as selling commodities, providing labor services and abalienating the right to use asset, including the income of principal business and other business income.

Business Cost

refers to real costs from the operating of the enterprise's production and operation activities such as selling commodities, providing labor services and abalienating the right to use asset, including the 'Cost of Principal Business' and 'Cost of Other Business'. Moreover 'Cost of Principal Business' shall be matched with 'Cost of Other Business'.

Urban Commercial Complex

refers to a large-scale commercial complex which takes the region as the center and takes the shopping center as the leading, integrates the commercial retail, catering, leisure and health care, entertainment, culture, education and other major functions of the city, and provides comprehensive services for all kinds of consumer groups.

In addition to the characteristics of urban commercial complex integrating multiple main functions of the city, facing the consumer groups and providing comprehensive services, the survey objects identified should also meet the following requirements:

(1) It is managed and operated by enterprises in a planned way and has a unified name, such as * * center, * * square and * * city.

(2) It covers supermarkets, department stores, professional stores, exclusive stores and other commodity retail industries, catering industry such as dinner and fast food, and two or more major service industries including culture, entertainment, fitness, entertainment and training.

(3) The business area is not less than 10000 square meters, and there are no less than 50 independent businesses.

(4) Parking lot is provided for customers who consume in this place.

The contents of the special survey on urban commercial complex include the opening time, floor area, passenger flow and other basic information of the urban commercial complex, the employment situation, the overall scale of business activities, business structure and business structure, as well as the situation of merchants in this place.

Statistical Limit Standard of Wholesale, Retail Trade, Accommodation and Catering Services

Industry Category	*Statistical Index Name*	*Limit Standard*
Wholesale Trade	*Annual Revenue from Principal Business*	*20 million yuan*
Retail Trade	*Annual Revenue from Principal Business*	*5 million yuan*

第十七篇　交通运输和邮电

Chapter 17 Transportation, Post and Telecommunication Services

17-1 社会客、货运输量和周转量(1978—2020年)

Passenger & Freight Traffic and Turnover Volume of Passenger & Freight Traffic,1978-2020

年 份 Year	客运量(万人) Passenger Traffic (10 000 persons)	# 铁 路 Railways	# 公 路 Highways	# 民 航 Civil Aviation	旅客周转量(百万人公里) Turnover Volume of Passenger Traffic (million passenger-km)	# 铁 路 Railways	# 公 路 Highways	# 民 航 Civil Aviation
1978		1458	533				243	
1979		1433	602				265	
1980		1567	646				289	
1981		1622	712				321	
1982		1733	740				348	
1983		1854	796				401	
1984		2119	860				450	
1985	2984	2192	788			5234	456	
1986	2873	2088	779			5558	467	
1987	2838	2111	718			5960	448	
1988	2601	1976	616			6745	424	
1989	2550	2047	496			6214	329	
1990	2175	1722	447			5409	307	
1991	2922	1718	1196			4974	941	
1992	2662	1731	897			6242	819	
1993	3225	1812	1380		8825	6584	1463	
1994	3373	1863	1463		8299	5778	1639	
1995	3308	1802	1464		7927	5437	1680	
1996	3125	1580	1496		7599	4917	1772	
1997	3136	1449	1640		7921	5050	2017	
1998	3207	1511	1651		7950	5280	1914	
1999	3259	1546	1671		8277	5780	1782	
2000	3474	1594	1820		8845	6022	1864	
2001	3302	1456	1780		9197	5996	2205	
2002	3457	1498	1870		9255	5782	2272	
2003	3507	1281	2109		9274	5526	2158	
2004	4103	1491	2457		11713	7112	2404	
2005	4679	1550	2961		14210	9070	2646	
2006	5670	1632	3807		16341	9651	3564	
2007	7104	1573	5253		18380	10228	4470	
2008	8753	1907	6579		19612	10426	5671	
2009	25299	2384	22566	334	29766	12482	13122	4142
2010	24873	2654	21822	396	32312	14066	13196	5031
2011	25331	2801	22053	475	34214	14838	13391	5967
2012	28462	2970	24483	1009	43249	16399	15043	11807
2013	29518	3352	24980	1186	47289	17836	15442	14011
2014	19599	3686	14530	1382	41971	16412	8847	16712
2015	19775	4054	14218	1503	44562	17047	8583	18932
2016	19930	4543	13741	1645	48144	18351	7839	21955
2017	19193	4792	12538	1863	52786	19390	7283	26113
2018	19250	5075	12259	1915	55349	19990	7640	27719
2019	19608	5332	12206	2069	58511	20852	7867	29792
2020	11608	2636	7926	1046	27882	9599	4747	13536

17-1续表 *Continued*

年 份 Year	货运量 (万吨) Freight Traffic (10 000 tons)	# 铁 路 Railways	# 公 路 Highways	# 水 运 Waterways	货物周转量 (亿吨公里) Turnover Volume of Freight Traffic (100 million ton-km)	# 铁 路 Railways	# 公 路 Highways	# 水 运 Waterways
1978	9241	1877	6417	701			8	392
1979	13522	1976	10511	811			14	490
1980	13949	1785	11065	789			18	505
1981	15017	1612	12455	734			21	471
1982	16332	1692	13670	751			25	469
1983	16829	1910	14000	650			27	463
1984	17781	2354	14628	799			29	522
1985	18249	2595	14500	818	765	190	34	540
1986	18525	2351	14935	882	881	204	34	641
1987	18400	2544	14618	896	930	222	35	671
1988	16693	2529	12829	975	1022	230	44	746
1989	15543	2723	11426	1014	1035	235	42	756
1990	15929	2228	12329	1046	1139	234	329	852
1991	18308	2290	14537	1163	1216	204	37	973
1992	17522	2392	13562	1248	1321	217	37	1067
1993	21640	2618	17244	1347	1341	264	46	1030
1994	23783	2634	19270	1421	1325	225	46	1053
1995	24040	2722	19323	1517	1412	230	41	1139
1996	24133	2668	19491	1489	1052	224	41	784
1997	25090	2548	20515	1390	1031	219	44	765
1998	24505	2467	18584	2867	3710	198	60	3449
1999	27052	2380	20049	3884	4759	200	60	4497
2000	26400	3079	18764	4165	4674	275	63	4334
2001	28608	3727	19382	5037	5166	230	65	4870
2002	31016	4519	19554	6452	6484	228	66	6188
2003	35252	5662	20072	8944	8169	259	68	7840
2004	37934	6108	19560	11613	11473	286	72	11112
2005	40263	7241	19850	12375	12461	353	74	12031
2006	42863	8409	20290	13313	12184	353	76	11751
2007	51338	11288	23500	15671	15221	355	88	14774
2008	55065	12161	27000	15096	14479	343	103	14029
2009	43554	11284	19800	11656	10102	297	206	9595
2010	41611	7597	20855	11911	9859	298	231	9324
2011	44651	7286	23426	12711	10121	296	267	9553
2012	47698	7909	28228	10332	7635	287	329	7012
2013	51603	8446	31985	9884	5390	273	368	4742
2014	50948	8872	31130	9749	3354	265	349	2734
2015	53179	8377	33724	9910	2320	226	380	1708
2016	51580	8149	32841	9515	2117	207	372	1530
2017	52992	8735	34720	8344	1940	237	398	1298
2018	53548	9247	34711	8261	1984	245	404	1327
2019	56941	9887	36710	8955	2244	272	418	1546
2020	53566	11124	32261	9134	2371	285	640	1442

注：因交通部方法制度变化，2009年及以后公路和水运数据与2008年及以前数据不可比。

Note: Data of highways and waterways from 2009 are changed according to the statistics measure of Ministry of Transport,which can't be compared with data of 2008 and before.

17-2 社会客、货运输量和周转量(2016—2020年)
Passenger & Freight Traffic and Turnover Volume of Passenger & Freight Traffic,2016-2020

指　标 Item	2016	2017	2018	2019	2020
客 运 量(万人) **Passenger Traffic (10 000 persons)**	**19930**	**19193**	**19250**	**19608**	**11608**
铁　路 Railways	4543	4792	5075	5332	2636
公　路 Highways	13741	12538	12259	12206	7926
民　航 Civil Aviation	1645	1863	1915	2069	1046
旅客周转量(百万人公里) **Turnover Volume of Passenger Traffic (million passenger-km)**	**48144**	**52786**	**55349**	**58511**	**27882**
铁　路 Railways	18351	19390	19990	20852	9599
公　路 Highways	7839	7283	7640	7867	4747
民　航 Civil Aviation	21955	26113	27719	29792	13536
货 运 量(万吨) **Freight Traffic (10 000 tons)**	**51580**	**52992**	**53548**	**56941**	**53566**
铁　路 Railways	8149	8735	9247	9887	11124
公　路 Highways	32841	34720	34711	36710	32261
水　运 Waterways	9515	8344	8261	8955	9134
民　航 Civil Aviation	7	7	8	8	4
管道输油气量 Traffic of Petroleum & Gas Pipelines	1068	1186	1320	1380	1043
货物周转量(亿吨公里) **Turnover Volume of Freight Traffic (100 million ton-km)**	**2117**	**1940**	**1984**	**2244**	**2371**
铁　路 Railways	207	237	245	272	285
公　路 Highways	372	398	404	418	640
水　运 Waterways	1530	1298	1327	1546	1442
民　航 Civil Aviation	1	1	2	2	1
管道输油气量 Traffic of Petroleum & Gas Pipelines	6	6	7	7	3

17-3 运输线路长度(2000—2020年)
Length of Transport Routes,2000-2020

单位：公里(km)

年 份 Year	公路通车里程 Length of Highways with Transport Service	# 等级公路 Expressway and Class I to IV Highway	# 高速公路 Expressway	内河航道里程 Length of Navigable Inland Waterways	民航航线里程 Length of Civil Aviation Routes	输油气管道里程 Length of Petroleum & Gas Pipelines
2000	8946		305	443	21939	320
2001	9647	9067	304	443	22874	290
2002	9696	9126	331	443	19922	462
2003	10168	9901	517	412	18519	495
2004	10514	10420	517	412	22802	613
2005	10836	10791	593	412	19504	503
2006	11316	11306	682	412	20297	545
2007	11531	10839	682	412	23688	691
2008	12059	11225	835	412	35494	730
2009	14315	13431	884	412	40341	608
2010	14832	13851	982	412	68488	542
2011	15163	15163	1103	412	69722	538
2012	15391	15391	1103	412	127032	532
2013	15718	15718	1103	412	154840	529
2014	16110	16110	1113	412	152342	518
2015	16550	16550	1130	412	163833	521
2016	16764	16764	1208	412	164630	521
2017	16532	16532	1248	412	170276	521
2018	16257	16257	1262	412	234408	449
2019	16132	16132	1295	412	222488	449
2020	16411	16411	1325	412	142746	449

17-4 港口客、货吞吐量(1978—2020年)
Volume of Passenger & Freight Handled in Ports,1978-2020

年份 Year	港口旅客吞吐量(万人次) Volume of Passenger Handled in Ports (10 000 person-times)	港口货物吞吐量(万吨) Volume of Freight Handled in Ports (10 000 tons)	出港 Out-port	比重(%) Proportion (%)	进港 In-port	比重(%) Proportion (%)	集装箱吞吐量(万国际标准箱) Handled Containers (10 000 TEU)
1978	6.2	1131	280	24.8	851	75.2	1
1979	7.7	1270	302	23.8	968	76.2	1
1980	6.0	1192	393	33.0	799	67.0	2
1981	18.1	1175	460	39.2	715	60.8	3
1982	19.7	1287	496	38.5	791	61.5	4
1983	24.9	1506	430	28.6	1076	71.4	6
1984	26.5	1611	449	27.9	1162	72.1	9
1985	33.8	1856	360	19.4	1496	80.6	15
1986	40.7	1818	695	38.2	1123	61.8	17
1987	47.0	1725	670	38.8	1055	61.2	16
1988	42.8	2109	1052	49.9	1057	50.1	21
1989	34.7	2437	1341	55.0	1096	45.0	27
1990	37.0	2063	1195	57.9	868	42.1	29
1991	47.7	2378	1488	62.6	890	37.4	34
1992	61.2	2929	1915	65.4	1014	34.6	39
1993	57.6	3719	2527	68.0	1192	32.0	48
1994	51.9	4652	3507	75.4	1145	24.6	63
1995	50.4	5787	4551	78.6	1236	21.4	70
1996	58.7	6188	4839	78.2	1349	21.8	82
1997	52.7	6789	5198	76.6	1591	23.4	94
1998	45.3	6818	5124	75.2	1694	24.8	102
1999	48.7	7298	5280	72.4	2018	27.6	130
2000	40.2	9582	6936	72.4	2646	27.6	171
2001	37.1	11369	8086	71.1	3283	28.9	201
2002	33.0	12906	8802	68.2	4104	31.8	241
2003	22.7	16182	10912	67.4	5270	32.6	302
2004	32.5	20619	13217	64.1	7402	35.9	382
2005	31.6	24069	14700	61.1	9369	38.9	480
2006	34.0	25760	15285	59.3	10475	40.7	595
2007	34.0	30946	19073	61.6	11873	38.4	710
2008	8.7	35593	20462	57.5	15131	42.5	850
2009	15.9	38111	16591	43.5	21520	56.5	870
2010	23.4	41325	20048	48.5	21277	51.5	1008
2011	24.9	45338	22665	50.0	22673	50.0	1159
2012	29.3	47697	22381	46.9	25316	53.1	1230
2013	33.0	50063	23060	46.1	27003	53.9	1301
2014	32.6	54002	26546	49.2	27456	50.8	1406
2015	52.1	54051	28487	52.7	25564	47.3	1411
2016	78.7	55056	30565	55.5	24491	44.5	1452
2017	97.0	50056	26567	53.1	23489	46.9	1507
2018	75.7	50774	25815	50.8	24959	49.2	1601
2019	82.7	49220	23477	47.7	25743	52.3	1730
2020		50290	23471	46.7	26819	53.3	1835

注：货物吞吐量为包括货主码头的全港数据。
Note: Volume of freight handled in ports refers to the figure of ports, including those of docks.

17-5 港口分货类吞吐量
Volume of Freight Handled in Ports by Category

单位：万吨(10 000 tons)

指　标 Item	合　计 Total		出港量 Out-port		进港量 In-port	
	2019	2020	2019	2020	2019	2020
港口货物吞吐量 **Volume of Freight Handled in Ports**	**49220**	**50290**	**23477**	**23471**	**25743**	**26819**
国　外 Abroad	27842	28467	8219	7762	19623	20705
国　内 Domestic	21378	21823	15258	15709	6120	6114
分品种货物吞吐量 **Volume of Freight Handled by Category**						
煤炭及制品 Coal and Related Products	7433	6263	7361	6225	72	28
石油、天然气及制品 Petroleum, Natural Gas and Related Products	7155	7328	2658	2846	4497	4482
金属矿石 Metal Ores	11082	11979	72	154	11010	11825
钢　铁 Steel and Iron	2882	3390	2575	2865	307	525
矿建材料 Mineral Building Materials	1597	1437	307	623	1290	814
水　泥 Cement	98	49	10	1	88	48
木　材 Timber	128	195	37	125	91	70
非金属矿石 Nonmetal Ores	239	206	155	108	84	98
化学肥料及农药 Chemical Fertilizers and Pesticides	267	473	236	429	31	44
盐 Salt	59	60	2	10	57	50
粮　食 Grain	878	1284	85	197	793	1087
机械、电器、设备 Machine, Electric Machinery, Equipment	2797	2742	1655	1901	1142	841
化工原料及制品 Chemical Materials and Related Products	2215	2724	1391	1802	824	922
有色金属 Nonferrous Metals	467	338	243	174	224	164
轻工、医药产品 Light Industry, Medical and Pharmaceutical Products	6827	6320	4213	3276	2614	3044
农林牧渔产品 FFAF Products	1105	1333	464	545	641	788
其　他 Others	3991	4169	2013	2189	1978	1980
集装箱吞吐量(万国际标准箱) **Handled Containers (10 000 TEU)**	**1730**	**1835**	**860**	**903**	**870**	**932**

17-6 民用航空主要指标(2018—2020年)
Main Indicators of Civil Aviation,2018-2020

指　标 Item	2018	2019	2020
民航航线里程(公里)			
Length of Civil Aviation Routes (km)	234408.0	222488.0	142746.0
飞行小时(小时)			
Flying Time (hour)	110065.0	95933.4	71090.0
平均每可用机飞行时间(小时)			
Flying Time per Available Aircraft (hour)	3469.0	3426.0	2539.0
正班飞行距离(万公里)			
Distance under Normal Conditions (10 000 km)	6173.0	5863.0	3669.0
平均每可用机日生产飞行时间(小时)			
Average Daily Flying Time per Available Aircraft (hour)	9.0	8.8	6.0
正班平均载运率(%)			
Average Utilization Rate of Capacity under Normal Conditions (%)	73.9	77.2	72.4
旅客吞吐量(万人)			
Passenger Traffic(10 000 persons)	**2359.1**	**2381.3**	**1328.6**
国内旅客			
Domestic Passenger Traffic	2066.3	2043.3	1294.1
国际旅客			
International Passenger Traffic	239.9	294.6	34.5
港、澳、台地区旅客			
Hong Kong, Macao & Taiwan Passenger Traffic	53.0	43.5	3.0
货(邮)吞吐量(万吨)			
Freight Traffic(10 000 tons)	**25.9**	**22.6**	**18.5**
国内货邮			
Domestic Routes	14.2	13.2	10.7
国际货邮			
International Routes	10.9	9.0	7.8
港、澳、台地区货邮			
Hong Kong, Macao & Taiwan Regional Routes	0.8	0.4	
起、降架次(万架次)			
Times of Ascend and Descend(10 000 sorties)	**17.9**	**16.8**	**11.6**

17-7 民用车辆拥有量(2020年)
Number of Civil Motor Vehicles Owned,2020

单位：辆(unit)

指标	Item	合计 Total	个人 Private-owned	当年新注册 Registered in Current Year
总计	**Total**	**3384570**	**2836014**	**327954**
民用汽车	Civil Motor Vehicles	3294363	2796868	312203
1. 载客汽车	Passenger Vehicles	2899428	2598042	266726
#轿车	Cars	2063072	1885750	169225
大型	Large-sized	27931	1085	2522
中型	Medium-sized	11497	4080	296
小型	Small-sized	2839681	2575103	263692
微型	Minisize	20319	17774	216
2. 载货汽车	Trucks	373173	191206	42993
#普通载货	Ordinary Trucks	362144	189254	41845
重型	Heavy Trucks	87032	9040	17755
中型	Medium-sized Trucks	7933	1887	562
轻型	Light Trucks	277419	179938	24673
微型	Minisize Trucks	789	341	3
3. 其他汽车	Other Civil Motor Vehicles	21762	7620	2484
摩托车	Motorcycles	16986	14596	6888
拖拉机	Tractor	20726	20726	
挂车	Trailer	51519	3563	8756
其他类型车	Other Vehicles	976	261	107

17-8 邮电业基本情况(1978—2020年)
Basic Statistics on Post and Telecommunication Services,1978-2020

年 份 Year	邮电业务总量(不变价)(万元) Business Value of Post and Telecommunication Services(Constant Prices)(10 000 yuan)	邮电局所数(处) Number of Post and Telecommunication Offices(unit)	局用电话交换机容量(门) Capacity of Office Telephone Exchanges(line)	电话机(含移动、小灵通)(万部) Telephone (Include Mobile and Handphone)(10 000 sets)	平均每百人拥有电话机数(含移动)(部/百人) Telephone per 100 persons (Include Mobile)(set/100 persons)
1978	2710	217	59390	8.36	1.2
1979	2901	220	60710	9.43	1.3
1980	3163	223	64195	9.98	1.3
1981	3441	230	66660	11.65	1.5
1982	3641	240	62460	11.38	1.5
1983	3890	249	68460	12.37	1.6
1984	4478	253	81790	13.37	1.7
1985	5290	268	100770	15.06	1.9
1986	6155	272	112910	17.74	2.2
1987	7244	274	130880	20.36	2.5
1988	11092	273	195850	23.32	2.8
1989	12538	278	231520	26.74	3.1
1990	32735	281	230586	31.78	3.7
1991	44527	280	271356	34.28	3.9
1992	61063	273	359932	42.27	4.8
1993	97062	277	532118	63.91	7.2
1994	132464	297	1137748	96.03	10.8
1995	187195	300	1522493	135.61	15.2
1996	256978	314	1694092	174.65	19.4
1997	342848	328	1945020	207.82	23.1
1998	474067	399	2447630	259.58	28.7
1999	567242	470	2761633	329.30	36.2
2000	753669	563	3182465	431.28	46.6
2001	702206	543	3645600	511.57	56.0
2002	903296	597	3865700	601.45	65.4
2003	1157060	619	4024500	761.91	82.3
2004	1467836	700	4237700	835.01	89.5
2005	1763477	827	6288300	939.82	90.1
2006	2277902	818	6190300	1147.17	106.7
2007	3006714	842	6232700	1238.25	111.1
2008	3517682	1089	5704300	1320.91	112.3
2009	3866682	823	4242600	1377.75	112.2
2010	4351563	833	4253200	1456.39	112.1
2011	1807796	865	2997600	1568.47	117.0
2012	1867423	888	2467000	1657.52	120.3
2013	1960037	850	2010000	1675.95	118.9
2014	2448245	876	1527970	1712.41	119.8
2015	3218094	873	350456	1749.60	121.6
2016	2620827	863	265900	1811.10	125.5
2017	4068121	849	242000	1876.00	133.0
2018	8510501	826	309000	1968.90	142.4
2019	13437694	797		2053.80	148.3
2020	17795404	802		2036.80	146.8

17-9 邮电业务基本情况

Basic Conditions of Postal and Telecommunication Services

指　标	Item	单 位	Unit	2019	2020	2020比2019年增长(%) Increase Rate in 2020 over 2019 (%)
邮电业务总量	**Business Value of Post and Telecommunication Services**	万 元	**10 000 yuan**	**13437694**	**17795404**	**32.4**
邮政业务总量	Business Volume of Post Services	万 元	10 000 yuan	1487972	1946017	30.8
电信业务总量	Business Volume of Telecommunication Services	万 元	10 000 yuan	11949723	15849387	32.6
邮政业务	**Business Value of Post Services**					
函　件	Letters	万 件	10 000 pcs	2160.01	1913.89	-11.4
快　递	Pieces of Express Mail Services	亿 件	100 million pcs	6.97	9.28	33.1
# 同　城	Intra-city	亿 件	100 million pcs	1.45	1.61	11.0
异　地	Different Place	亿 件	100 million pcs	5.5	7.64	38.9
报刊期发数	Number of Newspapers and Magazines Subscribed	万 份	10 000 pcs	60.74	58.22	-4.1
汇　票	Postal Order	万 笔	10 000 pcs	18.0	10.0	-46.6
集邮业务	Philately	万 枚	10 000 pcs	1980.37	1772.22	-10.5
邮电局所数	Number of Post & Telecommunications Offices	处	unit	797	802	0.6
# 邮政局	Number of Post Offices	处	unit	419	424	1.2
信筒信箱	Number of Post Boxes	处	unit	2598	2581	-0.7
邮路总长度	Length of Post Routes	公 里	km	27254	28463	4.4
汽车邮路长度	Length of Post Routes by Highway	公 里	km	27254	28463	4.4
邮政汽车	Automobile for Post Business	辆	unit	1299	1321	1.7
农村投递线路长度	Rural Delivery Routes	公 里	km	29846	22889	-23.3
电信业务	**Business Value of Telecommunication Services**					
年末固定电话用户	Number of Fixed Telephone Subscribers	万 户	10 000 subscribers	349.1	325.8	-6.7
移动电话用户	Number of Mobile Telephone Subscribers	万 户	10 000 subscribers	1704.7	1711.0	0.4
# 4G移动电话	4G Mobile Phone	万 户	10 000 subscribers	1409.1	1425.2	1.1
移动电话通话时长	Duration of Calls Mobile Telephone	亿分钟	100 million minutes	537.1	514.5	-4.2
# 去话通话时长	Length of Call	亿分钟	100 million minutes	272.8	262.7	-3.7
短信业务发送量	Number of Messages Send Out	亿 条	10 000 pcs	123.6	148.9	20.5
长途光缆线路长度	Length of Long-distance Optical Cable Lines	公 里	km	4323	4585	6.1
(固定)互联网宽带接入户数	(Fixed)Number of Internet Broadband Access Households	万 户	10 000 subscribers	523.6	534.6	2.1
移动互联网用户	Mobile Internet User	万 户	10 000 subscribers	1451	1488	2.5
(固定)互联网宽带接入端口	(Fixed)Broad Band Subscribers Port of Internet	万 个	10 000 ports	1092.6	1254.6	14.8
移动电话基站	Mobile Phone Base Station	万 个	10 000 ports	10.1	11.4	12.9

17-10 互联网主要指标(2017—2020年)
Main Indicators of Internet,2017-2020

指 标 Item	2017	2018	2019	2020
(固定)互联网宽带接入端口(万个) (Fixed)Broad Band Subscribers Port of Internet(10 000 ports)	795.3	909.3	1092.6	1254.6
(固定)宽带用户(万户) (Fixed)Number of Broadband of Internet Services(10 000 subscribers)	339.4	437.9	523.6	534.6
#城 市 City	320.1	437.9	479.5	481.8
域名数(万个) Number of Domain Names(10 000 units)	26.5	26.7	5.6	5.2
网站数(万个) Number of Websites(10 000 units)	5.7	5.9	4.7	5.1

17-11 邮政电信服务水平(2017—2020年)
Level of Post and Telecommunication Services,2017-2020

指 标 Item	2017	2018	2019	2020
平均每一邮电局所服务面积(平方公里) Average Area Served by Every Post & Telecommunications Office(sq.km)	14.0	14.5	15.0	14.9
#平均每一邮政局所服务面积 Average Area Served by Every Post Office	28.5	28.6	28.6	28.1
平均每一邮电局所服务人口(万人) Average People Served by Every Post & Telecommunications Office (10 000 persons)	1.7	1.7	1.7	1.7
#平均每一邮政局所服务人口 Average People Served by Every Post Office	3.4	3.3	3.3	3.3
平均每人每年发函件数(件) Annual Average Number of Letters Mailed per Capita(piece)	2.2	1.7	1.6	1.4
平均每百人每年订销报刊期发数(件) Annual Average Number of Newspapers and Magazines Subscribed and Bought per 100 Persons(piece)	5.5	4.7	4.4	4.2
平均每百人拥有电话机(含移动)(部) Telephone Owned per 100 Persons (include mobile telephone)(set)	133.0	142.4	148.3	146.8
平均每百人拥有移动电话(部) Mobile Telephone Owned per 100 Persons(set)	112.1	119.2	123.1	123.4

17-12 邮政、电信局(所、厅)数(2017—2020年)
Number of Post and Telecommunication Offices by Region,2017-2020

单位：处(unit)

地　区	Region	2017	2018	2019	2020
总　计	**Total**	**849**	**826**	**797**	**802**
# 邮政局	Post Offices	418	419	419	424
# 市内六区	Six Urban Districts	281	265	259	260
和平区	Heping District	32	31	31	31
河东区	Hedong District	57	51	52	53
河西区	Hexi District	48	43	45	45
南开区	Nankai District	62	63	53	53
河北区	Hebei District	45	42	45	45
红桥区	Hongqiao District	37	35	33	33
东丽区	Dongli District	41	37	36	37
西青区	Xiqing District	40	39	40	40
津南区	Jinnan District	34	30	27	27
北辰区	Beichen District	40	35	35	35
武清区	Wuqing District	70	70	63	63
宝坻区	Baodi District	59	59	57	57
滨海新区	Binhai New Area	129	131	130	132
宁河区	Ninghe District	46	48	37	37
静海区	Jinghai District	47	55	56	56
蓟州区	Jizhou District	62	57	57	58

主要统计指标解释

货（客）运量

指在一定时期内，各种运输工具实际运送的货物(旅客)数量。该指标是反映运输业为国民经济和人民生活服务的数量指标，也是制定和检查运输生产计划、研究运输发展规模和速度的重要指标。货运按吨计算，客运按人计算。货物不论运输距离长短、货物类别，均按实际重量统计。旅客不论行程远近或票价多少，均按一人一次客运量统计；半价票、小孩票也按一人统计。

货物（旅客）周转量

指在一定时期内，由各种运输工具运送的货物(旅客)数量与其相应运输距离的乘积之总和。该指标可以反映运输业生产的总成果，也是编制和检查运输生产计划，计算运输效率、劳动生产率以及核算运输单位成本的主要基础资料。计算货物周转量通常按发出站与到达站之间的最短距离，也就是计费距离计算。计算公式为：

货物（旅客）周转量＝Σ〔货物（旅客）运输量×运输距离〕

港口货物吞吐量（又称港口吞吐量）

指经由水路运进、出港区范围，并经过装卸的货物数量。按货物流向分为进港吞吐量和出港吞吐量；按货物的贸易性质分为内贸和外贸吞吐量；按货物的类别分，可根据现行的交通行业标准《运输货物分类和代码》分类。

集装箱吞吐量

凡经过水运进、出港区范围，并经过装卸的集装箱箱数和重量（含集装箱自重），通常是按进港和出港分别统计。TEU 是“折合 20 英尺标准箱”的英文缩写。它是指各种尺寸的国际标准集装箱的自然箱数，按各自的换算比例，折算为 20 英尺标准箱数。其换算比例为：40 英尺箱 1∶2；35 英尺箱 1∶1.75；20 英尺箱 1∶1；10 英尺箱 1∶0.5。

邮电业务总量

指以价值量形式表现的邮电通信企业为社会提供各类邮电通信服务的总数量。邮电业务量按专业分类包括函件、包件、汇票、报刊发行、邮政快件、特快专递、邮政储蓄、集邮、公众电报、用户电报、传真、长途电话、出租电路、无线寻呼、移动电话、分组交换数据通信、出租代维等。计算方法为各类产品乘以相应的平均单价(不变价)之和，再加上出租电路和设备、代用户维护电话交换机和线路等的服务收入。该指标综合反映了一定时期邮电业务发展的总成果，是研究邮电业务量构成和发展趋势的重要指标。计算公式为：

邮电业务总量＝Σ（各类邮电业务量×不变单价）+出租代维及其他业务收入＝邮政业务总量+电信业务总量

民用汽车拥有量

指报告期末，在公安交通管理部门按照《机动车注册登记工作规范》，已注册登记领有民用车辆牌照的全部汽车数量。汽车拥有量统计的主要分类：根据汽车结构分为载客汽车、载货汽车及其他汽车；根据汽车所有者不同分为个人(私人)汽车、单位汽车；根据汽车的使用性质分为营运汽车、非营运汽车和特种汽车；根据汽车大小规格不同载客汽车分为大型、中型、小型和微型，载货汽车分为重型、中型、轻型和微型。

Explanatory Notes on Main Statistical Indicators

Freight (Passenger) Traffic

refers to the volume of freight (passenger) transported with various means within a specific period of time. This indicator reflects the service of the transport industry towards the national economy and people's living conditions, as well as an important indicator used in formulating and monitoring transport production plans and research into the scale and pace of transport development. Freight transport is calculated in tons and passenger traffic is calculated in terms of number of persons. Freight transport is calculated in terms of the actual weight of the goods and takes no account of the type of freight and distance of travel. Passenger traffic is calculated by the principle that one person can be counted only once in one trip and takes no account of the travelling distance and ticket price. The passengers who travel with a half price ticket or a child's ticket is also calculated as one person.

Turnover Volume of Freight (Passenger) Traffic

refers to the sum of the product of the volume of transported cargo (passengers) multiplied by the transport distance. It is an important indicator to reflect the achievement of the transportation industry. This is an important indicator to show the total results of the transport industry; to prepare and examine the transport plan; and to serve as the main basic data for calculating the efficiency, labour productivity and unit cost of transport. Normally, the shortest distance between the departure station and the destination station (i.e., the payable distance) is the basis in calculating the freight ton-kilometers. The formula is as followed:

Turnover Volume of Freight (Passenger) Traffic = Σ*(Freight (Passenger) Traffic* × *Distance of Transportation)*

Freight Handled in Ports

refers to the volume of cargo passing in and out the harbor area and having been loaded and unloaded. The volume of freight handled may be classified as in-port & out-port. It can also be classified as national trade and international trade by the attribute of trade or be classified by the classification of cargo according to the standard of traffic in use the *Classification and Code of Transported Cargo*.

Container Handled in Ports

refers to number and weight (include tare weight of containers) of containers which are loaded or unloaded within port area via water carriage. It is often calculated by entering and leaving port, respectively. TEU was the abbreviation of twenty foot equivalent unit, which refers to converted number of all kinds of containers. The conversion method is based on respective conversion ratio and the number of all kinds of container is converted to the standard number of 20-foot equivalent unit. The conversion ratio is 40-foot container 1 ∶ 2, 35-foot container 1 ∶ 1.75, 20-foot container 1 ∶ 1, 10-foot container 1 ∶ 0.5.

Business Value of Post and Telecommunication Services

refers to the total amount of post and telecommunication services, expressed in value terms, provided by the post and telecommunications departments for the society. Post and telecommunication services can be classified as letters, parcels, remittance, issue of newspapers and magazines, fast mail service, express mail service, savings deposits, stamps for collection, public and individual telegraph service, facsimiles, long-distance telephone service, leasing of telephone lines, urban paging service, mobile telephone service, data transfer and transmission, leasing and substitute maintaining, etc. The accounting approach is to multiply the service products of all types with their average unit price (constant price) to get sum of business value, plus income from other services such as leasing of telephone lines and equipment, maintenance of telephone switchboards and lines on behalf of customers. This indicator reflects the overall results of post and telecommunications service during a given period, and is important to study the composition of business service and the development of post and telecommunications service. The formula is as followed:

Business Value of Post and Telecommunication Services = Σ *(Transaction of Post and Telecommunication Services* × *Constant Price)* + *Income from leasing, Maintenance and Other Services* = *Business Volume of Post* + *Business Volume of Telecommunication*

Civil Motor Vehicles Owned

refers to the total number of vehicles that are registered and received vehicles license tags according to the *Work Standard for Motor Vehicles Registration* formulated by transport management office under department of public security at the end of reference period. They are divided into following categories according to the structure of motor vehicles: passenger vehicles, trucks and others; and private vehicles and vehicles for units use according to ownerships; working vehicles, non-working vehicles and special motor vehicles according to kind of usage; large passenger vehicles, medium passenger vehicles, small passenger vehicles and mini passenger vehicle, heavy trucks, light-heavy trucks, light trucks and mini trucks according to sizes of vehicles.

第十八篇 住宿和餐饮业与旅游

Chapter 18 Accommodation and Catering Services, Tourism

18-1 限额以上住宿业基本情况(2006—2020年)
Basic Statistics on Accommodation Services above Designated Size,2006-2020

年 份 Year	单位数 (个) Number of Stores (unit)	从业人员 (人) Employment Personnel (person)	床位数 (个) Number of Beds (unit)	资产总计 (万元) Total Assets (10 000 yuan)	营业收入 (万元) Business Revenue (10 000 yuan)
2006	133	20961	32965	833583	209729
2007	158	28518	39210	896337	248735
2008	212	26240	77949	1061761	322450
2009	211	24414	46914	933585	280691
2010	222	24133	51499	1247150	335165
2011	226	25654	65735	1079468	380429
2012	229	26366	68765	1272698	423563
2013	250	26889	72227	1472621	399249
2014	252	23470	66704	1251209	390970
2015	245	21573	67148	1344399	380808
2016	252	21025	70467	1518750	404197
2017	241	20108	66640	1809516	415916
2018	235	17900	64435	2139962	385908
2019	289	16692	117902	2095324	424110
2020	314	15727	85435	2191213	316027

18-2 限额以上住宿业基本情况(2020年)
Basic Statistics on Accommodation Services above Designated Size,2020

项　目	Item	单位数(个) Number of Stores (unit)	从业人员(人) Employment Personnel (person)	床位数(个) Number of Beds (unit)
总　计	**Total**	**314**	**15727**	**85435**
按登记注册类型分	**Grouped by Status of Registration**			
内资企业	Domestic-funded Enterprises	301	13958	82841
#国　有	State-owned Enterprises	18	1560	3336
集　体	Collective-owned Enterprises	3	196	795
有限责任公司	Limited Liability Corporations	81	5737	20268
国有独资	Sole State-funded Corporations	7	982	2138
其他有限责任公司	Other Limited Liability Corporations	74	4755	18130
股份有限公司	Share-holding Corporations Ltd.	6	302	1667
私营企业	Private Enterprises	189	5707	55642
#私营独资	Private-funded Enterprises	11	415	2598
私营有限责任公司	Private Limited Liability Corporations	175	5250	52491
港澳台商投资企业	Enterprises with Funds from Hong Kong, Macao and Taiwan	7	461	1628
外商投资企业	Foreign Funded Enterprises	6	1308	966
#中外合资经营	Joint-venture Enterprises	2	234	403
外资企业	Foreign Investment Enterprise	3	1033	438
按企业控股情况分	**Grouped by Company Holding Type**			
国有及国有控股企业	State-owned and State-holding Enterprises	52	5379	13429
民营及民营控股企业	Private and Private Holding Enterprises	252	8964	70308
外商及港澳台控股企业	Hong Kong, Macao,Taiwan and Foreign Funded Holding Enterprises	10	1384	1698
按行业分	**Grouped by Sector**			
旅游饭店	Tourism Restaurant	106	9539	28096
一般旅馆	Hotel	181	5058	50925
其他住宿服务	Other Accommodation Services	27	1130	6414

18-2续表 *Continued*

单位：万元(10 000 yuan)

项　目	Item	资产总计 Total Assets	负债合计 Total Liabilities	营业收入 Business Revenue	营业成本 Cost of Business
总　计	**Total**	**2191213**	**2100649**	**316027**	**118817**
按登记注册类型分	**Grouped by Status of Registration**				
内资企业	Domestic-funded Enterprises	1838382	1713370	256845	104181
#国　有	State-owned Enterprises	67320	50093	19783	8416
集　体	Collective-owned Enterprises	1157	2870	2099	352
有限责任公司	Limited Liability Corporations	1150695	1028251	104523	54624
国有独资	Sole State-funded Corporations	203121	39669	15529	11513
其他有限责任公司	Other Limited Liability Corporations	947574	988582	88994	43111
股份有限公司	Share-holding Corporations Ltd.	35977	38391	4614	1258
私营企业	Private Enterprises	486742	525148	116604	38422
#私营独资	Private-funded Enterprises	3925	1443	5354	1265
私营有限责任公司	Private Limited Liability Corporations	480991	522972	109490	37039
港澳台商投资企业	Enterprises with Funds from Hong Kong, Macao and Taiwan	68513	111904	10152	9206
外商投资企业	Foreign Funded Enterprises	284318	275375	49030	5430
#中外合资经营	Joint-venture Enterprises	18991	17771	11396	3486
外资企业	Foreign Investment Enterprise	262384	257345	36796	1944
按企业控股情况分	**Grouped by Company Holding Type**				
国有及国有控股企业	State-owned and State-holding Enterprises	884302	780825	79812	42795
民营及民营控股企业	Private and Private Holding Enterprises	997556	985649	182034	62761
外商及港澳台控股企业	Hong Kong, Macao,Taiwan and Foreign Funded Holding Enterprises	309355	334175	54181	13260
按行业分	**Grouped by Sector**				
旅游饭店	Tourism Restaurant	1769895	1631662	178491	60034
一般旅馆	Hotel	199077	214206	105709	43189
其他住宿服务	Other Accommodation Services	222241	254781	31827	15594

18-3 旅游星级饭店基本情况(2018—2020年)
Basic Statistics of Star-rated Tourism Hotels,2018-2020

项　　目	Item	2018	2019	2020
饭店个数(个)	Number of Hotels (unit)	82	76	66
#五　星	Five-star Level	15	13	13
四　星	Four-star Level	35	35	27
三　星	Three-star Level	25	25	24
二　星	Two-star Level	7	3	2
客房数(间)	Number of Rooms (room)	15045	14468	13232
床位数(张)	Number of Beds (bed)	23517	22221	19921
接待住宿人数(万人次)	Tourists Received (10 000 person-times)	293.36	253.35	122.25
国内住宿者	Domestic Tourists	267.36	233.17	116.27
外国人	Foreigners	26.00	18.55	6.00
香港同胞	Compatriots from Hong Kong, China	1.30	0.82	0.20
澳门同胞	Compatriots from Macao, China	0.20	0.08	
台湾同胞	Compatriots from Taiwan, China	1.40	0.70	0.10
接待住宿人天数(万人天)	Persons-day Received (10 000 person-days)	424.10	383.84	194.60
国内住宿者	Domestic Tourists	377.70	343.62	180.40
外国人	Foreigners	46.40	37.00	14.21
香港同胞	Compatriots from Hong Kong, China	2.20	1.96	0.30
澳门同胞	Compatriots from Macao, China	0.30	0.17	0.01
台湾同胞	Compatriots from Taiwan, China	2.20	1.35	0.10
出租率(%)	Renting Rate (%)	53.50	50.62	32.41
平均房价(元/间天)	Average Room Prices (yuan/room.day)	397.00	401.97	400.52
营业收入(万元)	Business Revenues (10 000 yuan)	243519.00	229890.00	136798.30
利润总额(万元)	Total Profits (10 000 yuan)	46853.00	19164.00	-23574.40
从业人员平均人数(人)	Annual Average Employment Personnel (person)	12874	11504	8639

资料来源：天津市文化和旅游局
Source: Tianjin Municipal Bureau of Culture and Tourism
注：2018年对入境游等数据统计口径进行调整；表18-7和18-8同。
Note: The statistical coverage of international tourism and other data was adjusted in 2018. Same as table 18-7 and 18-8.

18-4 各区星级以上饭店情况(2020年)
Statistics on Star-rated Hotel by District,2020

地 区	Region	合计 Total 客房数(间) Number of Guest Rooms (room)	合计 Total 床位数(张) Number of Beds (bed)	#五星 Five-star Level 客房数(间) Number of Guest Rooms (room)	#五星 Five-star Level 床位数(张) Number of Beds (bed)	#四星 Four-star Level 客房数(间) Number of Guest Rooms (room)	#四星 Four-star Level 床位数(张) Number of Beds (bed)	#三星 Three-star Level 客房数(间) Number of Guest Rooms (room)	#三星 Three-star Level 床位数(张) Number of Beds (bed)
总 计	**Total**	**13232**	**19921**	**3850**	**5147**	**5903**	**8894**	**3251**	**5424**
和平区	Heping District	1176	1806	116	132	582	958	478	716
河东区	Hedong District	478	822			215	350	175	296
河西区	Hexi District	2178	3029	981	1276	1057	1473		
南开区	Nankai District	639	1123	114	220	189	300	336	603
河北区	Hebei District	673	969	416	528			257	441
红桥区	Hongqiao District								
东丽区	Dongli District	286	399					286	399
西青区	Xiqing District								
津南区	Jinnan District	246	440			146	246	100	194
北辰区	Beichen District	668	1004			190	247	478	757
武清区	Wuqing District	729	729			729	729		
宝坻区	Baodi District	369	723					369	723
滨海新区	Binhai New Area	4875	7020	2053	2667	2160	3278	662	1075
宁河区	Ninghe District	151	259			151	259		
静海区	Jinghai District	124	380			124	380		
蓟州区	Jizhou District	640	1218	170	324	360	674	110	220

18-5 限额以上餐饮业基本情况(2020年)
Basic Statistics on Catering Services Enterprises above Designated Size,2020

项　　目	Item	单位数(个) Number of Stores (unit)	从业人员(人) Employment Personnel (person)	餐位数(位) Number of Seats (unit)
总　　计	**Total**	**543**	**57420**	**310524**
按登记注册类型分	**Grouped by Status of Registration**			
内资企业	Domestic-funded Enterprises	518	27308	220558
#国　有	State-owned Enterprises	4	408	1582
有限责任公司	Limited Liability Corporations	119	8463	71600
股份有限公司	Share-holding Corporations Ltd.	2	198	1529
私营企业	Private Enterprises	391	18164	145305
私营独资	Private-funded Enterprises	44	1248	13933
私营合伙	Private Joint-venture Enterprises	4	32	394
私营有限责任公司	Private Limited Liability Corporations	340	16852	130977
私营股份有限公司	Private Share-holding Corporations Ltd.	3	32	1
港澳台商投资企业	Enterprises with Funds from Hong Kong, Macao and Taiwan	7	10091	25381
外商投资企业	Foreign Funded Enterprises	18	20021	64585
#中外合资经营	Joint venture Enterprises	4	69	379
外资企业	Foreign Investment Enterprise	13	19762	62606
按企业控股情况分	**Grouped by Company Holding Type**			
国有及国有控股企业	State-owned and State-holding Enterprises	12	1036	11002
民营及民营控股企业	Private and Private Holding Enterprises	508	26321	209784
外商及港澳台控股企业	Hong Kong, Macao,Taiwan and Foreign Funded Holding Enterprises	23	30063	89738
按业态分	**By Business Categories**			
正　餐	Dinner	404	19678	176060
快　餐	Snack	39	30564	94461
其他餐饮	Others	100	7178	40003

18-5续表 *Continued*

单位：万元 (10 000 yuan)

项　目	Item	资产总计 Total Assets	负债合计 Total Liabilities	营业收入 Business Revenue	营业成本 Cost of Business
总　计	**Total**	**1298369**	**1071770**	**1139488**	**625704**
按登记注册类型分	**Grouped by Status of Registration**				
内资企业	Domestic-funded Enterprises	1055531	898479	693929	413297
#国　有	State-owned Enterprises	14338	14723	3675	1141
有限责任公司	Limited Liability Corporations	247065	269689	218841	116136
股份有限公司	Share-holding Corporations Ltd.	123412	56402	10297	7002
私营企业	Private Enterprises	670350	557462	459441	288091
私营独资	Private-funded Enterprises	1533	555	4905	2675
私营合伙	Private Joint-venture Enterprises	636	743	965	629
私营有限责任公司	Private Limited Liability Corporations	667855	555645	452809	284112
私营股份有限公司	Private Share-holding Corporations Ltd.	326	519	763	675
港澳台商投资企业	Enterprises with Funds from Hong Kong, Macao and Taiwan	118657	76467	131571	44940
外商投资企业	Foreign Funded Enterprises	124181	96824	313988	167467
#中外合资经营	Joint-venture Enterprises	7308	4448	4654	1308
外资企业	Foreign Investment Enterprise	107156	87347	301788	163830
按企业控股情况分	**Grouped by Company Holding Type**				
国有及国有控股企业	State-owned and State-holding Enterprises	29731	33808	25133	17580
民营及民营控股企业	Private and Private Holding Enterprises	1026588	865109	669897	396250
外商及港澳台控股企业	Hong Kong, Macao,Taiwan and Foreign Funded Holding Enterprises	242050	172852	444457	211874
按业态分	**By Business Categories**				
正　餐	Dinner	909321	775412	446446	243776
快　餐	Snack	241249	172166	448248	219685
其他餐饮	Others	147799	124193	244793	162243

18-6 A级及以上和重点旅游景区情况(2018—2020年)
Statistics for Key Sight Spots above Grade A,2018-2020

单位：个(unit)

项　目	Item	2018	2019	2020	2020比2019年增长(%) Increased Rate in 2020 over 2019(%)
A级旅游景点数(个)	Scenic Spots of A Level and above (unit)	104	95	96	1.1
# 5A级景点	AAAAA-Level	2	2	2	
4A级景点	AAAA-Level	30	30	31	3.3
3A级景点	AAA-Level	48	43	43	
2A级景点	AA-Level	24	20	20	

18-7 接待入境旅游人数和居住天数(2017—2020年)
Number of International Tourists and Dwelling Days,2017-2020

单位：人次、天(person-time, day)

项　目	Item	2017	2018	2019	2020
接待人数总计(含不过夜)	**Total Tourists (include not staying for night)**	**3450594**	**1983144**	**1897684**	**171289**
接待入境旅游者人数(过夜)	Accommodated Tourists (stay for night)	792094	589644	561038	171289
外国人	Foreigners	685332	559261	507645	160325
# 日　本	Japan	200478	104696	104022	31426
韩　国	Republic of Korea	171313	130065	130519	18158
菲律宾	Philippines	2480	6427	3836	866
新加坡	Singapore	19731	16835	12896	4674
泰　国	Thailand	2239	9816	4814	1409
印度尼西亚	Indonesia	1182	4561	3125	1039
美　国	United States	58427	44034	41734	13307
加拿大	Canada	9544	10773	7203	2111
英　国	United Kingdom	15094	13616	16177	4117
法　国	France	9875	3593	4830	901
德　国	Germany	27120	39052	61233	9023
意大利	Italy	3741	2435	6631	557
俄罗斯	Russia	1822	7285	6643	1278
澳大利亚	Australia	16413	16135	10854	2789
港澳台同胞	Hong Kong, Macao and Taiwan Compatriots	106762	30383	53393	10964
星级宾馆平均每人居住天数	**Per Capita Staying Days in Star Level Hotels**	**2.0**	**2.0**	**2.0**	**2.4**

18-8 接待入境旅游外汇收入(2017—2020年)
Foreign Exchange Earning from International Tourists,2017-2020

单位：万美元(USD 10 000)

项　　目	Item	2017	2018	2019	2020
总　　计	**Total**	**375174**	**110985**	**118254**	**33405**
长途交通	Long-distance Transportation	142586	37565	45373	17517
飞　机	Civil Aviation	95549	34196	44478	16338
火　车	Railway	10898	1193	787	238
汽　车	Motor Vehicles	12058	2071	99	23
海　运	Sea Transportation	24081	105	9	919
游　览	Tour	14402	3436	3036	475
住　宿	Accommodation	58444	15815	21080	6696
餐　饮	Catering Service	29700	9990	11960	2833
娱　乐	Entertainment	17322	2309	3398	661
购　物	Shopping	51668	28306	22566	3094
邮电通讯	Posts and Telecommunications	5776	1695	417	98
市内交通	Local Transportation	8822	2165	3192	826
其　他	Others	46454	9704	7233	1206

18-9 国内旅游者来津人数和人均消费支出(2018—2020年)
Number of Domestic Tourists Visiting Tianjin and per Capita Consumption Expenditures,2018-2020

项　　目	Item	2018	2019	2020
国内旅游人数	**Number of Domestic Tourists Visiting Tianjin**			
（万人次）	**(10 000 person-times)**	**22651**	**24497**	**14124**
外省市来津旅游人数	Number of Tourists from other Provinces Visiting Tianjin	13770	14225	4653
本市市民在津旅游人数	Number of Local Tourists	8881	10272	9471
国内旅游者人均消费支出（元）	**Consumption Expenditure per Person (yuan)**	**1696**	**1729**	**943**
国内旅游者消费支出（亿元）	**Consumption Expenditure(100 million yuan)**	**3840.89**	**4235.22**	**1331.42**
住　宿	Accommodation	483.42	573.57	104.19
餐　饮	Catering Service	705.74	824.23	278.75
游　览	Tour	381.70	417.61	87.20
购　物	Shopping	1189.50	1172.03	567.18
娱　乐	Entertainment	165.59	184.61	45.72
交　通	Transportation	796.06	933.22	200.14
邮电通讯	Posts and Telecommunications	5.21	4.24	1.93
其　他	Others	113.68	125.72	46.31

主要统计指标解释

住宿和餐饮业营业额

指住宿和餐饮业单位在经营活动中因提供服务或销售商品等取得的全部收入（含增值税），收入主要来源于提供客房、餐费服务、商品销售和其他服务，如商务服务。不包括多产业法人企业附营的其他行业产业活动单位的餐费收入、商品销售收入等各项收入。

住宿和餐饮业统计限额标准

行业类别	统计指标名称	限额标准
住宿业	年主营业务收入	200 万元
餐饮业	年主营业务收入	200 万元

Explanatory Notes on Main Statistical Indicators

Business Revenue of Accommodation and Catering Services refers to the total revenue received (including value-added taxes) from providing services or selling commodities by establishments engaged in hotels and catering services. The income is mainly originated from supplying services of hotels and catering, selling commodities and other services, such as business services. Excluding the income received from catering services, and selling of commodities by other industrial activity units of corporate enterprises.

Statistical Limit Standard of Accommodation and Catering Services

Industry Category	*Statistical Index Name*	*Limit Standard*
Hotel Services	*Annual Revenue from Principal Business*	*2 million yuan*
Catering Services	*Annual Revenue from Principal Business*	*2 million yuan*

第十九篇 金融业

Chapter 19 Financial Intermediation

19-1 各类金融机构(2000—2020年)
Financial Institutions,2000-2020

单位：个(unit)

年 份 Year	银行类 Banking Institutions			非银行类 Non-banking Institutions		
	合 计 Total	商业银行 Commercial Banks	外资银行 Foreign Funded Banks	合 计 Total	保险公司机构 Insurance Companies	证券经营机构 Securities Business Companies
2000	1744	1718	14	725	102	96
2001	1703	1677	14	1076	105	93
2002	1653	1627	14	1215	311	85
2003	1594	1567	15	1264	369	78
2004	1564	1537	15	1294	386	79
2005	1552	1526	14	1347	371	79
2006	2094	2065	17	922	367	74
2007	2549	2520	17	557	426	71
2008	2599	2568	19	566	491	73
2009	2521	2487	22	588	520	87
2010	2641	2605	22	595	531	98
2011	2691	2654	22	662	577	102
2012	2698	2660	23	676	591	105
2013	2909	2837	57	1603	605	111
2014	3011	2939	57	1867	621	131
2015	3239	3167	57	2318	643	148
2016	3282	3213	54	3073	662	166
2017	3191	3124	52	3639	675	179
2018	3144	3084	45	4381	664	185
2019	3103	3043	45	4290	689	187
2020	3058	3000	43	4050	695	186

注：银行类金融机构自2006年起含农村合作银行；自2007年起含邮政储蓄银行。非银行类金融机构自2013年起含新兴金融机构。
Note: Banking Financial Institutions included Rural Cooperative Bank since 2006, and include Postal Savings Bank since 2007. Non-banking Institutions included Emerging Financial Institutions since 2013.

19-2 各类金融机构(2018—2020)
Financial Institutions,2018-2020

单位：个(unit)

项 目	Item	2018	2019	2020
总 计	**Total**	**7525**	**7393**	**7108**
银行类	**Banking Institutions**	**3144**	**3103**	**3058**
中央银行	Central Banks	2	2	2
政策性银行	Policy Banks	13	13	13
商业银行	Commercial Banks	3084	3043	3000
外资银行	Foreign Funded Banks	45	45	43
非银行类	**Non-banking Institutions**	**4381**	**4290**	**4050**
保险公司机构	Insurance Institutions	664	689	695
保险中介机构	Insurance Intermediary Institutions	314	305	299
保险资产管理公司	Insurance Asset Management Companies	1	1	1
证券经营机构	Securities Business Companies	185	187	186
基金管理公司	Fund Management Companies	1	1	1
独立基金销售机构分公司	Independent Fund Sales Institution Branches	5	4	4
证券投资咨询公司	Security Investment Consulting Companies	1	1	1
证券信用评级公司	Security Credit Rating Companies	1	1	
期货经营机构	The Futures Management Agencies	41	40	39
信托投资公司	Trust Investment Companies	2	2	2
金融租赁公司	Financial Leasing Companies	11	12	12
汽车金融公司	Auto Financing Companies	2	2	2
财务公司	Financial Companies	8	8	8
货币经纪公司	Currency Brokerage Companies	1	1	1
消费金融公司	Consumer Finance Companies	1	1	1
金融资产管理公司	Financial Assets Supervision Corporations	4	4	4
货币兑换公司	Currency Exchange Companies	6	6	6
第三方支付公司	The Third Party Payment Companies	38	41	42
小额贷款公司	Micro-credit Companies	173	155	147
融资性担保机构	Financing Guarantee Agencies	40	41	44
典当公司	Mortgage Companies	176	162	130
内资融资租赁公司	Domestic Financial Leasing Companies	112	120	128
外资融资租赁公司	Foreign Financial Leasing Companies	1887	1795	1623
保理公司	Factoring Company	707	711	674

注：小额贷款公司包含银监会监管的兴农贷款公司。
Note: Micro-credit Companies contains Xingnong credit Company.

19-3 中外资金融机构本外币存贷款余额(2002—2020年)

RMB & Foreign Deposit and Loan Balance of Chinese & Foreign Financial Institutions,2002-2020

单位：亿元(100 million yuan)

年 份 Year	存款余额(折人民币) Deposit Balance (as RMB)	中资金融机构 Chinese Financial Institutions	人民币 RMB	外汇(亿美元) Foreign Exchange(USD 100 million)	外资金融机构 Foreign-funded Financial Institutions	外汇(亿美元) Foreign Exchange(USD 100 million)	人民币 RMB
2002	3358.89	3297.79	3018.26	33.77	61.08	7.23	1.24
2003	4362.60	4317.98	4033.51	34.37	44.63	4.26	9.37
2004	5139.72	5044.07	4729.61	37.99	95.65	9.06	20.67
2005	6090.50	5990.37	5684.40	37.91	100.13	8.48	31.69
2006	6839.20	6762.39	6531.94	29.51	76.81	5.67	32.52
2007	8242.07	8116.19	7856.65	35.54	125.88	7.15	73.67
2008	9954.16	9726.64	9490.11	34.62	227.52	16.28	116.25
2009	13887.11	13637.31	13390.21	36.19	249.80	13.39	158.35
2010	16499.25	16179.94	15912.21	40.43	319.31	13.41	230.49
2011	17586.91	17218.32	16910.52	48.85	368.59	12.95	286.99
2012	20293.79	19887.26	19356.08	84.51	406.53	13.83	319.60
2013	23316.56	22825.25	22268.27	91.35	491.31	12.30	416.32
2014	24777.75	24219.94	23484.54	120.18	557.81	13.55	474.88
2015	28149.37	27681.73	26754.31	142.82	483.36	11.71	407.34
2016	30067.03	29617.71	28676.38	135.70	449.41	12.16	365.07
2017	30940.81	30505.99	29392.33	170.44	438.65	12.39	357.66
2018	30983.17	30586.30	29601.43	143.50	404.44	12.79	316.66
2019	31788.78	31365.16	30384.60	140.56	423.63	15.54	315.22
2020	34145.00	33692.19	32685.23	154.33	456.24	15.39	355.84

19-3续表 *Continued*

单位：亿元(100 million yuan)

年　份 Year	贷款余额(折人民币) Loan Balance (as RMB)	中资金融机　构 Chinese Financial Institutions	人民币 RMB	外汇(亿美元) Foreign Exchange(USD 100 million)	外资金融机　构 Foreign-funded Financial Institutions	外汇(亿美元) Foreign Exchange(USD 100 million)	人民币 RMB
2002	2868.93	2765.09	2519.04	29.72	103.84	12.06	4.02
2003	3791.22	3679.61	3426.02	30.64	112.76	12.77	7.06
2004	4146.49	4010.17	3821.38	22.81	136.32	14.39	17.21
2005	4722.38	4571.40	4417.45	19.08	150.98	13.73	40.18
2006	5415.72	5243.71	5106.94	17.52	172.02	12.32	75.82
2007	6543.83	6345.25	6131.63	29.25	198.57	12.20	109.44
2008	7689.12	7501.98	7277.46	32.84	187.15	11.89	105.83
2009	11152.19	10937.95	10513.44	62.17	214.24	12.06	131.88
2010	13774.11	13422.51	12864.75	84.22	351.60	15.82	246.81
2011	15924.71	15470.16	14897.72	90.85	454.55	17.47	344.45
2012	18396.81	17873.39	16977.76	142.49	523.42	17.36	414.29
2013	20857.80	20294.04	18987.54	214.29	563.75	16.07	465.77
2014	23223.42	22551.30	21189.30	222.58	672.12	23.77	474.88
2015	25994.68	25477.79	24104.91	211.42	543.78	21.30	405.47
2016	28754.04	28325.42	27019.19	188.30	467.92	15.59	359.77
2017	31602.54	31152.44	29723.04	218.76	494.46	14.69	398.44
2018	34084.90	33691.60	32186.96	219.23	437.58	10.02	368.80
2019	36141.27	35793.65	34546.86	178.72	356.30	2.93	335.86
2020	38859.42	38478.94	37340.85	174.42	386.77	4.73	355.88

19-4 中外资金融机构人民币存贷款余额(1981—2020年)

RMB Deposit and Loan Balance of Chinese & Foreign Financial Institutions,1981-2020

单位：亿元(100 million yuan)

年 份 Year	存款合计 Total Deposits	#单位存款 Corporate Deposits	#财政性存款 Treasury Deposits	#住户存款 Household Deposits	#农业存款 Agricultural Deposits	#其他存款 Other Deposits	贷款合计 Total Loans	#中长期贷款 Medium-term & Long-term Loans
1981	53.25	25.08	10.23	9.70	4.70	3.54	107.73	5.64
1982	68.05	32.97	11.73	12.50	6.18	4.67	112.61	8.70
1983	75.83	35.62	11.58	16.67	7.85	4.11	125.38	10.70
1984	95.52	45.76	10.98	22.19	6.87	9.72	138.99	14.21
1985	114.25	58.48	13.82	29.38	4.52	8.05	191.04	19.63
1986	129.14	63.22	11.32	40.52	5.61	8.48	224.49	26.59
1987	156.48	70.41	12.65	54.95	6.77	11.70	260.12	32.35
1988	176.44	72.77	14.35	62.72	9.45	17.16	296.18	35.47
1989	203.44	70.24	16.20	89.71	8.51	18.79	341.60	37.55
1990	263.21	86.66	19.15	126.92	9.42	21.07	415.91	50.00
1991	336.56	106.84	24.73	163.18	13.15	28.67	487.43	73.88
1992	467.81	157.39	23.50	202.66	18.51	65.75	624.82	105.67
1993	586.12	193.71	23.78	269.70	21.75	77.19	768.57	143.93
1994	800.56	301.12	24.26	394.50	18.26	62.43	927.05	210.87
1995	1079.97	385.21	37.59	549.97	22.87	84.33	1113.95	262.01
1996	1399.06	527.68	28.54	724.91	25.82	98.64	1357.38	305.50
1997	1634.95	638.88	26.22	863.36	28.76	77.73	1502.91	298.81
1998	1860.84	655.38	12.53	1020.14	34.28	138.50	1629.12	302.69
1999	2060.02	736.03	45.78	1130.19	37.94	110.08	1825.26	405.04
2000	2281.55	871.31	53.97	1172.40	44.10	139.76	1863.60	431.27
2001	2562.55	946.89	63.82	1284.95	56.32	210.56	2159.86	637.76
2002	3018.26	1115.35	102.30	1486.38	73.86	240.37	2519.04	846.93
2003	4033.51	1542.75	136.89	1825.32	164.72	363.83	3426.02	1468.35
2004	4750.28	1843.25	35.34	2116.97	157.14	450.89	3838.59	1789.90
2005	5716.09	2216.28	43.55	2462.66	163.66	638.74	4457.63	2204.62
2006	6564.47	2693.37	77.88	2811.71	189.50	619.63	5182.76	2758.33
2007	7930.31	3411.50	138.76	3083.79	237.47	810.50	6241.07	3491.79
2008	9606.36	3707.97	74.12	3980.14	288.59	1227.81	7383.29	4255.78
2009	13548.56	6007.93	127.78	4885.86	425.77	1564.18	10645.32	7006.87
2010	16142.69	6887.60	183.26	5558.23	558.47	2065.60	13111.57	8976.72
2011	17197.51	10155.74	305.20	6123.08		480.12	15242.17	9649.42
2012	19675.68	11591.00	271.08	7055.38		567.41	17392.06	10306.11
2013	22684.59	13533.26	395.47	7612.31		518.99	19453.31	11168.25
2014	23959.42	14076.93	566.46	7916.90		806.62	21715.99	12362.90
2015	27145.93		431.59	8743.79			24500.91	13991.90
2016	29041.36		532.48	9125.38			27367.97	15608.00
2017	29746.16		556.84	9558.05			30103.05	17806.63
2018	29910.53		441.30	10746.17			32539.43	19283.57
2019	30699.80		181.40	12639.64			34874.04	21095.40
2020	33037.64		205.64	14865.71			37690.44	23073.12

注：1.中长期贷款1994年以前为固定资产贷款,1998年起中长期贷款中含中期流动资金贷款。2."单位存款"2011年以前为"企业存款",统计口径有所调整。3.农业存款1996年以前为农村存款，2011年取消该分类。4.其他存款含临时性存款、委托存款。5."住户存款"2015年以前为"储蓄存款"。6.表19-5同。

Note: a) Medium-term & long-term loans refer to fixed assets loans before 1994, and include medium-term circulating capital loans since 1998. b) Deposits of enterprises are changed to corporate deposits since 2011, and the coverage is changed accordingly. c) Agricultural deposits refer to rural deposits before 1996.The section was canceled in 2011. d) Others deposits include temporary deposits and entrusted deposits. e) Saving deposits are changed to household deposits since 2015. f) Same as table 19-5.

19-5 中资金融机构人民币存贷款余额(1981—2020年)
RMB Deposit and Loan Balance of Chinese Financial Institutions,1981-2020

单位：亿元(100 million yuan)

年 份 Year	存款合计 Total Deposits	#单位存款 Corporate Deposits	#财政性存款 Treasury Deposits	#住户存款 Household Deposits	#农业存款 Agricultural Deposits	#其他存款 Other Deposits	贷款合计 Total Loans	#中长期贷款 Medium-term & Long-term Loans
1981	53.25	25.08	10.23	9.70	4.70	3.54	107.73	5.64
1982	68.05	32.97	11.73	12.50	6.18	4.67	112.61	8.70
1983	75.83	35.62	11.58	16.67	7.85	4.11	125.38	10.70
1984	95.52	45.76	10.98	22.19	6.87	9.72	138.99	14.21
1985	114.25	58.48	13.82	29.38	4.52	8.05	191.04	19.63
1986	129.14	63.22	11.32	40.52	5.61	8.48	224.49	26.59
1987	156.48	70.41	12.65	54.95	6.77	11.70	260.12	32.35
1988	176.44	72.77	14.35	62.72	9.45	17.16	296.18	35.47
1989	203.44	70.24	16.20	89.71	8.51	18.79	341.60	37.55
1990	263.21	86.66	19.15	126.92	9.42	21.07	415.91	50.00
1991	336.56	106.84	24.73	163.18	13.15	28.67	487.43	73.88
1992	467.81	157.39	23.50	202.66	18.51	65.75	624.82	105.67
1993	586.12	193.71	23.78	269.70	21.75	77.19	768.57	143.93
1994	800.56	301.12	24.26	394.50	18.26	62.43	927.05	210.87
1995	1079.97	385.21	37.59	549.97	22.87	84.33	1113.95	262.01
1996	1399.06	527.68	28.54	724.91	25.82	98.64	1357.38	305.50
1997	1634.95	638.88	26.22	863.36	28.76	77.73	1502.91	298.81
1998	1860.84	655.38	12.53	1020.14	34.28	138.50	1629.12	302.69
1999	2060.02	736.03	45.78	1130.19	37.94	110.08	1825.26	405.04
2000	2281.55	871.31	53.97	1172.40	44.10	139.76	1863.60	431.27
2001	2562.55	946.89	63.82	1284.95	56.32	210.56	2159.86	637.76
2002	3018.26	1115.35	102.30	1486.38	73.86	240.37	2519.04	846.93
2003	4033.51	1542.75	136.89	1825.32	164.72	363.83	3426.02	1468.35
2004	4729.61	1823.00	182.03	2116.73	157.14	450.71	3821.38	1789.78
2005	5684.40	2185.23	234.75	2462.41	163.66	638.35	4417.45	2203.93
2006	6531.94	2661.96	250.26	2811.02	189.50	619.20	5106.94	2756.82
2007	7856.65	3344.20	387.05	3078.72	237.47	809.21	6131.63	3473.96
2008	9490.11	3617.14	401.85	3956.86	288.59	1225.67	7277.46	4235.22
2009	13390.21	5879.48	664.82	4860.12	425.77	1560.02	10513.44	6950.44
2010	15912.21	6695.81	1072.78	5525.28	558.47	2059.86	12864.75	8856.51
2011	16910.52	9919.16	305.20	6072.66		480.12	14897.72	9458.86
2012	19356.08	11335.69	271.08	6991.09		567.41	16977.76	10091.39
2013	22268.27	13199.60	395.47	7563.46		509.71	18987.54	10931.13
2014	23484.54	13687.84	566.46	7863.57		794.41	21189.30	12099.47
2015	26754.31		431.59	8721.52			24104.91	13860.53
2016	28676.38		532.48	9105.15			27019.19	15473.35
2017	29392.33		556.53	9536.46			29723.04	17673.97
2018	29601.43		441.07	10723.30			32186.96	19174.47
2019	30384.60		181.35	12614.95			34546.86	20977.43
2020	32685.23		205.61	14843.50			37340.85	22956.80

19-6 中外资金融机构本外币信贷资金平衡表(2020年)

RMB & Foreign Currency Credit Funds Balance Sheet of Chinese & Foreign Financial Institutions,2020

单位：亿元(100 million yuan)

项　目	Item	2020	比年初增减数 Increase or Decrease Compared to the Beginning of the Year		2020比2019年增长(%) Increase Rate in 2020 over 2019(%)
			2019	2020	
资金来源合计	**All Sources**	**45754.22**	**1614.39**	**3298.94**	**7.8**
各项存款	Total Deposits	34145.00	795.83	2356.22	7.4
#住户存款	Household Deposits	15067.45	1881.88	2228.71	17.4
非金融企业存款	Non-financial Enterprise Deposits	13493.51	-676.16	233.25	1.8
广义政府存款	General Government Deposits	2865.24	-574.64	-272.43	-8.7
非银行业金融机构存款	Non-bank Financial Institution Deposits	2266.11	-5.27	135.64	6.4
金融债券	Financial Bond	980.67	109.85	-26.59	-2.6
卖出回购资产	Sold for Repurchase Assets	22.26	38.98	-20.51	-48.0
借款及非银行业金融机构拆入	Borrowing and Non-bank Financial Institution Borrowing	324.02	42.90	-114.48	-26.1
联行往来(净)	Interbank Transactions (net)	427.71	701.24	-205.32	-39.0
应付及暂收款	Accounts Payable and Suspense Credits	1198.38	2.37	64.21	5.7
各项准备	All Preparation	1722.30	103.38	290.95	20.3
所有者权益	Owner's Equity	2397.22	4.10	251.01	16.9
其　他	Others	4536.66	-184.26	703.44	17.5
资金运用合计	**All Uses**	**45754.22**	**1614.39**	**3298.94**	**7.8**
各项贷款	Total Loans	38859.42	2026.11	2718.15	7.5
#住户贷款	Household Loans	10506.84	1577.73	1066.07	11.3
非金融企业及机关团体贷款	Non-financial Enterprise and Institution Loans	28002.49	487.50	1680.87	6.4
非银行业金融机构贷款	Non-bank Financial Institution Loans	9.00	-0.04	-10.30	-53.4
债券投资	Bond Investment	3168.77	-265.18	671.83	26.9
股权及其他投资	Stocks and Other Investments	2331.89	682.28	-222.30	-8.7
买入返售资产	Buying Back the Sale of Assets	121.61	55.90	2.61	2.2
存放非银行业金融机构款项	Deposits of Non-bank Financial Institution	49.08	17.95	-22.54	-31.5
联行往来(净)	Interbank Transactions (net)		-967.80		
金银占款	Funds Outstanding for Gold and Silver				
外汇买卖	Foreign Exchange Trading				
应收及预付款	Accounts Receivable and Advance Charge	805.23	21.88	191.38	31.2
投资性房地产	Investment Real Estate	1.30	-0.11	0.31	31.2
固定资产	Fixed Assets	416.93	43.36	-40.50	-8.9

注：表中增长速度按可比口径计算。表19-7、19-8同。
Note: The increase rates are calculated at constant coverage. Same as table 19-7, 19-8.

19-7 中外资金融机构人民币各项存贷款余额(2020年)
RMB Deposit and Loan Balance of Chinese & Foreign Financial Institutions,2020

单位：亿元(100 million yuan)

项　　目	Item	2020	比年初增减数 Increase or Decrease Compared to the Beginning of the Year		2020比2019增长(%) Increase Rate in 2020 over 2019(%)
			2019	2020	
各项存款合计	**Total Deposits**	**33037.64**	**779.69**	**2337.84**	**7.6**
境内存款	Domestic Deposits	32915.20	786.37	2277.92	7.4
住户存款	Household Deposits	14865.71	1885.65	2226.07	17.6
活期存款	Demand Deposits	4194.97	325.76	370.11	9.7
定期及其他存款	Time Deposits and Other Deposits	10670.74	1559.89	1855.97	21.1
非金融企业存款	Non-financial Enterprise Deposits	12956.43	-498.42	185.00	1.4
活期存款	Demand Deposits	5003.84	-114.02	22.77	0.5
定期及其他存款	Time Deposits and Other Deposits	7952.59	-384.40	162.23	2.1
广义政府存款	General Government Deposits	2859.47	-574.82	-271.93	-8.7
财政性存款	Treasury Deposits	205.64	-259.90	24.24	13.4
机关团体存款	Deposits of Non-profit Institutions	2653.83	-314.92	-296.17	-10.0
非银行业金融机构存款	Non-bank Financial Institution Deposits	2233.59	-26.03	138.78	6.6
境外存款	Overseas Deposits	122.43	-6.68	59.91	95.8
各项贷款合计	**Total Loans**	**37690.44**	**2304.59**	**2816.40**	**8.1**
境内贷款	Domestic Loans	37659.02	2316.88	2824.04	8.1
住户贷款	Household Loans	10506.54	1577.74	1066.47	11.3
短期贷款	Short-term Loans	1895.23	605.12	408.20	23.7
消费贷款	Consumption Loans	1326.49	524.92	224.26	15.6
经营贷款	Business Loans	568.74	80.20	183.94	47.8
中长期贷款	Medium-term & Long-term Loans	8611.30	972.62	658.27	8.9
消费贷款	Consumption Loans	7875.53	806.30	545.61	8.1
经营贷款	Business Loans	735.78	166.32	112.66	18.1
非金融企业及机关团体贷款	Non-financial Enterprise and Institution Loans	27143.48	739.19	1767.87	7.0
短期贷款	Short-term Loans	6456.27	-353.26	119.43	1.9
中长期贷款	Medium-term & Long-term Loans	14461.82	818.70	1274.58	9.7
票据融资	Bill Financing	1417.22	179.94	114.23	8.8
融资租赁	Financing Lease	4725.66	42.67	303.12	6.9
各项垫款	Money Advanced	82.52	51.14	-43.48	-34.5
非银行业金融机构贷款	Non-bank Financial Institution Loans	9.00	-0.04	-10.30	-53.4
境外贷款	Overseas Loans	31.42	-12.29	-7.65	-19.6

19-8 中资金融机构人民币各项存贷款余额(2020年)
RMB Deposit and Loan Balance of Chinese Financial Institutions,2020

单位：亿元(100 million yuan)

项目	Item	2020	比年初增减数 Increase or Decrease Compared to the Beginning of the Year		2020比2019增长(%) Increase Rate in 2020 over 2019(%)
			2019	2020	
各项存款合计	**Total Deposits**	**32685.23**	**773.58**	**2300.63**	**7.6**
境内存款	Domestic Deposits	32577.63	780.02	2240.55	7.4
住户存款	Household Deposits	14843.50	1883.83	2228.55	17.7
活期存款	Demand Deposits	4187.64	325.09	370.75	9.7
定期及其他存款	Time Deposits and Other Deposits	10655.86	1558.73	1857.80	21.1
非金融企业存款	Non-financial Enterprise Deposits	12643.81	-503.64	144.76	1.2
活期存款	Demand Deposits	4949.70	-105.48	32.27	0.7
定期及其他存款	Time Deposits and Other Deposits	7694.11	-398.16	112.49	1.5
广义政府存款	General Government Deposits	2858.85	-574.68	-272.12	-8.7
财政性存款	Treasury Deposits	205.61	-259.72	24.26	13.4
机关团体存款	Deposits of Non-profit Institutions	2653.24	-314.97	-296.37	-10.0
非银行业金融机构存款	Non-bank Financial Institution Deposits	2231.47	-25.48	139.35	6.7
境外存款	Overseas Deposits	107.60	-6.44	60.09	126.5
各项贷款合计	**Total Loans**	**37340.85**	**2329.88**	**2793.99**	**8.1**
境内贷款	Domestic Loans	37310.16	2342.42	2801.40	8.1
住户贷款	Household Loans	10498.96	1575.91	1067.53	11.3
短期贷款	Short-term Loans	1890.28	602.39	408.65	23.8
消费贷款	Consumption Loans	1326.49	524.92	224.25	15.6
经营贷款	Business Loans	563.79	77.47	184.40	48.6
中长期贷款	Medium-term & Long-term Loans	8608.68	973.52	658.88	8.9
消费贷款	Consumption Loans	7874.45	806.45	545.57	8.1
经营贷款	Business Loans	734.23	167.07	113.30	18.3
非金融企业及机关团体贷款	Non-financial Enterprise and Institution Loans	26802.19	766.55	1744.17	7.0
短期贷款	Short-term Loans	6287.57	-331.12	114.10	1.9
中长期贷款	Medium-term & Long-term Loans	14348.12	808.94	1275.61	9.8
票据融资	Bill Financing	1360.83	194.92	97.25	7.7
融资租赁	Financing Lease	4725.66	42.67	303.12	6.9
各项垫款	Money Advanced	80.02	51.14	-45.91	-36.5
非银行业金融机构贷款	Non-bank Financial Institution Loans	9.00	-0.04	-10.30	-53.4
境外贷款	Overseas Loans	30.70	-12.55	-7.41	-19.5

19-9 金融机构人民币法定存款基准利率(1996—2015年)
Official Benchmark Interest Rates on RMB Deposits of Financial Institutions,1996-2015

单位：年利率%(% p.a.)

调整时间 Adjust Time	活 期 Demand Deposits	定 期 Time Deposits					
		三个月 3 Months	半 年 6 Months	一 年 1 Year	二 年 2 Years	三 年 3 Years	五 年 5 Years
1996.05.01	2.97	4.86	7.20	9.18	9.90	10.80	12.06
1996.08.23	1.98	3.33	5.40	7.47	7.92	8.28	9.00
1997.10.23	1.71	2.88	4.14	5.67	5.94	6.21	6.66
1998.03.25	1.71	2.88	4.14	5.22	5.58	6.21	6.66
1998.07.01	1.44	2.79	3.96	4.77	4.86	4.95	5.22
1998.12.07	1.44	2.79	3.33	3.78	3.96	4.14	4.50
1999.06.10	0.99	1.98	2.16	2.25	2.43	2.70	2.88
2002.02.21	0.72	1.71	1.89	1.98	2.25	2.52	2.79
2004.10.29	0.72	1.71	2.07	2.25	2.70	3.24	3.60
2006.08.19	0.72	1.80	2.25	2.52	3.06	3.69	4.14
2007.03.18	0.72	1.98	2.43	2.79	3.33	3.96	4.41
2007.05.19	0.72	2.07	2.61	3.06	3.69	4.41	4.95
2007.07.21	0.81	2.34	2.88	3.33	3.96	4.68	5.22
2007.08.22	0.81	2.61	3.15	3.60	4.23	4.95	5.49
2007.09.15	0.81	2.88	3.42	3.87	4.50	5.22	5.76
2007.12.21	0.72	3.33	3.78	4.14	4.68	5.40	5.85
2008.10.09	0.72	3.15	3.51	3.87	4.41	5.13	5.58
2008.10.30	0.72	2.88	3.24	3.60	4.14	4.77	5.13
2008.11.27	0.36	1.98	2.25	2.52	3.06	3.60	3.87
2008.12.23	0.36	1.71	1.98	2.25	2.79	3.33	3.60
2010.10.20	0.36	1.91	2.20	2.50	3.25	3.85	4.20
2010.12.26	0.36	2.25	2.50	2.75	3.55	4.15	4.55
2011.02.09	0.40	2.60	2.80	3.00	3.90	4.50	5.00
2011.04.06	0.50	2.85	3.05	3.25	4.15	4.75	5.25
2011.07.07	0.50	3.10	3.30	3.50	4.40	5.00	5.50
2012.06.08	0.40	2.85	3.05	3.25	4.10	4.65	5.10
2012.07.06	0.35	2.60	2.80	3.00	3.75	4.25	4.75
2014.11.22	0.35	2.35	2.55	2.75	3.35	4.00	
2015.03.01	0.35	2.10	2.30	2.50	3.10	3.75	
2015.05.11	0.35	1.85	2.05	2.25	2.85	3.50	
2015.06.28	0.35	1.60	1.80	2.00	2.60	3.25	
2015.08.26	0.35	1.35	1.55	1.75	2.35	3.00	
2015.10.24	0.35	1.10	1.30	1.50	2.10	2.75	

19-10 金融机构人民币法定贷款基准利率(1996—2015年)
Official Benchmark Interest Rates on RMB Loans of Financial Institutions,1996-2015

单位：年利率%(% p.a.)

调整时间 Adjust Time	6个月 6 Months	1年 1 Year	1-3年 1-3 Years	3-5年 3-5 Years	5年以上 Above 5 Years
1996.05.01	9.72	10.98	13.14	14.94	15.12
1996.08.23	9.18	10.08	10.98	11.70	12.42
1997.10.23	7.65	8.64	9.36	9.90	10.53
1998.03.25	7.02	7.92	9.00	9.72	10.35
1998.07.01	6.57	6.93	7.11	7.65	8.01
1998.12.07	6.12	6.39	6.66	7.20	7.56
1999.06.10	5.58	5.85	5.94	6.03	6.21
2002.02.21	5.04	5.31	5.49	5.58	5.76
2004.10.29	5.22	5.58	5.76	5.85	6.12
2006.04.28	5.40	5.85	6.03	6.12	6.39
2006.08.19	5.58	6.12	6.30	6.48	6.84
2007.03.18	5.67	6.39	6.57	6.75	7.11
2007.05.19	5.85	6.57	6.75	6.93	7.20
2007.07.21	6.03	6.84	7.02	7.20	7.38
2007.08.22	6.21	7.02	7.20	7.38	7.56
2007.09.15	6.48	7.29	7.47	7.65	7.83
2007.12.21	6.57	7.47	7.56	7.74	7.83
2008.09.13	6.21	7.20	7.29	7.56	7.74
2008.10.09	6.12	6.93	7.02	7.29	7.47
2008.10.30	6.03	6.66	6.75	7.02	7.20
2008.11.27	5.04	5.58	5.67	5.94	6.12
2008.12.23	4.86	5.31	5.40	5.76	5.94
2010.10.20	5.10	5.56	5.60	5.96	6.14
2010.12.26	5.35	5.81	5.85	6.22	6.40
2011.02.09	5.60	6.06	6.10	6.45	6.60
2011.04.06	5.85	6.31	6.40	6.65	6.80
2011.07.07	6.10	6.56	6.65	6.90	7.05
2012.06.08	5.85	6.31	6.40	6.65	6.80
2012.07.06	5.60	6.00	6.15	6.40	6.55
2014.11.22	5.60	5.60	6.00	6.00	6.15
2015.03.01	5.35	5.35	5.75	5.75	5.90
2015.05.11	5.10	5.10	5.50	5.50	5.65
2015.06.28	4.85	4.85	5.25	5.25	5.40
2015.08.26	4.60	4.60	5.00	5.00	5.15
2015.10.24	4.35	4.35	4.75	4.75	4.90

19-11 人民币汇率(年平均价)(1981—2020年)
Reference Exchange Rate of RMB(Period Average),1981-2020

单位：人民币元(RMB yuan)

年 份 Year	100美元 100 US Dollars	100日元 100 Japanese Yen	100港元 100 Hong Kong Dollars	100欧元 100 Euros
1981	170.50	0.7735	30.41	
1982	189.25	0.7607	31.15	
1983	197.57	0.8318	27.36	
1984	232.70	0.9780	29.71	
1985	293.66	1.2457	37.57	
1986	345.28	2.0694	44.22	
1987	372.21	2.5799	47.74	
1988	372.21	2.9082	47.70	
1989	376.51	2.7360	48.28	
1990	478.32	3.3233	61.39	
1991	532.33	3.9602	68.45	
1992	551.46	4.3608	71.24	
1993	576.20	5.2020	74.41	
1994	861.87	8.4370	111.53	
1995	835.10	8.9225	107.96	
1996	831.42	7.6352	107.51	
1997	828.98	6.8600	107.09	
1998	827.91	6.3488	106.88	
1999	827.83	7.2932	106.66	
2000	827.84	7.6864	106.18	
2001	827.70	6.8075	106.08	
2002	827.70	6.6237	106.07	800.58
2003	827.70	7.1466	106.24	936.13
2004	827.68	7.6552	106.23	1029.00
2005	819.17	7.4484	105.30	1019.53
2006	797.18	6.8570	102.62	1001.90
2007	760.40	6.4632	97.46	1041.75
2008	694.51	6.7427	89.19	1022.27
2009	683.10	7.2986	88.12	952.70
2010	676.95	7.7279	87.13	897.25
2011	645.88	8.1050	82.97	900.11
2012	631.25	7.9037	81.38	810.67
2013	619.32	6.3323	79.85	822.19
2014	614.28	5.8196	79.22	816.51
2015	622.84	5.1553	80.34	691.41
2016	664.23	6.1243	85.58	734.26
2017	675.18	6.0244	86.64	763.03
2018	661.74	5.9890	84.43	780.16
2019	689.85	6.3347	88.05	772.55
2020	689.76	6.4626	88.93	787.55

19-12 个人贷款总额(2004—2020年) Total Amount of Personal Loans,2004-2020

单位：亿元(100 million yuan)

年份 Year	个人贷款总额 Total Amount of Personal Loans	#个人消费贷款 Personal Consumption Loans	#住房贷款 Housing Mortgage Loans	#汽车消费贷款 Car Consumption Loans	个人住房贷款占个人消费贷款的比重(%) Percentage of Housing Mortgage Loans in Personal(%)
2004	629.00	347.04	306.03	22.00	88.2
2005	716.04	407.22	375.20	14.56	92.1
2006	729.85	451.52	419.44	10.64	92.9
2007	921.83	575.09	531.00	9.61	92.3
2008	994.22	622.18	565.17	10.41	90.8
2009	1386.82	912.03	832.69	10.36	91.3
2010	1895.53	1246.23	1116.00	10.28	89.6
2011	1728.46	1454.43	1297.91	8.96	85.7
2012	1988.65	1642.88	1453.98	7.57	88.5
2013	2482.74	1999.57	1735.77	5.01	86.8
2014	2834.24	2290.44	1993.23	5.68	87.0
2015	3353.05	2803.73	2441.60	14.72	87.1
2016	4847.50	4314.52	3905.63	47.20	90.5
2017	6316.37	5714.52	5043.53	135.30	88.3
2018	7832.44	6959.09	5706.29	257.86	82.0
2019	9440.77	8432.86	6301.05	369.19	74.7
2020	10506.84	9202.32	6797.41	402.55	73.9

19-13 证券市场交易情况(2008—2020年) Trading Statistics on Securities Markets,2008-2020

单位：亿元(100 million yuan)

年份 Year	证券市场交易量 Trading Volume of Securities Market	股票 Stock	基金 Fund	债券 Securities	权证 Warrant	其他 Others	股市开户数(万户) Total Investors (10 000 households)
2008	8016.23	6638.35	107.53	30.75	1182.00	57.60	151.23
2009	14832.34	13608.06	141.62	29.52	878.60	174.55	156.32
2010	15754.45	15100.67	152.07	19.45	247.03	235.23	160.34
2011	12726.07	11068.87	189.77	25.51	61.40	1380.53	167.09
2012	10743.11	7751.70	171.11	90.76		2729.54	196.78
2013	16834.80	10461.89	419.24	464.98		5488.69	201.64
2014	25400.20	15573.26	675.95	299.23		8851.76	209.11
2015	67040.06	51148.59	2764.93	330.52		12796.02	251.83
2016	43811.79	26160.21	1926.83	188.43		15536.33	438.96
2017	43527.96	22299.66	1597.96	248.59		19381.75	477.74
2018	37183.74	17661.73	2526.00	257.53		16738.48	516.78
2019	39933.63	21328.83	1659.11	244.98		16700.71	554.92
2020	61342.30	36207.68	2535.10	1082.02		21517.50	626.15

19-14 上市公司股票发行基本情况(1993—2020年)
Basic Statistics on Listed Companies Issue,1993-2020

年 份 Year	境内上市公司(个) Companies Listed in Mainland(unit)					股票发行总股本(万股) General Capitalization (10 000 shares)	累计股票首发数量(万股) Accumulated Issued Volume (10 000 shares)	累计股票筹资额(万元) Accumulated Capital Raised (10 000 yuan)
	上交所 Shanghai Stock Exchange	深交所 Shenzhen Stock Exchange	发A股公司 A Share Only	发A、B股公司 A&B Share	创业板 GEM			
1993	1	1	2			112399	5950	11957
1994	2	1	3			154026	10000	11957
1995	3	1	4			296749	16898	27957
1996	6	3	7	2		834794	44663	41757
1997	8	5	11	2		1028130	57563	89558
1998	9	5	12	2		1108486	62063	114633
1999	9	7	14	2		1429730	90863	274189
2000	10	8	16	2		1535184	102363	327867
2001	15	8	21	2		1796284	129463	507875
2002	17	8	23	2		2169204	142463	654039
2003	18	8	24	2		2248265	152463	692868
2004	18	8	24	2		2248265	152463	692868
2005	18	8	24	2		2248265	152463	692868
2006	18	8	24	2		2248265	152463	692868
2007	20	10	28	2		3792292	395850	2935590
2008	20	10	28	2		3792292	395850	2935590
2009	20	11	29	2	1	3797327	397109	3007666
2010	20	11	35	2	3	3886688	417069	3616566
2011	20	11	36	2	4	3896688	419569	3716566
2012	20	11	37	2	5	3908288	422469	3765228
2013	20	11	37	2	5	3908288	422469	3765228
2014	22	21	41	2	7	3927970	432289	3867230
2015	22	21	41	2	7	5447961	437289	3936180
2016	23	22	40	1	7	5922512	448645	4181280
2017	25	24	44	1	8	6203400	463981	4446380
2018	26	24	45	1	8	6446800	473918	4537540
2019	29	25	54	1	8	7908500	481494	5627340
2020	32	28	60	1	11	8836800	549461	7927240

注：总股本为截至2020年12月31日的数据。
Note: Data of general capitalization are figures until Dec. 31, 2020.

19-15 保险机构(2018—2020年)
Insurance Institutions,2018-2020

单位：个(unit)

项目	Item	2018	2019	2020
合计	**Total**	**979**	**995**	**995**
保险公司机构	**Insurance Companies**	**664**	**689**	**695**
总公司	Parent Companies	6	6	7
#中外合资、外资公司	Joint-venture and Sole Foreign Investment Companies	2	2	2
分公司	Branches	63	69	70
支公司	Sub-branches	238	260	241
营销服务部	Marketing Departments	351	349	372
专属机构(电销中心)	Specialized Agency (Telephone Direct Sale Center)	6	5	5
专业保险中介机构	**Professional Insurance Intermediary Institutions**	**314**	**305**	**299**
保险代理公司	Insurance Agent Companies	211	204	197
保险公估公司	Insurance Assessment Companies	24	22	23
保险经纪公司	Insurance Broker Companies	79	79	79
资产管理公司	**Assets Management Company**	**1**	**1**	**1**

注：本表中支公司包含中心支公司和营业部。
Note: In this table, sub-branches include sub-branches in center cities and business departments.

19-16 保险业务主要指标(1996—2020年)
Main Indicators of Insurance Business,1996-2020

年 份 Year	保险金额 (亿元) Amount Insured (100 million yuan)	保 费 (万元) Premium (10 000 yuan)	# 人身险 Personal Insurance	# 财产险 Property Insurance	赔款及给付 (万元) Claim and Payment (10 000 yuan)	# 人身险 Personal Insurance	# 财产险 Property Insurance
1996	2488.21	171768	63373	74399	62613	10186	33257
1997	3306.04	243377	125327	112401	83528	18334	61900
1998	3949.15	271654	161097	110557	70075	14206	55869
1999	4848.10	291382	175804	115578	69163	14703	54460
2000	3696.19	314663	191786	122877	71950	7714	64236
2001	5176.91	417049	276050	140999	119062	56364	62698
2002	5632.35	649698	505966	143732	114818	46513	68305
2003	6497.87	753098	597450	155648	173608	72493	101115
2004	9852.79	809874	622284	187590	174178	77905	96273
2005	12141.02	906391	688629	217762	174637	67284	107353
2006	16690.02	1051842	785664	266178	218608	92220	126388
2007	20068.17	1509092	1154858	354234	413417	242197	171221
2008	26065.40	1756212	1338017	418195	510252	300335	209917
2009	29295.34	1512873	1054914	457959	599226	304282	294944
2010	30410.48	2140074	1488739	651335	541885	222606	319278
2011	46937.30	2117433	1366397	751036	661749	306605	355144
2012	51136.36	2381572	1473712	907859	810180	362788	447392
2013	76630.97	2768020	1745237	1022783	1020030	430278	589752
2014	80022.67	3177501	2088796	1088705	1043856	444715	599141
2015	120584.85	3983408	2780605	1202803	1395316	730736	664580
2016	155543.42	5294869	4019275	1275594	1776733	832682	944051
2017	251078.13	5650144	4234417	1415727	1553242	812257	740984
2018	291846.60	5599842	4155414	1444428	1641388	837462	803927
2019	501713.50	6178941	4657057	1521884	1581659	788719	792940
2020	895558.52	6720933	5078366	1642568	1681806	845418	836388

注：1.2011年起保险业全面执行财政部《企业会计准则2号解释》，各项指标口径按照准则要求相应调整。
2.2020年起，保险金额为财产险保险金额和人身险保险金额之和，其中人身险保险金额为累计新增保险金额。3.表19-17同。

Note: a) Because the insurance industry executed Accounting Standards Interpretation No.2 issued by Ministry of Finance since 2011, the coverages of indicators in this table have changed accordingly. b)The amount insured is the sum of property insurance and personal insurance since 2020 of which the personal insurance is the cumulative new insured amount. c)Same as table 19-17.

19-17 保险业务情况(2018—2020年)
Basic Statistics on Insurance Business,2018-2020

单位：亿元(100 million yuan)

项　目	Item	2018	2019	2020
保险金额	**Amount Insured**	**291846.60**	**501713.50**	**895558.52**
财产保险	Property Insurance	150281.73	336042.26	611182.63
人身保险	Personal Insurance	141564.87	165671.24	284375.89
保　费	**Premium**	**559.98**	**617.89**	**672.09**
财产保险	Property Insurance	144.44	152.19	164.26
# 机动车辆保险	Motor Vehicle Insurance	104.90	108.66	112.48
人寿保险	Life Insurance	329.16	355.27	382.33
人身意外伤害保险	Personal Accident Insurance	14.31	18.49	19.79
健康保险	Health Insurance	72.08	91.95	105.71
赔款及给付额	**Claim and Payment**	**164.14**	**158.17**	**168.18**
财产保险	Property Insurance	80.39	79.29	83.64
# 机动车辆保险	Motor Vehicle Insurance	58.27	56.46	56.87
人寿保险	Life Insurance	59.12	48.12	50.57
人身意外伤害保险	Personal Accident Insurance	2.40	2.96	3.32
健康保险	Health Insurance	22.23	27.79	30.66
赔付率(%)	**Claim and Payment Rate (%)**			
财产保险公司综合赔付率	Property Insurance Comprehensive Claim and Payment Rate	52.8	59.8	49.6
人身保险公司短期险赔付率	Personal Insurance Short-term Claim and Payment Rate	52.3	84.5	58.5

注：人身保险金额为期末有效保险金额。
Note: Amount insured of personal insurance is the efficiency amount insured at the end of term.

19-18 租赁业基本情况(2012—2020年)
Basic Statistics on Leasing industry,2012-2020

单位：个(unit)

年 份 Year	企业家数 Number of Enterprises	金融租赁 Financial Leasing	内资租赁 Domestic Leasing	外资租赁 Leasing of Foreign Capital
2012	116	3	8	105
2013	206	5	10	191
2014	335	5	15	315
2015	697	7	18	672
2016	1185	9	30	1146
2017	1574	11	79	1484
2018	2010	11	112	1887
2019	1927	12	120	1795
2020	1763	12	128	1623

19-18续表 *Continued*

单位：亿元(100 million yuan)

年 份 Year	注册资金 Registered Capital	金融租赁 Financial Leasing	内资租赁 Domestic Leasing	外资租赁 Leasing of Foreign Capital
2012	574	166	120	288
2013	840	241	131	468
2014	1353	241	161	951
2015	2683	291	185	2207
2016	5013	365	419	4229
2017	6729	406	769	5554
2018	8568	506	951	7111
2019	8876	546	1016	7314
2020	8446	546	1046	6854

主要统计指标解释

信贷资金

指金融机构以信用方式积聚和分配的货币资金。金融机构信贷资金的来源有各项存款、金融债券、对国际金融机构负债、流通中现金、其他项目等；信贷资金的运用有各项贷款、有价证券及投资、金银占款、外汇占款、财政借款及在国际金融机构中的资产等。

存　款

指企业、机关、团体或居民根据资金必须收回的原则，把货币资金存入金融机构保管并取得一定利息的一种信用活动形式。根据存款对象的不同可划分为企业存款、财政性存款、城乡储蓄存款、农村存款、信托及其他存款等，它是银行信贷资金的主要来源。

贷　款

指金融机构根据资金必须归还的原则，按一定利率，为企业、个人等提供资金的一种信用活动形式。我国银行贷款分为工业贷款、农业贷款、商业贷款、建筑业贷款、私营和个体贷款、乡镇企业贷款、中长期贷款、信托及其他贷款等。

保险公司

指在中国境内的、经过保险监督管理部门批准设立，并依法登记注册的各类商业保险公司。

保险金额

指保险人承担赔偿或者给付保险金责任的最高限额。

保　费

指投保人为取得保险人在约定范围内所承担赔偿责任而支付给保险人的费用。

赔　款

指保险人根据保险合同的规定，向被保险人支付的赔偿保险责任损失的金额。

给　付

包括死伤医疗给付和满期给付。死伤医疗给付是指保险人根据人寿保险及长期健康保险合同的规定，因被保险人在保险期内发生保险责任范围内的保险事故支付给被保险人（或受益人）的金额。满期给付是指被保险人生存期满，保险人按人寿保险合同规定支付给被保险人的满期保险金额。

Explanatory Notes on Main Statistical Indicators

Credit Funds

refer to the monetary funds accumulated and distributed in the means of credit by the financial institutions. The sources of credit funds include various deposits, financial bonds, liabilities to international financial institutions, currency in circulation and other items. The uses of credit funds include loans, securities and investment, position for bullion and silver purchase, position for foreign exchange purchase, advances to treasury, and assets with international financial institutions.

Deposits

are the form of credit by which enterprises, institutions, organizations or households can put money into banks and other credit institutions for safekeeping and interest earning under the principle of free withdrawal. According to different depositors, deposits are divided into enterprise deposits, treasury deposits, urban and rural savings deposits, rural deposits, entrust and other deposits. Deposits are major sources of credit funds of banks.

Loans

are the form of credit by which banks and other credit institutions provide funds at certain interest rate to enterprises and individuals in the light of the principle of unconditional repayment. Loans from Chinese banks include industry loans, agriculture loans, commerce loans, construction loans, loans to private and individuals, township enterprises loans, medium & long term loans, entrust and other loans.

Insurance Companies

refer to commercial insurance companies of various forms registered by law and established in China with the approval of insurance regulatory agencies.

Amount Insured

refers to the maximum that the insurer to assume compensation or to pay the insurance.

Premium

is the fee paid by the insurant to the insurer to obtain the obligation of compensation from the insurance within the agreed terms.

Claim

is the compensation paid by the insurer to insurant in accordance with the insurance contract.

Payment

includes payment for death, injury or medical treatment and mature payment. Payment for death, injury or medical treatment refers to the money paid to insurant (or the beneficiary) in accordance with the life or health insurance contract when the insurant encounters accidents within the insured period covered in the contract. Mature payment refers to the mature payment to the insurant in accordance with the life insurance contract at the end of the insured period.

第二十篇 科学技术

Chapter 20 Science and Technology

20-1 科学研究和技术服务业机构课题情况
Projects of Science Research Institutions and Technological Service Development

项 目 Item	课题数(项) Number of Projects (item)		课题投入人力(人年) Labour Force Input Projects(person-year)		课题经费内部支出(万元) Internal Expenditure of Project Funds (10 000 yuan)	
	2019	2020	2019	2020	2019	2020
合 计 **Total**	**3356**	**3128**	**6874**	**5531**	**280054**	**213307**
基础研究 Basic Research	475	406	523	567	18205	13139
应用研究 Application Research	675	717	1563	1380	59192	54441
试验发展 Experimental Development	1140	1195	2530	2215	100664	89519
R&D成果应用 R&D Achievements Used	353	200	737	432	32212	23339
科技服务 Services of Science and Technology	713	610	1521	937	69781	32869

注：本表统计范围为科学研究与技术服务业的非企业机构。
Note: The statistical range of this table refers to non-enterprise institutions in scientific research and technical services.

20-2 专利授权数(2018—2020年)
Patent Granted,2018-2020

单位：件(item)

项 目	Item	授权量 Granted			有效量 Patent in Force		
		2018	2019	2020	2018	2019	2020
合 计	**Total**	**54680**	**57799**	**75434**	**168879**	**198946**	**245540**
按申请类型分	**Grouped by Applications Type**						
发 明	Inventions	5626	5025	5262	32066	34726	38152
实用新型	Utility Models	44683	48252	64221	123971	149930	189936
外观设计	Designs	4371	4522	5951	12842	14290	17452
按申请人划分	**Grouped by Applicator**						
职务发明	Official Inventions	51554	55199	71701	157913	190263	235328
工矿企业	Industrial and Mineral Enterprises	45778	48737	63888	139830	167131	206341
大专院校	Universities and Colleges	4091	4699	5643	13868	16383	20926
科研单位	Scientific Research Institutions	1036	1174	1453	4316	4865	6391
机关团体	Government Agencies and Organizations	649	589	717	1699	1884	1670
非职务发明	Non-Official Inventions	3126	2600	3733	9166	8683	10212

20-3 科学技术成果(2018—2020年)
Achievements in Science and Technology,2018-2020

单位：项(item)

项　目	Item	2018	2019	2020
市级科学技术成果登记数	**Number of City Level Major Achievements in Science and Technology**	**2331**	**2345**	**1880**
国际领先	Leading Level in the World	94	93	94
国际先进	Advanced World Standard	262	239	231
国内领先	Leading Level in China	276	298	94
国内先进	Advanced National Standard	175	185	51
其　他	Others	1524	1530	1410
获天津市科学技术奖	**Number of Tianjin Scientific and Technological Prizes Awarded**	**199**	**195**	**191**
自然科学奖	Natural Science Award	10	13	9
技术发明奖	Technological Invention Award	12	7	10
科技进步奖	Prize for Progress in Science and Technology	177	174	172
科技重大成就奖	Major Science and Technology Achievement Award			
国际科技合作奖	Number of International Scientific and Technological Cooperation Prizes Awarded		1	

20-4 高等学校科技专著和论文(2017—2020年)(理、工、农、医类)
S&T Works and Papers in Universities and Colleges,2017-2020 (Science, Engineering, Agriculture and Medicine)

项　目	Item	单　位	Unit	2017	2018	2019	2020
科技专著	**Scientific and Technological Works**	**部**	**copy**	**79**	**89**	**84**	**57**
		万 字	**10 000 words**	**1721**	**1788**	**1565**	**1178**
自然科学	Natural Science	部	copy	11	15	16	10
		万 字	10 000 words	138	228	215	175
工程科学	Engineering	部	copy	49	41	37	24
		万 字	10 000 words	1176	686	831	428
医学科学	Medicine	部	copy	19	32	30	21
		万 字	10 000 words	407	858	509	525
农业科学	Agriculture	部	copy		1	1	2
		万 字	10 000 words		16	10	50
科学论文	**Scientific Papers**	**篇**	**piece**	**21366**	**25344**	**25389**	**26146**
# 国外发表	Published Abroad	篇	piece	12015	13861	15355	17423

20−5 高等学校科研课题开展与投入(2020年)(理、工、农、医类)

Projects of Development and Input of Scientific Research in Universities and Colleges,2020(Science, Engineering, Agriculture and Medicine)

项　目	Item	课题数(项) Number of Projects (item)	投入人力(人年) Labour Force Input (person-year)	#科学家和工程师 Scientists and Engineers	投入经费(万元) Funds Input (10 000 yuan)
总　计	**Total**	**19423**	**9611**	**8443**	**483260**
按课题活动类型分	**Grouped by Type of Projects**				
基础研究	Basic Research	5951	3222	2706	115177
应用研究	Application Research	8462	4095	3617	171724
试验发展	Experimental Development	3355	1605	1483	65394
R&D成果应用	R&D Achievement Used	621	308	274	120335
科技服务	Service of Science and Technology	1034	381	363	10629
按(课题)项目类别分	**Grouped by Project**				
"973计划" 项目	"973 Program" Project	29	16	14	491
国家科技支撑计划	State S&T Support Project	16	11	8	330
"863计划" 项目	"863 Program" Project	4	5	5	
科技部重大专项	Major Project from Ministry of Science and Technology	87	54	47	8831
国家重点研发计划	National Key Research and Development Plan	1059	494	438	90860
国家自然科学基金项目	State Natural Scientific Fund Project	4175	2400	2054	51485
主管部门科技项目	S&T Project from Administrative Department	574	384	313	1808
国家部委其他科技项目	Other S&T Project from Ministry	588	397	344	54541
省、自治区、市科技项目	S&T Project from Province, Autonomous Region, Municipality	3035	1838	1590	29790
地市厅局(含县)项目	S&T Project from Bureau, Region	349	126	104	1133
企事业单位委托科技项目	S&T Project from Enterprise, Institution	7759	3188	2924	227895
国际合作项目	International Cooperate Project	21	10	9	242
自选项目	Self-choosing Project	1622	643	556	15377
其他项目	Other Project	105	45	37	478

20-6 全社会研发活动主要指标(2001-2020年)
Main Indicators of Total Science and Technology and R&D Activities,2001-2020

年 份 Year	有R&D活动单位数(个) With R&D Activities (unit)	R&D人员数(人) R&D Personnel (person)	R&D人员折合全时当量(人年) R&D Personnel as Full-time Equivalent (person-year)	R&D经费支 出(亿元) R&D Expenditures (100 million yuan)	R&D经费投入强度(%) Ratio of Expenditure on R&D to GDP (%)
2001			23893	25.16	
2002			26216	31.19	
2003			28808	40.43	
2004			29553	53.75	
2005			33441	72.57	
2006			37164	95.24	
2007			44988	114.70	
2008			52096	169.42	
2009			52039	178.47	
2010			58771	229.56	
2011	1362	111586	74293	297.76	3.67
2012	1601	126436	89609	360.49	3.99
2013	2057	143667	100219	428.09	4.30
2014	2379	164076	113335	464.69	4.37
2015	2434	177725	124321	510.18	4.69
2016	2439	177165	119384	537.32	4.68
2017	2138	165638	103087	458.72	3.68
2018	1811	160683	99490	492.40	3.68
2019	1834	143888	92502	462.97	3.29
2020	1978	136341	90640	485.01	3.44

20-7 科学技术协会和所属学会科技活动(2020年) Scientific and Technological Activities of Science and Technology Associations and Affiliated Institutions,2020

项　目	Item	合　计 Total	市及区科协 Science Association of City and District	市级学会 Institution of City Level
机构与人员	**Institutions and Personnel**			
机　构(个)	Institutions(unit)	167	17	150
人　员(人)	Personnel(person)	150356	356	150000
学术交流情况	**Academic Activities of Exchange**			
学术会议(次)	Academic Meetings(time)	303	5	298
国　内	Domestic	296	5	291
国　际	International	7		7
参加人数(人次)	Number of Participants(person-time)	841362	1600	839762
国　内	Domestic	681342	1600	679742
国　际	International	160021		160021
交流论文(篇)	Number of Papers Presented(piece)	5443	51	5392
国　内	Domestic	4987	51	4936
国　际	International	456		456
科技交流人数(人次)	Number of S&T Exchange Persons(person-time)	54		54
接　待	Received	22		22
外　派	Sent Abroad	32		32
科学普及	**Activities for Popular Science**			
科普宣讲活动(次)	Popular Science Propaganda Activities(time)	29706	28262	1444
参加人数(万人次)	Numbers of Participants(10 000 person-times)	8913	8625	288
科技培训	**Science and Technology Training**			
培训班数(个、期)	Number of Training Classes(unit,period)	1491	1344	147
培训人数(人次)	Number of Persons in Training Classes (person-time)	78438	59607	18831
青少年科技活动	**Science and Technology Activities of Teenagers**			
科学营(次)	Science Camp(time)	12	6	6
参加人数(人次)	Number of Participants(person-time)	1807	875	932
青少年科技竞赛(次)	Number of Teenagers' Science and Technology Competition(time)	81	53	28
参加人数(人次)	Numbers of Participants(person-time)	75211	52416	22795
未成年人参观科技馆人次	Minor Numbers of Visiting the Science Museum (person-time)	181168	181168	
科技出版物	**Science and Technology Publication**			
出版科技期刊(种)	Science and Technology Magazine(kind)	21		21
年发行总数(万册)	Volume of Issue(10 000 volumes)	36		36
年发表学术论文(篇)	Number of Papers Presented(piece)	3209		3209

20-8 企业科技及研发活动基本情况(2018—2020年)
Basic Statistics on Science and Technology and R&D Activities in Enterprises,2018-2020

项　目	Item	2018	2019	2020
调查单位数(个)	Number of Units (unit)	5241	8992	9540
# 有R&D活动单位	With R&D Activities	1618	1649	1820
R&D人员(人)	R&D Personnel (person)	119342	92879	89837
# 全时人员	Full-time	79006	63247	64092
R&D人员折合全时当量(人年)	R&D Personnel as Full-time Equivalent (person-year)	75642	62332	61357
基础研究	Basic Research	134	393	305
应用研究	Application Research	3265	2014	2712
试验发展	Experimental Development	72243	59925	58341
R&D经费支出(亿元)	**R&D Expenditures(100 million yuan)**	**370.62**	**344.09**	**361.87**
1. 政府资金	Government Funds	11.92	7.00	6.93
企业资金	Enterprise Funds	351.26	337.06	349.74
境外资金	Offshore Funds	1.82	0.01	1.71
其他资金	Other Funds	5.61	0.01	3.50
2. 基础研究	Basic Research	0.49	0.99	0.54
应用研究	Application Research	12.78	6.99	8.98
试验发展	Experimental Development	357.34	336.11	352.35
企业办研发机构数(个)	Research and Development Institutions Set by Enterprise(unit)	586	673	763
研发机构R&D人员数(人)	R&D Personnel in Research and Development Institutions (person)	39609	31510	32185
# 博士毕业	Doctor Graduate	800	724	685
硕士毕业	Master Graduate	7863	5187	5773
研发机构R&D经费支出(亿元)	R&D Expenditure in Research and Development Institutions (100 million yuan)	127.81	119.38	127.37

注：本表2018年统计范围不含规模以上小微型服务业企业和规模以下抽样调查工业企业。
Note: The statistical scope of this table in 2018 does not include small and micro service enterprises above state designated scale and sample survey of industrial enterprises under designated scale.

20-9 规模以上企业研发活动基本情况
R&D Activities in Enterprises above Designated Size

		规模以上工业 Industrial Enterprises above Designated Size		资质以上建筑业企业 Construction Enterprises above Designate Size		规模以上服务业企业 Services Enterprises above Designate Size	
		2019	2020	2019	2020	2019	2020
调查单位数(个)	Number of Units (unit)	4811	5118	337	341	3822	4059
#有R&D活动单位	With R&D Activities	1298	1444	70	75	262	282
R&D人员(人)	R&D Personnel (person)	66307	65505	10818	9190	15565	14953
#全时人员	Full-time	48398	48498	5846	5495	8883	9979
R&D人员折合全时当量(人年)	R&D Personnel as Full-time Equivalent (person-year)	45685	45227	7347	6573	9177	9435
基础研究	Basic Research	284	252	32	5	77	48
应用研究	Application Research	1439	1476	121	479	451	754
试验发展	Experimental Development	43961	43499	7195	6089	8649	8633
R&D经费支出(亿元)	**R&D Expenditures(100 million yuan)**	**213.43**	**228.77**	**69.71**	**75.43**	**55.93**	**50.12**
1. 政府资金	Government Funds	4.02	3.80	0.42	0.75	2.52	2.34
企业资金	Enterprise Funds	209.40	220.80	69.29	74.68	53.40	46.75
境外资金	Offshore Funds	0.01	1.23				0.47
其他资金	Other Funds		2.93			0.01	0.56
2. 基础研究	Basic Research	0.47	0.34	0.13		0.39	0.20
应用研究	Application Research	4.35	4.86	0.79	2.10	1.84	2.01
试验发展	Experimental Development	208.60	223.57	68.79	73.32	53.70	47.91
企业办研发机构数(个)	Research and Development Institutions Set by Enterprise(unit)	515	601	48	63	99	99
研发机构人员数(人)	Personnel in Research and Development Institutions (person)	34410	38771	6182	7369	10944	11806
#博士毕业	Doctor Graduate	672	721	104	81	407	385
硕士毕业	Master Graduate	5405	6678	823	905	3967	4918
研发机构经费支出(亿元)	Expenditure in Research and Development Institutions (100 million yuan)	109.96	120.90	24.93	31.64	41.07	44.77

注：本表建筑业指特一级总承包、一级专业承包建筑业企业。
Note: Constructions in this table refer to master and one-level general contracting and specialized contracting construction enterprises.

20-10 规模以上工业企业研发活动基本情况(2020年)
R&D Activities in Industrial Enterprises above Designated Size,2020

项 目 Item	合 计 Total	国有经济 State-owned	外商及港澳台经济 Hong Kong, Macao,Taiwan and Foreign Funded	其他经济 Others
调查单位数(个) Number of Units (unit)	5118	111	1094	3913
有R&D活动企业数(个) Number of Enterprises with R&D Activities (unit)	1444	51	245	1148
R&D人员合计(人) Total R&D Personnel (person)	65505	5799	14193	45513
参加项目人员 Engaged in Projects	60288	5328	13099	41861
管理和服务人员 Engaged in Management and Service	5217	471	1094	3652
R&D经费支出(亿元) R&D Expenditures (100 million yuan)	228.77	17.87	48.77	162.13
1. 基础研究支出 Cost of Basic Research	0.34	0.09	0.05	0.21
应用研究支出 Cost of Application Research	4.86	0.21	0.28	4.36
试验发展支出 Cost of Experimental Development	223.57	17.56	48.44	157.56
2. 政府资金 Government Funds	3.80	0.44	0.21	3.15
企业资金 Enterprise Funds	220.80	17.43	44.51	158.86
境外资金 Offshore Funds	1.23		1.15	0.09
其他资金 Other Funds	2.93		2.90	0.04
企业办研发机构数(个) Research and Development Institutions Set by Enterprise (unit)	601	32	100	469
研发机构人员数(人) Persons in Research and Development Institutions (person)	38771	3212	9896	25663
研发机构经费支出(亿元) Expenditures of Research and Development Institutions (100 million yuan)	120.90	7.85	36.63	76.43
研发机构科研用仪器设备原价(亿元) Original Cost of Scientific Research Equipment in Research and Development Institutions(100 million yuan)	120.96	10.14	39.67	71.15
专利申请数(件) Number of Patent Applications (item)	19033	1624	2924	14485
# 发明专利 Number of Inventions	6060	913	911	4236
新产品销售收入(亿元) Sales Revenue of New Products (100 million yuan)	3891.99	237.56	1441.86	2212.56
# 出口销售收入 Sales Revenue of Exports	543.79	16.71	368.39	158.70
技术改造经费支出(亿元) Expenditures of Technology Innovation (100 million yuan)	36.41	1.36	1.38	33.68
引进境外技术经费支出(亿元) Expenditures of Foreign Technology Introduction (100 million yuan)	5.32		5.13	0.19

20-11 按行业分规模以上工业企业科学研究与试验发展(R&D)活动情况(2020年)

R&D Activities in Industrial Enterprises above Designated Size by Sector,2020

项　目	Item	有R&D活动企业数(个) Enterprises with R&D Activities (unit)	R&D人员折合全时当量(人年) R&D Personnel as Full-time Equivalent (person-year)
总　计	**Total**	**1444**	**45227**
采矿业	**Minerals Mining**	**7**	**1361**
煤炭开采和洗选业	Mining and Washing of Coal	1	12
石油和天然气开采业	Extraction of Petroleum and Natural Gas	2	179
黑色金属矿采选业	Mining and Processing of Ferrous Metal Ores		
有色金属矿采选业	Mining and Processing of Non-ferrous Metal Ores		
非金属矿采选业	Mining and Processing of Nonmetal Ores	2	281
开采专业及辅助性活动	Professional and Support Activities for Mining	2	889
其他采矿业	Mining of Other Ores		
制造业	**Manufacturing**	**1418**	**43580**
农副食品加工业	Processing of Food from Agricultural Products	20	449
食品制造业	Manufacture of Food	37	550
酒、饮料和精制茶制造业	Manufacture of Alcohol, Beverages and Refined Tea	7	191
烟草制品业	Manufacture of Tobacco		
纺织业	Manufacture of Textile	11	377
纺织服装、服饰业	Manufacture of Textile Wearing and Apparel	2	10
皮革、毛皮、羽毛(绒)及其制品和制鞋业	Manufacture of Leather, Fur, Feather and Related Products, Footwear	4	203
木材加工和木、竹、藤、棕、草制品业	Processing of Timber, Manufacture of Wood, Bamboo, Rattan, Palm and Straw Products	2	20
家具制造业	Manufacture of Furniture	9	845
造纸和纸制品业	Manufacture of Paper and Paper Products	31	789
印刷和记录媒介复制业	Printing,Reproduction of Recording Media	24	452
文教、工美、体育和娱乐用品制造业	Manufacture of Articles for Culture, Education and Industrial Arts, Sport Activity, Amusement Manufacturing	13	368
石油、煤炭及其他燃料加工业	Processing of Petroleum, Coal and Other Fuels	7	136
化学原料和化学制品制造业	Manufacture of Raw Chemical Materials and Chemical Products	100	2444
医药制造业	Manufacture of Medicines	71	3930
化学纤维制造业	Manufacture of Chemical Fibers	2	14
橡胶和塑料制品业	Manufacture of Rubber and Plastic	93	1939
非金属矿物制品业	Manufacture of Non-metallic Mineral Products	54	1351
黑色金属冶炼和压延加工业	Smelting and Pressing of Ferrous Metals	40	3050
有色金属冶炼和压延加工业	Smelting and Pressing of Non-ferrous Metals	17	711
金属制品业	Manufacture of Metal Products	118	2669
通用设备制造业	Manufacture of General Purpose Machinery	160	3058
专用设备制造业	Manufacture of Special Purpose Machinery	154	4006
汽车制造业	Manufacture of Motorcar	90	2371
铁路、船舶、航空航天和其他运输设备制造业	Railway, Watercraft, Aerospace and Other Transport Equipment	55	3501
电气机械和器材制造业	Manufacture of Electrical Machinery and Equipment	109	3107
计算机、通信和其他电子设备制造业	Manufacture of Computers, Communication and Other Electronic Equipment	112	4519
仪器仪表制造业	Manufacture of Measuring Instruments	53	1186
其他制造业	Other Manufacturing	9	1166
废弃资源综合利用业	Comprehensive Recycling of Waste	8	67
金属制品、机械和设备修理业	Metal Products, Machine and Equipment Repair	6	100
电力、热力、燃气及水生产和供应业	**Production and Supply of Electricity, Heat, Gas and Water**	**19**	**285**
电力、热力生产和供应业	Production and Supply of Electric Power and Heat Power	9	191
燃气生产和供应业	Production and Supply of Gas	2	19
水的生产和供应业	Production and Supply of Water	8	76

20-11续表 *Continued*

项　目	Item	R&D经费内部支出总额(亿元) R&D Internal Expenditures (100 million yuan)	R&D投入强度(%) Ratio of R&D to Sales Revenue (%)
总　计	**Total**	**228.77**	**1.20**
采矿业	**Minerals Mining**	**9.03**	**0.85**
煤炭开采和洗选业	Mining and Washing of Coal	0.02	1.42
石油和天然气开采业	Extraction of Petroleum and Natural Gas	0.37	0.05
黑色金属矿采选业	Mining and Processing of Ferrous Metal Ores		
有色金属矿采选业	Mining and Processing of Non-ferrous Metal Ores		
非金属矿采选业	Mining and Processing of Nonmetal Ores	0.80	2.25
开采专业及辅助性活动	Professional and Support Activities for Mining	7.84	2.80
其他采矿业	Mining of Other Ores		
制造业	**Manufacturing**	**216.81**	**1.30**
农副食品加工业	Processing of Food from Agricultural Products	1.49	0.26
食品制造业	Manufacture of Food	1.95	0.53
酒、饮料和精制茶制造业	Manufacture of Alcohol, Beverages and Refined Tea	0.42	0.47
烟草制品业	Manufacture of Tobacco		
纺织业	Manufacture of Textile	0.84	0.67
纺织服装、服饰业	Manufacture of Textile Wearing and Apparel	0.03	0.25
皮革、毛皮、羽毛(绒)及其制品和制鞋业	Manufacture of Leather, Fur, Feather and Related Products, Footwear	0.18	1.12
木材加工和木、竹、藤、棕、草制品业	Processing of Timber, Manufacture of Wood, Bamboo, Rattan, Palm and Straw Products	0.10	0.76
家具制造业	Manufacture of Furniture	1.07	1.65
造纸和纸制品业	Manufacture of Paper and Paper Products	3.50	1.50
印刷和记录媒介复制业	Printing,Reproduction of Recording Media	1.39	2.07
文教、工美、体育和娱乐用品制造业	Manufacture of Articles for Culture, Education and Industrial Arts, Sport Activity, Amusement Manufacturing	0.59	0.77
石油、煤炭及其他燃料加工业	Processing of Petroleum, Coal and Other Fuels	5.68	0.81
化学原料和化学制品制造业	Manufacture of Raw Chemical Materials and Chemical Products	14.66	1.47
医药制造业	Manufacture of Medicines	16.09	2.68
化学纤维制造业	Manufacture of Chemical Fibers	0.06	1.51
橡胶和塑料制品业	Manufacture of Rubber and Plastic	7.66	1.96
非金属矿物制品业	Manufacture of Non-metallic Mineral Products	5.65	1.23
黑色金属冶炼和压延加工业	Smelting and Pressing of Ferrous Metals	26.71	1.04
有色金属冶炼和压延加工业	Smelting and Pressing of Non-ferrous Metals	4.52	0.64
金属制品业	Manufacture of Metal Products	20.73	2.29
通用设备制造业	Manufacture of General Purpose Machinery	11.74	1.62
专用设备制造业	Manufacture of Special Purpose Machinery	16.30	2.81
汽车制造业	Manufacture of Motorcar	7.69	0.32
铁路、船舶、航空航天和其他运输设备制造业	Railway, Watercraft, Aerospace and Other Transport Equipment	11.67	2.06
电气机械和器材制造业	Manufacture of Electrical Machinery and Equipment	14.67	1.27
计算机、通信和其他电子设备制造业	Manufacture of Computers, Communication and Other Electronic Equipment	33.91	1.80
仪器仪表制造业	Manufacture of Measuring Instruments	3.32	2.59
其他制造业	Other Manufacturing	3.76	2.15
废弃资源综合利用业	Comprehensive Recycling of Waste	0.15	0.18
金属制品、机械和设备修理业	Metal Products, Machine and Equipment Repair	0.29	1.63
电力、热力、燃气及水生产和供应业	**Production and Supply of Electricity, Heat, Gas and Water**	**2.93**	**0.24**
电力、热力生产和供应业	Production and Supply of Electric Power and Heat Power	2.55	0.28
燃气生产和供应业	Production and Supply of Gas	0.12	0.06
水的生产和供应业	Production and Supply of Water	0.27	0.26

注：R&D投入强度是指R&D经费内部支出与营业收入比值。

Note: Ratio of R&D to operating income refers to the ratio of R&D internal expenditures to revenue from principle business.

20-12 按行业分规模以上工业企业研发机构情况(2020年)
R&D Institutions of Industrial Enterprises above Designated Size by Sector,2020

项目	Item	研发机构数(个) R&D Institutions (unit)	研发机构经费支出(亿元) Expenditure in R&D Institutions (100 million yuan)
总计	**Total**	**601**	**120.90**
采矿业	**Minerals Mining**	**7**	**6.31**
煤炭开采和洗选业	Mining and Washing of Coal		
石油和天然气开采业	Extraction of Petroleum and Natural Gas	4	4.17
黑色金属矿采选业	Mining and Processing of Ferrous Metal Ores		
有色金属矿采选业	Mining and Processing of Non-ferrous Metal Ores		
非金属矿采选业	Mining and Processing of Nonmetal Ores	2	0.54
开采专业及辅助性活动	Professional and Support Activities for Mining	1	1.60
其他采矿业	Mining of Other Ores		
制造业	**Manufacturing**	**589**	**112.98**
农副食品加工业	Processing of Food from Agricultural Products	7	0.52
食品制造业	Manufacture of Food	13	1.14
酒、饮料和精制茶制造业	Manufacture of Alcohol, Beverages and Refined Tea	5	0.32
烟草制品业	Manufacture of Tobacco		
纺织业	Manufacture of Textile	1	
纺织服装、服饰业	Manufacture of Textile Wearing and Apparel		
皮革、毛皮、羽毛(绒)及其制品和制鞋业	Manufacture of Leather, Fur, Feather and Related Products, Footwear	1	0.04
木材加工和木、竹、藤、棕、草制品业	Processing of Timber, Manufacture of Wood, Bamboo, Rattan, Palm and Straw Products		
家具制造业	Manufacture of Furniture	2	0.67
造纸和纸制品业	Manufacture of Paper and Paper Products	4	0.51
印刷和记录媒介复制业	Printing,Reproduction of Recording Media	6	0.45
文教、工美、体育和娱乐用品制造业	Manufacture of Articles for Culture, Education and Industrial Arts, Sport Activity, Amusement Manufacturing	4	0.34
石油、煤炭及其他燃料加工业	Processing of Petroleum, Coal and Other Fuels	7	1.02
化学原料和化学制品制造业	Manufacture of Raw Chemical Materials and Chemical Products	51	6.87
医药制造业	Manufacture of Medicines	44	10.97
化学纤维制造业	Manufacture of Chemical Fibers		
橡胶和塑料制品业	Manufacture of Rubber and Plastic	39	4.06
非金属矿物制品业	Manufacture of Non-metallic Mineral Products	17	1.35
黑色金属冶炼和压延加工业	Smelting and Pressing of Ferrous Metals	11	6.03
有色金属冶炼和压延加工业	Smelting and Pressing of Non-ferrous Metals	10	1.42
金属制品业	Manufacture of Metal Products	73	6.90
通用设备制造业	Manufacture of General Purpose Machinery	36	4.79
专用设备制造业	Manufacture of Special Purpose Machinery	76	8.46
汽车制造业	Manufacture of Motorcar	44	4.40
铁路、船舶、航空航天和其他运输设备制造业	Railway, Watercraft, Aerospace and Other Transport Equipment	24	3.26
电气机械和器材制造业	Manufacture of Electrical Machinery and Equipment	44	9.56
计算机、通信和其他电子设备制造业	Manufacture of Computers, Communication and Other Electronic Equipment	43	36.67
仪器仪表制造业	Manufacture of Measuring Instruments	19	2.16
其他制造业	Other Manufacturing	5	0.94
废弃资源综合利用业	Comprehensive Recycling of Waste	1	
金属制品、机械和设备修理业	Metal Products, Machine and Equipment Repair	2	0.12
电力、热力、燃气及水生产和供应业	**Production and Supply of Electricity, Heat, Gas and Water**	**5**	**1.62**
电力、热力生产和供应业	Production and Supply of Electric Power and Heat Power	2	0.99
燃气生产和供应业	Production and Supply of Gas	1	0.55
水的生产和供应业	Production and Supply of Water	2	0.08

20-13 按行业分规模以上工业企业专利情况(2020年)
Patents of Industrial Enterprises above Designated Size by Sector,2020

单位：件(piece)

项　目	Item	专利申请数 Patent Applications	#发明专利数 Invention Patents
总　计	**Total**	**19033**	**6060**
采矿业	**Minerals Mining**	**741**	**470**
煤炭开采和洗选业	Mining and Washing of Coal		
石油和天然气开采业	Extraction of Petroleum and Natural Gas	402	264
黑色金属矿采选业	Mining and Processing of Ferrous Metal Ores		
有色金属矿采选业	Mining and Processing of Non-ferrous Metal Ores		
非金属矿采选业	Mining and Processing of Nonmetal Ores	41	18
开采专业及辅助性活动	Professional and Support Activities for Mining	298	188
其他采矿业	Mining of Other Ores		
制造业	**Manufacturing**	**17389**	**5125**
农副食品加工业	Processing of Food from Agricultural Products	264	46
食品制造业	Manufacture of Food	178	35
酒、饮料和精制茶制造业	Manufacture of Alcohol, Beverages and Refined Tea	108	29
烟草制品业	Manufacture of Tobacco		
纺织业	Manufacture of Textile	124	33
纺织服装、服饰业	Manufacture of Textile Wearing and Apparel	14	
皮革、毛皮、羽毛(绒)及其制品和制鞋业	Manufacture of Leather, Fur, Feather and Related Products, Footwear	50	6
木材加工和木、竹、藤、棕、草制品业	Processing of Timber, Manufacture of Wood, Bamboo, Rattan, Palm and Straw Products	23	2
家具制造业	Manufacture of Furniture	71	2
造纸和纸制品业	Manufacture of Paper and Paper Products	415	50
印刷和记录媒介复制业	Printing,Reproduction of Recording Media	197	21
文教、工美、体育和娱乐用品制造业	Manufacture of Articles for Culture, Education and Industrial Arts, Sport Activity, Amusement Manufacturing	159	29
石油、煤炭及其他燃料加工业	Processing of Petroleum, Coal and Other Fuels	145	75
化学原料和化学制品制造业	Manufacture of Raw Chemical Materials and Chemical Products	848	283
医药制造业	Manufacture of Medicines	530	227
化学纤维制造业	Manufacture of Chemical Fibers	16	12
橡胶和塑料制品业	Manufacture of Rubber and Plastic	926	184
非金属矿物制品业	Manufacture of Non-metallic Mineral Products	718	130
黑色金属冶炼和压延加工业	Smelting and Pressing of Ferrous Metals	336	79
有色金属冶炼和压延加工业	Smelting and Pressing of Non-ferrous Metals	201	58
金属制品业	Manufacture of Metal Products	1359	259
通用设备制造业	Manufacture of General Purpose Machinery	2027	409
专用设备制造业	Manufacture of Special Purpose Machinery	2089	632
汽车制造业	Manufacture of Motorcar	981	152
铁路、船舶、航空航天和其他运输设备制造业	Railway, Watercraft, Aerospace and Other Transport Equipment	949	223
电气机械和器材制造业	Manufacture of Electrical Machinery and Equipment	1590	475
计算机、通信和其他电子设备制造业	Manufacture of Computers, Communication and Other Electronic Equipment	2245	1432
仪器仪表制造业	Manufacture of Measuring Instruments	597	207
其他制造业	Other Manufacturing	120	23
废弃资源综合利用业	Comprehensive Recycling of Waste	89	9
金属制品、机械和设备修理业	Metal Products, Machine and Equipment Repair	20	3
电力、热力、燃气及水生产和供应业	**Production and Supply of Electricity, Heat, Gas and Water**	**903**	**465**
电力、热力生产和供应业	Production and Supply of Electric Power and Heat Power	833	453
燃气生产和供应业	Production and Supply of Gas	26	3
水的生产和供应业	Production and Supply of Water	44	9

20-14 按行业分规模以上非工业企业科学研究与试验发展(R&D)活动情况(2020年)
R&D Activities in Non-Industrial Enterprises above Designated Size by Sector,2020

项　目	Item	有R&D活动企业数(个) Enterprises with R&D Activities (unit)	R&D人员折合全时当量(人年) R&D Personnel as Full-time Equivalent (person-year)
总　计	**Total**	**357**	**16008**
建筑业	**Construction**	**75**	**6573**
房屋建筑业	Building Engineering	17	2227
土木工程建筑业	Civil Engineering	33	3279
建筑安装业	Building Installation	15	823
建筑装饰、装修和其他建筑业	Building Decoration and Others	10	243
服务业	**Service**	**282**	**9435**
交通运输、仓储和邮政业	Transportation, Storage and Post Services	20	522
铁路运输业	Railway Transport		
道路运输业	Highway Transport	4	104
水上运输业	Waterway Transport	9	313
航空运输业	Air Transport	1	10
管道运输业	Pipeline Transport	1	26
多式联运和运输代理业	Intermodality and Forwarding	1	6
装卸搬运和仓储业	Loading, Unloading and Storage	4	63
邮政业	Post Services		
信息传输、软件和信息技术服务业	Information Transmitting, Software and Information Technology Services	70	3141
电信、广播电视和卫星传输服务	Telecommunication, Broadcast Television and Satellite Transmission Services	1	46
互联网和相关服务	Internet and Relative Services	15	423
软件和信息技术服务业	Software and Information Technology Services	54	2673
租赁和商务服务业	Leasing and Business Services	19	308
租赁业	Leasing Services	3	19
商务服务业	Business Services	16	288
科学研究和技术服务业	Scientific Research and Technical Services	157	5208
研究和试验发展	R&D	26	869
专业技术服务业	Special Technical Services	117	4096
科技推广和应用服务业	Science and Technology Generalizing and Application Services	14	243
水利、环境和公共设施管理业	Management for Water Conservancy, Environment and Public Facilities	11	203
水利管理业	Management for Water Conservancy		
生态保护和环境治理业	Ecological Protection and Management for Environment	5	47
公共设施管理业	Management for Public Facilities	5	154
土地管理业	Management for Land	1	2
卫生和社会工作	Health Care and Social Work	3	4
卫　生	Health Care	3	4
社会工作	Social Work		
文化、体育和娱乐业	Culture, Sports and Recreational Services	2	49
新闻和出版业	News Publication		
广播、电视、电影和录音制作业	Broadcast, TV, Movies and Record Production Industry	2	49
文化艺术业	Culture and Art		
体　育	Sports		
娱乐业	Recreational Services		

20-14续表 *Continued*

项　目	Item	R&D经费内部支出总额(亿元) R&D Internal Expenditures (100 million yuan)	R&D投入强度(%) Ratio of R&D to Sales Revenue (%)
总　计	**Total**	**125.55**	**1.14**
建筑业	**Construction**	**75.43**	**1.96**
房屋建筑业	Building Engineering	26.66	2.19
土木工程建筑业	Civil Engineering	42.07	2.07
建筑安装业	Building Installation	3.35	1.35
建筑装饰、装修和其他建筑业	Building Decoration and Others	3.36	0.97
服务业	**Service**	**50.12**	**0.69**
交通运输、仓储和邮政业	Transportation, Storage and Post Services	1.36	0.05
铁路运输业	Railway Transport		
道路运输业	Highway Transport	0.19	0.01
水上运输业	Waterway Transport	0.95	0.49
航空运输业	Air Transport	0.01	0.01
管道运输业	Pipeline Transport		0.01
多式联运和运输代理业	Intermodality and Forwarding	0.04	0.01
装卸搬运和仓储业	Loading, Unloading and Storage	0.16	0.06
邮政业	Post Services		
信息传输、软件和信息技术服务业	Information Transmitting, Software and Information Technology Services	13.05	0.98
电信、广播电视和卫星传输服务	Telecommunication, Broadcast Television and Satellite Transmission Services	0.24	0.14
互联网和相关服务	Internet and Relative Services	3.34	0.54
软件和信息技术服务业	Software and Information Technology Services	9.46	1.73
租赁和商务服务业	Leasing and Business Services	1.47	0.10
租赁业	Leasing Services	0.15	0.16
商务服务业	Business Services	1.32	0.09
科学研究和技术服务业	Scientific Research and Technical Services	33.11	2.51
研究和试验发展	R&D	6.58	8.77
专业技术服务业	Special Technical Services	26.05	2.21
科技推广和应用服务业	Science and Technology Generalizing and Application Services	0.48	0.73
水利、环境和公共设施管理业	Management for Water Conservancy, Environment and Public Facilities	0.62	0.42
水利管理业	Management for Water Conservancy		
生态保护和环境治理业	Ecological Protection and Management for Environment	0.24	3.30
公共设施管理业	Management for Public Facilities	0.37	0.42
土地管理业	Management for Land	0.01	0.01
卫生和社会工作	Health Care and Social Work	0.09	0.20
卫　生	Health Care	0.09	0.20
社会工作	Social Work		
文化、体育和娱乐业	Culture, Sports and Recreational Services	0.42	0.29
新闻和出版业	News Publication		
广播、电视、电影和录音制作业	Broadcast, TV, Movies and Record Production Industry	0.42	0.43
文化艺术业	Culture and Art		
体　育	Sports		
娱乐业	Recreational Services		

注：R&D投入强度是指R&D经费内部支出与营业收入比值。
Note: Ratio of R&D to operating income refers to the ratio of R&D internal expenditures to revenue from principle business.

20-15 按行业分规模以上非工业企业研发机构情况(2020年)
R&D Institutions of Non-Industrial Enterprises above Designated Size by Sector,2020

项　目	Item	研发机构数(个) R&D Institutions (unit)	研发机构经费支出(亿元) Expenditure in R&D Institutions (100 million yuan)
总　计	**Total**	**162**	**76.42**
建筑业	**Construction**	**63**	**31.64**
房屋建筑业	Building Engineering	10	8.87
土木工程建筑业	Civil Engineering	30	12.77
建筑安装业	Building Installation	16	3.18
建筑装饰、装修和其他建筑业	Building Decoration and Others	7	6.82
服务业	**Service**	**99**	**44.77**
交通运输、仓储和邮政业	Transportation, Storage and Post Services	4	0.07
铁路运输业	Railway Transport		
道路运输业	Highway Transport		
水上运输业	Waterway Transport	2	0.01
航空运输业	Air Transport		
管道运输业	Pipeline Transport		
多式联运和运输代理业	Intermodality and Forwarding	1	0.01
装卸搬运和仓储业	Loading,Unloading and Storage	1	0.05
邮政业	Post Services		
信息传输、软件和信息技术服务业	Information Transmitting, Software and Information Technology Services	20	7.99
电信、广播电视和卫星传输服务	Telecommunication, Broadcast Television and Satellite Transmission Services		
互联网和相关服务	Internet and Relative Services	6	4.32
软件和信息技术服务业	Software and Information Technology Services	14	3.66
租赁和商务服务业	Leasing and Business Services	3	0.24
租赁业	Leasing Services	1	0.02
商务服务业	Business Services	2	0.21
科学研究和技术服务业	Scientific Research and Technical Services	67	35.01
研究和试验发展	R&D	16	3.37
专业技术服务业	Special Technical Services	50	31.56
科技推广和应用服务业	Science and Technology Generalizing and Application Services	1	0.08
水利、环境和公共设施管理业	Management for Water Conservancy, Environment and Public Facilities	3	0.51
水利管理业	Management for Water Conservancy		
生态保护和环境治理业	Ecological Protection and Management for Environment	2	0.22
公共设施管理业	Management for Public Facilities	1	0.29
土地管理业	Management for Land		
卫生和社会工作	Health Care and Social Work		
卫　生	Health Care		
社会工作	Social Work		
文化、体育和娱乐业	Culture, Sports and Recreational Services	2	0.96
新闻和出版业	News Publication		
广播、电视、电影和录音制作业	Broadcast, TV, Movies and Record Production Industry	2	0.96
文化艺术业	Culture and Art		
体　育	Sports		
娱乐业	Recreational Services		

20-16 按行业分规模以上非工业企业专利情况(2020年)
Patents of Non-Industrial Enterprises above Designated Size by Sector,2020

单位：件(piece)

项目	Item	专利申请数 Patent Applications	#发明专利数 Invention Patents
总计	**Total**	**8122**	**3033**
建筑业	**Construction**	**3540**	**871**
房屋建筑业	Building Engineering	1096	323
土木工程建筑业	Civil Engineering	1745	395
建筑安装业	Building Installation	346	44
建筑装饰、装修和其他建筑业	Building Decoration and Others	353	109
服务业	**Service**	**4582**	**2162**
交通运输、仓储和邮政业	Transportation, Storage and Post Services	183	68
铁路运输业	Railway Transport		
道路运输业	Highway Transport	28	10
水上运输业	Waterway Transport	96	30
航空运输业	Air Transport	4	
管道运输业	Pipeline Transport	1	
多式联运和运输代理业	Intermodality and Forwarding	6	5
装卸搬运和仓储业	Loading,Unloading and Storage	48	23
邮政业	Post Services		
信息传输、软件和信息技术服务业	Information Transmitting, Software and Information Technology Services	1339	884
电信、广播电视和卫星传输服务	Telecommunication, Broadcast Television and Satellite Transmission Services	17	13
互联网和相关服务	Internet and Relative Services	344	284
软件和信息技术服务业	Software and Information Technology Services	978	587
租赁和商务服务业	Leasing and Business Services	170	16
租赁业	Leasing Services	52	2
商务服务业	Business Services	118	14
科学研究和技术服务业	Scientific Research and Technical Services	2806	1154
研究和试验发展	R&D	435	258
专业技术服务业	Special Technical Services	2271	876
科技推广和应用服务业	Science and Technology Generalizing and Application Services	100	20
水利、环境和公共设施管理业	Management for Water Conservancy, Environment and Public Facilities	43	17
水利管理业	Management for Water Conservancy		
生态保护和环境治理业	Ecological Protection and Management for Environment	10	7
公共设施管理业	Management for Public Facilities	33	10
土地管理业	Management for Land		
卫生和社会工作	Health Care and Social Work	24	9
卫生	Health Care	24	9
社会工作	Social Work		
文化、体育和娱乐业	Culture, Sports and Recreational Services	17	14
新闻和出版业	News Publication		
广播、电视、电影和录音制作业	Broadcast, TV, Movies and Record Production Industry	17	14
文化艺术业	Culture and Art		
体育	Sports		
娱乐业	Recreational Services		

20-17 创新企业分布情况(2020年)
The Distribution of Innovating Enterprise,2020

单位：个,%(unit,%)

项 目	Item	企业数 Number of Enterprises	#开展创新的企业 To Carry Out Innovative Enterprises		#实现创新的企业 To Achieve Innovative Enterprises	
			企业数 Numbers	比 重 Percentage of Total	企业数 Numbers	比 重 Percentage of Total
总 计	**Total**	**17398**	**5923**	**34.0**	**5592**	**32.1**
按行业分	**Grouped by Sector**					
采矿业	Minerals Mining	14	8	57.1	8	57.1
制造业	Manufacturing	4897	2799	57.2	2645	54.0
电力、热力、燃气及水生产和供应业	Production and Supply of Electricity, Heat, Gas and Water	207	74	35.8	63	30.4
建筑业	Construction	1117	376	33.7	353	31.6
批发和零售业	Wholesale and Retail Trade	7433	1426	19.2	1396	18.8
交通运输、仓储和邮政业	Transportation, Storage and Post Services	1468	281	19.1	260	17.7
信息传输、软件和信息技术服务业	Information Transmitting, Software and Information Technology Services	460	291	63.3	252	54.8
租赁和商务服务业	Leasing and Business Services	1087	261	24.0	249	22.9
科学研究和技术服务业	Scientific Research and Technical Services	615	371	60.3	336	54.6
水利、环境和公共设施管理业	Management for Water Conservancy, Environment and Public Facilities	100	36	36.0	30	30.0
按地区分	**Grouped by District**					
和平区	Heping District	405	102	25.2	100	24.7
河东区	Hedong District	405	121	29.9	116	28.6
河西区	Hexi District	599	200	33.4	195	32.6
南开区	Nankai District	645	208	32.3	192	29.8
河北区	Hebei District	216	78	36.1	73	33.8
红桥区	Hongqiao District	157	51	32.5	48	30.6
东丽区	Dongli District	947	244	25.8	239	25.2
西青区	Xiqing District	1211	513	42.4	492	40.6
津南区	Jinnan District	930	395	42.5	380	40.9
北辰区	Beichen District	1320	416	31.5	392	29.7
武清区	Wuqing District	1429	560	39.2	525	36.7
宝坻区	Baodi District	548	238	43.4	224	40.9
滨海新区	Binhai New Area	6590	2212	33.6	2057	31.2
宁河区	Ninghe District	385	112	29.1	106	27.5
静海区	Jinghai District	1334	356	26.7	350	26.2
蓟州区	Jizhou District	261	103	39.5	89	34.1

注：按地区分为在地口径，地区数据不包含非网报和直报数据，表20-18至20-20同。

Note: The datum grouped by district in this table adopt coverage of register units,and regional data does not include network data reporting and direct reporting data. Same as table 20-18 to 20-20.

20-18 产品和工艺创新企业分布情况(2020年)
The Distribution of Product and Process Innovative Enterprise,2020

单位：个,%(unit,%)

项 目	Item	有产品或工艺创新活动企业 To Carry Out Product or Process Innovation Activity Enterprise	
		企业数 Numbers of Enterprises	比 重 Percentage of Total Enterprises
总　　计	**Total**	**3977**	**22.9**
按行业分	**Grouped by Sector**		
采矿业	Minerals Mining	8	57.1
制造业	Manufacturing	2476	50.6
电力、热力、燃气及水生产和供应业	Production and Supply of Electricity, Heat, Gas and Water	55	26.6
建筑业	Construction	235	21.0
批发和零售业	Wholesale and Retail Trade	398	5.4
交通运输、仓储和邮政业	Transportation, Storage and Post Services	121	8.2
信息传输、软件和信息技术服务业	Information Transmitting, Software and Information Technology Services	259	56.3
租赁和商务服务业	Leasing and Business Services	100	9.2
科学研究和技术服务业	Scientific Research and Technical Services	308	50.1
水利、环境和公共设施管理业	Management for Water Conservancy, Environment and Public Facilities	17	17.0
按地区分	**Grouped by District**		
和平区	Heping District	44	10.9
河东区	Hedong District	57	14.1
河西区	Hexi District	99	16.5
南开区	Nankai District	113	17.5
河北区	Hebei District	48	22.2
红桥区	Hongqiao District	31	19.8
东丽区	Dongli District	157	16.6
西青区	Xiqing District	393	32.5
津南区	Jinnan District	281	30.2
北辰区	Beichen District	294	22.3
武清区	Wuqing District	406	28.4
宝坻区	Baodi District	184	33.6
滨海新区	Binhai New Area	1476	22.4
宁河区	Ninghe District	74	19.2
静海区	Jinghai District	228	17.1
蓟州区	Jizhou District	78	29.9

20-18续表 *Continued*

单位：个,%(unit,%)

项　目	Item	# 实现产品创新企业 Implementing Product Innovation Enterprise		# 实现工艺创新企业 Implementing Process Innovation Enterprise	
		企业数 Numbers of Enterprises	比　重 Percentage of Total Enterprises	企业数 Numbers of Enterprises	比　重 Percentage of Total Enterprises
总　　计	**Total**	**2373**	**13.6**	**2780**	**16.0**
按行业分	**Grouped by Sector**				
采矿业	Minerals Mining	4	28.6	7	50.0
制造业	Manufacturing	1659	33.9	1849	37.8
电力、热力、燃气及水生产和供应业	Production and Supply of Electricity, Heat, Gas and Water	3	1.4	36	17.4
建筑业	Construction	111	9.9	179	16.0
批发和零售业	Wholesale and Retail Trade	195	2.6	263	3.5
交通运输、仓储和邮政业	Transportation, Storage and Post Services	39	2.7	81	5.5
信息传输、软件和信息技术服务业	Information Transmitting, Software and Information Technology Services	154	33.5	128	27.8
租赁和商务服务业	Leasing and Business Services	46	4.2	53	4.9
科学研究和技术服务业	Scientific Research and Technical Services	157	25.5	176	28.6
水利、环境和公共设施管理业	Management for Water Conservancy, Environment and Public Facilities	5	5.0	8	8.0
按地区分	**Grouped by District**				
和平区	Heping District	18	4.4	29	7.2
河东区	Hedong District	34	8.4	36	8.9
河西区	Hexi District	58	9.7	71	11.9
南开区	Nankai District	61	9.5	51	7.9
河北区	Hebei District	26	12.0	31	14.4
红桥区	Hongqiao District	16	10.2	19	12.1
东丽区	Dongli District	104	11.0	114	12.0
西青区	Xiqing District	259	21.4	284	23.5
津南区	Jinnan District	173	18.6	206	22.2
北辰区	Beichen District	193	14.6	218	16.5
武清区	Wuqing District	233	16.3	284	19.9
宝坻区	Baodi District	122	22.3	144	26.3
滨海新区	Binhai New Area	858	13.0	992	15.1
宁河区	Ninghe District	34	8.8	52	13.5
静海区	Jinghai District	128	9.6	184	13.8
蓟州区	Jizhou District	43	16.5	53	20.3

20-19 产品或工艺创新主要活动形式(2020年)
The Form of Product and Process Innovative Enterprise,2020

单位：个,%(unit,%)

项 目	Item	有产品或工艺创新活动企业数 Number of Product and Process Innovative Enterprise	各类创新活动企业比重 Proportion of All Kinds of Innovative Enterprise			
			#内部 R&D Internal	#外部 R&D External	#获得机器设备和软件 The Machine, Equipment, and Software	#从外部获取相关技术 External Acquisition of Related Technologies
总 计	**Total**	**3977**	**11.7**	**2.1**	**9.0**	**0.8**
按行业分	**Grouped by Sector**					
采矿业	Minerals Mining	8	50.0	35.7	42.9	
制造业	Manufacturing	2476	29.0	3.7	24.4	0.5
电力、热力、燃气及水生产和供应业	Production and Supply of Electricity, Heat, Gas and Water	55	9.2	3.4	17.4	0.5
建筑业	Construction	235	13.4	2.6	7.0	2.2
批发和零售业	Wholesale and Retail Trade	398	2.3	0.9	1.1	0.4
交通运输、仓储和邮政业	Transportation, Storage and Post Services	121	1.4	0.4	1.9	0.8
信息传输、软件和信息技术服务业	Information Transmitting, Software and Information Technology Services	259	15.2	4.1	9.8	4.6
租赁和商务服务业	Leasing and Business Services	100	1.8	0.6	2.0	0.3
科学研究和技术服务业	Scientific Research and Technical Services	308	25.5	6.3	11.5	4.6
水利、环境和公共设施管理业	Management for Water Conservancy, Environment and Public Facilities	17	11.0	1.0	4.0	
按地区分	**Grouped by District**					
和平区	Heping District	44	3.7	1.0	3.0	1.2
河东区	Hedong District	57	7.2	1.2	2.7	0.7
河西区	Hexi District	99	7.5	1.8	5.7	1.7
南开区	Nankai District	113	7.9	2.0	7.9	0.5
河北区	Hebei District	48	9.7	3.7	6.9	0.9
红桥区	Hongqiao District	31	10.8	2.6	7.0	0.6
东丽区	Dongli District	157	8.6	2.4	7.3	1.1
西青区	Xiqing District	393	20.7	2.6	12.0	0.7
津南区	Jinnan District	281	15.1	1.3	12.9	0.5
北辰区	Beichen District	294	11.4	2.0	10.6	0.9
武清区	Wuqing District	406	12.7	1.1	12.9	0.6
宝坻区	Baodi District	184	16.8	2.0	18.3	0.6
滨海新区	Binhai New Area	1476	11.8	2.7	7.6	1.0
宁河区	Ninghe District	74	9.6	1.0	7.5	1.0
静海区	Jinghai District	228	7.5	0.3	7.8	0.2
蓟州区	Jizhou District	78	16.5	1.2	13.4	

20-20 组织和营销创新企业分布情况(2020年)
The Distribution of Organization and Marketing Innovative Enterprise,2020

单位：个,%(unit,%)

项　目	Item	企业数 Numbers of Enterprises	有组织或营销创新企业 Number of Organization and Marketing Innovative Enterprise 企业数 Numbers of Enterprises	比　重 Percentage of Total Enterprises
总　计	**Total**	**17398**	**4514**	**26.0**
按行业分	**Grouped by Sector**			
采矿业	Minerals Mining	14	6	42.9
制造业	Manufacturing	4897	1921	39.2
电力、热力、燃气及水生产和供应业	Production and Supply of Electricity, Heat, Gas and Water	207	46	22.2
建筑业	Construction	1117	292	26.1
批发和零售业	Wholesale and Retail Trade	7433	1319	17.8
交通运输、仓储和邮政业	Transportation, Storage and Post Services	1468	231	15.7
信息传输、软件和信息技术服务业	Information Transmitting, Software and Information Technology Services	460	194	42.2
租赁和商务服务业	Leasing and Business Services	1087	229	21.1
科学研究和技术服务业	Scientific Research and Technical Services	615	249	40.5
水利、环境和公共设施管理业	Management for Water Conservancy, Environment and Public Facilities	100	27	27.0
按地区分	**Grouped by District**			
和平区	Heping District	405	85	21.0
河东区	Hedong District	405	102	25.2
河西区	Hexi District	599	171	28.6
南开区	Nankai District	645	163	25.3
河北区	Hebei District	216	63	29.2
红桥区	Hongqiao District	157	43	27.4
东丽区	Dongli District	947	199	21.0
西青区	Xiqing District	1211	359	29.6
津南区	Jinnan District	930	284	30.5
北辰区	Beichen District	1320	328	24.9
武清区	Wuqing District	1429	424	29.7
宝坻区	Baodi District	548	178	32.5
滨海新区	Binhai New Area	6590	1664	25.3
宁河区	Ninghe District	385	82	21.3
静海区	Jinghai District	1334	286	21.4
蓟州区	Jizhou District	261	71	27.2

20-20续表 *Continued*

单位：个,%(unit,%)

项目	Item	# 实现组织创新企业 Implementing Organization Innovation Enterprise		# 实现营销创新企业 Implementing Marketing Innovation Enterprise	
		企业数 Numbers of Enterprises	比重 Percentage of Total Enterprises	企业数 Numbers of Enterprises	比重 Percentage of Total Enterprises
总计	**Total**	**3606**	**20.7**	**2892**	**16.6**
按行业分	**Grouped by Sector**				
采矿业	Minerals Mining	6	42.9	4	28.6
制造业	Manufacturing	1569	32.0	1357	27.7
电力、热力、燃气及水生产和供应业	Production and Supply of Electricity, Heat, Gas and Water	41	19.8	19	9.2
建筑业	Construction	272	24.4	105	9.4
批发和零售业	Wholesale and Retail Trade	918	12.4	919	12.4
交通运输、仓储和邮政业	Transportation, Storage and Post Services	202	13.8	98	6.7
信息传输、软件和信息技术服务业	Information Transmitting, Software and Information Technology Services	162	35.2	135	29.4
租赁和商务服务业	Leasing and Business Services	182	16.7	131	12.1
科学研究和技术服务业	Scientific Research and Technical Services	231	37.6	109	17.7
水利、环境和公共设施管理业	Management for Water Conservancy, Evironment and Public Facilities	23	23.0	15	15.0
按地区分	**Grouped by District**				
和平区	Heping District	61	15.1	54	13.3
河东区	Hedong District	74	18.3	65	16.1
河西区	Hexi District	129	21.5	98	16.4
南开区	Nankai District	125	19.4	92	14.3
河北区	Hebei District	45	20.8	43	19.9
红桥区	Hongqiao District	34	21.7	30	19.1
东丽区	Dongli District	170	18.0	111	11.7
西青区	Xiqing District	296	24.4	240	19.8
津南区	Jinnan District	221	23.8	176	18.9
北辰区	Beichen District	266	20.2	225	17.1
武清区	Wuqing District	329	23.0	304	21.3
宝坻区	Baodi District	143	26.1	121	22.1
滨海新区	Binhai New Area	1364	20.7	1013	15.4
宁河区	Ninghe District	57	14.8	55	14.3
静海区	Jinghai District	221	16.6	212	15.9
蓟州区	Jizhou District	59	22.6	48	18.4

20-21 特种设备监督监察情况
Supervision of Special Equipment

项　目	Item	单　位	Unit	2019	2020
在用的特种设备	**Special Equipment in Use**				
锅　炉	Boiler	台	set	5024	4847
压力容器	Pressure Vessel	台、套	set, series	66530	70910
压力管道	Pressure Conduit	单 元	unit	30864	31991
电　梯	Elevator	台	set	108104	118219
起重机械	Hoisting Machinery	台	set	46770	49904
厂内机动车辆	Automobiles Used in Factories	辆	set	29462	34482
客运索道	Cableway Transport	条	strip	12	12
大型游乐设施	Large Entertainment Facilities	台、套	set, series	366	339
监督监察情况	**Supervision Condition**				
监督监察特种设备	Supervision of Special Equipment	台、套	set, series	26943	44274
发现隐患	Hidden Danger Found	项	unit	3248	2219
下达安全监察指令书	Safety Supervision Order Issued	份	unit	1737	1283
取得设计、制造、安装、维修许可证	**Design, Manufacture, Installation, Rebuild and Maintenance Licence Acquired**	个	**unit**	**572**	**592**

资料来源：天津市市场和质量监督管理委员会，表20-22同。
Source: Tianjin Market and Quality Supervision Administration. Same as table 20-22.

20-22 质量技术监督检验情况(2018—2020年)
Check and Administration on Quality & Technique,2018-2020

类　别	Sort	2018	2019	2020
计量仪器检定(台、件)	**Measuring Implements Tested (set, piece)**			
总　计	**Total**	**1581336**	**4023980**	**3399188**
长　度	Length	10832	35212	28762
温　度	Temperature	100839	152516	150947
力　学	Mechanics	885247	3286573	2690953
#衡　器	Weighing Apparatus	29326	32379	29061
电　磁	Electrology	556201	514414	484921
光　学	Optics		15	
声　学	Acoustics	238	275	1486
化　学	Chemistry	24702	31130	31154
电离辐射	Ionization Radiation			120
无线电	Radio	567	1433	798
时间频率	Time Frequency	91	141	1573
其　他	Others	2619	2271	8474
产品质量监督抽查	**Products Quality Supervision**			
抽查企业(个)	Number of Enterprises Checked (unit)	1184	1315	2914
抽查产品(批)	Variety of Products Checked (batch)	1550	1617	6093
不合格产品(批)	Substandard Products (batch)	7	83	221

20-23 技术市场基本情况(2020年)
Basic Statistics on Technology Market,2020

项　　目	Item	签订合同数(项) Number of Contracts Signed (item)	合同金额(亿元) Value of Contracts Signed (100 million yuan)	#技术交易额 Transaction Value of Technology
合　　计	**Total**	**9822**	**1112.98**	**600.80**
按技术合同类别分	**Grouped by the Type of Technical Contract**			
技术开发合同	Technology Development Contracts	3628	113.94	66.52
技术转让合同	Technology Transfer Contracts	515	34.63	29.28
技术咨询合同	Technology Consultation Contracts	378	64.35	40.34
技术服务合同	Technology Services Contracts	5301	900.06	464.66
按合同卖方类别分	**Grouped by the Type of Sellers**			
机关法人	Agencies as Legal Persons	64	3.47	3.12
事业法人	Institutions as Legal Persons	4918	88.64	48.54
社团法人	Social Organizations as Legal Persons	2	0.01	0.01
企业法人	Enterprises as Legal Persons	4826	1020.72	548.99
自然人	Persons	4	0.01	0.01
其他组织	Other Organizations	8	0.13	0.13
按合同买方类别分	**Grouped by the Type of Buyers**			
机关法人	Agencies as Legal Persons	1115	161.03	58.46
事业法人	Institutions as Legal Persons	1586	31.15	16.24
社团法人	Social Organizations as Legal Persons	31	0.31	0.30
企业法人	Enterprises as Legal Persons	6950	915.24	521.24
自然人	Persons	45	0.56	0.56
其他组织	Other Organizations	95	4.69	4.00
按社会经济目标分	**Grouped by the Social and Economic Activities**			
环境保护、生态建设及污染防治	Environmental Protection, Ecological Construction and Pollution Control	506	49.38	30.80
能源生产、分配和合理利用	Energy Production, Distribution, and Reasonable Use	599	96.99	59.30
卫生事业发展	Health Development	604	18.52	15.40
教育事业发展	Education Development	125	2.72	2.56
基础设施以及城市和农村规划	Infrastructure,Urban and Rural Planning	662	330.04	145.14
社会发展和社会服务	Social Development & Social Service	4024	326.18	155.71
地球和大气层的探索与利用	Exploration and Utilization of the Earth and Atmosphere	15	0.08	0.06
民用空间探测及开发	Civilian Space Exploration and Development	18	0.34	0.15
农林牧渔业发展	Development of Farming, Forestry, Animal Husbandry and Fishery	1093	2.61	2.40
工商业发展	Development of Industrial and Commercial	490	92.85	57.52
非定向研究	The Nondirectional Research	318	18.56	17.99
其他民用目标	Other Civilian Targets	1315	174.06	113.24
国　防	National Defense	53	0.65	0.53
按技术流向分	**Grouped by the Buyer's Region**			
天　津	Tianjin	3686	361.00	161.33
外省市	Other Provinces and Cities	6095	718.09	405.65
技术出口	Technology Export	41	33.89	33.82

主要统计指标解释

专　利

是专利权的简称，是对发明人的发明创造经审查合格后，由专利局依据专利法授予发明人和设计人对该项发明创造享有的专有权。包括发明、实用新型和外观设计。反映拥有自主知识产权的科技和设计成果情况。

研究与试验发展（R＆D）

指在科学技术领域，为增加知识总量以及运用这些知识去创造新的应用进行的系统的创造性的活动，包括基础研究、应用研究、试验发展三类活动。在企业开展的科学研究与试验发展（R＆D）活动中，较为普遍的和大量的活动属于试验发展活动。

基础研究　指为了获得关于现象和可观察事实的基本原理的新知识(揭示客观事物的本质、运动规律，获得新发现、新学说)而进行的实验性或理论性研究，它不以任何专门或特定的应用或使用为目的。其成果以科学论文和科学著作为主要形式。用来反映知识的原始创新能力。

应用研究　指为获得新知识而进行的创造性研究，主要针对某一特定的目的或目标。应用研究是为了确定基础研究成果可能的用途，或是为达到预定的目标探索应采取的新方法(原理性)或新途径。其成果形式以科学论文、专著、原理性模型或发明专利为主。用来反映对基础研究成果应用途径的探索。

试验发展　指利用从基础研究、应用研究和实际经验所获得的现有知识，为产生新的产品、材料和装置，建立新的工艺、系统和服务，以及对已产生和建立的上述各项作实质性的改进而进行的系统性工作。其成果形式主要是专利、专有技术、具有新产品基本特征的产品原型或具有新装置基本特征的原始样机等。在社会科学领域，试验发展是指把通过基础研究、应用研究获得的知识转变成可以实施的计划(包括为进行检验和评估实施示范项目)的过程。人文科学领域没有对应的试验发展活动。主要反映将科研成果转化为技术和产品的能力，是科技推动经济社会发展的物化成果。

R&D 人员

指参与研究与试验发展项目研究、管理和辅助工作的人员， 包括项目(课题)组人员，企业科技行政管理人员和直接为项目(课题)活动提供服务的辅助人员。反映投入从事拥有自主知识产权的研究开发活动的人力规模。

R&D 人员全时当量

指全时人员数加非全时人员按工作量折算为全时人员数的总和。例如：有两个全时人员和三个非全时人员(工作时间分别为 20%、30%和 70%)，则全时当量为 2+0.2+0.3+0.7=3.2 人年。为国际上比较科技人力投入而制定的可比指标。

技术市场

从狭义看，是指在一定时间、地点进行技术转让和技术商品交易的场所。目前统计反映的是企业购买技术开发、技术转让、技术咨询、技术服务项目的合同数和成交额。

创　新

指本企业推出了新的或有重大改进的产品或工艺，或采用了新的组织管理方式或营销方法。此处的“新”是指它们对本企业而言必须是新的，但对于其他企业或整个市场而言不要求一定是新的。

产品创新　指企业推出了全新的或有重大改进的产品。产品创新的“新”要体现在产品的功能或特性上，包括技术规范、材料、组件、用户友好性等方面的重大改进。不包括产品仅有外观变化或其他微小改变的情况，也不包括直接转销。此处的“新”是指该产品对本企业而言必须是新的，但对于其他企业或整个市场而言不一定是新的。

工艺创新　指企业采用了全新的或有重大改进的生产方法、工艺设备或辅助性活动。工艺创新的“新”要体现在技术、设备或流程上；它对本企业而言必须是新的，但对于其他企业或整个市场而言不一定是新的。不包括单纯的组织管理方式的变化。此处的辅助性活动指企业的采购、物流、财务、信息化等活动。

组织（管理）创新　指企业采取了此前从未使用过的全新的组织管理方式，主要涉及企业的经营模式、组织结构或外部关系等方面。不包括单纯的合并或收购。组织（管理）创新应是企业管理层战略决策的结果。此处的“新”是指它对本业而言必须是新的，但对于其他企业而言不一定是新的。

经营模式方面组织（管理）创新的例子有首次使用供应链管理、质量管理、信息共享制度等；组织结构方面组织（管理）创新的例子有首次使用机构设置、职责划分、权限管理、决策方式等；外部关系方面组织（管理）创新的例子有首次使用商业联盟、新式合作、外包或分包等。

营销创新　指企业采用了此前从未使用过的全新的营销概念或营销策略，主要涉及产品设计或包装、产品推广、产品销售渠道、产品定价等方面。不包括季节性、周期性变化和其他常规的营销方式变化。此处的“新”是指它对本企业而言必须是新的，但对于其他企业或整个市场而言不一定是新的。

Explanatory Notes on Main Statistical Indicators

Patent

is an abbreviation for the patent right and refers to the exclusive right of ownership of the inventors or designers for the creation or inventions, given from the patent offices after due process of assessment and approval in accordance with the Patent Law. Patents are granted for inventions, utility models and designs. This indicator reflects the achievements of S&T and design with independent intellectual property.

Research and Experimental Development (R&D)

refers to systematic and creative activities aimed at expanding the overall volume of knowledge and applying the knowledge to invent new uses. It includes basic studies, application research and experimental development. For enterprises, their R&D mainly belongs to experimental development activities.

Basic Research refers to empirical or theoretical research aiming at obtaining new knowledge on the fundamental principles regarding phenomena or observable facts to reveal the intrinsic nature and underlying laws and to acquire new discoveries or new theories. Basic research takes no specific or designated application as the aim of the research. Results of basic research are mainly released or disseminated in the form of scientific papers or monographs. This indicator reflects the innovation capacity for original knowledge.

Applied Research refers to creative research aiming at obtaining new knowledge on a specific objective or target. Purpose of the applied research is to identify the possible uses of results from basic research, or to achieve the desired target explore by adopt new approaches. Results of applied research are expressed in the form of scientific papers, monographs, fundamental models or invention patens. This indicator reflects the exploration of ways to apply the results of basic research.

Experiment and Development refers to systematic activities aiming at using the knowledge from basic and applied researches or from practical experience to develop new products, materials and equipment, to establish new production process, systems and services, or to make substantial improvement on the existing products, process or services. Results of experiment and development activities are embodied in patents, exclusive technology, and monotype of new products or equipment. In social sciences, experiment and development activities refer to the process of converting the knowledge from basic or applied researches into feasible programmes (including conduct of demonstration projects for assessment and evaluation). There are no experiment and development activities in the science of humanities. This indicator reflects the capability of transferring the results of S&T into technique and products, and measures the realization of S&T in spearheading the economic and social development.

R&D Personnel

refer to persons engaged in research, administration and supporting activities of R&D, including persons in the project teams, persons engaged in the management of S&T activities of enterprises and supporting staff providing direct service to the research projects. This indicator reflects the size of personnel engaged in R&D activities with independent intellectual property.

R&D Personnel as Full-time Equivalent

refers to the sum of the full-time persons and the full-time equivalent of part-time persons converted by workload. For instance, if there are 2 full-time persons and 3 part-time workers (20%, 30% and 70% of working hours respectively on R&D activities), the full-time equivalent are 2+0.2+0.3+0.7=3.2 person-years. This is an internationally comparable indicator of S&T manpower input.

Technology Market

can be regarded narrowly as technical-dealings place where technique transfer is made or technology-related good traded at certain time. As shown in statistical datum presently, turnovers are resulting either from purchase or from transfer of techniques, together with numbers related to the inquiry or services involved in technologies.

Innovation

refers to the introduction of new or significantly improved products or process by enterprises. It must be new to the enterprise, but it is not necessarily new to other enterprises or the whole market.

Product Innovation refers to the introduction of new or significantly improved products by enterprises. The innovation should be reflected by the functions or features of the products including improvement on technical specifications, materials, parts, user-friendliness etc. Simple appearance change or other subtle changes are not included, neither is direct reselling. It must be new to the enterprise, but it is not necessarily new to other enterprises or the whole market.

Process Innovation refers to the adoption of new or significantly improved production methods, process equipments or supporting activities by enterprises. The innovation should be reflected by technology, equipment, or process. It must be new to the enterprise, but it is not necessarily new to other enterprises or the whole market Simple change of organization and management mode is not included. Supporting activities cover purchase, logistics, account, and compute activities.

Organizational (management) Innovation refers to the adoption of a completely new organizational management mode, which has never been used before. It mainly involves the business model, organizational structure, or external relations of enterprises. It does not include pure mergers or acquisitions. Organizational (management) innovation should be the result of strategic decision-making of enterprise management. The term "new" here means that it must be new to the enterprise, but not necessarily new to other enterprises.

Examples of innovation on organizational (management) include first-time use of chain management, quality management, and information sharing system; in terms of organizational structure, examples of organizational (management) innovation include first-time use of institutional settings, division of responsibilities, authority management, decision-making methods, etc.; in terms of external relations, examples of organizational (Management) innovation include the first use of business alliances, new cooperation, outsourcing or subcontracting, etc.

Marketing Innovation refers to the adoption of brand-new marketing concepts or marketing strategies that have never been used before. It mainly involves product design or packaging, product promotion, product sales channels, product pricing and so on. It does not include seasonal, cyclical, and other conventional marketing changes. The term "new" here means that it must be new for its own business, but not necessarily new for other businesses or the whole market.

第二十一篇 教 育

Chapter 21 Education

21-1 各级各类学校基本情况(1978—2020年)
Basic Statistics by Level and Type of School,1978-2020

单位：万人(10 000 persons)

年 份 Year	学校数(所) Number of Schools (unit)			毕业生数 Graduates			招生数 New Students Enrollment		
	高等学校 Institutions of Higher Education	中等学校 Secondary Schools	小 学 Primary Schools	高等学校 Institutions of Higher Education	中等学校 Secondary Schools	小 学 Primary Schools	高等学校 Institutions of Higher Education	中等学校 Secondary Schools	小 学 Primary Schools
1978	22	1191	3357	0.58	28.64	15.32	1.27	31.73	17.67
1979	26	1228	3371	0.02	26.15	11.35	0.54	22.80	14.87
1980	28	1217	3399	0.53	25.18	12.64	0.75	19.63	13.54
1981	27	1173	3381	0.06	21.37	12.98	0.72	18.49	11.90
1982	27	1075	3405	1.03	13.81	12.23	0.80	15.81	11.80
1983	28	1067	3382	1.23	13.75	9.34	1.18	13.96	11.04
1984	28	1028	3334	0.71	11.55	8.55	1.30	13.53	10.83
1985	28	1085	3302	0.91	11.44	11.98	1.45	16.91	12.71
1986	28	1089	3274	1.06	11.41	11.70	1.40	16.17	12.52
1987	28	1073	3261	1.25	11.40	10.75	1.49	15.23	12.34
1988	28	1053	3277	1.34	13.30	10.61	1.59	15.62	14.36
1989	28	1041	3275	1.44	12.42	10.02	1.41	15.14	16.28
1990	28	1013	3259	1.52	11.94	10.14	1.39	15.13	14.73
1991	27	1003	3232	1.51	12.95	11.79	1.45	17.10	13.20
1992	26	981	3238	1.49	13.05	11.95	1.73	17.33	13.22
1993	26	975	3243	1.35	13.25	12.12	2.17	18.08	14.33
1994	26	991	3219	1.47	14.34	13.83	2.14	20.33	15.29
1995	25	1059	3216	2.02	15.10	15.66	2.21	22.96	14.89
1996	20	1098	3185	1.84	15.69	14.57	2.27	22.79	14.44
1997	20	1108	3030	1.95	19.18	13.36	2.20	23.07	13.30
1998	20	1091	2841	1.83	21.96	16.66	2.37	27.35	11.60
1999	21	1041	2642	1.93	21.70	15.66	3.17	25.40	10.45
2000	21	1006	2323	1.90	22.01	15.53	4.55	25.18	10.05
2001	33	1012	1307	1.91	23.34	14.76	5.61	24.98	9.55
2002	37	978	1208	2.73	23.47	13.33	6.95	24.42	9.30
2003	37	897	1136	4.02	24.44	13.20	8.61	25.92	8.50
2004	40	848	1099	5.17	25.26	11.48	9.62	25.06	8.16
2005	42	803	1062	6.92	24.33	10.64	10.36	23.48	7.84
2006	45	746	1023	8.20	24.74	10.61	10.79	23.02	8.21
2007	45	718	1003	9.23	23.58	10.53	10.95	21.92	8.64
2008	45	707	993	10.17	23.50	8.82	11.85	19.67	8.90
2009	55	690	983	10.14	23.47	9.15	12.52	19.36	8.13
2010	55	659	956	10.54	21.80	8.72	13.31	19.05	8.26
2011	55	625	874	10.87	19.86	8.46	13.31	18.33	10.01
2012	55	616	843	11.30	18.77	8.65	14.19	18.11	10.25
2013	55	611	838	12.10	18.30	8.61	14.37	18.04	10.74
2014	55	597	842	12.35	17.75	8.67	14.54	17.63	11.02
2015	55	599	849	13.21	17.63	8.03	14.50	17.65	11.09
2016	55	603	857	13.79	17.51	8.41	14.61	17.86	11.56
2017	57	604	857	13.92	17.29	9.85	14.68	18.77	11.77
2018	56	610	879	13.88	16.45	9.89	15.27	17.81	12.73
2019	56	601	877	13.71	16.76	10.08	15.96	18.39	12.78
2020	56	603	885	14.27	18.55	11.04	17.50	20.78	13.38

21-1续表 *Continued*

单位：万人(10 000 persons)

年 份 Year	在校学生数 Students Enrollment			教职工数 Teachers, Staff and Workers			专任教师数 Full-time Teachers		
	高等学校 Institutions of Higher Education	中等学校 Secondary Schools	小 学 Primary Schools	高等学校 Institutions of Higher Education	中等学校 Secondary Schools	小 学 Primary Schools	高等学校 Institutions of Higher Education	中等学校 Secondary Schools	小 学 Primary Schools
1978	2.32	81.31	78.68				0.63	4.56	4.06
1979	2.82	69.55	80.15				0.77	4.56	4.03
1980	3.02	57.12	78.92				0.83	4.64	4.07
1981	3.70	48.37	75.63				0.83	4.55	4.19
1982	3.46	45.00	72.79				0.91	4.34	4.23
1983	3.40	41.76	72.19				0.98	4.22	4.11
1984	3.96	40.79	73.69				1.00	4.05	3.99
1985	4.53	43.29	73.27				1.05	4.26	3.99
1986	4.84	45.20	73.06				1.11	4.45	4.09
1987	5.07	45.86	73.32				1.15	4.74	4.29
1988	5.31	44.31	75.71				1.11	4.83	4.43
1989	5.28	42.99	81.15				1.11	4.64	4.32
1990	5.10	44.34	85.53	2.88	7.39	5.68	1.11	4.71	4.71
1991	4.99	46.47	86.55	2.87	7.31	5.83	1.07	4.65	4.78
1992	5.21	48.32	87.24	2.23	7.36	5.98	1.04	4.69	4.90
1993	6.02	50.50	88.74	2.19	7.31	6.14	1.02	4.67	5.04
1994	6.67	53.39	89.62				1.02	4.66	5.16
1995	6.81	60.02	88.45	2.74	7.49	6.25	1.05	4.72	5.14
1996	7.14	66.29	87.98	2.62	7.66	6.22	0.98	4.88	5.12
1997	7.36	69.29	87.76	2.08	7.70	6.21	0.96	5.13	5.10
1998	7.87	73.58	82.67	2.03	7.76	6.05	0.95	5.16	4.94
1999	9.05	76.17	77.31	2.10	7.93	5.90	0.96	5.30	4.83
2000	11.77	78.74	71.71	2.60	8.03	5.69	1.01	5.38	4.67
2001	15.40	78.59	66.55	3.00	7.73	5.53	1.26	5.27	4.57
2002	19.69	79.28	62.72	3.20	7.66	5.42	1.42	5.34	4.49
2003	24.52	80.17	58.54	3.34	7.55	5.26	1.56	5.37	4.38
2004	28.61	77.57	55.48	3.64	7.37	5.10	1.90	5.23	4.21
2005	33.16	75.59	53.30	3.94	7.20	4.96	2.17	5.18	4.11
2006	35.74	71.41	51.68	4.22	7.08	4.79	2.45	5.19	4.00
2007	37.11	71.38	51.43	4.24	6.94	4.63	2.52	5.19	3.87
2008	38.64	67.78	52.10	4.34	6.96	4.59	2.62	5.28	3.85
2009	40.60	63.11	50.74	4.46	6.79	4.50	2.71	5.15	3.79
2010	42.92	59.43	50.59	4.52	6.58	4.40	2.81	5.01	3.73
2011	44.97	57.49	51.85	4.59	6.63	4.18	2.89	4.99	3.75
2012	47.31	55.62	53.23	4.65	6.63	4.16	2.99	5.03	3.78
2013	48.99	54.67	55.21	4.71	6.52	4.19	3.09	4.98	3.83
2014	50.58	54.38	57.32	4.70	6.52	4.23	3.10	5.03	3.90
2015	51.29	54.01	60.21	4.71	6.47	4.31	3.11	5.04	4.02
2016	51.38	53.77	63.12	4.62	6.43	4.41	3.05	5.08	4.15
2017	51.47	54.16	64.80	4.71	6.46	4.51	3.11	5.08	4.30
2018	52.33	54.76	67.32	4.75	6.50	4.66	3.14	5.17	4.48
2019	53.94	56.16	70.20	4.83	6.62	4.79	3.27	5.21	4.65
2020	57.22	58.88	73.01	4.96	6.71	4.86	3.42	5.30	4.75

注：自2009年起高等院校数含独立学院。
Note: Data of Institutions of higher education include independent institutes since 2009.

21-2 各级各类学校数、学生数和教职工数(2020年)
Schools, Students and Teachers by Level and Type of School,2020

单位：人(person)

类 别	Item	学校数(所) Number of Schools (unit)	毕业生数 Graduates	招生数 New Students Enrollment	在校学生数 Students Enrollment	教职工数 Teachers, Staff and Workers	专任教师数 Full-time Teachers
合 计	**Total**	**1544**	**438564**	**516713**	**1891082**	**165240**	**134715**
高等学校	Institutions of Higher Education	56	142720	175034	572152	49551	34239
中等专业学校	Specialized Secondary Schools	37	20598	19878	58658	5412	3866
技工学校	Secondary Technical Schools	22	9036	8626	20252	2549	1651
职业中学	Vocational Secondary Schools	14	7086	7050	19491	1829	1473
普通中学	Regular Secondary Schools	530	148754	172282	490386	57262	46006
高 中	Senior Secondary Schools	185	54729	62445	168573		16798
初 中	Junior Secondary Schools	345	94025	109837	321813		29208
小 学	Primary Schools	885	110370	133843	730143	48637	47480

21-3 民办教育基本情况(2020年)
Statistics of Private Education,2020

单位：人(person)

项 目	Item	学校数(所) Number of Schools (unit)	在校学生数 Students Enrollment	专任教师数 Full-time Teachers
合 计	**Total**	**1715**	**322858**	**21826**
民办高等学校	Private Institutions of Higher Education	12	100074	5042
民办中学	Private Secondary Schools	51	42944	3127
高 中	Senior Secondary Schools		12681	
初 中	Junior Secondary Schools		30263	
民办小学	Private Primary Schools	20	29742	2003
民办幼儿园	Private Kindergartens	1632	150098	11654

21-4 平均每万人口各级学校在校学生数(2016—2020年)

Number of Students Enrollment per 10 000 Persons,2016-2020

单位：人(person)

项 目	Item	2016	2017	2018	2019	2020
合 计	**Total**	**1168**	**1195**	**1249**	**1303**	**1364**
高等学校	Institutions of Higher Education	357	361	375	390	413
中等学校	Secondary Schools	373	380	392	406	425
中等专业学校	Specialized Secondary Schools	47	48	46	42	42
技工学校	Secondary Technical Schools	15	16	15	15	15
职业中学	Vocational Secondary Schools	19	18	16	14	14
普通中学	Regular Secondary Schools	292	299	315	334	354
高 中	Senior Secondary Schools	114	115	114	115	122
初 中	Junior Secondary Schools	178	184	201	219	232
小 学	Primary Schools	438	454	482	507	527

注：本表数据根据第七次全国人口普查常住人口修订数进行了调整。
Note: The data in the table are adjusted based on the revision of the resident population of the 7th National Population Census.

21-5 各级普通学校生师比(2016—2020年)

The Ratio of Students to Teachers in Ordinary Schools at all Levels,2016-2020

单位：人(person)

项 目	Item	2016	2017	2018	2019	2020
合 计	**Total**	**13.8**	**14.0**	**14.0**	**13.7**	**14.0**
高等学校	Institutions of Higher Education	16.8	17.0	17.0	16.5	16.7
中等学校	Secondary Schools	11.0	11.0	10.6	10.8	11.1
中等专业学校	Specialized Secondary Schools	16.2	16.5	16.1	14.7	15.2
技工学校	Secondary Technical Schools	13.3	14.5	11.0	13.4	12.3
职业中学	Vocational Secondary Schools	13.9	14.7	13.3	12.4	13.2
普通中学	Regular Secondary Schools	9.8	9.8	10.0	10.3	10.7
高 中	Senior Secondary Schools	10.0	9.8	9.6	9.6	10.0
初 中	Junior Secondary Schools	9.6	9.8	10.2	10.7	11.0
小 学	Primary Schools	15.2	15.0	15.0	15.1	15.4

21-6 各级学校学生升、入学率(2016—2020年)
Percentage of Graduate Students and Enrollment in all Schools by Level,2016-2020

单位：%(%)

项 目 Item	2016	2017	2018	2019	2020
初中毕业生升学率 Percentage of Graduates in Junior Secondary Schools Entering Senior Secondary Schools	98.50	96.20	96.00	96.06	98.17
初中学生净入学率 Net Percentage of Graduates in Primary Schools Entering Junior Secondary Schools	100.00	100.00	100.00	100.00	100.00
小学学龄儿童毛入学率 Percentage of School-age Children Enrolled	105.11	105.02	105.59	105.68	105.08

21-7 研究生及指导教师人数(2016—2020年)
Number of Postgraduate Students and Instructors,2016-2020

单位：人(person)

指 标	Item	2016	2017	2018	2019	2020
总 计	**Total**					
在校生数	Students Enrollment	54491	60297	68103	73290	79019
毕业生数	Graduates	16997	16189	17182	18520	21741
招生人数	New Students Enrollment	18696	23292	24798	25494	28260
指导教师	Instructors	9397	10067	10163	10650	11572
攻读博士学位	**Postgraduate for Doctor Degree**					
在校生数	Students Enrollment	9052	9473	10463	11646	12940
毕业生数	Graduates	1685	1584	1731	1734	1965
招生人数	New Students Enrollment	2193	2433	2697	3126	3388
攻读硕士学位	**Postgraduate for Master Degree**					
在校生数	Students Enrollment	45439	50824	57640	61644	66079
毕业生数	Graduates	15312	14605	15451	16786	19776
招生人数	New Students Enrollment	16503	20859	22101	22368	24872

21-8 分学科研究生在校人数(2018—2020年)
Number of Enrolled Postgraduate Students by Subject,2018-2020

单位：人(person)

学 科	Item	博士生 Postgraduate for Doctor Degree			硕士生 Postgraduate for Master Degree		
		2018	2019	2020	2018	2019	2020
总 计	**Total**	**10463**	**11646**	**12940**	**57640**	**61644**	**66079**
按学科分	**By Subject**						
哲 学	Philosophy	114	99	97	207	217	199
经济学	Economics	747	807	846	3025	3165	3254
法 学	Law	488	538	599	2315	2572	3018
教育学	Education	232	290	354	3080	3228	3399
文 学	Literature	330	333	343	2864	2872	3065
历史学	History	342	353	348	491	505	511
理 学	Science	1541	1607	1622	3371	3470	3780
工 学	Engineering	4749	5460	6176	22942	24854	26654
农 学	Agriculture	22	20	24	738	893	1168
医 学	Medicine	891	1139	1491	6880	7164	7419
军事学	Strategics						
管理学	Management	1007	1000	1040	10206	10953	11471
艺术学	Art				1521	1751	2141
按学位分	**By Degree**						
学术学位	Academic Degree	10185	11017	11774	26290	26103	27501
专业学位	Professional Degree	278	629	1166	31350	35541	38578

21-9 各类高等学校基本情况
Basic Statistics on Institutions of Higher Education

单位：人(person)

项　目	Item	学校数(所) Number of Schools(unit)		毕业生数 Graduates		招生数 New Students Enrollment	
		2019	2020	2019	2020	2019	2020
总　计	**Total**	**56**	**56**	**137063**	**142720**	**159613**	**175034**
综合大学	Comprehensive Universities	16	16	38183	40337	46837	51087
理工院校	Science and Engineering	16	16	52145	54057	59325	68100
农林院校	Agriculture and Forestry	1	1	3273	3200	3355	3676
医药院校	Medicine	5	5	8704	8969	10118	10624
师范院校	Teacher Training	2	2	10003	10725	10932	11234
语文院校	Linguistics and Literary	2	2	3493	3566	4054	3457
政法院校	Political Science and Law	1	1	1060	1089	1258	1374
财经院校	Economics and Finance	5	5	14683	15153	17393	17968
体育院校	Physical Education	3	3	2340	2643	3600	4538
艺术院校	Art	5	5	3179	2981	2741	2976

21-9续表　*Continued*

单位：人(person)

项　目	Item	在校学生数 Students Enrollment		教职工数 Teachers, Staff and Workers		专任教师数 Full-time Teachers	
		2019	2020	2019	2020	2019	2020
总　计	**Total**	**539366**	**572152**	**48319**	**49551**	**32651**	**34239**
综合大学	Comprehensive Universities	140687	152957	11631	12318	7708	8246
理工院校	Science and Engineering	205785	219030	18609	18830	13008	13403
农林院校	Agriculture and Forestry	12022	12466	1017	1058	651	705
医药院校	Medicine	34937	36836	4720	4905	3233	3431
师范院校	Teacher Training	43406	43719	3657	3657	2451	2609
语文院校	Linguistics and Literary	15248	15027	1444	1416	990	987
政法院校	Political Science and Law	3413	3914	407	397	210	204
财经院校	Economics and Finance	61348	63835	4174	4291	2786	3010
体育院校	Physical Education	12092	13885	1286	1293	798	830
艺术院校	Art	10428	10483	1374	1386	816	814

21-10 高等学校分科学生数

Number of Students Enrollment in Institutions of Higher Education by Subject

单位：人(person)

学 科	Item	毕业生数 Graduates 2019	2020	招生数 New Students Enrollment 2019	2020	在校学生数 Students Enrollment 2019	2020
本 科	**Undergraduate**	**79655**	**84316**	**92741**	**95168**	**359897**	**368219**
# 师 范	Teacher Training	5519	5972	4222	4639	21150	19961
哲 学	Philosophy	59	64	62	32	247	224
经济学	Economics	5425	5885	6216	6359	24536	24740
法 学	Law	2296	2436	2460	2462	10054	10262
教育学	Education	1695	1737	1835	1910	7197	7283
文 学	Literature	6770	7162	7652	7407	29809	29854
历史学	History	270	303	327	325	1289	1311
理 学	Science	4567	4898	5198	5081	20754	20762
工 学	Engineering	29738	31991	35856	38129	138094	142771
农 学	Agriculture	853	816	975	1092	3437	3688
医 学	Medicine	4028	4286	5363	5780	21574	23055
管理学	Management	15484	16052	16645	16396	65538	65581
艺术学	Art	8470	8686	10152	10195	37368	38688
专 科	**Junior College**	**57408**	**58404**	**66872**	**79866**	**179469**	**203933**
# 师 范	Teacher Training	473	431	297	514	882	1373
农林牧渔大类	Farming, Forestry, Animal Husbandry and Fishery	151	113	77	58	311	258
资源环境与安全大类	Resource Environment and Safety	1302	1207	1943	2899	4706	6343
能源动力与材料大类	Energy Sources and Materials	767	686	602	587	1920	1781
土木建筑大类	Civil Engineering	4436	4400	4711	5685	13260	14659
水利大类	Water Conservancy	26	28	26	28	82	85
装备制造大类	Equipment Manufacture Industry	9430	9672	10164	11679	28113	30417
生物与化工大类	Biological and Chemical Industry	804	773	971	1408	2424	3018
轻工纺织大类	Light and Textile Industry	317	361	491	575	1280	1480
食品药品与粮食大类	Food, Medicine and Cereals	1697	1843	1884	1926	4776	4962
交通运输大类	Communication and Transportation	7239	7436	7859	8604	23029	24016
电子信息大类	Electronic Information	7421	8585	11708	14375	28952	35429
医药卫生大类	Medicine and Health	3367	3316	3649	5292	10081	12385
财经商贸大类	Finance and Economics Trade and Business	12324	11759	12544	14702	34114	37727
旅游大类	Tourism	1681	1717	2052	2270	5341	5839
文化艺术大类	Culture and Art	2240	2201	2582	2793	6706	7458
新闻传播大类	Journalism and Communication	743	624	696	915	2160	2452
教育与体育大类	Education and Sport	1524	1597	2582	3480	5850	8077
公安与司法大类	Public Security and Justice	1131	1109	1240	1227	3474	3637
公共管理与服务大类	Public Administration and Services	808	977	1091	1363	2890	3910

21-11 高等学校分科专任教师数(按职称分)

Number of Full-time Teachers in Institutions of Higher Education(By Professional Title)

单位：人(person)

学 科	Item	合 计 Total		正高级 Senior Title		副高级 Asst.Senior Title	
		2019	2020	2019	2020	2019	2020
总 计	**Total**	**32651**	**34239**	**5053**	**5400**	**10573**	**11013**
哲 学	Philosophy	886	1085	88	108	226	299
经济学	Economics	1561	1576	275	275	559	551
法 学	Law	1692	2067	229	264	460	495
教育学	Education	2267	2376	203	193	662	676
文 学	Literature	3836	3934	363	362	1082	1089
历史学	History	291	328	84	88	98	110
理 学	Science	3404	3473	788	831	1217	1250
工 学	Engineering	10977	11314	1815	1929	3885	3987
农 学	Agriculture	182	180	40	36	66	68
医 学	Medicine	2733	2967	535	645	930	1036
管理学	Management	2752	2901	421	436	875	941
艺术学	Art	2070	2038	212	233	513	511

21-11续表 *Continued*

单位：人(person)

学 科	Item	中 级 Middle Title		初 级 Junior Title		无职称 No Title	
		2019	2020	2019	2020	2019	2020
总 计	**Total**	**13062**	**13630**	**2293**	**2436**	**1670**	**1760**
哲 学	Philosophy	398	402	104	141	70	135
经济学	Economics	557	587	85	91	85	72
法 学	Law	689	810	205	319	109	179
教育学	Education	992	1022	262	318	148	167
文 学	Literature	1963	2033	277	306	151	144
历史学	History	81	102	7	7	21	21
理 学	Science	1114	1153	106	116	179	123
工 学	Engineering	4080	4289	573	532	624	577
农 学	Agriculture	54	60	8	11	14	5
医 学	Medicine	1121	1163	95	80	52	43
管理学	Management	1108	1166	205	227	143	131
艺术学	Art	905	843	366	288	74	163

21-12 中等职业教育基本情况
Basic Statistics on Secondary Vocational Education

单位：人(person)

学　科 Item	毕业生数 Graduates		招生数 New Students Enrollment		在校学生数 Students Enrollment	
	2019	2020	2019	2020	2019	2020
总　计 Total	**30005**	**29966**	**24971**	**26928**	**80942**	**78390**
农林牧渔类 Farming, Forestry, Animal Husbandry and Fishery	352	1096	300	434	1974	942
资源环境类 Resources and Environment	49	43	46	55	138	150
能源与新能源类 Energy	76	31	59	47	127	116
土木水利类 Civil and Water Conservancy	991	1135	1059	1121	2862	2789
加工制造类 Processing and Manufacturing	5615	4693	4839	5171	14271	14369
石油化工类 Petroleum and Chemicals	141	173	168	211	434	472
轻纺食品类 Light Industry, Textile and Food	318	150	166	278	567	750
交通运输类 Communication and Transportation	2361	2123	1700	2090	6089	5723
信息技术类 Information Technology	8945	8889	7277	7260	26011	25597
医药卫生类 Medicine and Health	1349	689	675	848	2038	2197
休闲保健类 Relaxation and Health Care	37	10	27	26	73	89
财经商贸类 Finance, Economics, Trade and Business	5213	6645	4436	4763	14118	12956
旅游服务类 Tourism Service	861	1118	1111	1572	2972	3168
文化艺术类 Culture and Art	1084	979	912	1005	2916	3059
体育与健身类 Sports and Fitness	413	457	428	464	1368	1367
教育类 Teacher Training	2067	1593	1518	1503	4517	4273
司法服务类 Judicial Service						
公共管理与服务类 Public Administration and Services	45	49	184	80	318	317
其　他 Others	88	93	66		149	56

注：此表中等职业学校包括普通中专、职业高中、成人中专，不包括技工学校。

Note: Secondary vocational schools in this table refer to regular specialized secondary schools, vocational senior secondary schools and specialized secondary schools for adults, excluding secondary technical schools.

21-13 普通中学基本情况(2020年)
Basic Statistics on Regular Secondary Schools,2020

单位：人(person)

项　目	Item	学校数(所) Number of Schools (unit)	毕业生数 Graduates	招生数 New Students Enrollment	在校学生数 Students Enrollment	专任教师数 Full-time Teachers
总　计	**Total**	**530**	**148754**	**172282**	**490386**	**46006**
按城乡分组	**By Urban and Rural**					
城　区	City	333	111195	131398	366193	34750
镇　区	County	129	28005	30545	91113	8201
乡　村	Rural	68	9554	10339	33080	3055
按部门分组	**By Department**					
教育部门	Education Departments	478	136444	156432	446826	42836
其他部门	Other Departments	1	88	257	616	43
民　办	Private Units	51	12222	15593	42944	3127
按学校性质分组	**By School Type**					
完全中学	Whole Secondary Schools	104	50198	60559	163511	16215
高级中学	Senior Secondary Schools	68	26817	30146	82457	7943
初级中学	Junior Secondary Schools	290	63182	68304	208805	18466
九年一贯制学校	Whole Primary and Junior Secondary Schools	55	4243	8088	21103	2004
十二年一贯制学校	Whole Primary and Secondary Schools	13	4314	5185	14510	1378

注：一贯制学校专任教师含小学教师数。
Note: Full-time teachers in whole primary and secondary schools include teachers of primary schools.

21-14 幼儿园基本情况(2017—2020年)
Basic Statistics on Kindergartens,2017-2020

指　标	Item	2017	2018	2019	2020
幼儿园所数(所)	Number of Kindergartens (unit)	1997	2223	2374	2575
在园(班)儿童数(人)	Children Enrollment (person)	261535	262907	275871	298628
三岁及以上儿童	Children Aged 3 and over	257897	260632	272928	296556
三岁以下儿童	Children Aged 3 below	3638	2275	2943	2072
教职工数(人)	Teachers, Staff and Workers (person)	28458	33141	38495	43895
# 专任教师	Full-time Teachers	16713	19635	21549	23661

21-15 普通中小学分布情况(2020年)
Distribution of Regular Secondary Schools and Primary Schools,2020

地 区	Region	学校数(所) Number of Schools (unit)		在校学生数(人) Students Enrollment (person)		专任教师(人) Full-time Teachers (person)	
		普通中学 Regular Secondary Schools	小 学 Primary Schools	普通中学 Regular Secondary Schools	小 学 Primary Schools	普通中学 Regular Secondary Schools	小 学 Primary Schools
总 计	**Total**	**530**	**885**	**490386**	**730143**	**46006**	**47480**
和平区	Heping District	18	21	23359	36739	2639	2631
河东区	Hedong District	22	28	20461	35717	2166	2187
河西区	Hexi District	22	38	30285	55195	2806	3032
南开区	Nankai District	24	30	30333	56263	2919	2850
河北区	Hebei District	21	26	19102	31030	2159	2172
红桥区	Hongqiao District	16	20	12588	19587	1715	1816
东丽区	Dongli District	20	35	16677	28227	1705	2115
西青区	Xiqing District	16	38	18839	34230	1545	2319
津南区	Jinnan District	17	33	22897	38687	1505	2020
北辰区	Beichen District	20	45	18103	32547	1580	2041
武清区	Wuqing District	60	123	58664	66414	5126	4068
宝坻区	Baodi District	45	81	38158	38899	3646	3040
滨海新区	Binhai New Area	91	98	70297	118562	6956	8046
宁河区	Ninghe District	30	60	20801	27848	1941	2144
静海区	Jinghai District	48	96	40877	57166	3421	3721
蓟州区	Jizhou District	60	113	48945	53032	4177	3278

注：专任教师数中不包括民办教师数。
Note: Number of full-time teachers excludes citizen-managed teachers.

21-16 普通中学、小学及幼儿园校舍情况(2020年)

Statistics on Schoolhouses in Regular Secondary Schools, Primary Schools and Kindergartens,2020

地区	Region	占地面积(万平方米) Areas (10 000 sq.m)	校舍建筑面积(万平方米) Floor Space of Schoolhouses (10 000 sq.m)			学生人均建筑面积(平方米) Average Floor Space of Students (sq.m)		
			普通中学 Regular Secondary Schools	小学 Primary Schools	幼儿园 Kindergartens	普通中学 Regular Secondary Schools	小学 Primary Schools	幼儿园 Kindergartens
总计	**Total**	**3721.15**	**852.61**	**526.33**	**309.68**	**17.39**	**7.21**	**10.37**
和平区	Heping District	57.67	36.81	20.26	6.79	15.76	5.52	10.94
河东区	Hedong District	105.71	26.74	21.13	13.60	13.07	5.92	9.49
河西区	Hexi District	146.58	56.00	35.08	16.20	18.49	6.36	9.76
南开区	Nankai District	132.92	51.25	21.62	16.50	16.90	3.84	10.68
河北区	Hebei District	88.40	30.49	18.63	9.23	15.96	6.00	9.36
红桥区	Hongqiao District	76.34	28.54	13.61	7.89	22.67	6.95	11.44
东丽区	Dongli District	165.93	42.73	25.16	18.81	25.63	8.91	9.50
西青区	Xiqing District	166.39	28.85	31.91	25.45	15.31	9.32	12.11
津南区	Jinnan District	218.29	44.37	39.30	21.77	19.38	10.16	8.95
北辰区	Beichen District	184.19	36.41	31.73	18.47	20.11	9.75	10.53
武清区	Wuqing District	496.36	92.64	65.38	31.37	15.79	9.84	10.89
宝坻区	Baodi District	323.84	48.93	28.14	20.54	12.82	7.23	11.44
滨海新区	Binhai New Area	614.58	175.14	72.74	45.68	24.91	6.14	10.03
宁河区	Ninghe District	177.21	26.45	19.15	10.24	12.71	6.88	9.82
静海区	Jinghai District	401.71	67.72	38.43	25.91	16.57	6.72	12.43
蓟州区	Jizhou District	365.05	59.54	44.06	21.22	12.16	8.31	9.22

注：占地面积包括中等师范学校、幼儿园教师进修学校、特殊教育学校及其他。

Note: Areas of schools include middle teacher training, kindergarten teacher training, special education and other schools.

21-17 其他教育基本情况(2017—2020年)
Basic Statistics on Other Education,2017-2020

单位：所、人(unit, person)

指 标	Item	2017	2018	2019	2020
成人教育	**Adult Education**				
成人高等学校	Adult Higher Education Schools				
学校数	Number of Schools	14	14	14	13
在校学生数	Students Enrollment	49335	46003	38566	36554
成人中等学校	Secondary Schools for Adults				
学校数	Number of Schools	18	18	17	16
在校学生数	Students Enrollment	4900	4692	2557	241
特殊教育	**Specific Education**				
学校数	Number of Schools	20	20	20	20
在校学生数	Students Enrollment	3987	4491	4923	4961
视力残疾	Visual Disability	161	167	148	139
听力残疾	Deaf-Mute	375	394	438	439
言语残疾	Hearing Disability		31	55	43
肢体残疾	Limbs Disability		380	502	459
智力残疾	Low Intelligent Student	2997	3266	3438	3651
精神残疾	Mental Disability		175	150	97
多重残疾	Multiple Disabilities		78	192	133
教职工人数	Teachers, Staff and Workers	793	795	810	817
#专任教师数	Full-time Teachers	624	634	662	673
工读学校	**Reformatory Schools**				
学校数	Number of Schools	3	3	2	2
教职工人数	Teachers, Staff and Workers	74	69	64	28
#专任教师数	Full-time Teachers	57	55	53	17

21-18 网络教育学生情况
Statistics on Network Education Students

单位：人(person)

学 科	Item	毕业生数 Graduates		招生数 New Students Enrollment		在校学生数 Students Enrollment	
		2019	2020	2019	2020	2019	2020
本 科	**Undergraduate**	**18729**	**24245**	**30566**	**22327**	**94392**	**90253**
#女 生	Female	8299	11240	14302	10585	43532	42073
经济学	Economics	1369	1896	2026	1496	6866	6285
法 学	Law	1089	1369	1428	1456	5171	5098
文 学	Literature	398	653	1016	994	2864	3148
工 学	Engineering	4410	4655	6348	3724	17792	16296
医 学	Medicine	732	1130	2057	2055	5799	6605
管理学	Management	10731	14542	17691	12478	55900	52697
艺术学	Art				124		124
专 科	**Junior College**	**31278**	**48047**	**25443**	**9163**	**109728**	**67676**
#女 生	Female	13803	23187	11473	4581	50229	30459
土木建筑大类	Civil Engineering	3989	5591	1731		11153	5167
装备制造大类	Equipment Manufacture Industry	1688	1465			3075	1428
电子信息大类	Electronic Information	2006	3580	3670	1482	10533	8173
医药卫生大类	Medicine and Health	1390	2280	1901	1550	6807	5958
财经商贸大类	Finance and Economics Trade and Business	15856	26186	14544	4601	60380	37061
旅游大类	Tourism	495	783	595	256	2069	1483
教育与体育大类	Education and Sport	304	528			695	224
公安与司法大类	Public Security and Justice	1143	952			1373	359
公共管理与服务大类	Public Administration and Services	4407	6682	3002	1274	13643	7823

21-19 外国留学生情况
Statistics on Foreign Students

单位：人(person)

项 目	Item	毕(结)业生数 Graduates (Completion)		招生数 New Students Enrollment		在校学生数 Students Enrollment	
		2019	2020	2019	2020	2019	2020
总 计	**Total**	**6703**	**3360**	**5547**	**2644**	**10448**	**9299**
按层次分	**By Degree**						
博 士	Doctor	34	46	123	163	476	524
硕 士	Master	383	453	515	427	1485	1454
本 科	Undergraduate	776	621	1333	746	4150	4098
专 科	Junior College	79	116	271	117	464	433
培 训	Training	5431	2124	3305	1191	3873	2790
按经费来源分	**By Fund Provided**						
自 费	Self-supporting	3657	1707	3421	1635	6316	5866
中国政府资助	Chinese Government Sustentation	1573	1012	1738	911	3730	3264
本国政府资助	Native Government Sustentation	724	333	15		78	1
学校间交换	Inter-school Communion	749	308	373	98	324	168
国际组织资助	International Organization Sustentation						

主要统计指标解释

初中学生净入学率

指初级中学（普通初中和职业初中）在校学龄学生总数占初中学龄人口数的比重。

学龄儿童毛入学率

指调查范围内已入小学学习的在校生数与全部小学学龄儿童人口数之比（包括弱智儿童，不包括盲聋哑儿童）的比重。计算公式为：

$$学龄儿童毛入学率=\frac{小学在校学生数}{小学学龄人口数}\times100\%$$

网络教育

指经教育部批准的现代远程教育试点学校设立的网络教育，基于互联网招收普通和成人本科、专科学生实施高等学历教育。

Explanatory Notes on Main Statistical Indicators

Percentage of Graduates in Primary Schools Entering Junior Secondary Schools

refers to the proportion of school-age students in junior secondary schools (regular junior secondary schools and vocational junior secondary schools) to the total number of junior school-age students.

Percentage of School-age Children Enrolled

refers to the proportion of children enrolled at primary schools to the total number of primary school-age children (including retarded children, but excluding blind, deaf and mute children). The formula is:

$$\text{Percentage of School-age Children Enrolled} = \frac{\text{Total Primary School-age Children at School}}{\text{Total Primary School-age Children}} \times 100\%$$

Network Education

refers to the net education implemented by modern distance education selected institute approved by the Ministry of Education, who recruit the regular and adult undergraduate students and junior college students base on Internet to give high level education.

第二十二篇 卫生和社会服务

Chapter 22 Public Health and Social Services

22-1 卫生事业基本情况(1978—2020年)
Statistics on Public Health,1978-2020

年 份 Year	卫生事业机构(个) Number of Health Care Institutions (unit)	# 医 院、卫生院 Hospitals and Health Care Centers	卫生机构床位数(张) Beds (unit)	# 医 院、卫生院 Hospitals and Health Care Centers	卫生技术人员数(人) Medical Technical Personnel (person)	# 执 业(助理)医师 Licensed (Assistant) Doctors	# 注册护士 Registered Nurses
1978	3065	310	18974	17288	40653	15776	12629
1979	3342	327	19937	17929	46099	17489	14287
1980	3535	332	20911	18753	50662	20474	15839
1981	3610	332	21987	20301	54535	22941	16555
1982	3548	337	23332	21503	56152	23765	16929
1983	3582	344	24351	22658	58645	25033	17745
1984	3592	353	25611	23906	59405	25517	17762
1985	3550	285	27402	25191	60412	25555	18520
1986	3631	282	29218	27247	62897	26750	19463
1987	3465	282	30786	28371	63067	27222	19303
1988	3363	285	33245	30640	63924	29968	19372
1989	3420	291	34122	32224	65766	31619	20264
1990	3392	293	35581	33382	67485	32034	21228
1991	3397	300	37504	35124	68887	32385	22086
1992	3287	301	38137	36035	69815	32320	22804
1993	3182	304	39023	36724	70920	33026	22884
1994	3182	419	38986	37157	71217	33373	22936
1995	3182	416	39092	37280	71806	33693	23177
1996	4171	476	39612	38284	71014	32975	23156
1997	3571	483	40758	39467	70431	32475	23045
1998	3190	482	40471	39134	68070	31482	22209
1999	2969	487	39779	38579	65901	30273	21977
2000	2983	488	40039	38842	65145	30031	21667
2001	2665	495	41637	40394	63475	29215	21298
2002	2636	486	40090	38837	56705	23888	19257
2003	2671	485	40194	38074	55629	22780	19173
2004	2577	474	40994	38876	60722	25299	19602
2005	2489	461	41556	39491	61284	25088	19624
2006	2384	401	43643	38893	62258	25358	20030
2007	2352	411	44335	39708	63900	26228	21339
2008	2784	428	46124	41212	65115	25865	21967
2009	2617	437	46353	41921	67560	27261	23081
2010	2687	438	48828	44080	70040	28478	24193
2011	4431	461	49423	44661	73321	29833	25815
2012	4551	465	53509	48896	76922	30710	27637
2013	4696	482	57743	53062	80983	32059	29715
2014	4990	522	60984	56484	84783	33340	31577
2015	5221	546	63693	59689	90701	35871	33804
2016	5442	571	65832	61764	94906	37804	36088
2017	5538	573	68193	64285	100949	41127	38205
2018	5686	566	68247	64603	104447	43020	39377
2019	5964	584	68262	64960	109849	46421	41410
2020	5836	566	68381	65417	114042	49236	42714

注：2011年以前卫生机构不含村卫生室。
Note: Number of health care institutions before 2011 excludes village health room.

22-2 卫生事业机构数(2017—2020年)
Number of Health Care Institutions,2017-2020

单位：个(unit)

项　目	Item	2017	2018	2019	2020
总　计	**Total**	**5538**	**5686**	**5964**	**5836**
医　院	Hospitals	426	420	441	423
基层医疗卫生机构	Health Care Institutions at the Basic Level	4959	5101	5348	5256
社区卫生服务中心(站)	Community Health Care Centers	587	601	624	637
卫生院	Health Care Centers	147	146	143	143
村卫生室	Village Health Rooms	2541	2511	2374	2196
门诊部	Outpatient Departments	584	611	713	698
诊所、卫生所、医务室	Clinics	1100	1232	1494	1582
专业公共卫生机构	Specialized Public Health Institutions	97	96	97	87
# 疾病预防控制中心	Disease Prevention and Control Centers	23	23	23	22
妇幼保健院(所、站)	Maternity and Children Care Centers	20	20	19	18
卫生监督所(中心)	Health Supervision Offices	19	19	19	20
其他卫生事业机构	Other Health Care Institutions	56	69	78	70
平均每个医院、卫生院负担人口(人)	Average Burden Population of Each Hospital and Health Care Centers (person)	24895	24673	23699	24488

22-3 卫生事业基本情况(2020年)
Statistics on Public Health,2020

项 目	Item	卫生机构(个) Health Care Institutions (unit)	卫生机构床位(张) Number of Institution Beds (unit)	卫生技术人员(人) Medical Technical Personnel (person)	执 业(助理)医师 Licensed (Assistant) Doctors
总 计	**Total**	**5836**	**68381**	**114042**	**49236**
按经济类型分	**Grouped by Ownership**				
公 立	Public	3224	54833	85875	34347
私 立	Private	2612	13548	28167	14889
按设置主办单位分	**Grouped by Management**				
政府办	Run by Government	1556	51293	80713	31666
社会办	Run by Community	2269	7979	13121	6692
其 他	Others	2011	9109	20208	10878

22-3续表 *Continued*

单位：人(person)

项 目	Item	注册护士 Registered Nurses	药 师(士) Pharmacists	技 师(士) Technicians	其他人员 Others
总 计	**Total**	**42714**	**6674**	**6437**	**8981**
按经济类型分	**Grouped by Ownership**				
公 立	Public	34170	4651	4831	7876
私 立	Private	8544	2023	1606	1105
按设置主办单位分	**Grouped by Management**				
政府办	Run by Government	32556	4400	4567	7524
社会办	Run by Community	4245	742	754	688
其 他	Others	5913	1532	1116	769

22-4 卫生技术人员数(2020年)
Number of Medical Technical Personnel,2020

单位：人(person)

项　目	Item	总　计 Total	# 执　业 (助理)医师 Licensed (Assistant) Doctors	# 注　册 护　士 Registered Nurses	# 药　师 (士) Pharmacists	# 技　师 (士) Technicians
总　计	**Total**	**114042**	**49236**	**42714**	**6674**	**6437**
医　院	Hospitals	80281	31579	34152	4378	4201
# 综合类医院	Comprehensive Hospitals	47609	19186	20016	2491	2612
中医类医院	Hospitals Specialized in Traditional Chinese and Chinese Medicine	11467	5237	4149	1002	533
中西医结合类医院	Hospitals of Integrated Traditional Western Medicine	1345	551	602	59	51
专科医院	Special Hospitals	19828	6591	9370	824	1004
# 妇产(科)类医院	Gynecology Hospitals	2420	844	1204	123	145
儿童类医院	Children Hospitals	2610	763	879	89	123
精神病类医院	Mental Disease Hospitals	2207	589	1243	95	68
基层医疗卫生机构	Health Care Institutions at the Basic Level	27704	15140	7506	2154	1285
社区卫生服务中心(站)	Community Health Care Centers	8655	4012	2652	812	460
卫生院	Health Care Centers	5183	2695	1215	379	311
村卫生室	Village Health Rooms	845	829	16		
门诊部	Outpatient Departments	9363	5402	2359	870	491
诊所、卫生所、医务室	Clinics	3658	2202	1264	93	23
专业公共卫生机构	Specialized Public Health Institutions	4909	2171	908	112	623
疾病预防控制中心	Disease Prevention and Control Centers	1604	919	105	20	370
专科疾病防治院(所、站)	Specialized Prevention Centers	721	244	324	46	83
健康教育所(站、中心)	Health Education Institutes (station, center)					
妇幼保健院(所、站)	Maternity and Children Care Centers	968	546	194	45	109
急救中心(站)	First-aid Centers	629	417	176	1	1
采供血机构	Blood Collection and Supplying Institutions	236	33	109		60
卫生监督所(中心)	Sanitation Supervision Institutions	739				
计划生育技术服务机构	The Family Planning Technical Service Institutions	12	12			
其他卫生机构	Other Health Care Institutions	1148	346	148	30	328
每千人口卫生技术人员	Medical Technical Personnel of per 1000 Population	8.23	3.55	3.08	0.48	0.46

22-5 卫生机构床位数(2017—2020年)
Number of Beds in Health Care Institutions,2017-2020

单位：张(unit)

项　目	Item	2017	2018	2019	2020
总　计	**Total**	**68193**	**68247**	**68262**	**68381**
医　院	Hospitals	60158	60337	60990	61524
社区卫生服务中心	Community Health Care Centers	2945	2675	2435	2206
卫生院	Health Care Centers	4127	4266	3970	3893
门诊部	Outpatient Departments	25	31	12	14
专科疾病防治院	Specialized Prevention Centers	375	375	625	514
妇幼保健院	Maternity and Children Care Centers	63	63		
疗养院	Sanatoriums	230	230	230	230
每千人口医院床位	Hospital Beds per 1000 Population	4.22	4.32	4.41	4.44

22-6 医疗机构诊疗和病床使用情况(2017—2020年)
Diagnosis, Treatment and Used Beds of Medical Institutions,2017-2020

项　目	Item	2017	2018	2019	2020
诊疗情况(万人次)	**Diagnosis and Treatment(10 000 person-times)**				
诊疗人次数	Patients Treated	12171	11998	12289	9842
# 门、急诊人次数	Out-patients and Emergency	11673	11560	11910	9526
住院病人手术人次	Inpatient Operation Times	66.2	75.9	81.0	73.8
入院人数(万人)	In-patients(10 000 persons)	158.0	162.5	169.9	128.9
医师人均全年担负诊疗(人次)	Visits per Doctor Annual(person-time)	2810.1	2679.3	2597.8	1972.5
平均每月诊疗(万人次)	Number of Out-patients per Month(10 000 person-times)	1014.2	999.8	1024.0	820.1
平均每月入院诊疗(万人)	Number of In-patients per Month(10 000 persons)	13.2	13.5	14.2	10.7
病床使用情况	**Sickbeds Used**				
病床周转次数(次)	Turnover of Beds(time)	26	26	27	20
病床使用率(%)	Utilization Rate(%)	72.9	71.7	73.2	56.8
病床工作日(日)	Working Days of Beds(day)	265.9	261.7	267.3	207.4
出院者平均住院日数(日)	Average Hospitalization Period(day)	9.9	9.6	9.4	9.7

22-7 医院、卫生院运营情况
Operation of Hospitals, Health Care Centers

指 标	Item	医 院 Hospitals		卫生院 Health Care Centers	
		2019	2020	2019	2020
机构数(个)	Number of Institutions(unit)	441	423	143	143
总诊疗人次数(万人次)	Patients Treated(10 000 person-times)	7246.2	5536.7	778.0	695.5
# 门、急诊人次数	Out-patients and Emergency	7189.5	5475.2	751.6	668.5
观察室收容人数(万人)	Observation Room(10 000 persons)	106.7	66.0	1.3	0.7
健康检查人数(万人)	Health Check(10 000 persons)	233.2	231.0	21.0	17.6
入院人数(万人)	In-patients(10 000 persons)	166.4	126.8	2.5	1.4
出院人数(万人)	Leaving Hospital(10 000 persons)	165.9	127.5	2.5	1.4
住院病人手术(万人次)	In-patients Surgery Trips(10 000 person-times)	80.9	73.7		
病床工作日(日)	Working Days of Beds(day)	291.2	225.0	59.1	38.3
出院者平均住院日数(日)	Average Hospitalization Period(day)	9.4	9.6	6.4	6.7

22-8 社区卫生服务中心(站)基本情况
Basic Statistics on Community Health Care Centers

项 目	Item	2019	2020
机构数(个)	Number of Institutions(unit)	624	637
总诊疗人次数(万人次)	Patients Treated(10 000 person-times)	2298.2	1984.3
# 门、急诊人次数(万人次)	Out-patients and Emergency(10 000 person-times)	2189.0	1907.9
观察室收容人数(万人)	Observation Room(10 000 persons)	17.6	10.7
健康检查人数(万人)	Health Check(10 000 persons)	46.9	36.7
入院人数(万人)	In-patients(10 000 persons)	0.5	0.2
出院人数(万人)	Leaving Hospital(10 000 persons)	0.5	0.2
病床工作日(日)	Working Days of Beds(day)	64.4	44.5
出院者平均住院日数(日)	Average Hospitalization Period(day)	15.5	19.3

22-9 村卫生室基本情况(2017—2020年)
Basic Statistics on Village Health Room,2017-2020

项 目	Item	2017	2018	2019	2020
机构数(个)	Number of Institutions(unit)	2541	2511	2374	2196
执业(助理)医师(人)	Licensed (Assistant) Doctors(person)	525	622	876	829
乡村医生和卫生员(人)	Rural Doctors & Hygienists(person)	4973	4600	4107	3535
乡村医生	Rural Doctors	4774	4447	3999	3485
卫生员	Hygienists	199	153	108	50
诊疗人次数(万人次)	Number of Patients Treated(10 000 person-times)	1091	962	793	578

22-10 妇女儿童卫生保健状况(2016—2020年)
Basic Statistics on Maternity and Children Care,2016-2020

指　标	Item	2016	2017	2018	2019	2020
妇幼保健经费(万元)	Expenses for Maternity and Children Care(10 000 yuan)	48721	52680	53450	49606	42985
计划生育事业费(万元)	Operating Expenses for Children Planning(10 000 yuan)	64118	59194	65605	74443	76468
0-4岁户籍人口(万人)	Registered Population Aged 0-4(10 000 persons)	50.9	52.3	53.8	52.9	54.2
# 女　性	Female	24.4	25.2	26.0	25.6	26.2
0-17岁户籍人口	Registered Population Aged 0-17	158.7	166.2	173.4	181.8	187.6
# 女　性	Female	75.3	78.9	82.5	86.5	89.3
育龄妇女户籍人口(15-49岁)	Women of Child-bearing Age of Registered Population(Age 15-49)	242.4	245.5	251.7	256.4	261.1
婴儿死亡率(‰)	Death Rate of Infants(‰)	4.0	3.6	3.0	2.7	2.4
5岁以下儿童死亡率(‰)	Death Rate of Children at Age 5 and Below(‰)	5.1	4.3	3.8	3.4	3.2
孕产妇死亡率(1/10万)	Death Rate of Pregnant and Lying-in Women(1/100 000)	9.4	6.0	5.1	5.1	7.5
卡介苗接种率(%)	BCG Vaccination Rate(%)	99.9	99.8	99.8	99.9	99.2
脊灰疫苗接种率(%)	Poliovirus Vaccination Rate(%)	99.9	99.9	99.7	99.9	99.4
百白破三联制剂接种率(%)	Pertussis, Diphtheria & Tetanus Vaccination Rate(%)	99.9	99.9	99.9	99.9	99.5
麻疹疫苗接种率(%)	Measles Virus Vaccination Rate(%)	99.7	99.9	99.9	99.9	99.4
乙肝疫苗接种率(%)	Hepatitis B Vaccination Rate(%)	100.0	99.9	99.9	99.9	99.9
5岁以下儿童中、重度营养不良患病率(%)	Incidence Disease Rate from Medium and Serious Malnutrition of Children at Age 5 and Below(%)	0.3	0.4	0.5	0.6	0.6
7岁以下儿童保健管理率(%)	Management Rate of Children Health Care System at Age 7 and Below(%)	93.8	94.0	93.7	95.4	92.7

22-11 全市居民前十位疾病死亡专率及死因构成
Death Rate of Top 10 Diseases and Proportion

序位及死因	Position and Cause of Death	死亡专率(1/100 000) Mortality(1/100 000)		占全部死亡人数的比例 Proportion(%)	
		2019	2020	2019	2020
1. 心脏病	Heart Disease	196.38	202.83	28.07	28.74
2. 恶性肿瘤	Malignant Tumour	175.43	176.30	25.08	24.98
3. 脑血管病	Cerebrovascular Disease	155.18	151.61	22.18	21.48
4. 呼吸系统疾病	Respiratory Disease	40.41	27.68	5.78	3.92
5. 损伤和中毒外部原因	Trauma and Toxicosis	32.23	33.25	4.61	4.71
6. 内分泌、营养和代谢的其他疾病	Internal System, Nutrition, Metabolism and Immunity Disease	25.80	28.06	3.69	3.98
7. 神经系统疾病	Neuropathy	15.06	15.74	2.15	2.23
8. 消化系统疾病	Digestive Disease	13.71	15.72	1.96	2.23
9. 泌尿生殖系统病	Urinary Disease	5.47	5.99	0.78	0.85
10.传染病和寄生虫病	Perinatal Diseases	3.31	2.69	0.47	0.38

22-12 卫生总费用及构成(1996—2020年)
Total Expenditure on Health and Composition,1996-2020

年 份 Year	卫生总费用(亿元) Total Expenditure on Health (100 million yuan)	人均卫生费用(元) Per Capita Expenditure on Health (yuan)	卫生总费用筹资构成(%) Composition by Source(%)		
			政府卫生支出 Government Health Expenditure	社会卫生支出 Social Health Expenditure	居民个人现金卫生支出 Individual Cash Expenditure on Health
1996	39.71	418.85	18.5	54.1	27.4
1997	46.40	487.04	20.4	51.2	28.4
1998	46.65	487.61	18.9	45.4	35.7
1999	53.27	555.21	17.2	42.8	40.0
2000	66.75	666.74	15.1	41.5	43.4
2001	71.21	709.25	16.6	38.0	45.4
2002	96.97	962.83	17.0	36.0	47.0
2003	117.60	1162.84	19.1	39.3	41.5
2004	129.94	1269.38	18.8	37.1	44.1
2005	152.24	1459.63	16.9	36.7	46.3
2006	171.73	1597.45	19.1	36.2	44.8
2007	225.88	2025.80	19.7	37.4	43.0
2008	264.13	2246.02	20.3	37.3	42.4
2009	315.45	2568.46	20.6	41.0	38.3
2010	355.65	2737.28	23.3	41.0	35.7
2011	411.10	3034.87	25.4	37.8	36.8
2012	479.75	3394.90	25.2	38.4	36.4
2013	552.09	3750.10	26.3	38.5	35.2
2014	650.91	4291.29	26.3	41.0	32.7
2015	752.79	4866.32	26.8	42.2	31.0
2016	827.02	5294.21	25.6	43.7	30.7
2017	864.74	5554.36	23.3	46.0	30.8
2018	888.72	5698.41	24.3	45.6	30.0
2019	973.51	6233.15	22.4	47.8	29.8
2020	907.57	6545.33	21.1	49.8	29.1

22-13 主要年份卫生总费用机构流向构成
Composition of Total Expenditure on Health by Flow

单位：%(%)

指 标	Indicators	2000	2005	2010	2015	2019	2020
费用总额	**Total Expenditure**	**100.0**	**100.0**	**100.0**	**100.0**	**100.0**	**100.0**
医 院	Hospitals	67.7	64.3	70.8	68.3	70.1	71.5
城市医院	City Hospitals	54.2	52.5	56.9	55.9	58.8	58.9
县医院	County Hospitals	4.3	4.2	5.2	4.5	2.6	2.7
社区卫生服务中心	Community Health Care Centers		5.1	6.5	5.4	6.3	7.2
卫生院	Health Care Centers	4.1	2.3	1.9	2.4	2.3	2.6
其他医院	Other Hospitals	5.1	0.2	0.3	0.1	0.1	
门诊机构	Ambulatory Health Facilities	6.2	4.8	5.0	6.1	9.7	6.8
药品零售机构	Retail Sales of Medical Goods	17.0	20.8	10.7	10.6	9.8	8.7
公共卫生机构	Public Health Facilities	4.9	4.7	6.5	4.8	4.2	5.2
卫生行政管理	Health Administration	0.2	0.2	1.1	2.2	1.9	2.6
其他卫生	Others	4.0	5.2	5.9	8.0	4.5	5.2

22-14 各区卫生情况(2020年)

Basic Statistics on Public Health Care Institution by District,2020

地 区 Region	卫生机构数(个) Health Care Institutions (unit)	#医 院 Hospitals	卫生机构床位数(张) Beds (unit)	#医 院 Hospitals
全市总计 Total	**5836**	**423**	**68381**	**61524**
和平区 Heping District	210	27	4751	4641
河东区 Hedong District	217	45	3603	2888
河西区 Hexi District	321	47	9150	8974
南开区 Nankai District	334	56	9374	9017
河北区 Hebei District	211	32	4026	3852
红桥区 Hongqiao District	140	19	3645	3224
东丽区 Dongli District	255	14	1807	1731
西青区 Xiqing District	270	24	3076	2907
津南区 Jinnan District	220	23	3843	3802
北辰区 Beichen District	217	22	4786	4614
武清区 Wuqing District	710	15	4043	3100
宝坻区 Baodi District	424	12	2698	1493
滨海新区 Binhai New Area	758	56	8220	7908
宁河区 Ninghe District	319	3	1415	734
静海区 Jinghai District	489	17	1959	1394
蓟州区 Jizhou District	741	11	1985	1245

注：滨海新区数据不含东丽区无瑕街、津南区葛沽镇数据。
Note: Data of Binhai New Area exclude figures of Wuxia Street, Dongli District and Gegu Town, Jinnan District.

22-15 提供住宿的社会服务机构(2020年)
Social Welfare Institutions with Accommodations,2020

指　标	Item	单位数(个) Institutions (unit)	职工人数(人) Staff and Workers (person)	床位数(张) Number of Beds (unit)	年末在院人数(人) Adopted Personnel at Year-end (person)
老年人与残疾人服务机构	Elderly and Disabled Service Institutions	399	7401	63235	25522
# 城市养老服务机构	Urban Old-Age Service Institutions	379	6991	58878	24215
社会福利院	Social Welfare Homes	2	88	390	336
光荣院	Homes for Disabled Veterans	6	75	195	26
智障与精神疾病服务机构	Mental Disability and Psychiatric Disease Services Institution	2	329	490	833
# 社会福利医院	Social Welfare Hospitals	1	257	300	590
儿童收养机构	Residential Institutions for children	3	155	753	680
其他提供住宿的社会服务机构	Other Social Service Institutions Providing Accommodation	10	234	809	300
# 生活无着人员救助管理站	Salvation Stations	10	234	809	300

22-16 不提供住宿的社会服务机构
Social Welfare Institutions without Accommodations

指　标	Item	单位数(个) Institutions(unit)		职工人数(人) Staff and Workers(person)	
		2019	2020	2019	2020
救灾物资储备站	Relief Reserve Units	1	1	20	18
福利彩票发行单位	Welfare Lottery Issuing Institutions	8	7	83	114
烈士纪念建筑物管理单位	Martyr Memorial Building Management Units	10	10	106	105
社区服务机构	The Community Welfare Institutions	3660	5963	15080	24239

22-17 社区服务机构情况(2016—2020年)
Basic Statistics on Community Services Agencies,2016-2020

指　标 Item	2016	2017	2018	2019	2020
社区服务机构(个) Community Service Institutions (unit)	2952	2786	3965	3660	5963
社区养老照料和设施 The Community Old-Age Care and Facilities	122	121	1301	1089	1157
社区指导中心 The Community Guiding Center	10	9	9	9	9
社区服务中心 The Community Service Center	289	274	376	322	162
社区服务站 The Community Service Station	1894	1836	1739	1703	4173
其他社区服务机构 Other Community Service Institutions	637	546	540	537	462
机构建筑面积(万平方米) Floor Square of Institutions (10 000 sq.m)	113	113	125	153	242
年末职工人数(人) Staff and Workers in the End of the Year (person)	13381	13587	15707	15080	24239
#女　性 Female	7330	7789	9727	8328	12776
#社会工作师 Social Worker	219	269	601	622	953
助理社会工作师 Junior Social Worker	719	933	1740	1789	2954
社区服务志愿者人次数(人次) Community Service Volunteer (person-time)	52149	63100	14484	28524	314565
日间照料床位数(张) The Beds of Day-care (unit)	6482	9992	9279	9801	10056

22-18 社会救助人员情况(2017—2020年)
Basic Statistics on Social Relief Personnel,2017-2020

指 标 Item	2017	2018	2019	2020
城乡居民最低生活保障人数(人)				
Rural and Urban Residents Receiving Lowest Cost-of-living(person)	**198367**	**142551**	**129477**	**141397**
城镇居民				
Urban Residents	107075	80373	70561	73139
# 老年人				
Senile	18340	11734	11973	12755
登记失业人员				
Registered Unemployed	31850	23229	20425	19884
无就业条件人员				
Non Employment Condition	23055	20423	19403	12890
未成年人				
Minors	21028	15188	10621	10949
农村居民				
Rural Residents	91292	62178	58916	68258
特困人员救助供养人数(人)				
Number of Destitute Households Receiving Almsgiving (person)	**12808**	**11482**	**11971**	**12183**
临时救助人次数(人次)				
Persons Received Temporary Almsgiving(person-time)	**122029**	**102632**	**83077**	**71436**
医疗救助				
Medical Aid				
直接医疗救助人次数(人次)				
Direct Medical Aid(person-time)	2013967	726632	1468648	1110248
资助参保医疗人数(人)				
Persons Participating in Medical Insurance with Aid (person)	246777	299578	293188	299699
流浪乞讨人员救助(人次)				
The Aid of Vagrants and Beggars(person-time)	**12745**	**7640**	**5729**	**4664**

22-19 社会救助支出情况(2017—2020年)
Basic Statistics on Social Relief Expenditure, 2017-2020

单位：万元(10 000 yuan)

指　标	Item	2017	2018	2019	2020
社会救助总支出	**Relief Expenditures**	**310651**	**236736**	**180955**	**225792**
# 城镇低保费	Urban Relief Funds	126971	112217	91050	94186
农村低保费	Rural Relief Funds	79637	65880	57135	64182
特困人员救助供养	Expenses of Destitute Households Receiving Almsgiving	22494	23841	21502	25238
临时救助	Temporary Almsgiving	17584	22331	11267	15029
# 流浪乞讨人员救助	The Aid of Vagrants and beggars	3403	3844	2475	2518
医疗救助	**Medical Aid**	**50216**	**64647**	**61267**	**46853**
自然灾害物资采购经费支出	**Expenditure on the Procurement of Natural Disasters Materials**	**2513**	**1168**	**1165**	**1574**

22-20 养老事业基本情况(2018—2020年)
Basic Statistics on Senile Citizen Undertakings,2018-2020

指　标　Item	2018	2019	2020
60岁以上老年人(万人) Aged 60 and over(10 000 persons)	259.08	266.74	278.36
65岁以上老年人(万人) Aged 65 and over(10 000 persons)	167.63	178.46	193.03
80岁以上老年人(万人) Aged 80 and over(10 000 persons)	32.77	33.40	35.05
养老机构(个) Pension Agency(unit)	335	364	397
养老机构床位数(万张) The Beds of Pension Agency(10 000 units)	5.00	5.60	6.30
日间照料中心(个) Center of Day-care(unit)	2847	1089	1157
福利彩票公益金投入养老服务业比例(%) Proportion of Senior Citizen Service Industry to Welfare Lottery(%)	50	57	55
享受困难老年人居家养老(护理)补贴人数(万人) Taking Subsidy of Home-based Care (Nursing) for Senior Citizen(10 000 persons)	2.20	1.60	2.30

22-21 红十字会基本情况(2018—2020年)
Basic Statistics on Red Cross Society,2018-2020

指　标	Item	2018	2019	2020
组织机构(个)	**Institutions of Red Cross Society(unit)**			
基层组织机构	Basic Institutions of Red Cross Society	1640	1462	1514
会员情况	**Statistics on Red Cross Member**			
团体会员单位(个)	Team Members(unit)	1967	1846	1834
会员人数(万人)	Number of Members(10 000 persons)	27.0	28.4	30.9
# 青少年	Adolescent Members	18.5	18.7	21.0
志愿服务工作	**Voluntary Work**			
志愿者人数(万人)	Volunteers(10 000 persons)	3.1	3.1	4.7
红十字志愿服务队(个)	Voluntary Service Teams of Red Cross Society(unit)	217	231	245
参加各种宣传活动人次数(万人次)	**Person-time Attended Publicizing Activity (10 000 person-times)**			
参加艾滋病预防宣传救助活动	AIDS Prevention Activities	1.0	1.5	2.5
参加普及宣传无偿献血活动	Publicizing Volunteer Blood Donation Activities	1.0	1.2	154.4
参加卫生救护培训人次数(人次)	**Person-time Attended Sanitation Rescue Training(person-time)**			
参加救护员培训	Ambulanceman Training	19646	22497	14475
参加救护师资培训	Rescue Teacher Training	60	224	138
造血干细胞捐献工作(人)	**Contributing Stem Cell(person)**			
入库志愿者人数	Quantity of Subscribers Entered Program in Current Year	4566	5500	9000
供患配型相合人数	Quantity of Matching of Contributing and Transplanting in Current Year	437	524	252
实现捐献人数	Quantity of Transplanting in Current Year	18	11	22
人体器官捐献(人)	**Donation of Human Organ(person)**			
报名登记志愿者人数	Quantity of Registered Subscribers	2209	8959	12526
实现捐献者人数	Quantity of Contributing Human Organ	302	467	52
遗体捐献工作(人)	**Contributing Reliquiae(person)**			
捐献遗体登记	Quantity of Contributing Reliquiae	244	360	270
实现生前遗愿人数	Quantity of Realizing Last Wish	80	91	35
社会赈济和社区救助工作	**Working on Social Relieving**			
募捐款数(万元)	Donation(10 000 yuan)	288	6196	32002
救灾款数(万元)	Disaster Relief(10 000 yuan)	30	1	31915
救助款数(万元)	Salvation Relief(10 000 yuan)	296	6196	9476

主要统计指标解释

社区卫生服务中心

指为本社区居民提供预防、医疗、保健、康复、健康教育、计划生育技术服务等的基层卫生机构。

卫生技术人员

指卫生事业机构支付工资的全部固定职工和合同制职工中现任职务为卫生技术工作的人员。包括中医师、西医师、中西医结合高级医师、护师、中药师、西药师、检验师、其他技师、中医士、西医士、护士、助产士、中药剂士、西药剂士、检验士、其他技士、其他中医、护理员、中药剂员、西药剂员、检验员和其他初级卫生技术人员。不包括从事管理工作的卫生技术人员。

执业（助理）医师

指具有《医师执业证》及其“级别”为“执业（助理）医师”且实际从事医疗、预防保健工作的人员，不包括实际从事管理工作的执业（助理）医师。执业（助理）医师类别分为临床、中医、口腔和公共卫生。

婴儿死亡率

指一年内未满周岁死亡的婴儿数与当年活产数之比。计算公式为：

$$婴儿死亡率=\frac{一年内未满周岁的婴儿死亡数}{当年活产数}\times 1000‰$$

孕产妇死亡率

指年内孕产妇死亡人数与活产数之比。孕产妇死亡一般指从妊娠开始至产后42天内死亡者，包括外科原因、计划生育手术、宫外孕、葡萄胎死亡者，但不包括意外原因死亡者。

卡介苗、脊灰疫苗、百白破三联制剂、麻疹、乙肝疫苗接种率

指按照儿童免疫程度进行合格接种的人数占全部应接种人数的百分比。应接种人数包括禁忌症人数和外地寄居3个月及以上的适龄人数，不包括外出3个月及以上的适龄人数。计算公式为：

$$单项疫苗接种率=\frac{合格接种该疫苗人数}{应接种人数}\times 100\%$$

分子：按“合格接种判断”标准，判定当年实际完成合格接种的儿童数。

分母：按免疫程序规定当年应在12月龄内完成该项疫苗接种的儿童数。

城镇居民最低生活保障人数

指在报告期末家庭平均收入在当地规定的最低生活保障线以下的城镇居民数。包括“三无”对象，失业人员和在职、下岗、退休人员等。

农村居民最低生活保障人数

指报告期末在建立农村最低生活保障制度的地区，得到当地政府或集体给予最低生活保障的农业人口家庭人数。

社区服务机构

指报告期末城镇（街道办事处、居委会）设立的以非营利为目的，为本社区居民服务，特别是为老年人、残疾人、儿童服务的社区服务中心、活动站、服务站、养老院、老年公寓（托老所），残疾人工疗站、残疾儿童日托所、家务服务站、婚姻介绍所等福利性机构以及职工社会保险管理服务的机构。几种不同类型的社区服务单位，共用一个场所的，只能统计为一个社区服务机构。成为社区服务机构的条件：（1）是独立核算单位；（2）有固定的从业人员；（3）有一定的服务项目；（4）有一定的服务场所。

Explanatory Notes on Main Statistical Indicators

Community Health Care Centers (Stations)

refer to the primary units that provide the health care for community residents, such as disease prevention and control, medical treatment, health care, rehabilitation, health education, family planning technical services.

Medical Technical Personnel

refer to all medical staff and workers employed by medical institutions, including doctors of Chinese and Western medicine, senior doctors who integrate traditional Chinese therapeutics with Western therapeutics in practice, senior nurses, pharmacists of Chinese and Western medicine, laboratory specialists, other specialists, paramedics of Chinese and Western medicine, nurses, midwives, druggists in Chinese and Western medicine, laboratory technicians, other technicians, other practitioners of Chinese medicine, nursing attendants, pharmacological workers of Chinese and Western medicine, laboratory workers, and other primary medical personnel, excluding management medical personnel.

Licensed (Assistant) Doctors

refer to the medical workers who have obtained the *licenses of qualified doctors* (assistant doctors) and are employed in medical treatment, disease prevention or healthcare institutions, excluding the licensed doctors (assistant doctors) engaged in management job. The classification of licensed doctors (assistant doctors) is clinician, Chinese medicine, dentist and public health.

Death Rate of Infants

refers to the ratio of the number of dead infant below 1 year to the number of living in one year. The following formula is used:

The Death Rate of Infant =

$$\frac{\text{Number of Dead Infant below 1 Year}}{\text{Number of Living}} \times 1000\ ‰$$

Death Rate of Pregnant and Lying-in Women

refers to the ratio of the number of dead pregnant women to the living number in one year. The death of pregnant woman usually refers from gestation to die after give birth to child in 42 days, including surgery reason, family planning operation, pregnancy outside the womb, grape embryo dead women, excluding die due to accident trouble.

Bcg Vaccine, Poliovirus, Pertussis, Diphtheria Tetanus, Measles and Hepatitis B Vaccine Inoculation Rate

refers to the ratio of the number of children inoculating vaccine in accordance with the degree of immunity to the children on the age to inoculate vaccine. The children on the age to inoculate vaccine include the children avoiding inoculating vaccine and living in some other places for 3 and more than 3 months, but exclude the children on age going out for 3 months. The following formula is used:

Vaccine Inoculation Rate =

$$\frac{\text{The Number of Children Inoculating Vaccine}}{\text{The Children on the Age to Inoculate Vaccine}} \times 100\%$$

The molecule: the actual number of children inoculating vaccine according to the standard of vaccine inoculation.

The denominator: the number of children according to the process of immunity should inoculate the vaccine in 12 months.

Urban Residents Receiving Lowest Cost-of-living

refer to the number of those whose average family income is below a minimum local standard by the end of the reporting period, including those jobless people without stable residence or valid Ids, both the employed and unemployed, laid off and retired.

Rural Residents Receiving Lowest Cost-of-living

refer to the number of those receiving the minimum living allowances from the local government or community in the rural areas where this allowances system is in place as of the end of the reporting period.

Number of Community Service Organization

refers to the number non-profit welfare set up by urban communities (community offices and residents' committees) to serve the community residents, especially community-based centers that serve senior citizens, the handicapped or children, activity stations, service stations, nursing homes, apartments for the elderly (nursery for the aged), work and treatment stations for the handicapped, day-care centers for handicapped children, domestic help agencies and dating agencies, as well as social insurance management agencies for the employees. Different types of community service providers that share the same premise are regarded as one community service organization. The requirements for a social service organization of communities include: (1) independent accounting; (2) fixed employees; (3) provision of services; (4) provision of service premises.

第二十三篇 文化和体育

Chapter 23 Culture and Sports

23-1 文化机构和人员情况(1978—2020年)
Basic Statistics on Cultural Institutions and Personnel,1978-2020

单位：个(unit)

年 份 Year	艺 术 Art	电 影 Movie	公 共 图书馆 Public Library	档案机构 Archives Institution	群众文化活 动 Mass Culture	文 物 保护单位 Agency of Historic Relics Preservation	博物馆 Museums
机构数 Institutions							
1978	39	1702	19		18	2	5
1979	37	2232	17		19	2	5
1980	39	1755	19		19	2	5
1981	41	1781	19		19	2	5
1982	40	1809	23		19	2	5
1983	40	1625	23		19	2	5
1984	37	1590	26		19	3	7
1985	41	1158	26	22	19	3	10
1986	39	1033	27	23	19	3	10
1987	36	929	29	25	19	5	10
1988	39	949	30	26	19	5	10
1989	39	722	30	26	19	5	10
1990	39	668	30	27	19	6	10
1991	38	669	31	30	19	7	13
1992	37	659	31	30	20	7	13
1993	36	662	31	30	19	7	13
1994	51	661	31	30	19	7	14
1995	49	662	31	31	19	7	14
1996	47	662	31	31	19	7	14
1997	48	255	31	31	19	8	15
1998	48	255	31	30	19	8	15
1999	47	238	31	31	19	8	15
2000	49	236	31	31	19	8	14
2001	49	236	31	31	19	8	14
2002	49	236	31	32	19	8	15
2003	49	236	31	32	19	8	17
2004	70	239	32	35	19	8	17
2005	61	190	32	34	19	8	18
2006	61	190	32	35	19	8	19
2007	61	187	32	341	19	8	18
2008	46	181	32	386	19	8	18
2009	43	172	31	399	19	8	18
2010	44	243	31	361	19	8	18
2011	73	286	31	324	19	8	19
2012	51	295	31	310	19	8	20
2013	50	294	31	291	19	8	20
2014	44	316	31	217	19	8	22
2015	66	262	31	257	19	8	22
2016	67	269	31	236	19	8	22
2017	72	278	32	49	19	8	62
2018	84	288	29	49	17	8	65
2019	90	117	29	48	17	8	68
2020	101	123	27	50	17	8	71

注：2019年对电影放映单位的统计口径进行了调整，后表及表23-6同。
Note: The statistics caliber of Film Projecting Units and Archives Institution was adjusted in 2019. Same as the following table and table 23-6.

23-1续表 *Continued*

单位：人(person)

年 份 Year	艺 术 Art	电 影 Movie	公 共 图书馆 Public Library	档案机构 Archives Institution	群众文化 活 动 Mass Culture	文 物 保护单位 Agency of Historic Relics Preservation	博物馆 Museums
人员数 Personnel							
1990	2729	4521	1182		955	80	482
1991	2772	4200	1081		943	72	490
1992	2717	4107	1146		955	72	649
1993	2835	4193	1118		1282	78	547
1994	3851	4003	1087		873	78	471
1995	3552	4003	1084		847	93	456
1996	2817	4003	1156		868	97	512
1997	2565	1507	1025		828	92	520
1998	2532	1930	1122		837	105	706
1999	2626	1930	1129		807	105	626
2000	2468	1930	1111		798	102	686
2001	2562	1930	1014	1044	752	116	672
2002	2483	1930	974	1046	755	127	689
2003	2322	1930	1095	999	750	131	629
2004	2937	1959	1082	1144	706	117	658
2005	2663	1118	1057	913	710	133	679
2006	2686	842	1086	784	707	132	724
2007	2509	767	1074	553	679	130	728
2008	2276	767	1098	1154	681	137	711
2009	2287	1257	1087	1175	682	123	699
2010	2262	1738	1077	1180	656	119	719
2011	3547	2095	1051	911	643	108	698
2012	2426	2275	1272	911	626	102	717
2013	2511	2270	1248	968	646	112	669
2014	2322	2528	1217	946	612	115	747
2015	2836	2523	1189	887	588	131	783
2016	2722	2694	969	898	571	132	760
2017	2623	2294	986	673	552	111	1406
2018	2897		1047	740	531	65	1473
2019	2724		1060	739	523	75	1465
2020	3387		1163	833	660	50	1545

23-2 报纸期刊出版情况

Newspapers and Magazines Publication

项 目	Item	种 类（种） Number of Publications (kind)		总印数（万份、万册） Total Copies (10 000 volumes, 10 000 copies)		总印张（千印张） Total Printed Sheets (1 000 sheets)	
		2019	2020	2019	2020	2019	2020
报纸总计	**Total Publication of Newspapers**	**19**	**16**	**24986**	**19621**	**648673**	**533138**
综合报	Comprehensive Newspapers	5	4	16283	12241	513815	431627
专业报	Professional Newspapers	9	8	3408	2851	50905	32662
生活服务	Life Services	1		114		5720	
读者对象	Reader	3	3	3910	3281	52818	43869
文 摘	Abstract	1	1	1271	1249	25416	24980
期刊总计	**Total Publication of Magazines**	**240**	**237**	**2861**	**2648**	**134058**	**125291**
# 综 合	Comprehensive	3	2	2	2	190	190
哲学、社会科学	Philosophy and Social Sciences	46	43	1117	1056	48804	46359
自然科学、技术	Natural Sciences and Technology	137	138	672	530	38922	32780
文化、教育	Culture and Education	32	33	531	512	20091	19526
文学、艺术	Literature and Art	22	20	535	544	25775	26180
# 少年儿童读物	Juvenile and Children's Book	8	9	409	427	12469	14464

23-3 图书出版情况
Publication of Books by Category

类别 Item	种类(种) Number of Publication (kind)		总印数(万册) Total Printed Copies (10 000 copies)		总印张(千印张) Total Printed Sheets (1 000 sheets)	
	2019	2020	2019	2020	2019	2020
总计 **Total**	**7819**	**7278**	**11500**	**9485**	**1006375**	**843166**
马列主义、毛泽东思想 Marxism-Leninism, Mao Zedong Thought	14	4	8	1	1079	141
哲学 Philosophy	159	115	250	169	25595	15837
社会科学总论 General Social Sciences	67	47	82	55	10669	7356
政治、法律 Politics and Law	120	81	461	23	12603	3038
军事 Military Affairs	5	4	5	1	422	192
经济 Economics	292	266	164	114	23548	17105
文化、科学、教育、体育 Culture, Science, Education and Sports	2911	3022	6337	5689	561304	494257
语言、文字 Languages	172	130	81	64	11139	7759
文学 Literature	1526	1207	2968	1745	249433	159688
艺术 Art	519	420	268	314	20471	18533
历史、地理 History and Geography	276	205	148	67	24555	10638
自然科学总论 General Natural Sciences	18	10	36	25	2930	3597
数理科学、化学 Mathematics and Chemistry	132	152	313	207	11280	9291
天文学、地球科学 Astronomy and Geology	36	29	29	13	1724	1636
生物科学 Biology	55	33	41	42	2622	3067
医药、卫生 Medicine and Health Care	1033	934	167	788	27268	65064
农业科学 Agricultural Science	19	36	2	14	267	1620
工业技术 Industrial Technology	307	415	78	104	12385	17753
交通运输 Communication and Transportation	52	46	14	4	840	665
航空、航天 Aviation and Spaceflight	6	3	7	2	197	136
环境科学 Environmental Science	21	30	18	5	1745	768
综合性图书 Comprehensive Books	79	89	22	39	4298	5025

23-4 少年儿童读物和课本出版情况(2002—2020年)
Number of Books Published for Children and Textbooks,2002-2020

年 份 Year	种 数(种) Number of Publications(kind)		总印数(万册) Total Printed Copies(10 000 copies)		总印张(千印张) Total Printed Sheets(1 000 sheets)	
	儿童读物 Books for Children	课 本 Textbooks	儿童读物 Books for Children	课 本 Textbooks	儿童读物 Books for Children	课 本 Textbooks
2002	239	814	250	3933	11376	289589
2003	211	582	197	2351	9149	178873
2004	253	608	334	2317	19792	167558
2005	247	571	350	3366	24208	224128
2006	208	566	252	2133	14366	166393
2007	136	695	155	2066	7688	175036
2008	192	562	235	1732	14773	143138
2009	144	618	255	1535	20499	125343
2010	219	639	462	247	29627	41272
2011	412	418	675	1210	41061	101900
2012	385	645	628	1480	42285	124501
2013	652	667	804	1501	39889	117421
2014	687	944	918	1143	54146	104494
2015	993	763	1263	883	59607	82065
2016	958	591	1688	1422	79565	117983
2017	1046	421	2075	1365	95070	101293
2018	964	339	2274	1147	113332	85930
2019	1078	385	2454	1570	128101	120346
2020	883	330	1576	1645	77525	120487

23-5 录像和录音制品出版情况
Publication of Video and Audio Products

项 目	Item	种 数(种) Number of Category (kind)		出版数量(万盒、万张) Amount of Publication (10 000 cassettes, 10 000 pieces)		发行数量(万盒、万张) Amount of Issuing (10 000 cassettes, 10 000 pieces)	
		2019	2020	2019	2020	2019	2020
录音制品合计	**Total of Audio Products**	**17**	**16**	**6**	**3**	**6**	**3**
录音带	Audio-tapes	2	4		1		1
激光唱盘	CD	8	11	3	2	3	2
高密度激唱盘及其他	DVD-A and Others	7	1	2		2	
录像制品合计	**Total of Video Products**	**5**	**1**	**2**		**2**	
# 高密度激视盘	DVD-V	5	1	2		2	
电子出版物合计	**Total of Electronic Publications**	**32**	**14**	**9**	**5**	**9**	**5**
# 只读光盘	CD-ROM	13	8	4	2	4	2
高密度只读光盘	DVD-ROM	14	6	5	3	5	3

23-6 广播电视事业发展情况(2017—2020年)
Basic Statistics on Radio and Television Industry,2017-2020

指 标 Item	单 位 Unit	2017	2018	2019	2020
广 播 Broadcasting					
节目套数	套				
Number of Programs	set	22	22	22	22
全年制作节目时间	万小时				
Annual Production of Programs	10 000 hours	8.7	9.8	9.8	9.7
全年播出节目时间	万小时				
Annual Broadcasting of Programs	10 000 hours	13.5	15.2	15.0	14.2
平均每日播音时间	时：分				
Broadcasting Hours per Day	hour：minute	370:26	415:51	410:08	388:38
广播覆盖率	%				
Listener Rating	%	100.0	100.0	100.0	100.0
电 视 Television					
节目套数	套				
Number of Programs	set	23	23	22	21
全年制作节目时间	万小时				
Annual Production of Programs	10 000 hours	2.5	2.0	1.7	1.7
全年播出节目时间	万小时				
Annual Television of Programs	10 000 hours	17.3	16.2	15.3	14.6
平均每周播出时间	时：分				
Program Hours per Week	hour：minute	3312:41	3105:51	2948:40	2795:08
电视覆盖率	%				
Viewer Rating	%	100.0	100.0	100.0	100.0
有线电视 Cable Television					
有线电视总户数	万 户				
Subscribers	10 000 households	358	353	356	359
# 数字电视	万 户				
Digital TV	10 000 households	341	348	351	354
有线广播电视传输网络干线总长	公 里				
Lines Total	kilometer	3800	3864	4108	4227
电 影 Film					
电影放映单位	个				
Film Projecting Units	unit	278	288	117	123
电影放映队	个				
Projecting Teams	unit	185	185		
加入院线影院	个				
Theater Chains	unit	93	101	117	123
拥有座席数	个				
Seats	unit	96063	108082		
放映场次	场 次				
Projecting Performances	time	1154069	1144322	1271376	624539
观众人次	万人次				
Audience	10 000 person-times	2415	2540	2565	770
电影票房	亿 元				
Film Box Office	100 million yuan	7.67	8.83	9.44	2.89

23-7 艺术事业基本情况(2017—2020年)
Basic Statistics on Art,2017-2020

项　目	Item	2017	2018	2019	2020
艺术表演团体	**Art Performance Troupes**				
机构数(个)	Institutions (unit)	15	16	16	16
话剧团、儿童剧团	Drama and Children Troupes	2	2	2	2
歌舞剧团	Song and Dance Troupes	3	4	4	4
戏曲剧团	Local Opera Troupes	7	7	7	7
#京　剧	Local Beijing Opera Troupes	2	2	2	2
曲剧团、杂技团、木偶团	Recitation and Ballad Troupes, Acrobatic and Circus Troupes, Puppet Show Troupes	3	3	3	3
工作人员数(人)	Employment (person)	1915	1995	1804	1752
演出场次(场)	Number of Performances (time)	2810	2910	2705	1727
#到农村演出	Shows in Rural Areas	410	640	451	290
观众人次(万人次)	Number of Spectators (10 000 person-times)	186	187	138	123
艺术表演场所	**Art Performance Places**				
机构数(个)	Institutions (unit)	57	68	74	85
剧场、影剧院	Theaters and Cinemas	41	49	41	47
书场、曲艺厅	Storytelling Places, Folk Art Forms	1	3	10	7
综合性、其他场所	Comprehensive Places and Others	15	15	22	30
音乐厅	Concert Hall		1	1	1
坐席数(个)	Seats (unit)	29039	35000	37093	50539
工作人员数(人)	Employment (person)	708	902	920	1635
演出场次(场)	Number of Performances (time)	58040	64290	36330	29500
观众人次(万人次)	Number of Spectators (10 000 person-times)	446	400	370	141

资料来源：天津市文化和旅游局
Source: Tianjin Municipal Bureau of Culture and Tourism

23-8 档案机构和人员情况(2017—2020年)
Statistics on Archives Institutions and Personnel,2017-2020

单位：个、人 (unit, person)

项　　目 Item	2017	2018	2019	2020
机构数				
Number of Institutions	**49**	**49**	**48**	**50**
# 档案行政管理部门				
Administrate Department of Archives	17	17	17	17
国家综合档案馆				
National Comprehensive Archives	20	20	18	18
国家专门档案馆				
National Special Archives	2	2	2	1
部门档案馆				
Department Archives	5	5	5	6
文化事业档案馆				
Culture Archives Institutions	3	3	3	6
企业档案馆				
Enterprise Archives Institutions	2	2	3	2
专职工作人员				
Full-time Personnel	**673**	**740**	**739**	**833**
# 档案行政管理部门				
Administrate Department of Archives	291	82	62	61
国家综合档案馆				
National Comprehensive Archives	235	511	526	590
国家专门档案馆				
National Special Archives	59	58	66	56
部门档案馆				
Department Archives	60	60	56	84
文化事业档案馆				
Culture Archives Institutions	21	23	21	37
企业档案馆				
Enterprise Archives Institutions	7	6	8	5

23-9 公共图书馆情况(2017—2020年)
Basic Statistics on Public Libraries,2017-2020

项　目	Item	单　位	Unit	2017	2018	2019	2020
公共图书馆	Public Libraries	个	unit	32	29	29	27
工作人员	Employment	人	person	986	1047	1060	1163
藏　书	Collections	万 册	10 000 volumes	1662	1867	2099	2175
书刊文献外借人次	Person-time of Lent-out	万人次	10 000 person-times	420	389	360	133
书刊文献外借册次	Book-time of Lent-out	万册次	10 000 volume-times	1058	1137	1067	459
建筑面积	Floor Space of Buildings	平方米	sq.m	325550	405180	435370	435256
阅览室坐席	Seating Capacity of Reading Room	个	unit	17242	19038	20317	21433

23-10 博物馆和文物保护单位基本情况(2017—2020年)
Basic Statistics on Museums and Cultural Relic Protection Units,2017-2020

项　目	Item	单　位	Unit	2017	2018	2019	2020
博物馆	**Museums**						
单位数	Units	个	unit	62	65	68	71
工作人员数	Employment	人	person	1406	1473	1465	1545
文物藏品	Collection	万 件	10 000 pieces	71	70	71	76
举办陈列展览	Displays and Exhibitions	次	time	438	437	458	406
参观人次	Visitors	万人次	10 000 person-times	1279	1400	1487	521
文物保护单位	**Cultural Relic Protection Units**						
单位数	Units	个	unit	8	8	8	8
工作人员数	Employment	人	person	111	65	75	50
藏　品	Collection	件	piece	2277	508	508	58

注：2020年藏品数为博物馆收藏的藏品数量。
Note: Number of collections in 2020 refers to the collections in museums.

23-11 群众文化事业基本情况(2017—2020年)
Basic Statistics on Mass Art,2017-2020

项　目	Item	单　位	Unit	2017	2018	2019	2020
单位数	**Units**	**个**	**unit**	**258**	**261**	**261**	**262**
群众艺术馆	Mass Art Centers	个	unit	1	1	1	1
文化馆	Cultural Centers	个	unit	18	16	16	16
文化站	Cultural Stations	个	unit	239	244	244	245
工作人员数	**Employment**	**人**	**person**	**1401**	**1455**	**1372**	**1598**
文化活动情况	**Cultural Activities**						
举办展览	Exhibitions	次	time	1251	1265	1239	1079
组织文艺活动次数	Art Performances	次	time	15916	11547	19209	13718
举办训练班	Training Courses						
班　次	Classes	次	time	11099	11298	15984	13674
结业人数	Persons Completed Course	人	person	538410	529550	747830	678700

23-12 体育工作基本情况(2017—2020年)
Basic Statistics on Physical Work,2017-2020

单位：人(person)

指 标	Item	2017	2018	2019	2020
社会体育指导员	Social Physical Instructors	3582	3924	4532	2340
等级教练员	Grade Coaches	245	247	245	492
#国家级	National Coaches	22	22	24	19
等级裁判员	Grade Referees	56	230	236	57
#女 性	Female	24	132	88	9
一级及以上	First Grade	13	111	104	21
二 级	Second Grade	43	119	132	36
等级运动员人数	Grade Athletes	789	1284	1105	601
#女 性	Female	243	415	373	196
一级及以上	First Grade	264	365	342	173
二 级	Second Grade	525	919	763	428
全民健身体育设施(处)	The National Fitness Sports Facilities (place)	946	1241		
全民健身体育器材(件)	The National Fitness Sports Equipment (piece)	12287	18383		

23-13 国际国内体育比赛获奖牌情况(2020年)
Statistics on Medals Won in International & National Competitions,2020

单位：块(piece)

项 目	Item	合 计 Total	金 牌 Gold Medal	银 牌 Silver Medal	铜 牌 Bronze Medal
总 计	**Total**	**44**	**27**	**6**	**11**
国际比赛	**International Competitions**	**2**	**2**		
世界比赛	World Competitions	2	2		
国内比赛(全国)	**Domestic Competitions (National)**	**42**	**25**	**6**	**11**
#排 球	Volleyball	3	2		1
游 泳	Swimming	5	2	2	1
蹦 床	Trampoline	3	3		
自行车	Cycling	8	2	2	4
网 球	Tennis	3	3		
空手道	Karate	3	3		

主要统计指标解释

文化事业机构

指从事专业文化工作和为专业文化工作服务的单独核算、独立建制的单位，不包括文化主管部门直属单位举办的其他行业和各部门的业余文化组织。

艺术表演团体

指从事戏曲、音乐、舞蹈、杂技等专业艺术表演，有独立账户、实行单独核算的团体。

电影放映单位

指具有放映机器设备，固定或不固定的放映场所与专职或兼职的放映技术人员，经文化部门登记批准，经常为一定的观众对象映出电影的机构。包括经批准对外开放进行营业并与电影发行放映管理机构分账的专用放映单位或军委系统租片在内。

等级运动员人数

指经考核正式批准授予等级运动员称号的人数。分为国际级运动健将，运动健将，一、二、三级运动员和少年级运动员。

等级裁判员人数

指经考核正式批准授予等级裁判员称号的人数。分为国际裁判、国家级裁判、一级裁判、二级裁判、三级裁判。

Explanatory Notes on Main Statistical Indicators

Cultural Institutions

refer to units which have their own organizational system and independent accounting system and specialize in or serve cultural development. They exclude other establishments run by these cultural institutions and amateur cultural groups established by various departments.

Art Performance Troupe

refers to the troupe which is engaged in drama, opera, music, dance, acrobatics or other art performance, opens independent accounts with banks and has self-supporting accounting system.

Film Projecting Units

refer to these units with film projection equipment, permanent or non-permanent places and full or part-time projectionists, approved by related administrative departments to show films regularly for certain groups of audience, including those film projection units which have been approved to open up and run business with independent accounting system as well as those film-renting units of the military system.

Number of Athletes in Grades

refers to the number of athletes who have been given titles through examination. The titles of athletes include international masters of sports, masters of sports, first-grade, second-grade and third-grade sportsmen and young athletes.

Number of Referees in Grades

refers to the number of referees who have been given titles after examination. They are classified as international referees, national referees and referees of the first, second and third grades.

第二十四篇 公共管理及其他

Chapter 24 Public Management and Others

24-1 天津市历届人代会代表人数性别构成及议案、建议意见数

Number and Sex Composition of Delegacy, Proposal and Suggestion by Tianjin Municipal People's Congress

单位：人、件(person, unit)

届别 Session	起止年月 The Time of Inauguration and Concluding	代表人数 Number of Delegate 总计 Total	#女性 Female	#少数民族 Ethnic Minority	议案立案数 Number of Cases Registered of Proposal	建议意见数 Given Proposal and Advice
第一届 First Congress	1954.08-1956.12	519	109		1614	
第二届 Second Congress	1956.12-1958.06	568	122		1201	
第三届 Third Congress	1958.06-1961.02	535	110			
第四届 Fourth Congress	1961.02-1963.12	845	208		133	
第五届 Fifth Congress	1963.12-1965.12	675	169		104	
第六届 Sixth Congress	1965.12-1966.05	698	171		27	
第七届 Seventh Congress						
第八届 Eighth Congress	1977.11-1980.06	959	224			
第九届 Ninth Congress	1980.06-1983.04	960	175		1958	
第十届 Tenth Congress	1983.04-1988.05	800	179	40	26	5337
第十一届 Eleventh Congress	1988.06-1993.05	719	134	42	65	3762
第十二届 Twelfth Congress	1993.05-1998.05	719	130	35	34	1924
第十三届 Thirteenth Congress	1998.05-2003.01	710	141	37	80	3597
第十四届 Fourteenth Congress	2003.01-2008.01	710	150	39	83	3147
第十五届 Fifteenth Congress	2008.01-2013.01	709	156	32	41	2456
第十六届 Sixteenth Congress	2013.01-2018.01	707	180	40	136	6913
第十七届 Seventeenth Congress	2018.01-	700	223	54	194	3901

资料来源：天津市人民代表大会常务委员会。

注：天津市第一届至第九届人民代表大会期间代表所提出的议案、建议统称为"提案"。

Source: Tianjin Municipal People's Congress(MPC)Standing Committee.

Note: The Registered Cases and Advice Proposed from Tianjin First Congress until Ninth Congress are calculated to Proposals as total.

24-2 天津市历届政协委员会委员人数及提案立案数

Number of Commissary, Proposal and Resolution Put on Record by Tianjin Political Consultative Conference

单位：人、件(person, unit)

届别 Session	起止年月 The Time of Inauguration and Concluding	委员人数 Number of Commissary 总计 Total	#女性 Female	#少数民族 Ethnic Minority	提案立案数 Number of Resolution Put on Record
第一届 First Congress	1955.03-1960.03	188	42		
第二届 Second Congress	1960.03-1963.12	498	76		
第三届 Third Congress	1963.12-1965.11	432	73		
第四届 Fourth Congress	1965.11-1977.11	457	81		
第五届 Fifth Congress	1977.11-1980.06	615	132		
第六届 Sixth Congress	1980.06-1983.03	723	142		5028
第七届 Seventh Congress	1983.03-1988.04	739	162		4410
第八届 Eighth Congress	1988.04-1993.05	743	177		4869
第九届 Ninth Congress	1993.05-1998.05	757	179		3800
第十届 Tenth Congress	1998.05-2003.01	780	185		4563
第十一届 Eleventh Congress	2003.01-2008.01	780	200		5181
第十二届 Twelfth Congress	2008.01-2013.01	783	208		3255
第十三届 Thirteenth Congress	2013.01-2018.01	774	207	52	5232
第十四届 Fourteenth Congress	2018.01-	700	240	61	2930

资料来源：中国人民政治协商会议天津市委员会

Source: Tianjin Municipal Committee of CPPCC

24-3 基层工会组织情况(2017—2020年)
Statistics on Grassroots Unions,2017-2020

项　目	Item	2017	2018	2019	2020
机构数(个)	**Institutions(unit)**	**99861**	**100204**	**92858**	**85195**
#国有企业	State-owned Enterprises	2104	837	842	853
集体企业	Collective-owned Enterprises	456	505	289	294
私营企业	Private Enterprises	75757	76556	76468	65944
港澳台商投资企业	Enterprises with Investment from Hong Kong, Macao and Taiwan	186	268	317	349
外商投资企业	Foreign Funded Enterprises	1538	1491	1014	943
事　业	Institutions	4292	5574	3426	3106
机　关	Government Agencies	1886	1753	1708	1783
工会会员人数(万人)	**Number of Union Members(10 000 persons)**	**353.95**	**338.62**	**276.08**	**260.85**
#国有企业	State-owned Enterprises	46.50	29.60	27.52	26.83
集体企业	Collective-owned Enterprises	4.99	5.61	5.09	4.93
私营企业	Private Enterprises	110.90	118.22	91.40	84.36
港澳台商投资企业	Enterprises with Investment from Hong Kong, Macao and Taiwan	6.10	5.57	4.69	4.90
外商投资企业	Foreign Funded Enterprises	33.21	29.87	21.99	18.21
事　业	Institutions	34.18	36.07	34.76	35.27
机　关	Government Agencies	15.64	15.71	17.17	18.66

24-4 妇联组织情况(2018—2020年)
Statistics on Women's Federation Organizations,2018-2020

项　目	Item	2018	2019	2020
基层妇联组织	**Basic Women's Federation Organizations(unit)**	**7047**	**7147**	**7254**
乡镇妇联	Township Women's Federation Organizations	127	129	128
街道妇联	Street Women's Federation Organizations	118	113	116
行政村妇代会	Executive Village Women's Congress	3551	3547	3521
社区妇联	Community Women's Federation Organizations	1716	1663	1664
机关、事业单位妇联(妇委会)	Women's Federation Organizations of Organs and Institutions	1535	1695	1825
地方妇联组织	**Local Women's Federation Organizations**	**17**	**17**	**17**
市妇联	Municipal Women's Federation Organizations	1	1	1
区妇联	District Women's Federation Organizations	16	16	16
妇联干部总数(人)	**Cadres in Women's Federation Organizations(person)**	**446**	**423**	**445**
市妇联	Municipal Women's Federation Organizations	54	54	55
区妇联	District Women's Federation Organizations	151	153	152
乡镇、街道妇联	Township and Street Women's Federation Organizations	241	216	238

24-5 人民调解工作基本情况(2018—2020年)
Basic Statistics on People's Mediation,2018-2020

项 目	Item	2018	2019	2020
人民调解委员会(个)	People's Mediation Committees(unit)	5662	5643	5713
人民调解员(人)	People's Mediator (person)	23587	22455	22117
调解纠纷(件)	Disputes(case)	39996	31375	41240
# 成功数	Success	39590	30943	40180
# 婚姻家庭纠纷	Marriage and Family	3893	2130	2573
邻里纠纷	Neighbour	10100	6031	10978
合同纠纷	Contract	1003	1077	2116
劳动纠纷	Labour	13573	8207	2156
征地拆迁纠纷	Land Requisition and Demolition	282	180	96
房屋宅基地纠纷	House Site	775	379	958

24-6 律师工作基本情况(2017—2020年)
Basic Statistics on Lawyers,2017-2020

项 目 Item	单 位 Unit	2017	2018	2019	2020
律师事务所 Law Offices	所 unit	741	819	884	912
执业律师 Certified Lawyers	人 person	6634	7270	8229	8801
# 专职律师 Full-time Lawyers	人 person	6057	6414	7003	7142
兼职律师 Part-time Lawyers	人 person	245	203	209	227
担任常年法律顾问 As Permanent Legal Advisers	家 unit	9078	8084	9174	9571
民事案件代理 Civil Case Representation	件 case	40529	49831	67381	64906
刑事案件辩护及代理 Defense and Representation in Criminal Cases	件 case	4705	6500	17800	10385
行政诉讼代理 Agent of Administrative Actions	件 case	1438	1417	2725	2975
非诉讼事务 Off-court Cases	件 case	11124	15025	17398	14505
咨询和代写法律文书 Consulting and Legal Documents Ghostwriting	件 case	26069	16158	20464	17855

24-7 法律援助工作情况(2016—2020年)
Statistics on The Legal Aid Work,2016-2020

项目 Item	2016	2017	2018	2019	2020
法律援助中心(个)					
Legal Aid Center(unit)	20	18	18	18	18
妇女法律援助工作站点(个)					
Number of Women's Legal Aid Workstations(unit)	17	17	17	17	15
未成年人法律援助工作站点数(个)					
Number of Legal Aid Centers for Minor(unit)	17	17	17	17	11
注册法律援助律师(人)					
Registered Legal Aid Lawyer(person)	42	40	44	44	41
法律援助人数(人)					
Number of Persons Received Legal Aid(person)	3996	5170	5730	19767	21212
# 援助残疾人					
Assistance to The Disabled	610	687	836	1178	1095
援助老年人					
Assistance to The Aged	303	738	1110	1963	2071
援助未成年人					
Assistance to Minor	1003	1319	1346	1419	1323
援助妇女					
Assistance to Feme	863	1230	1474	3145	2780
援助农民工					
Assistance to Migrant Workers	963	1075	838	1716	1476
法律援助案件(件)					
Number of Cases Received Legal Aid(case)	3986	5170	5730	10322	9679
刑事案件					
Criminal Case	1678	2059	2137	5231	5011
民事案件					
Civil Case	2245	2996	3447	4866	4446
行政案件					
Administrative Case	63	115	146	225	222
法律咨询(万人次)					
Legal Consultation(10 000 person-times)	4.55	5.68	7.98	12.12	31.79

24-8 公证工作基本情况(2018—2020年)
Basic Statistics on Notarization,2018-2020

项　　目	Item	2018	2019	2020
公证机构(个)	Notary Offices(unit)	22	23	24
公证员(人)	Notarial Personnel(person)	440	478	527
办理公证(件)	Notarized Documents(case)	199993	203767	146270
国内公证	Total Domestic Affairs	135448	136196	116034
涉外公证	Total Concerned Foreign Affairs	63625	66590	29636
涉港澳台公证	Total Concerned Hong Kong, Macao and Taiwan Affairs	532	981	600

24-9 监察机关立案审查情况
Economic Cases under Investigation by Supervisory Organs

项　　目	Item	2019	2020
违纪违法立案(件)	**Cases Registered(case)**	**5902**	**5606**
# 5万元至10万元	50-100 thousand yuan	156	134
10万元至50万元	100-500 thousand yuan	346	237
50万元至100万元	500-1 000 thousand yuan	109	73
100万元以上	Over 1 000 thousand yuan	298	250
被调查人	**Respondent**	**5954**	**5640**
厅局级	Bureau Level	131	99
县处级	County Level	1248	907
乡科级	Rural Level	1302	972
一般干部	Ordinary Cadres	676	285
其他人员	Others	2597	3377
结　案	**Cases Settled**		
件　数	Number of Cases(case)	5481	5424
处　分	**Punishment**		
人　数	Number of Persons(person)	5245	5063
移送审查	**Transfer for Examination**		
件　数	Number of Cases(case)	356	206
人　数	Number of Persons(person)	356	206
挽回经济损失(亿元)	**Retrieve Pecuniary Losses(100 million yuan)**	**12.9**	**15.6**

资料来源：天津市监察委员会
Source: Tianjin Municipal Supervisory Commission

24-10 法院民事案件收案和结案情况(2020年)
Civil Cases Accepted & Settled by Courts,2020

单位：件(case)

项　目	Item	收案 Cases Accepted	结案 Cases Settled	#调解 Mediation	#判决 Judgement
合同纠纷案件	**Contracts Disputes**	**136712**	**136735**	**28046**	**48129**
# 买卖合同	Buying and Selling Contracts	15773	15846	5114	4508
房地产合同	Real Estate Contracts	17133	16877	4203	8205
借款合同	Debts Contracts	28955	29111	7136	11992
建设工程合同	Construction Project Contracts	6218	6171	1466	2398
劳动争议案件	Labour Disputes	8399	8401	1911	3683
运输合同	Transportation Contracts	753	775	201	280
婚姻家庭案件	**Marriages and Family Affairs**	**14049**	**14139**	**4957**	**5067**
# 离　婚	Divorce	9412	9472	2962	3668
抚　育	Foster	2109	2127	966	626
赡　养	Support	921	929	530	233
继承纠纷案件	**Inheritance Disputes**	**2219**	**2183**	**887**	**723**
# 继　承	Inheritance	545	545	285	143
遗　嘱	Testament	115	118	42	52
被继承人债务清偿	Liquidation of Debt of the Decedent	100	94	12	42
遗赠扶养协议	Legacy-support Agreement	14	13	4	6
侵权责任纠纷	**Tort Liability Dispute**	**15098**	**15235**	**3961**	**7756**
其　他	**Others**	**29892**	**30539**	**4958**	**11716**

24-11 法院行政案件收案和结案情况(2020年)
Administrative Cases Accepted and Settled by Courts,2020

单位：件(case)

项　目	Item	收案 Cases Accepted	结案 Cases Settled	#判决 Judgement	#驳回起诉 Dismiss Prosecution	#撤诉 Withdrawn	未结 Cases Unsettled
合　计	**Total**	**3543**	**3998**	**1402**	**1285**	**726**	**419**
公　安	Public Security	148	186	106	29	33	11
资　源	Resources	42	50	13	11	17	1
城　建	City Construction	547	645	149	173	54	24
工　商	Industry and Commerce	39	52	17	10	19	8
质量监督	Technical Supervision	4	4	1		2	
计划生育	Birth Control						
卫　生	Health Care	4	5	2	2	1	1
食品、药品	Food and Medicine	9	10	2	2	3	
环　保	Environment Protection	47	51	13	1	35	6
交　通	Transportation	5	6	2		3	
专　利	Patent						
税　务	Tax	8	6	2	2	1	3
财　政	Finance						
劳动和社会保障	Labour & Social Security	69	76	39	13	21	10
水　利	Water Conservancy	1	1	1			
司法行政	Judicature	2	4		2	2	
民　政	Civil Affairs	4	4		3	1	
教　育	Education	7	8	2	1	2	1
乡政府	Township Government	35	145	81	40	21	2
其　他	Others	2572	2745	972	996	511	352

24-12 社会保障基本情况(2000—2020年)
Basic Statistics on Social Security,2000-2020

单位：万人(10 000 person)

年 份 Year	城镇职工基本养老保险参保人数 Urban Staff and Workers Participated in Basic Pension Insurance	城镇职工基本医疗保险参保人数 Urban Staff and Workers Participated in Basic Medical Insurance	城乡居民养老保险参保人数 Urban and Rural Residents Participated in Pension Insurance	城乡居民医疗保险参保人数 Urban and Rural Residents Participated in Medical Insurance	失业保险参保人数 Staff and Workers Participated in Unemployment Insurance	工伤保险参保人数 Staff and Workers Participated in Work Injury Insurance
2000	288.00				225.00	
2001	281.44				214.00	
2002	295.97	193.41			189.55	
2003	283.28	227.58			193.45	
2004	297.08	263.00			195.06	147.23
2005	308.28	299.06			197.51	162.91
2006	328.20	344.20			216.66	209.67
2007	344.76	382.46			221.50	257.17
2008	376.63	399.13			232.50	274.90
2009	401.53	444.06			239.22	292.21
2010	431.45	469.98	92.30	489.00	246.09	304.45
2011	458.70	474.52	97.80	498.27	258.75	320.42
2012	490.26	479.07	102.60	502.23	268.69	330.06
2013	520.67	493.08	106.40	508.44	278.69	335.06
2014	545.44	509.59	111.84	514.03	287.57	345.18
2015	565.18	522.00	121.10	532.11	295.32	385.61
2016	639.03	535.68	134.47	531.10	302.47	388.11
2017	655.01	554.14	156.81	534.31	311.30	395.33
2018	683.16	575.26	161.15	541.46	323.44	398.52
2019	695.57	595.04	164.49	541.94	335.51	400.22
2020	730.83	618.43	169.72	545.67	349.12	405.63

24-12续表 *Continued*

单位：万人、元/月(10 000 person,yuan per month)

年 份 Year	生育保险参保人数 Staff and Workers Participated in Maternity Insurance	最 低工资标准 Minimum Standard of Wages	城镇居民生活保障最低标准 Minimum Standard of Urban Residents Living Security	农村居民生活保障最低标准 Minimum Standard of Rural Residents Living Security	城镇居民最低生活保障人数 Urban Residents Receiving Lowest Cost-of-living	农村居民最低生活保障人数 Rural Residents Receiving Lowest Cost-of-living
2000			241		2.85	1.73
2001			241			
2002			241		30.14	2.26
2003		450	241		24.13	2.61
2004		480	265		20.51	2.90
2005	157.42	530	265	127.1	15.08	3.19
2006	180.10	590	265	136.6	15.13	3.73
2007	194.03	670	320	165.6	14.87	4.38
2008	196.49	740	330	200	15.63	5.23
2009	204.61	820	400	230	17.94	7.27
2010	212.02	920	450	250	19.79	8.61
2011	234.60	1160	480	280	17.95	9.76
2012	242.72	1310	520	320	16.64	10.15
2013	249.14	1500	600	400	16.04	10.74
2014	260.73	1680	640	440	13.58	10.14
2015	269.73	1850	705	540	13.07	10.37
2016	284.96	1950	780	700	12.17	10.16
2017	296.95	2050	860	860	10.71	9.13
2018	330.42	2050	920	920	8.04	6.22
2019	341.26	2050	980	980	7.06	5.89
2020	353.51	2050	1010	1010	7.31	6.83

资料来源：天津市人力资源和社会保障局、天津市民政局，表24-13同。
Source: Tianjin Municipal Human Resources & Social Security Bureau, Tianjin Municipal Civil Affairs Bureau.Same as table 24-13.
注：2005-2007年农村居民生活保障最低标准为农村居民平均生活保障水平。
Note:The data of minimum standard of rural residents living security are average level from 2005 to 2007.

24-13 社会保障事业发展情况(2018—2020年)
Development Statistics on Social Security,2018-2020

单位：万人、亿元(10 000 person,100 million yuan)

指　　标	Item	2018	2019	2020
基本养老保险	**Basic Pension Insurance**			
城镇职工参保人数	Urban Staff and Workers Participated	683.16	695.57	730.83
城乡居民参保人数	Urban and Rural Residents Participated	161.15	164.49	169.72
城镇职工实际缴费人数	Urban Staff and Workers Paying	368.37	386.15	403.23
城镇职工基本养老保险基金收入	Revenue of Basic Pension Insurance Programme	1120.31	1136.67	988.50
城镇职工基本养老保险基金支出	Expenditure of Basic Pension Insurance Programme	1059.91	1110.52	1186.39
城镇职工基本养老保险基金累计结余	Balance of Basic Pension Insurance Programme	530.32	556.47	358.58
基本医疗保险	**Basic Medical Insurance**			
城镇职工参保人数	Urban Staff and Workers Participated	575.26	595.04	618.43
城乡居民参保人数	Urban and Rural Residents Participated	541.46	541.94	545.67
城镇职工基本医疗保险基金收入	Revenue of Basic Medical Insurance Programme	308.10	333.01	324.32
城镇职工基本医疗保险基金支出	Expenditure of Basic Medical Insurance Programme	277.94	303.68	294.70
城镇职工基本医疗保险基金累计结余	Balance of Basic Medical Insurance Programme	242.84	276.93	311.70
失业保险	**Unemployment Insurance**			
参保人数	Staff and Workers Participated in Unemployment Insurance	323.44	335.51	349.12
领取失业保险金期末人数	Final Personnel Drawing Unemployment Insurance Programme	6.86	6.62	6.62
领取保险金累计新增人数	Newly Total Increased in Current Year	6.13	6.17	5.95
保险基金收入	Revenue of Unemployment Insurance Programme	26.99	25.24	24.97
保险基金支出	Expenditure of Unemployment Insurance Programme	36.21	34.07	33.44
保险基金累计结余	Balance of Unemployment Insurance Programme	82.23	56.99	48.53
工伤保险	**Work Injury Insurance**			
参保人数	Staff and Workers Participated in Work Injury Insurance	398.52	400.22	405.63
保险基金收入	Revenue Insurance Programme	14.33	12.60	5.86
保险基金支出	Expenditure Insurance Programme	11.69	12.30	12.08
保险基金累计结余	Balance Insurance Programme	17.36	17.67	11.45
生育保险	**Maternity Insurance**			
参保人数	Staff and Workers Participated in Maternity Insurance	330.42	341.26	353.51
保险基金收入	Revenue Insurance Programme	12.10		
保险基金支出	Expenditure Insurance Programme	17.98		
保险基金累计结余	Balance Insurance Programme	4.76		
社会保障标准(元/月)	**Social Security Standard(yuan per month)**			
最低工资标准	Minimum Standard of Wages of Staff and Workers	2050	2050	2050
城镇居民最低生活保障标准	Minimum Standard of Urban Living Security	920	980	1010
农村居民最低生活保障标准	Minimum Standard of Rural Residents	920	980	1010

24-14 劳动争议处理情况(2017—2020年)
The Disposal of Labour Disputes,2017-2020

单位：件 (case)

项 目 Item	2017	2018	2019	2020
上期未结案数 Number of Cases Left Over from Last Period	**1906**	**1292**	**1630**	**2820**
案件受理情况 Cases Accepted				
当期案件受理数 Number of Cases	21613	23614	27772	27057
# 集体劳动争议数 Number of Collective Labour Disputes	180	216	175	104
# 劳动者申诉案件数 Number of Cases Appealed by Labourers	21440	23192	26011	24769
按争议原因分 By Cause of Disputes				
# 确认劳动关系 Confirmation of labor relations	1334	1590	2305	3145
解除、终止劳动合同 Relieve the Labour Contract	3711	4135	3773	4401
劳动报酬 Labor remuneration	11630	12623	15269	14417
社会保险 Social Insurance	1385	1783	1446	1044
其 他 Others	3542	3475	4979	4050
劳动者当事人数(人) Number of Persons Involved (person)	24395	26284	29540	28337
# 集体争议劳动者当事人数 Number of Persons Involved in Collective Disputes	3289	3906	3426	2348
案件处理情况 Cases Settled				
结案数 Number of Cases Settled	22227	23276	26582	27058
按处理方式分 By Manners of Settlement				
仲裁调解 Mediation	12756	13758	15134	16100
仲裁裁决 Arbitration Lawsuit	9471	9518	11448	10958
按处理结果分 By Results of Settlement				
用人单位胜诉 Won by Units	2500	2505	2519	2730
劳动者胜诉 Won by Labours	8485	7718	6324	4620
双方部分胜诉 Partly by Both Parties	11242	13053	17739	19708
本期未结案数 Number of Cases Unsettled	**1292**	**1630**	**2820**	**2819**

资料来源：天津市人力资源和社会保障局
Source: Tianjin Municipal Human Resources & Social Security Bureau

24-15 残疾人事业基本情况
Basic Statistics on Persons with Disabilities

单位：人(person)

项　　目	Item	2019	2020
接受服务的各类别残疾人	**All Types of Persons with Disabilities Served**		
视　力	Vision	4676	3215
听　力	Hearing	3284	2946
言　语	Speech	49	141
肢　体	Body	33892	26934
智　力	Intelligence	5195	3169
精　神	Mentation	5823	6589
多　重	Multiple	1825	1525
新增社区康复协调员	New Community Rehabilitation Coordinator	4	209
接受过培训的社区康复协调员	Trained Community Rehabilitation Coordinator	3364	3569
教　育	**Education**		
特殊教育普通高中在校学生	Students Enrollment of Special Education in Regular Senior Secondary Schools	95	183
# 盲	Blind	21	109
聋	Deafness	74	74
高等特殊教育机构录取残疾考生	Handicapped Students Matriculated by Institutions of Higher Special Education Institution	116	130
普通高等院校录取残疾考生	Handicapped Students Matriculated by Institutions of Higher Education	81	69
托　养	**Foster**		
托养服务机构(个)	Foster Service Institutions(unit)	55	67
托养残疾人总数	Total Number of Persons with Disabilities in Foster Care	45346	59011
社会保障	**Social Security**		
符合参保条件残疾居民	Disabled Residents Who Meet the Insured Conditions	77018	78749
实际参保残疾居民	Disabled Residents Who Are Actually Insured	77018	78728
# 60周岁以下参保残疾居民	Disabled Residents under 60 Years of Age Who Are Actually Insured	25671	27092
扶　贫	**Poverty Alleviation**		
残疾人扶贫基地(个)	Bases of Poverty Alleviation for Disabled Persons(unit)	13	11
扶贫基地安置残疾人就业(人次)	Employment of Persons with Disabilities in Poverty Alleviation Bases(person-time)	130	122
组织建设	**Organization Construction**		
持证残疾人总数(万人)	Sum of Disabled Persons with Certificates of Disability(10 000 persons)	36.28	36.93
各级残联实有人数	Staff and Workers of Disabled Persons' Federations	945	965

资料来源：天津市残疾人联合会
Source: Tianjin Disabled Persons' Federation

24-16 受理消费者投诉情况(2020年)

Basic Statistics on Accepted Cases of Consumer Institution,2020

单位：件(item)

项　目	Item	总计 Total	质量 Quality	售后服务 After-sale Service	价格 Price	计量 Measure
受理投诉件数总计	**Total Number of Accepted Cases**	**2220**	**532**	**148**	**89**	**15**
家用电子电器类	Household Electric Appliance	202	97	32	5	
服装鞋帽类	Garments, Shoes and Hats	200	123	7	4	
食品类	Food	186	66	2	10	13
烟、酒饮料类	Tobacco, Liquor and Drink	36	13	1	1	
房屋及建材类	House and Decoration Materials	84	29	3	1	
日用商品类	Daily Use Household Articles	166	66	12	15	1
首饰及文体用品类	Jewelry, Cultural and Sports Articles	54	19	1	4	
医药及医疗用品类	Medicine and Medical Treatment Articles	60	6	1	9	
交通工具类	Transportations	587	48	34	2	
农用生产资料类	Agricultural Production Materials	1	1			
生活、社会服务类	Living and Social Services	229	36	9	16	
房屋装修及物业服务类	House Decoration and Property Management	20	3	4	1	
旅游服务	Tourism Services	8		1		
文化、娱乐、体育服务	Cultural, Recreational and Sports Services	26	1	2		
邮政业服务	Post Services	3		1		
电信服务	Telecommunication Services	12	1	5	1	
互联网服务	Internet Services	11	1	6	1	
金融服务	Finance Services	2				
保险服务	Insurance Services					
卫生保健服务	Health Care Services	18	11		4	
教育培训服务	Educational Services	17				
公共设施服务	Public Facility Services	18	2	6	2	1
销售服务	Sales Services	36	1	10	1	
其他商品和服务	Other Commodities and Services	244	8	11	12	
解决件数总计	**Total Cases Solved**	**1531**				

注：本资料为天津市消费者协会系统的统计数据，不含各监测站的统计资料。
Note: Data of this table are provided by Tianjin Municipal Consumer Institution, excluding those data calculated by each monitor station.

24-16续表 *Continued*

单位：件(item)

项　　目	Item	合　同 Contract	虚假宣传 False Propaganda	假　冒 Counterfeit	安　全 Safe	其　他 Others
受理投诉件数总计	**Total Number of Accepted Cases**	**178**	**18**	**4**	**11**	**1225**
家用电子电器类	Household Electric Appliance	2	1			65
服装鞋帽类	Garments, Shoes and Hats	3	1	1		61
食品类	Food	3	4		5	83
烟、酒饮料类	Tobacco, Liquor and Drink	3				18
房屋及建材类	House and Decoration Materials	20	2			29
日用商品类	Daily Use Household Articles	6	1			65
首饰及文体用品类	Jewelry, Cultural and Sports Articles	3				27
医药及医疗用品类	Medicine and Medical Treatment Articles	1		3	1	39
交通工具类	Transportations	9				494
农用生产资料类	Agricultural Production Materials					
生活、社会服务类	Living and Social Services	66	1		4	97
房屋装修及物业服务类	House Decoration and Property Management	8				4
旅游服务	Tourism Services	5				2
文化、娱乐、体育服务	Cultural, Recreational and Sports Services	14				9
邮政业服务	Post Services					2
电信服务	Telecommunication Services	3				2
互联网服务	Internet Services	1				2
金融服务	Finance Services		1			1
保险服务	Insurance Services					
卫生保健服务	Health Care Services					3
教育培训服务	Educational Services	11				6
公共设施服务	Public Facility Services	4	2			1
销售服务	Sales Services	6	1			17
其他商品和服务	Other Commodities and Services	10	4		1	198
解决件数总计	**Total Cases Solved**					

主要统计指标解释

律 师

按照现行律师法规定，律师，是指依法取得律师执业证书，接受委托或者指定，为当事人提供法律服务的执业人员。

公证人员

指在公证处工作的人员总称，包括公证处主任、副主任、公证员、公证员助理(助理公证员)和其他从事辅助性工作的人员。

人民调解员

指在人民调解委员会担负调解民间纠纷工作的人员，包括人民调解委员会委员和人民调解委员会聘任的人员担任。

劳动争议案件数

指仲裁委员会立案处理的劳动争议案件总数。

基本养老保险

1.（参保）职工人数：指报告期末按照国家法律、法规和有关政策规定参加基本养老保险并在社保经办机构已建立缴费记录档案的职工人数，包括中断缴费但未终止养老保险关系的职工人数，不包括只登记未建立缴费记录档案的人数。

2. 基本养老保险基金收入：指根据国家有关规定，由纳入基本养老保险范围的缴费单位和个人按国家规定的缴费基数和缴费比例缴纳的养老保险基金，以及通过其他方式取得的形成基金来源的收入。包括单位和职工个人缴纳的基本养老保险费、基本养老保险基金利息收入、上级补助收入、下级上解收入、转移收入、财政补贴和其他收入。

3. 基本养老保险基金支出：指按照国家政策规定的开支范围和开支标准从养老保险基金中支付给参加基本养老保险的个人的养老金、丧葬抚恤补助，以及由于保险关系转移、上下级之间调剂资金等原因而发生的支出。包括离休金、退休金、退职金、各种补贴、医疗费、死亡丧葬补助费、抚恤救济费、社会保险经办机构管理费、补助下级支出、上解上级支出、转移支出、其他支出等。

4. 基本养老保险基金累计结余：指截至报告期末基本养老保险基金收支相抵后的累计余额。

基本医疗保险

1. 参保人数：指报告期末按国家有关规定参加基本医疗保险的人数。包括参加保险的职工人数和退休人员人数。

2. 基金收入：指根据国家有关规定，由纳入基本医疗保险范围的缴费单位和个人，按国家规定的缴费基数和缴费比例缴纳的基金，以及通过其他方式取得的形成基金来源的款项，包括：单位缴纳的社会统筹基金收入、个人缴纳的个人账户基金收入、财政补贴收入、利息收入、其他收入。

3. 基金支出：指按照国家政策规定的开支范围和开支标准从社会统筹基金中支付给参加基本医疗保险的职工和退休人员的医疗保险待遇支出，和从个人账户基金中支付给参加基本医疗保险的职工和退休人员的医疗费用支出，以及其他支出。包括：住院医疗费用支出、门急诊医疗费用支出、个人账户基金支出、其他支出。

4. 基金累计结余：指截至报告期末基本医疗保险的社会统筹和个人账户基金累计结余金额。包括银行存款、财政专户、债券投资和其他。

失业保险

1. 参保人数：指报告期末按照国家法律、法规和有关政策规定参加了失业保险的城镇企业事业单位的职工及地方政府规定参加失业保险的其他人员的人数。

2. 失业保险基金收入：指按照规定从企业、事业及其他单位筹集的失业保险费及其他并入失业保险基金收入的总额。包括单位和个人缴纳的失业保险费、失业保险基金利息收入、上级补助收入、下级上解收入、转移收入、财政补贴和其他收入。

3. 失业保险基金支出：指报告期内为保障失业人员和下岗职工基本生活、促进其再就业等支出的基金总额。包括失业救济金、医疗费、死亡丧葬补助费、抚恤救济费、转业训练费支出、失业保险经办机构管理费、补助下级支出、上解上级支出、转移支出和其他支出。

4. 基金累计结余：指截至报告期末失业保险基金收支相抵后的累计余额。

Explanatory Notes on Main Statistical Indicators

Lawyers

according to the existing law of lawyers, 'lawyer' refers to a practitioner who has acquired a lawyer's practice certificate pursuant to law and provides legal services to the party.

Notarial Personnel

refers to people working for notary offices including: directors, deputy director, notaries, assistant notaries, and other people providing assistance.

People's Mediators

refer to workers on the people's mediation committees responsible for mediating in civil disputes and cases of slight infraction of the law. They include members of the people's mediation committees and personnel appointed by the people's mediation committees.

Number of Labour Dispute Cases Accepted

refers to the total number of labor dispute cases and handled by the Arbitration Commission.

Basic Pension Insurance

1. Number of staff and workers covered refer to staff and workers participating in the basic pension insurance programme according to national laws, regulations and related policies at the end of the reference period, who have already had payment records in social security management agencies, including those who have interrupt payment without terminating the insurance programme. Those who have registered in the programme but with no payment records are not included.

2. Revenue of the basic pension insurance programme refers to payments made by employers and individuals participating in the pension insurance programme in accordance with the basis and proportion stipulated in State regulations, and income from other sources that become source of pension insurance fund, including the premium paid by employers and staff and workers, interest income, subsidies from higher level agencies, income as transferred from subordinate agencies, transferred income, government financial subsidies and other income.

3. Expenditure of basic pension insurance programme refers to payment made on pensions and funeral subsidies to those retired and resigned people covered in pension insurance programmes according to related national policies on scope and standard of expenditure. Also included are expenditure which arises due to shift of the insurance relationship or adjustment of funds among agencies. More specifically, included are pensions for resigned people, pensions for retired people, pension for people quitting jobs, various subsidies, medical fees, funeral subsidies, compensation payments, management fees for social security agencies, expenses on subsidies to lower subordinates, expenses as transfer to agencies at higher level, transferred expenditure and other expenditure.

4. Balance of basic pension insurance programme refers to the balance of basic pension insurance funds at the end of the reference period after deducting expenses from revenue.

Basic Medical Care Insurance

1. Number of people participating in the insurance programme refers to people participating in the basic medical care insurance programme according to related regulations as at the end of reference period, including number of staff and workers and retirees participating in this insurance programme.

2. Revenue of the insurance programme refers to payments made by employers and individuals participating in the medical care insurance programme in accordance with the basis and proportion stipulated in State regulations, and income from other sources that become source of medical insurance fund, including income of social comprehensive funds paid by employers, income from individual accounts, government financial subsidies, interest income and other income.

3. Expenditure of the insurance programme refers to payment made from social comprehensive funds to those retired and resigned people covered in basic medical care insurance within the scope and standards of expenditure according to related national policies, and medical care payment made from individual accounts to staff and workers and retirees, and other expenses, including medical expenses of hospital inpatients, medical expenses for outpatients and emergency patients, payment from individual accounts and other expenditure.

4. Balance of the basic medical care insurance programme refer to the balance of medical care insurance of social comprehensive funds and individual accounts at the end of the reference period, including bank savings, special fiscal accounts, investment in bonds and others.

Unemployment Insurance

1. Number of people covered refers to staff and workers in urban enterprises or institutions who have participated in unemployment insurance programme according to nation laws, regulations and related policies, and other people who have participated according to local government regulations, by the end of reference period.

2. Revenue of unemployment insurance refer to payments made from enterprises, institutions and other units to unemployment insurance programme and other income contributed to this programme, including unemployment insurance premium made by employers and individuals, interest income, subsidies from higher level agencies, income as transfer from subordinate agencies, transferred income, government financial subsidies and other income.

3. Expenses of unemployment insurance refer to total expenses during the reference period to guarantee the basic livelihood of unemployed people and laid-off staff and workers and to encourage their re-employment. Included are unemployment relief, medical fees, funeral subsidies, compensation pension, training expenses, management fees for unemployment insurance agencies, subsidies to lower level agencies, expenses as transfer to higher level agencies, transferred expenditure and other expenditure.

4. Balance of unemployment insurance refer to the balance of unemployment revenue deducting unemployment expenses at the end of the reference period.

第二十五篇　各区基本情况

Chapter 25 Basic Statistics on Districts

25-1 各区主要经济指标(2020年)
Basic Statistics on Districts,2020

单位：亿元(100 million yuan)

地　区	Region	地　区生产总值 Gross Domestic Product of District	第一产业 Primary Industry	第二产业 Secondary Industry	第三产业 Tertiary Industry
和平区	Heping District	828.67		12.35	816.32
河东区	Hedong District	343.67		23.31	320.36
河西区	Hexi District	989.63		45.56	944.07
南开区	Nankai District	626.13		53.33	572.80
河北区	Hebei District	365.34		120.72	244.62
红桥区	Hongqiao District	185.42		11.12	174.30
东丽区	Dongli District	650.36	4.68	267.86	377.82
西青区	Xiqing District	820.59	13.15	354.85	452.60
津南区	Jinnan District	539.17	6.70	180.19	352.29
北辰区	Beichen District	624.15	6.69	278.95	338.50
武清区	Wuqing District	815.52	40.58	273.10	501.84
宝坻区	Baodi District	354.37	30.97	117.40	206.01
滨海新区	Binhai New Area	5871.06	19.53	2663.96	3187.57
宁河区	Ninghe District	312.78	27.54	109.59	175.65
静海区	Jinghai District	432.98	25.00	192.68	215.30
蓟州区	Jizhou District	224.60	34.15	47.90	142.55

注：本表数据为2020年初步核算数据，表25-2至25-17同。
Note: Data in this table are season primary consequence. Same as 25-2 to 25-17.

25-1续表1 *Continued*

地　区	Region	区级一般公共预算收入(亿元) General Public Budget Revenue at District Level (100 million yuan)	区级一般公共预算支出(亿元) General Public Budget Expenditure at District Level (100 million yuan)	规模以上工业企业总资产贡献率(%) Ratio of Total Assets to Industrial Output Value of Industrial Enterprises above Designated Size(%)	固定资产投资(不含农户)2020比2019年增长(%) Increase Rate in 2020 over 2019 of Investment in Fixed Assets (Non-agricultural)(%)
和平区	Heping District	32.04	46.95	1.1	-55.5
河东区	Hedong District	27.48	64.87	4.2	-4.5
河西区	Hexi District	50.44	71.20	3.7	10.8
南开区	Nankai District	33.15	55.18	7.6	2.8
河北区	Hebei District	18.28	45.44	2.2	-36.5
红桥区	Hongqiao District	20.68	48.58	10.7	-55.7
东丽区	Dongli District	51.33	93.82	2.1	3.1
西青区	Xiqing District	67.62	115.59	7.6	4.6
津南区	Jinnan District	60.88	149.22	6.0	9.3
北辰区	Beichen District	56.24	88.13	6.6	10.5
武清区	Wuqing District	81.47	151.26	5.8	4.1
宝坻区	Baodi District	31.73	85.42	5.2	-0.5
滨海新区	Binhai New Area	515.49	806.60	9.8	4.9
宁河区	Ninghe District	23.83	51.08	6.4	9.0
静海区	Jinghai District	43.15	94.56	5.8	10.3
蓟州区	Jizhou District	20.50	81.52	3.8	17.7

25-1续表2 *Continued*

地　区	Region	外贸出口总额(亿元) Total Value of Exports in Foreign Trade (100 million yuan)	2020比2019年增长(%) Increase Rate in 2020 over 2019(%)	实际使用外资金额(万美元) Actual Use of Foreign Capital (USD 10 000)	年末有效发明专利数(件) Year-end Patent in Force (item)
和平区	Heping District	103.09	8.6	5440	2460
河东区	Hedong District	27.85	1.6	1100	5598
河西区	Hexi District	72.27	8.2	121	6893
南开区	Nankai District	77.12	11.8	5738	18297
河北区	Hebei District	11.47	-2.9	574	6008
红桥区	Hongqiao District	16.27	-14.1	1417	4403
东丽区	Dongli District			3195	12634
西青区	Xiqing District	141.77	-6.3	23610	24997
津南区	Jinnan District	71.11	-12.8	3122	18513
北辰区	Beichen District	157.17	-10.1	14103	21462
武清区	Wuqing District	183.72	-5.3	9795	24000
宝坻区	Baodi District	34.19	6.6	999	11905
滨海新区	Binhai New Area			373515	72353
宁河区	Ninghe District	20.30	-17.6	1669	2765
静海区	Jinghai District	124.17	-9.1	3375	11021
蓟州区	Jizhou District	3.42	-50.4	45	2231

注：东丽区和滨海新区外贸进出口总额因海关数据存在交叉，暂无法统计。表25-8和表25-14同。

Note: The total amount of foreign trade imports and exports of Dongli District and Binhai New Area cannot be counted temporarily due to the crossover of customs data. Same as table 25-8 and 25-14.

25-2 和平区基本情况
Basic Statistics on Heping District

指 标	Item	2019	2020
常住人口(万人)	Permanent Population(10 000 persons)	33	35
户籍户数(万户)	Registered Households(10 000 households)	15.15	15.43
户籍人口(万人)	Registered Population(10 000 persons)	44.31	44.91
男 性	Male	21.10	21.37
女 性	Female	23.21	23.54
年平均人口(万人)	Average Annual Population(10 000 persons)	44.03	44.61
城镇非私营单位从业人员(万人)	Employment Personnel in Urban Non-private Units(10 000 persons)	18.59	13.57
城镇非私营单位从业人员平均工资(元)	Average Remuneration of Employment Personnel in Urban Non-private Units(yuan)	116642	121872
地区生产总值(亿元)	Gross Domestic Product of District (100 million yuan)	808.96	828.67
第二产业	Secondary Industry	13.40	12.35
第三产业	Tertiary Industry	795.56	816.32
第三产业比重(%)	The Proportion of Tertiary Industry in GDP(%)	98.3	98.5
区级一般公共预算收入(亿元)	General Public Budget Revenue at District Level(100 million yuan)	37.51	32.04
# 税收收入	Revenue from Taxes	30.93	28.15
区级一般公共预算支出(亿元)	General Public Budget Expenditure at District Level(100 million yuan)	52.00	46.95
# 教 育	Education	14.64	14.89
社会保障和就业	Social Security and Employment	14.91	12.17
卫生健康	Health and Wellness	3.80	3.32
规模以上工业企业	Industrial Enterprises above Designated Size		
单位数(个)	Number of Units(unit)	8	11
资产总计(亿元)	Total Assets(100 million yuan)	136.72	165.99
营业收入利润率(%)	Ratio of Profits to Operating Revenue(%)	-2.0	1.5
每百元营业收入成本(元)	Costs on Operating Revenue per 100 Yuan(yuan)	95.67	95.87
资产负债率(%)	Ratio of Debts to Assets(%)	74.1	69.4
固定资产投资(不含农户)增速(%)	Increase Rate of Investment in Fixed Assets(Non-agricultural)(%)	-37.6	-55.5
建筑业总产值(亿元)	Gross Output Value of Construction(100 million yuan)	71.90	66.13
限额以上批发和零售业商品销售额(亿元)	Total Sales of Wholesale and Retail Trade above Designated Size (100 million yuan)	1335.99	1088.35
外贸进出口总额(亿元)	Total Value of Imports and Exports in Foreign Trade (100 million yuan)	250.23	186.31
# 出 口	Exports	94.89	103.09
实际使用外资金额(万美元)	Actual Use of Foreign Capital(USD 10 000)	5158	5440
实际利用内资(亿元)	Domestic Investment Actually Used(100 million yuan)	106.00	24.95
中资金融机构本外币存款余额(亿元)	RMB and Foreign Currencies Deposits of Chinese Financial Institutions(100 million yuan)	4239.14	4462.57
中资金融机构本外币贷款余额(亿元)	RMB and Foreign Currencies Loans of Chinese Financial Institutions(100 million yuan)	4642.62	4877.76
小学校数(所)	Number of Primary Schools(unit)	21	21
小学在校学生数(万人)	Students Enrollment of Primary Schools(10 000 persons)	3.48	3.67
普通中学校数(所)	Number of Regular Secondary Schools(unit)	18	18
普通中学在校学生数(万人)	Students Enrollment of Regular Secondary Schools(10 000 persons)	2.14	2.34
幼儿园数(所)	Number of Kindergartens(unit)	23	31
在园儿童数(万人)	Number of Children Enrolled in Kindergartens(10 000 persons)	0.58	0.62
卫生机构数(个)	Health Care Institutions(unit)	205	210
# 医 院	Hospitals	28	27
卫生机构床位数(张)	Beds in Health Care Institutions(unit)	4766	4751
# 医 院	Hospitals	4626	4641
每千人卫生机构床位数(张)	Beds in Health Care Institutions per 1 000 Persons(unit)	14.44	13.97
每千人执业(助理)医师数(人)	Number of Licensed (Assistant) Doctors per 1 000 Persons(person)	10.12	11.47
每千人注册护士数(人)	Number of Registered Nurses per 1 000 Persons(person)	10.69	10.90

注：2019年地区生产总值为最终核实数据，表25-3至25-17同。
Note: Gross domestic product in 2019 is the final verified data. Same as table 25-3 to 25-17.

25-3 河东区基本情况
Basic Statistics on Hedong District

指　　标	Item	2019	2020
常住人口(万人)	Permanent Population(10 000 persons)	85	86
户籍户数(万户)	Registered Households(10 000 households)	30.95	31.34
户籍人口(万人)	Registered Population(10 000 persons)	76.40	77.13
男　性	Male	37.88	38.21
女　性	Female	38.52	38.92
年平均人口(万人)	Average Annual Population(10 000 persons)	76.01	76.77
城镇非私营单位从业人员(万人)	Employment Personnel in Urban Non-private Units(10 000 persons)	11.47	10.10
城镇非私营单位从业人员平均工资(元)	Average Remuneration of Employment Personnel in Urban Non-private Units(yuan)	102901	110948
地区生产总值(亿元)	Gross Domestic Product of District (100 million yuan)	333.91	343.67
第二产业	Secondary Industry	24.05	23.31
第三产业	Tertiary Industry	309.86	320.36
第三产业比重(%)	The Proportion of Tertiary Industry in GDP(%)	92.8	93.2
区级一般公共预算收入(亿元)	General Public Budget Revenue at District Level(100 million yuan)	30.36	27.48
# 税收收入	Revenue from Taxes	24.84	23.89
区级一般公共预算支出(亿元)	General Public Budget Expenditure at District Level(100 million yuan)	60.08	64.87
# 教　育	Education	15.90	16.25
社会保障和就业	Social Security and Employment	18.26	18.36
卫生健康	Health and Wellness	5.85	6.67
规模以上工业企业	Industrial Enterprises above Designated Size		
单位数(个)	Number of Units(unit)	17	15
资产总计(亿元)	Total Assets(100 million yuan)	118.36	94.09
营业收入利润率(%)	Ratio of Profits to Operating Revenue(%)	9.1	8.6
每百元营业收入成本(元)	Costs on Operating Revenue per 100 Yuan(yuan)	87.30	89.50
资产负债率(%)	Ratio of Debts to Assets(%)	61.9	63.5
固定资产投资(不含农户)增速(%)	Increase Rate of Investment in Fixed Assets(Non-agricultural)(%)	8.5	-4.5
建筑业总产值(亿元)	Gross Output Value of Construction(100 million yuan)	274.23	280.90
限额以上批发和零售业商品销售额(亿元)	Total Sales of Wholesale and Retail Trade above Designated Size (100 million yuan)	791.58	713.23
外贸进出口总额(亿元)	Total Value of Imports and Exports in Foreign Trade (100 million yuan)	38.63	36.96
# 出　口	Exports	27.40	27.85
实际使用外资金额(万美元)	Actual Use of Foreign Capital(USD 10 000)	142	1100
实际利用内资(亿元)	Domestic Investment Actually Used(100 million yuan)	74.19	44.38
中资金融机构本外币存款余额(亿元)	RMB and Foreign Currencies Deposits of Chinese Financial Institutions(100 million yuan)	1368.31	1434.68
中资金融机构本外币贷款余额(亿元)	RMB and Foreign Currencies Loans of Chinese Financial Institutions(100 million yuan)	1266.64	1340.16
小学校数(所)	Number of Primary Schools(unit)	27	28
小学在校学生数(万人)	Students Enrollment of Primary Schools(10 000 persons)	3.34	3.57
普通中学校数(所)	Number of Regular Secondary Schools(unit)	21	22
普通中学在校学生数(万人)	Students Enrollment of Regular Secondary Schools(10 000 persons)	1.93	2.05
幼儿园数(所)	Number of Kindergartens(unit)	64	83
在园儿童数(万人)	Number of Children Enrolled in Kindergartens(10 000 persons)	1.27	1.43
卫生机构数(个)	Health Care Institutions(unit)	226	217
# 医　院	Hospitals	49	45
卫生机构床位数(张)	Beds in Health Care Institutions(unit)	3699	3603
# 医　院	Hospitals	2980	2888
每千人卫生机构床位数(张)	Beds in Health Care Institutions per 1 000 Persons(unit)	4.35	4.21
每千人执业(助理)医师数(人)	Number of Licensed (Assistant) Doctors per 1 000 Persons(person)	3.71	3.77
每千人注册护士数(人)	Number of Registered Nurses per 1 000 Persons(person)	2.40	2.42

25-4 河西区基本情况
Basic Statistics on Hexi District

指　　标	Item	2019	2020
常住人口(万人)	Permanent Population(10 000 persons)	82	82
户籍户数(万户)	Registered Households(10 000 households)	31.89	32.64
户籍人口(万人)	Registered Population(10 000 persons)	88.74	90.93
男　性	Male	42.91	43.91
女　性	Female	45.83	47.02
年平均人口(万人)	Average Annual Population(10 000 persons)	87.12	89.83
城镇非私营单位从业人员(万人)	Employment Personnel in Urban Non-private Units(10 000 persons)	19.70	18.50
城镇非私营单位从业人员平均工资(元)	Average Remuneration of Employment Personnel in Urban Non-private Units(yuan)	129229	130957
地区生产总值(亿元)	Gross Domestic Product of District (100 million yuan)	952.87	989.63
第二产业	Secondary Industry	43.23	45.56
第三产业	Tertiary Industry	909.64	944.07
第三产业比重(%)	The Proportion of Tertiary Industry in GDP(%)	95.5	95.4
区级一般公共预算收入(亿元)	General Public Budget Revenue at District Level(100 million yuan)	53.26	50.44
# 税收收入	Revenue from Taxes	46.84	43.85
区级一般公共预算支出(亿元)	General Public Budget Expenditure at District Level(100 million yuan)	80.05	71.20
# 教　育	Education	18.84	19.07
社会保障和就业	Social Security and Employment	18.16	19.04
卫生健康	Health and Wellness	9.99	6.58
规模以上工业企业	Industrial Enterprises above Designated Size		
单位数(个)	Number of Units(unit)	28	28
资产总计(亿元)	Total Assets(100 million yuan)	102.40	132.53
营业收入利润率(%)	Ratio of Profits to Operating Revenue(%)	8.6	8.5
每百元营业收入成本(元)	Costs on Operating Revenue per 100 Yuan(yuan)	77.83	80.43
资产负债率(%)	Ratio of Debts to Assets(%)	62.0	52.4
固定资产投资(不含农户)增速(%)	Increase Rate of Investment in Fixed Assets(Non-agricultural)(%)	11.9	10.8
建筑业总产值(亿元)	Gross Output Value of Construction(100 million yuan)	155.32	165.49
限额以上批发和零售业商品销售额(亿元)	Total Sales of Wholesale and Retail Trade above Designated Size (100 million yuan)	1244.32	1268.29
外贸进出口总额(亿元)	Total Value of Imports and Exports in Foreign Trade (100 million yuan)	96.97	109.60
# 出　口	Exports	66.77	72.27
实际使用外资金额(万美元)	Actual Use of Foreign Capital(USD 10 000)	559	121
实际利用内资(亿元)	Domestic Investment Actually Used(100 million yuan)	108.00	115.50
中资金融机构本外币存款余额(亿元)	RMB and Foreign Currencies Deposits of Chinese Financial Institutions(100 million yuan)	4905.65	4990.33
中资金融机构本外币贷款余额(亿元)	RMB and Foreign Currencies Loans of Chinese Financial Institutions(100 million yuan)	3945.40	4425.68
小学校数(所)	Number of Primary Schools(unit)	37	38
小学在校学生数(万人)	Students Enrollment of Primary Schools(10 000 persons)	4.90	5.52
普通中学校数(所)	Number of Regular Secondary Schools(unit)	22	22
普通中学在校学生数(万人)	Students Enrollment of Regular Secondary Schools(10 000 persons)	2.82	3.03
幼儿园数(所)	Number of Kindergartens(unit)	55	56
在园儿童数(万人)	Number of Children Enrolled in Kindergartens(10 000 persons)	1.44	1.66
卫生机构数(个)	Health Care Institutions(unit)	315	321
# 医　院	Hospitals	52	47
卫生机构床位数(张)	Beds in Health Care Institutions(unit)	8768	9150
# 医　院	Hospitals	8512	8974
每千人卫生机构床位数(张)	Beds in Health Care Institutions per 1 000 Persons(unit)	10.76	11.16
每千人执业(助理)医师数(人)	Number of Licensed (Assistant) Doctors per 1 000 Persons(person)	6.01	6.40
每千人注册护士数(人)	Number of Registered Nurses per 1 000 Persons(person)	6.84	6.85

25-5 南开区基本情况
Basic Statistics on Nankai District

指　　标	Item	2019	2020
常住人口(万人)	Permanent Population(10 000 persons)	90	89
户籍户数(万户)	Registered Households(10 000 households)	33.99	34.56
户籍人口(万人)	Registered Population(10 000 persons)	88.83	90.02
男　性	Male	43.43	43.96
女　性	Female	45.40	46.06
年平均人口(万人)	Average Annual Population(10 000 persons)	88.07	89.42
城镇非私营单位从业人员(万人)	Employment Personnel in Urban Non-private Units(10 000 persons)	19.03	20.16
城镇非私营单位从业人员平均工资(元)	Average Remuneration of Employment Personnel in Urban Non-private Units(yuan)	100815	103545
地区生产总值(亿元)	Gross Domestic Product of District (100 million yuan)	625.44	626.13
第二产业	Secondary Industry	57.02	53.33
第三产业	Tertiary Industry	568.42	572.80
第三产业比重(%)	The Proportion of Tertiary Industry in GDP(%)	91.0	91.5
区级一般公共预算收入(亿元)	General Public Budget Revenue at District Level(100 million yuan)	40.06	33.15
# 税收收入	Revenue from Taxes	31.71	25.59
区级一般公共预算支出(亿元)	General Public Budget Expenditure at District Level(100 million yuan)	63.76	55.18
# 教　育	Education	15.69	15.90
社会保障和就业	Social Security and Employment	18.80	14.80
卫生健康	Health and Wellness	6.29	6.62
规模以上工业企业	Industrial Enterprises above Designated Size		
单位数(个)	Number of Units(unit)	50	52
资产总计(亿元)	Total Assets(100 million yuan)	376.04	382.16
营业收入利润率(%)	Ratio of Profits to Operating Revenue(%)	5.2	8.7
每百元营业收入成本(元)	Costs on Operating Revenue per 100 Yuan(yuan)	83.09	82.06
资产负债率(%)	Ratio of Debts to Assets(%)	47.0	44.7
固定资产投资(不含农户)增速(%)	Increase Rate of Investment in Fixed Assets(Non-agricultural)(%)	6.2	2.8
建筑业总产值(亿元)	Gross Output Value of Construction(100 million yuan)	93.78	101.54
限额以上批发和零售业商品销售额(亿元)	Total Sales of Wholesale and Retail Trade above Designated Size (100 million yuan)	849.15	810.71
外贸进出口总额(亿元)	Total Value of Imports and Exports in Foreign Trade (100 million yuan)	91.62	96.78
# 出　口	Exports	68.97	77.12
实际使用外资金额(万美元)	Actual Use of Foreign Capital(USD 10 000)	4172	5738
实际利用内资(亿元)	Domestic Investment Actually Used(100 million yuan)	106.05	62.29
中资金融机构本外币存款余额(亿元)	RMB and Foreign Currencies Deposits of Chinese Financial Institutions(100 million yuan)	2471.01	2953.75
中资金融机构本外币贷款余额(亿元)	RMB and Foreign Currencies Loans of Chinese Financial Institutions(100 million yuan)	2294.92	2406.95
小学校数(所)	Number of Primary Schools(unit)	30	30
小学在校学生数(万人)	Students Enrollment of Primary Schools(10 000 persons)	5.04	5.63
普通中学校数(所)	Number of Regular Secondary Schools(unit)	24	24
普通中学在校学生数(万人)	Students Enrollment of Regular Secondary Schools(10 000 persons)	2.67	3.03
幼儿园数(所)	Number of Kindergartens(unit)	49	84
在园儿童数(万人)	Number of Children Enrolled in Kindergartens(10 000 persons)	1.31	1.54
卫生机构数(个)	Health Care Institutions(unit)	322	334
# 医　院	Hospitals	57	56
卫生机构床位数(张)	Beds in Health Care Institutions(unit)	9188	9374
# 医　院	Hospitals	8791	9017
每千人卫生机构床位数(张)	Beds in Health Care Institutions per 1 000 Persons(unit)	10.15	10.47
每千人执业(助理)医师数(人)	Number of Licensed (Assistant) Doctors per 1 000 Persons(person)	6.61	7.40
每千人注册护士数(人)	Number of Registered Nurses per 1 000 Persons(person)	6.04	6.22

25-6 河北区基本情况
Basic Statistics on Hebei District

指　标	Item	2019	2020
常住人口(万人)	Permanent Population(10 000 persons)	66	65
户籍户数(万户)	Registered Households(10 000 households)	25.40	25.64
户籍人口(万人)	Registered Population(10 000 persons)	63.75	64.21
男　性	Male	31.57	31.71
女　性	Female	32.18	32.49
年平均人口(万人)	Average Annual Population(10 000 persons)	63.38	63.98
城镇非私营单位从业人员(万人)	Employment Personnel in Urban Non-private Units(10 000 persons)	6.54	6.07
城镇非私营单位从业人员平均工资(元)	Average Remuneration of Employment Personnel in Urban Non-private Units(yuan)	143608	134554
地区生产总值(亿元)	Gross Domestic Product of District (100 million yuan)	379.08	365.34
第二产业	Secondary Industry	129.28	120.72
第三产业	Tertiary Industry	249.80	244.62
第三产业比重(%)	The Proportion of Tertiary Industry in GDP(%)	65.9	67.0
区级一般公共预算收入(亿元)	General Public Budget Revenue at District Level(100 million yuan)	22.66	18.28
# 税收收入	Revenue from Taxes	17.31	13.42
区级一般公共预算支出(亿元)	General Public Budget Expenditure at District Level(100 million yuan)	51.46	45.44
# 教　育	Education	13.30	13.89
社会保障和就业	Social Security and Employment	16.59	10.00
卫生健康	Health and Wellness	5.71	5.86
规模以上工业企业	Industrial Enterprises above Designated Size		
单位数(个)	Number of Units(unit)	19	17
资产总计(亿元)	Total Assets(100 million yuan)	922.43	906.29
营业收入利润率(%)	Ratio of Profits to Operating Revenue(%)	1.7	1.2
每百元营业收入成本(元)	Costs on Operating Revenue per 100 Yuan(yuan)	96.12	97.64
资产负债率(%)	Ratio of Debts to Assets(%)	59.6	59.9
固定资产投资(不含农户)增速(%)	Increase Rate of Investment in Fixed Assets(Non-agricultural)(%)	5.5	-36.5
建筑业总产值(亿元)	Gross Output Value of Construction(100 million yuan)	111.51	112.96
限额以上批发和零售业商品销售额(亿元)	Total Sales of Wholesale and Retail Trade above Designated Size (100 million yuan)	188.74	542.37
外贸进出口总额(亿元)	Total Value of Imports and Exports in Foreign Trade (100 million yuan)	34.82	17.80
# 出　口	Exports	11.80	11.47
实际使用外资金额(万美元)	Actual Use of Foreign Capital(USD 10 000)	567	574
实际利用内资(亿元)	Domestic Investment Actually Used(100 million yuan)	74.14	74.21
中资金融机构本外币存款余额(亿元)	RMB and Foreign Currencies Deposits of Chinese Financial Institutions(100 million yuan)	1237.90	1254.47
中资金融机构本外币贷款余额(亿元)	RMB and Foreign Currencies Loans of Chinese Financial Institutions(100 million yuan)	821.32	845.40
小学校数(所)	Number of Primary Schools(unit)	26	26
小学在校学生数(万人)	Students Enrollment of Primary Schools(10 000 persons)	2.90	3.10
普通中学校数(所)	Number of Regular Secondary Schools(unit)	21	21
普通中学在校学生数(万人)	Students Enrollment of Regular Secondary Schools(10 000 persons)	1.83	1.91
幼儿园数(所)	Number of Kindergartens(unit)	42	45
在园儿童数(万人)	Number of Children Enrolled in Kindergartens(10 000 persons)	0.96	0.99
卫生机构数(个)	Health Care Institutions(unit)	211	211
# 医　院	Hospitals	38	32
卫生机构床位数(张)	Beds in Health Care Institutions(unit)	4154	4026
# 医　院	Hospitals	3980	3852
每千人卫生机构床位数(张)	Beds in Health Care Institutions per 1 000 Persons(unit)	6.25	6.15
每千人执业(助理)医师数(人)	Number of Licensed (Assistant) Doctors per 1 000 Persons(person)	4.48	4.67
每千人注册护士数(人)	Number of Registered Nurses per 1 000 Persons(person)	3.94	3.97

25-7 红桥区基本情况
Basic Statistics on Hongqiao District

指　　标	Item	2019	2020
常住人口(万人)	Permanent Population(10 000 persons)	49	48
户籍户数(万户)	Registered Households(10 000 households)	21.00	21.05
户籍人口(万人)	Registered Population(10 000 persons)	50.97	50.93
男　性	Male	25.22	25.13
女　性	Female	25.75	25.80
年平均人口(万人)	Average Annual Population(10 000 persons)	50.82	50.95
城镇非私营单位从业人员(万人)	Employment Personnel in Urban Non-private Units(10 000 persons)	3.40	3.04
城镇非私营单位从业人员平均工资(元)	Average Remuneration of Employment Personnel in Urban Non-private Units(yuan)	123103	133408
地区生产总值(亿元)	Gross Domestic Product of District (100 million yuan)	181.37	185.42
第二产业	Secondary Industry	12.25	11.12
第三产业	Tertiary Industry	169.13	174.30
第三产业比重(%)	The Proportion of Tertiary Industry in GDP(%)	93.3	94.0
区级一般公共预算收入(亿元)	General Public Budget Revenue at District Level(100 million yuan)	19.24	20.68
# 税收收入	Revenue from Taxes	12.73	12.39
区级一般公共预算支出(亿元)	General Public Budget Expenditure at District Level(100 million yuan)	50.22	48.58
# 教　育	Education	11.78	12.34
社会保障和就业	Social Security and Employment	14.97	12.64
卫生健康	Health and Wellness	4.22	4.11
规模以上工业企业	Industrial Enterprises above Designated Size		
单位数(个)	Number of Units(unit)	9	8
资产总计(亿元)	Total Assets(100 million yuan)	14.35	12.42
营业收入利润率(%)	Ratio of Profits to Operating Revenue(%)	9.6	12.7
每百元营业收入成本(元)	Costs on Operating Revenue per 100 Yuan(yuan)	65.21	63.82
资产负债率(%)	Ratio of Debts to Assets(%)	35.2	26.3
固定资产投资(不含农户)增速(%)	Increase Rate of Investment in Fixed Assets(Non-agricultural)(%)	11.1	-55.7
建筑业总产值(亿元)	Gross Output Value of Construction(100 million yuan)	72.33	65.85
限额以上批发和零售业商品销售额(亿元)	Total Sales of Wholesale and Retail Trade above Designated Size (100 million yuan)	181.88	233.59
外贸进出口总额(亿元)	Total Value of Imports and Exports in Foreign Trade (100 million yuan)	21.15	18.93
# 出　口	Exports	18.95	16.27
实际使用外资金额(万美元)	Actual Use of Foreign Capital(USD 10 000)	553	1417
实际利用内资(亿元)	Domestic Investment Actually Used(100 million yuan)	54.65	41.71
中资金融机构本外币存款余额(亿元)	RMB and Foreign Currencies Deposits of Chinese Financial Institutions(100 million yuan)	674.43	790.33
中资金融机构本外币贷款余额(亿元)	RMB and Foreign Currencies Loans of Chinese Financial Institutions(100 million yuan)	948.37	918.78
小学校数(所)	Number of Primary Schools(unit)	20	20
小学在校学生数(万人)	Students Enrollment of Primary Schools(10 000 persons)	1.92	1.96
普通中学校数(所)	Number of Regular Secondary Schools(unit)	16	16
普通中学在校学生数(万人)	Students Enrollment of Regular Secondary Schools(10 000 persons)	1.16	1.26
幼儿园数(所)	Number of Kindergartens(unit)	24	34
在园儿童数(万人)	Number of Children Enrolled in Kindergartens(10 000 persons)	0.55	0.69
卫生机构数(个)	Health Care Institutions(unit)	128	140
# 医　院	Hospitals	19	19
卫生机构床位数(张)	Beds in Health Care Institutions(unit)	3625	3645
# 医　院	Hospitals	3204	3224
每千人卫生机构床位数(张)	Beds in Health Care Institutions per 1 000 Persons(unit)	7.40	7.52
每千人执业(助理)医师数(人)	Number of Licensed (Assistant) Doctors per 1 000 Persons(person)	4.34	4.54
每千人注册护士数(人)	Number of Registered Nurses per 1 000 Persons(person)	4.28	4.44

25-8 东丽区基本情况
Basic Statistics on Dongli District

指　　标	Item	2019	2020
常住人口(万人)	Permanent Population(10 000 persons)	83	86
户籍户数(万户)	Registered Households(10 000 households)	16.47	17.14
户籍人口(万人)	Registered Population(10 000 persons)	41.82	43.83
男　性	Male	20.77	21.69
女　性	Female	21.05	22.14
年平均人口(万人)	Average Annual Population(10 000 persons)	41.15	42.82
城镇非私营单位从业人员(万人)	Employment Personnel in Urban Non-private Units(10 000 persons)	11.36	10.97
城镇非私营单位从业人员平均工资(元)	Average Remuneration of Employment Personnel in Urban Non-private Units(yuan)	99195	103433
地区生产总值(亿元)	Gross Domestic Product of District (100 million yuan)	636.40	650.36
第一产业	Primary Industry	4.84	4.68
第二产业	Secondary Industry	268.44	267.86
第三产业	Tertiary Industry	363.12	377.82
第三产业比重(%)	The Proportion of Tertiary Industry in GDP(%)	57.1	58.1
区级一般公共预算收入(亿元)	General Public Budget Revenue at District Level(100 million yuan)	63.23	51.33
# 税收收入	Revenue from Taxes	45.92	38.00
区级一般公共预算支出(亿元)	General Public Budget Expenditure at District Level(100 million yuan)	104.81	93.82
# 教　育	Education	14.87	12.33
社会保障和就业	Social Security and Employment	11.60	13.39
卫生健康	Health and Wellness	6.96	6.47
规模以上工业企业	Industrial Enterprises above Designated Size		
单位数(个)	Number of Units(unit)	203	205
资产总计(亿元)	Total Assets(100 million yuan)	1734.67	1133.20
营业收入利润率(%)	Ratio of Profits to Operating Revenue(%)	1.3	-4.1
每百元营业收入成本(元)	Costs on Operating Revenue per 100 Yuan(yuan)	86.02	84.04
资产负债率(%)	Ratio of Debts to Assets(%)	68.6	62.1
固定资产投资(不含农户)增速(%)	Increase Rate of Investment in Fixed Assets(Non-agricultural)(%)	29.3	3.1
建筑业总产值(亿元)	Gross Output Value of Construction(100 million yuan)	125.86	120.55
限额以上批发和零售业商品销售额(亿元)	Total Sales of Wholesale and Retail Trade above Designated Size (100 million yuan)	1178.92	1299.15
外贸进出口总额(亿元)	Total Value of Imports and Exports in Foreign Trade (100 million yuan)	167.47	
# 出　口	Exports	93.43	
实际使用外资金额(万美元)	Actual Use of Foreign Capital(USD 10 000)	2597	3195
实际利用内资(亿元)	Domestic Investment Actually Used(100 million yuan)	169.19	174.53
中资金融机构本外币存款余额(亿元)	RMB and Foreign Currencies Deposits of Chinese Financial Institutions(100 million yuan)	855.47	832.07
中资金融机构本外币贷款余额(亿元)	RMB and Foreign Currencies Loans of Chinese Financial Institutions(100 million yuan)	836.98	939.99
小学校数(所)	Number of Primary Schools(unit)	38	35
小学在校学生数(万人)	Students Enrollment of Primary Schools(10 000 persons)	2.76	2.82
普通中学校数(所)	Number of Regular Secondary Schools(unit)	20	20
普通中学在校学生数(万人)	Students Enrollment of Regular Secondary Schools(10 000 persons)	1.52	1.67
幼儿园数(所)	Number of Kindergartens(unit)	214	189
在园儿童数(万人)	Number of Children Enrolled in Kindergartens(10 000 persons)	1.86	1.98
卫生机构数(个)	Health Care Institutions(unit)	289	255
# 医　院	Hospitals	12	14
卫生机构床位数(张)	Beds in Health Care Institutions(unit)	1647	1807
# 医　院	Hospitals	1561	1731
每千人卫生机构床位数(张)	Beds in Health Care Institutions per 1 000 Persons(unit)	2.00	2.14
每千人执业(助理)医师数(人)	Number of Licensed (Assistant) Doctors per 1 000 Persons(person)	1.59	1.74
每千人注册护士数(人)	Number of Registered Nurses per 1 000 Persons(person)	1.12	1.18

25-9 西青区基本情况
Basic Statistics on Xiqing District

指标	Item	2019	2020
常住人口(万人)	Permanent Population(10 000 persons)	115	119
户籍户数(万户)	Registered Households(10 000 households)	16.47	16.98
户籍人口(万人)	Registered Population(10 000 persons)	45.10	46.59
男　性	Male	22.20	22.92
女　性	Female	22.90	23.67
年平均人口(万人)	Average Annual Population(10 000 persons)	44.48	45.85
城镇非私营单位从业人员(万人)	Employment Personnel in Urban Non-private Units(10 000 persons)	16.70	16.46
城镇非私营单位从业人员平均工资(元)	Average Remuneration of Employment Personnel in Urban Non-private Units(yuan)	103774	113697
地区生产总值(亿元)	Gross Domestic Product of District (100 million yuan)	829.19	820.59
第一产业	Primary Industry	12.80	13.15
第二产业	Secondary Industry	363.01	354.85
第三产业	Tertiary Industry	453.38	452.60
第三产业比重(%)	The Proportion of Tertiary Industry in GDP(%)	54.7	55.2
区级一般公共预算收入(亿元)	General Public Budget Revenue at District Level(100 million yuan)	95.44	67.62
# 税收收入	Revenue from Taxes	64.83	52.71
区级一般公共预算支出(亿元)	General Public Budget Expenditure at District Level(100 million yuan)	169.09	115.59
# 教　育	Education	24.74	18.12
社会保障和就业	Social Security and Employment	17.10	12.17
卫生健康	Health and Wellness	13.61	9.72
规模以上工业企业	Industrial Enterprises above Designated Size		
单位数(个)	Number of Units(unit)	555	568
资产总计(亿元)	Total Assets(100 million yuan)	1414.36	1451.73
营业收入利润率(%)	Ratio of Profits to Operating Revenue(%)	4.9	5.8
每百元营业收入成本(元)	Costs on Operating Revenue per 100 Yuan(yuan)	84.90	84.65
资产负债率(%)	Ratio of Debts to Assets(%)	46.5	46.7
固定资产投资(不含农户)增速(%)	Increase Rate of Investment in Fixed Assets(Non-agricultural)(%)	26.9	4.6
建筑业总产值(亿元)	Gross Output Value of Construction(100 million yuan)	131.17	170.67
限额以上批发和零售业商品销售额(亿元)	Total Sales of Wholesale and Retail Trade above Designated Size (100 million yuan)	754.99	640.83
外贸进出口总额(亿元)	Total Value of Imports and Exports in Foreign Trade (100 million yuan)	276.12	270.16
# 出　口	Exports	151.35	141.77
实际使用外资金额(万美元)	Actual Use of Foreign Capital(USD 10 000)	20808	23610
实际利用内资(亿元)	Domestic Investment Actually Used(100 million yuan)	217.61	181.67
中资金融机构本外币存款余额(亿元)	RMB and Foreign Currencies Deposits of Chinese Financial Institutions(100 million yuan)	1190.94	1219.25
中资金融机构本外币贷款余额(亿元)	RMB and Foreign Currencies Loans of Chinese Financial Institutions(100 million yuan)	798.00	883.53
小学校数(所)	Number of Primary Schools(unit)	37	38
小学在校学生数(万人)	Students Enrollment of Primary Schools(10 000 persons)	3.27	3.42
普通中学校数(所)	Number of Regular Secondary Schools(unit)	15	16
普通中学在校学生数(万人)	Students Enrollment of Regular Secondary Schools(10 000 persons)	1.84	1.88
幼儿园数(所)	Number of Kindergartens(unit)	198	184
在园儿童数(万人)	Number of Children Enrolled in Kindergartens(10 000 persons)	2.34	2.10
卫生机构数(个)	Health Care Institutions(unit)	235	270
# 医　院	Hospitals	24	24
卫生机构床位数(张)	Beds in Health Care Institutions(unit)	3134	3076
# 医　院	Hospitals	2929	2907
每千人卫生机构床位数(张)	Beds in Health Care Institutions per 1 000 Persons(unit)	2.76	2.63
每千人执业(助理)医师数(人)	Number of Licensed (Assistant) Doctors per 1 000 Persons(person)	1.53	1.61
每千人注册护士数(人)	Number of Registered Nurses per 1 000 Persons(person)	1.23	1.32

25-10 津南区基本情况
Basic Statistics on Jinnan District

指 标	Item	2019	2020
常住人口(万人)	Permanent Population(10 000 persons)	90	93
户籍户数(万户)	Registered Households(10 000 households)	18.18	19.43
户籍人口(万人)	Registered Population(10 000 persons)	50.45	53.30
男 性	Male	25.18	26.55
女 性	Female	25.27	26.75
年平均人口(万人)	Average Annual Population(10 000 persons)	49.73	51.88
城镇非私营单位从业人员(万人)	Employment Personnel in Urban Non-private Units(10 000 persons)	8.33	7.43
城镇非私营单位从业人员平均工资(元)	Average Remuneration of Employment Personnel in Urban Non-private Units(yuan)	99869	107826
地区生产总值(亿元)	Gross Domestic Product of District (100 million yuan)	535.43	539.17
第一产业	Primary Industry	6.68	6.70
第二产业	Secondary Industry	188.35	180.19
第三产业	Tertiary Industry	340.40	352.29
第三产业比重(%)	The Proportion of Tertiary Industry in GDP(%)	63.6	65.3
区级一般公共预算收入(亿元)	General Public Budget Revenue at District Level(100 million yuan)	65.90	60.88
# 税收收入	Revenue from Taxes	47.22	36.62
区级一般公共预算支出(亿元)	General Public Budget Expenditure at District Level(100 million yuan)	184.07	149.22
# 教 育	Education	12.92	14.85
社会保障和就业	Social Security and Employment	10.14	10.88
卫生健康	Health and Wellness	8.11	8.31
规模以上工业企业	Industrial Enterprises above Designated Size		
单位数(个)	Number of Units(unit)	412	433
资产总计(亿元)	Total Assets(100 million yuan)	591.19	624.61
营业收入利润率(%)	Ratio of Profits to Operating Revenue(%)	3.1	3.0
每百元营业收入成本(元)	Costs on Operating Revenue per 100 Yuan(yuan)	90.04	90.71
资产负债率(%)	Ratio of Debts to Assets(%)	52.7	52.8
固定资产投资(不含农户)增速(%)	Increase Rate of Investment in Fixed Assets(Non-agricultural)(%)	24.5	9.3
建筑业总产值(亿元)	Gross Output Value of Construction(100 million yuan)	590.42	597.58
限额以上批发和零售业商品销售额(亿元)	Total Sales of Wholesale and Retail Trade above Designated Size (100 million yuan)	924.41	1101.79
外贸进出口总额(亿元)	Total Value of Imports and Exports in Foreign Trade (100 million yuan)	132.29	123.68
# 出 口	Exports	81.52	71.11
实际使用外资金额(万美元)	Actual Use of Foreign Capital(USD 10 000)	3849	3122
实际利用内资(亿元)	Domestic Investment Actually Used(100 million yuan)	217.72	228.02
中资金融机构本外币存款余额(亿元)	RMB and Foreign Currencies Deposits of Chinese Financial Institutions(100 million yuan)	832.83	913.64
中资金融机构本外币贷款余额(亿元)	RMB and Foreign Currencies Loans of Chinese Financial Institutions(100 million yuan)	581.58	644.99
小学校数(所)	Number of Primary Schools(unit)	33	33
小学在校学生数(万人)	Students Enrollment of Primary Schools(10 000 persons)	3.78	3.87
普通中学校数(所)	Number of Regular Secondary Schools(unit)	17	17
普通中学在校学生数(万人)	Students Enrollment of Regular Secondary Schools(10 000 persons)	2.10	2.29
幼儿园数(所)	Number of Kindergartens(unit)	303	304
在园儿童数(万人)	Number of Children Enrolled in Kindergartens(10 000 persons)	2.40	2.43
卫生机构数(个)	Health Care Institutions(unit)	314	220
# 医 院	Hospitals	23	23
卫生机构床位数(张)	Beds in Health Care Institutions(unit)	3652	3843
# 医 院	Hospitals	3632	3802
每千人卫生机构床位数(张)	Beds in Health Care Institutions per 1 000 Persons(unit)	4.06	4.20
每千人执业(助理)医师数(人)	Number of Licensed (Assistant) Doctors per 1 000 Persons(person)	2.96	2.97
每千人注册护士数(人)	Number of Registered Nurses per 1 000 Persons(person)	2.95	3.23

25-11 北辰区基本情况
Basic Statistics on Beichen District

指标	Item	2019	2020
常住人口(万人)	Permanent Population(10 000 persons)	90	91
户籍户数(万户)	Registered Households(10 000 households)	17.51	18.00
户籍人口(万人)	Registered Population(10 000 persons)	44.22	45.37
男性	Male	21.83	22.37
女性	Female	22.39	23.01
年平均人口(万人)	Average Annual Population(10 000 persons)	43.58	44.80
城镇非私营单位从业人员(万人)	Employment Personnel in Urban Non-private Units(10 000 persons)	11.80	11.13
城镇非私营单位从业人员平均工资(元)	Average Remuneration of Employment Personnel in Urban Non-private Units(yuan)	103867	110777
地区生产总值(亿元)	Gross Domestic Product of District (100 million yuan)	605.35	624.15
第一产业	Primary Industry	6.53	6.69
第二产业	Secondary Industry	276.32	278.95
第三产业	Tertiary Industry	322.50	338.50
第三产业比重(%)	The Proportion of Tertiary Industry in GDP(%)	53.3	54.2
区级一般公共预算收入(亿元)	General Public Budget Revenue at District Level(100 million yuan)	59.21	56.24
#税收收入	Revenue from Taxes	46.05	41.35
区级一般公共预算支出(亿元)	General Public Budget Expenditure at District Level(100 million yuan)	80.04	88.13
#教育	Education	15.54	15.85
社会保障和就业	Social Security and Employment	8.90	8.85
卫生健康	Health and Wellness	7.92	7.51
规模以上工业企业	Industrial Enterprises above Designated Size		
单位数(个)	Number of Units(unit)	495	510
资产总计(亿元)	Total Assets(100 million yuan)	1188.92	1263.58
营业收入利润率(%)	Ratio of Profits to Operating Revenue(%)	4.4	3.8
每百元营业收入成本(元)	Costs on Operating Revenue per 100 Yuan(yuan)	86.71	85.98
资产负债率(%)	Ratio of Debts to Assets(%)	53.0	51.5
固定资产投资(不含农户)增速(%)	Increase Rate of Investment in Fixed Assets(Non-agricultural)(%)	20.8	10.5
建筑业总产值(亿元)	Gross Output Value of Construction(100 million yuan)	35.82	37.63
限额以上批发和零售业商品销售额(亿元)	Total Sales of Wholesale and Retail Trade above Designated Size (100 million yuan)	1537.44	1464.69
外贸进出口总额(亿元)	Total Value of Imports and Exports in Foreign Trade (100 million yuan)	223.61	204.25
#出口	Exports	174.85	157.17
实际使用外资金额(万美元)	Actual Use of Foreign Capital(USD 10 000)	18609	14103
实际利用内资(亿元)	Domestic Investment Actually Used(100 million yuan)	217.51	169.69
中资金融机构本外币存款余额(亿元)	RMB and Foreign Currencies Deposits of Chinese Financial Institutions(100 million yuan)	944.22	1112.58
中资金融机构本外币贷款余额(亿元)	RMB and Foreign Currencies Loans of Chinese Financial Institutions(100 million yuan)	867.82	1048.00
小学校数(所)	Number of Primary Schools(unit)	41	45
小学在校学生数(万人)	Students Enrollment of Primary Schools(10 000 persons)	3.19	3.25
普通中学校数(所)	Number of Regular Secondary Schools(unit)	20	20
普通中学在校学生数(万人)	Students Enrollment of Regular Secondary Schools(10 000 persons)	1.71	1.81
幼儿园数(所)	Number of Kindergartens(unit)	84	96
在园儿童数(万人)	Number of Children Enrolled in Kindergartens(10 000 persons)	1.64	1.75
卫生机构数(个)	Health Care Institutions(unit)	241	217
#医院	Hospitals	22	22
卫生机构床位数(张)	Beds in Health Care Institutions(unit)	4631	4786
#医院	Hospitals	4459	4614
每千人卫生机构床位数(张)	Beds in Health Care Institutions per 1 000 Persons(unit)	5.15	5.29
每千人执业(助理)医师数(人)	Number of Licensed (Assistant) Doctors per 1 000 Persons(person)	3.17	3.33
每千人注册护士数(人)	Number of Registered Nurses per 1 000 Persons(person)	2.97	3.18

25-12 武清区基本情况
Basic Statistics on Wuqing District

指 标	Item	2019	2020
常住人口(万人)	Permanent Population(10 000 persons)	113	115
户籍户数(万户)	Registered Households(10 000 households)	34.29	35.33
户籍人口(万人)	Registered Population(10 000 persons)	105.01	107.72
男 性	Male	51.83	53.10
女 性	Female	53.18	54.62
年平均人口(万人)	Average Annual Population(10 000 persons)	102.25	106.36
城镇非私营单位从业人员(万人)	Employment Personnel in Urban Non-private Units(10 000 persons)	23.78	20.67
城镇非私营单位从业人员平均工资(元)	Average Remuneration of Employment Personnel in Urban Non-private Units(yuan)	77071	87484
地区生产总值(亿元)	Gross Domestic Product of District (100 million yuan)	869.49	815.52
第一产业	Primary Industry	35.35	40.58
第二产业	Secondary Industry	292.27	273.10
第三产业	Tertiary Industry	541.87	501.84
第三产业比重(%)	The Proportion of Tertiary Industry in GDP(%)	62.3	61.5
区级一般公共预算收入(亿元)	General Public Budget Revenue at District Level(100 million yuan)	119.08	81.47
# 税收收入	Revenue from Taxes	82.90	65.81
区级一般公共预算支出(亿元)	General Public Budget Expenditure at District Level(100 million yuan)	190.34	151.26
# 教 育	Education	28.15	27.38
社会保障和就业	Social Security and Employment	17.93	18.35
卫生健康	Health and Wellness	14.85	14.49
规模以上工业企业	Industrial Enterprises above Designated Size		
单位数(个)	Number of Units(unit)	589	626
资产总计(亿元)	Total Assets(100 million yuan)	1552.88	1663.68
营业收入利润率(%)	Ratio of Profits to Operating Revenue(%)	4.1	6.0
每百元营业收入成本(元)	Costs on Operating Revenue per 100 Yuan(yuan)	84.27	83.05
资产负债率(%)	Ratio of Debts to Assets(%)	53.9	54.6
固定资产投资(不含农户)增速(%)	Increase Rate of Investment in Fixed Assets(Non-agricultural)(%)	17.2	4.1
建筑业总产值(亿元)	Gross Output Value of Construction(100 million yuan)	219.26	237.33
限额以上批发和零售业商品销售额(亿元)	Total Sales of Wholesale and Retail Trade above Designated Size (100 million yuan)	1948.17	1823.20
外贸进出口总额(亿元)	Total Valuc of Imports and Exports in Foreign Trade (100 million yuan)	298.88	275.43
# 出 口	Exports	193.99	183.72
实际使用外资金额(万美元)	Actual Use of Foreign Capital(USD 10 000)	20615	9795
实际利用内资(亿元)	Domestic Investment Actually Used(100 million yuan)	217.80	238.51
中资金融机构本外币存款余额(亿元)	RMB and Foreign Currencies Deposits of Chinese Financial Institutions(100 million yuan)	1004.42	1188.90
中资金融机构本外币贷款余额(亿元)	RMB and Foreign Currencies Loans of Chinese Financial Institutions(100 million yuan)	795.57	904.84
小学校数(所)	Number of Primary Schools(unit)	123	123
小学在校学生数(万人)	Students Enrollment of Primary Schools(10 000 persons)	6.45	6.64
普通中学校数(所)	Number of Regular Secondary Schools(unit)	60	60
普通中学在校学生数(万人)	Students Enrollment of Regular Secondary Schools(10 000 persons)	5.61	5.87
幼儿园数(所)	Number of Kindergartens(unit)	317	327
在园儿童数(万人)	Number of Children Enrolled in Kindergartens(10 000 persons)	2.74	2.88
卫生机构数(个)	Health Care Institutions(unit)	684	710
# 医 院	Hospitals	16	15
卫生机构床位数(张)	Beds in Health Care Institutions(unit)	4295	4043
# 医 院	Hospitals	3271	3100
每千人卫生机构床位数(张)	Beds in Health Care Institutions per 1 000 Persons(unit)	3.82	3.55
每千人执业(助理)医师数(人)	Number of Licensed (Assistant) Doctors per 1 000 Persons(person)	2.43	2.31
每千人注册护士数(人)	Number of Registered Nurses per 1 000 Persons(person)	1.97	1.90

25-13 宝坻区基本情况
Basic Statistics on Baodi District

指　　标	Item	2019	2020
常住人口(万人)	Permanent Population(10 000 persons)	75	72
户籍户数(万户)	Registered Households(10 000 households)	24.43	24.93
户籍人口(万人)	Registered Population(10 000 persons)	74.29	74.87
男　性	Male	37.20	37.45
女　性	Female	37.09	37.42
年平均人口(万人)	Average Annual Population(10 000 persons)	73.77	74.58
城镇非私营单位从业人员(万人)	Employment Personnel in Urban Non-private Units(10 000 persons)	5.30	5.99
城镇非私营单位从业人员平均工资(元)	Average Remuneration of Employment Personnel in Urban Non-private Units(yuan)	94923	104012
地区生产总值(亿元)	Gross Domestic Product of District (100 million yuan)	369.54	354.37
第一产业	Primary Industry	26.42	30.97
第二产业	Secondary Industry	135.99	117.40
第三产业	Tertiary Industry	207.14	206.01
第三产业比重(%)	The Proportion of Tertiary Industry in GDP(%)	56.1	58.1
区级一般公共预算收入(亿元)	General Public Budget Revenue at District Level(100 million yuan)	56.51	31.73
# 税收收入	Revenue from Taxes	28.85	23.35
区级一般公共预算支出(亿元)	General Public Budget Expenditure at District Level(100 million yuan)	126.23	85.42
# 教　育	Education	26.67	19.59
社会保障和就业	Social Security and Employment	13.37	13.26
卫生健康	Health and Wellness	9.72	9.05
规模以上工业企业	Industrial Enterprises above Designated Size		
单位数(个)	Number of Units(unit)	270	284
资产总计(亿元)	Total Assets(100 million yuan)	429.60	508.20
营业收入利润率(%)	Ratio of Profits to Operating Revenue(%)	2.5	4.7
每百元营业收入成本(元)	Costs on Operating Revenue per 100 Yuan(yuan)	84.44	84.53
资产负债率(%)	Ratio of Debts to Assets(%)	60.7	60.1
固定资产投资(不含农户)增速(%)	Increase Rate of Investment in Fixed Assets(Non-agricultural)(%)	23.7	-0.5
建筑业总产值(亿元)	Gross Output Value of Construction(100 million yuan)	112.84	77.41
限额以上批发和零售业商品销售额(亿元)	Total Sales of Wholesale and Retail Trade above Designated Size (100 million yuan)	303.64	305.49
外贸进出口总额(亿元)	Total Value of Imports and Exports in Foreign Trade (100 million yuan)	39.22	41.21
# 出　口	Exports	32.09	34.19
实际使用外资金额(万美元)	Actual Use of Foreign Capital(USD 10 000)	875	999
实际利用内资(亿元)	Domestic Investment Actually Used(100 million yuan)	217.78	185.51
中资金融机构本外币存款余额(亿元)	RMB and Foreign Currencies Deposits of Chinese Financial Institutions(100 million yuan)	601.40	591.87
中资金融机构本外币贷款余额(亿元)	RMB and Foreign Currencies Loans of Chinese Financial Institutions(100 million yuan)	590.88	643.08
小学校数(所)	Number of Primary Schools(unit)	81	81
小学在校学生数(万人)	Students Enrollment of Primary Schools(10 000 persons)	3.83	3.89
普通中学校数(所)	Number of Regular Secondary Schools(unit)	44	45
普通中学在校学生数(万人)	Students Enrollment of Regular Secondary Schools(10 000 persons)	3.73	3.82
幼儿园数(所)	Number of Kindergartens(unit)	168	162
在园儿童数(万人)	Number of Children Enrolled in Kindergartens(10 000 persons)	1.62	1.80
卫生机构数(个)	Health Care Institutions(unit)	428	424
# 医　院	Hospitals	11	12
卫生机构床位数(张)	Beds in Health Care Institutions(unit)	2758	2698
# 医　院	Hospitals	1462	1493
每千人卫生机构床位数(张)	Beds in Health Care Institutions per 1 000 Persons(unit)	3.68	3.67
每千人执业(助理)医师数(人)	Number of Licensed (Assistant) Doctors per 1 000 Persons(person)	2.06	2.19
每千人注册护士数(人)	Number of Registered Nurses per 1 000 Persons(person)	1.83	1.81

25-14 滨海新区基本情况
Basic Statistics on Binhai New Area

指　　标	Item	2019	2020
常住人口(万人)	Permanent Population(10 000 persons)	216	207
户籍户数(万户)	Registered Households(10 000 households)	53.79	55.70
户籍人口(万人)	Registered Population(10 000 persons)	144.23	149.70
男　性	Male	73.52	76.19
女　性	Female	70.71	73.51
年平均人口(万人)	Average Annual Population(10 000 persons)	141.25	146.96
城镇非私营单位从业人员(万人)	Employment Personnel in Urban Non-private Units(10 000 persons)	92.18	92.08
城镇非私营单位从业人员平均工资(元)	Average Remuneration of Employment Personnel in Urban Non-private Units(yuan)	116653	123549
地区生产总值(亿元)	Gross Domestic Product of District (100 million yuan)	5857.80	5871.06
第一产业	Primary Industry	17.05	19.53
第二产业	Secondary Industry	2711.65	2663.96
第三产业	Tertiary Industry	3129.10	3187.57
第三产业比重(%)	The Proportion of Tertiary Industry in GDP(%)	53.4	54.3
区级一般公共预算收入(亿元)	General Public Budget Revenue at District Level(100 million yuan)	502.68	515.49
# 税收收入	Revenue from Taxes	444.48	452.75
区级一般公共预算支出(亿元)	General Public Budget Expenditure at District Level(100 million yuan)	791.15	806.60
# 教　育	Education	72.31	63.87
社会保障和就业	Social Security and Employment	20.65	20.25
卫生健康	Health and Wellness	23.40	19.47
规模以上工业企业	Industrial Enterprises above Designated Size		
单位数(个)	Number of Units(unit)	1202	1253
资产总计(亿元)	Total Assets(100 million yuan)	10764.24	11382.04
营业收入利润率(%)	Ratio of Profits to Operating Revenue(%)	9.8	7.2
每百元营业收入成本(元)	Costs on Operating Revenue per 100 Yuan(yuan)	80.80	83.26
资产负债率(%)	Ratio of Debts to Assets(%)	55.3	54.4
固定资产投资(不含农户)增速(%)	Increase Rate of Investment in Fixed Assets(Non-agricultural)(%)	12.6	4.9
外贸进出口总额(亿元)	Total Value of Imports and Exports in Foreign Trade (100 million yuan)	5456.30	
# 出　口	Exports	1833.63	
实际使用外资金额(亿美元)	Actual Use of Foreign Capital(USD 100 million)	36.23	37.35
实际利用内资(亿元)	Domestic Investment Actually Used(100 million yuan)	929.91	1153.18
中资金融机构本外币存款余额(亿元)	RMB and Foreign Currencies Deposits of Chinese Financial Institutions(100 million yuan)	5840.69	6549.96
中资金融机构本外币贷款余额(亿元)	RMB and Foreign Currencies Loans of Chinese Financial Institutions(100 million yuan)	11836.12	12490.93
小学校数(所)	Number of Primary Schools(unit)	94	98
小学在校学生数(万人)	Students Enrollment of Primary Schools(10 000 persons)	11.23	11.86
普通中学校数(所)	Number of Regular Secondary Schools(unit)	91	91
普通中学在校学生数(万人)	Students Enrollment of Regular Secondary Schools(10 000 persons)	6.57	7.03
幼儿园数(所)	Number of Kindergartens(unit)	143	239
在园儿童数(万人)	Number of Children Enrolled in Kindergartens(10 000 persons)	3.30	4.56
卫生机构数(个)	Health Care Institutions Hospitals(unit)	815	758
# 医　院	Hospitals	57	56
卫生机构床位数(张)	Beds in Health Care Institutions(unit)	8595	8220
# 医　院	Hospitals	8205	7908
每千人卫生机构床位数(张)	Beds in Health Care Institutions per 1 000 Persons(unit)	3.96	3.89
每千人执业(助理)医师数(人)	Number of Licensed (Assistant) Doctors per 1 000 Persons(person)	3.04	3.29
每千人注册护士数(人)	Number of Registered Nurses per 1 000 Persons(person)	2.77	2.95

25-15 宁河区基本情况
Basic Statistics on Ninghe District

指　　标	Item	2019	2020
常住人口(万人)	Permanent Population(10 000 persons)	40	40
户籍户数(万户)	Registered Households(10 000 households)	14.90	15.06
户籍人口(万人)	Registered Population(10 000 persons)	40.84	41.07
男　性	Male	20.50	20.59
女　性	Female	20.34	20.48
年平均人口(万人)	Average Annual Population(10 000 persons)	40.68	40.95
城镇非私营单位从业人员(万人)	Employment Personnel in Urban Non-private Units(10 000 persons)	5.06	4.44
城镇非私营单位从业人员平均工资(元)	Average Remuneration of Employment Personnel in Urban Non-private Units(yuan)	88672	92690
地区生产总值(亿元)	Gross Domestic Product of District (100 million yuan)	286.98	312.78
第一产业	Primary Industry	23.80	27.54
第二产业	Secondary Industry	103.09	109.59
第三产业	Tertiary Industry	160.09	175.65
第三产业比重(%)	The Proportion of Tertiary Industry in GDP(%)	55.8	56.2
区级一般公共预算收入(亿元)	General Public Budget Revenue at District Level(100 million yuan)	25.02	23.83
# 税收收入	Revenue from Taxes	18.42	18.38
区级一般公共预算支出(亿元)	General Public Budget Expenditure at District Level(100 million yuan)	73.44	51.08
# 教　育	Education	14.62	13.14
社会保障和就业	Social Security and Employment	8.72	8.90
卫生健康	Health and Wellness	6.80	5.35
规模以上工业企业	Industrial Enterprises above Designated Size		
单位数(个)	Number of Units(unit)	153	187
资产总计(亿元)	Total Assets(100 million yuan)	447.20	431.94
营业收入利润率(%)	Ratio of Profits to Operating Revenue(%)	3.9	2.5
每百元营业收入成本(元)	Costs on Operating Revenue per 100 Yuan(yuan)	91.04	88.65
资产负债率(%)	Ratio of Debts to Assets(%)	67.0	67.4
固定资产投资(不含农户)增速(%)	Increase Rate of Investment in Fixed Assets(Non-agricultural)(%)	26.7	9.0
建筑业总产值(亿元)	Gross Output Value of Construction(100 million yuan)	17.62	23.18
限额以上批发和零售业商品销售额(亿元)	Total Sales of Wholesale and Retail Trade above Designated Size (100 million yuan)	414.11	495.76
外贸进出口总额(亿元)	Total Value of Imports and Exports in Foreign Trade (100 million yuan)	35.07	30.20
# 出　口	Exports	24.64	20.30
实际使用外资金额(万美元)	Actual Use of Foreign Capital(USD 10 000)	4565	1669
实际利用内资(亿元)	Domestic Investment Actually Used(100 million yuan)	75.14	81.50
中资金融机构本外币存款余额(亿元)	RMB and Foreign Currencies Deposits of Chinese Financial Institutions(100 million yuan)	299.36	365.72
中资金融机构本外币贷款余额(亿元)	RMB and Foreign Currencies Loans of Chinese Financial Institutions(100 million yuan)	201.43	259.56
小学校数(所)	Number of Primary Schools(unit)	60	60
小学在校学生数(万人)	Students Enrollment of Primary Schools(10 000 persons)	2.80	2.78
普通中学校数(所)	Number of Regular Secondary Schools(unit)	29	30
普通中学在校学生数(万人)	Students Enrollment of Regular Secondary Schools(10 000 persons)	2.02	2.08
幼儿园数(所)	Number of Kindergartens(unit)	144	194
在园儿童数(万人)	Number of Children Enrolled in Kindergartens(10 000 persons)	1.07	1.04
卫生机构数(个)	Health Care Institutions(unit)	319	319
# 医　院	Hospitals	3	3
卫生机构床位数(张)	Beds in Health Care Institutions(unit)	1367	1415
# 医　院	Hospitals	734	734
每千人卫生机构床位数(张)	Beds in Health Care Institutions per 1 000 Persons(unit)	3.38	3.54
每千人执业(助理)医师数(人)	Number of Licensed (Assistant) Doctors per 1 000 Persons(person)	1.93	2.00
每千人注册护士数(人)	Number of Registered Nurses per 1 000 Persons(person)	1.48	1.49

25-16 静海区基本情况
Basic Statistics on Jinghai District

指　标	Item	2019	2020
常住人口(万人)	Permanent Population(10 000 persons)	77	79
户籍户数(万户)	Registered Households(10 000 households)	23.41	24.02
户籍人口(万人)	Registered Population(10 000 persons)	61.50	62.25
男　性	Male	31.08	31.45
女　性	Female	30.42	30.80
年平均人口(万人)	Average Annual Population(10 000 persons)	61.15	61.87
城镇非私营单位从业人员(万人)	Employment Personnel in Urban Non-private Units(10 000 persons)	7.16	5.96
城镇非私营单位从业人员平均工资(元)	Average Remuneration of Employment Personnel in Urban Non-private Units(yuan)	89052	99883
地区生产总值(亿元)	Gross Domestic Product of District (100 million yuan)	446.56	432.98
第一产业	Primary Industry	23.70	25.00
第二产业	Secondary Industry	209.83	192.68
第三产业	Tertiary Industry	213.04	215.30
第三产业比重(%)	The Proportion of Tertiary Industry in GDP(%)	47.7	49.7
区级一般公共预算收入(亿元)	General Public Budget Revenue at District Level(100 million yuan)	54.38	43.15
# 税收收入	Revenue from Taxes	41.64	36.45
区级一般公共预算支出(亿元)	General Public Budget Expenditure at District Level(100 million yuan)	100.79	94.56
# 教　育	Education	18.32	18.77
社会保障和就业	Social Security and Employment	13.12	12.71
卫生健康	Health and Wellness	8.95	7.59
规模以上工业企业	Industrial Enterprises above Designated Size		
单位数(个)	Number of Units(unit)	699	810
资产总计(亿元)	Total Assets(100 million yuan)	1150.53	1246.31
营业收入利润率(%)	Ratio of Profits to Operating Revenue(%)	1.8	2.3
每百元营业收入成本(元)	Costs on Operating Revenue per 100 Yuan(yuan)	95.18	94.36
资产负债率(%)	Ratio of Debts to Assets(%)	72.4	62.3
固定资产投资(不含农户)增速(%)	Increase Rate of Investment in Fixed Assets(Non-agricultural)(%)	18.8	10.3
建筑业总产值(亿元)	Gross Output Value of Construction(100 million yuan)	57.24	43.62
限额以上批发和零售业商品销售额(亿元)	Total Sales of Wholesale and Retail Trade above Designated Size (100 million yuan)	1963.00	2072.95
外贸进出口总额(亿元)	Total Value of Imports and Exports in Foreign Trade (100 million yuan)	175.93	174.11
# 出　口	Exports	136.63	124.17
实际使用外资金额(万美元)	Actual Use of Foreign Capital(USD 10 000)	3288	3375
实际利用内资(亿元)	Domestic Investment Actually Used(100 million yuan)	75.10	84.18
中资金融机构本外币存款余额(亿元)	RMB and Foreign Currencies Deposits of Chinese Financial Institutions(100 million yuan)	656.22	827.33
中资金融机构本外币贷款余额(亿元)	RMB and Foreign Currencies Loans of Chinese Financial Institutions(100 million yuan)	371.08	430.62
小学校数(所)	Number of Primary Schools(unit)	96	96
小学在校学生数(万人)	Students Enrollment of Primary Schools(10 000 persons)	5.88	5.72
普通中学校数(所)	Number of Regular Secondary Schools(unit)	49	48
普通中学在校学生数(万人)	Students Enrollment of Regular Secondary Schools(10 000 persons)	3.93	4.09
幼儿园数(所)	Number of Kindergartens(unit)	259	272
在园儿童数(万人)	Number of Children Enrolled in Kindergartens(10 000 persons)	2.12	2.08
卫生机构数(个)	Health Care Institutions(unit)	492	489
# 医　院	Hospitals	18	17
卫生机构床位数(张)	Beds in Health Care Institutions(unit)	1985	1959
# 医　院	Hospitals	1399	1394
每千人卫生机构床位数(张)	Beds in Health Care Institutions per 1 000 Persons(unit)	2.59	2.51
每千人执业(助理)医师数(人)	Number of Licensed (Assistant) Doctors per 1 000 Persons(person)	2.18	2.15
每千人注册护士数(人)	Number of Registered Nurses per 1 000 Persons(person)	1.38	1.38

25-17 蓟州区基本情况
Basic Statistics on Jizhou District

指　　标	Item	2019	2020
常住人口(万人)	Permanent Population(10 000 persons)	81	80
户籍户数(万户)	Registered Households(10 000 households)	28.42	28.68
户籍人口(万人)	Registered Population(10 000 persons)	87.72	87.85
男　性	Male	44.44	44.47
女　性	Female	43.28	43.39
年平均人口(万人)	Average Annual Population(10 000 persons)	87.47	87.79
城镇非私营单位从业人员(万人)	Employment Personnel in Urban Non-private Units(10 000 persons)	5.24	5.21
城镇非私营单位从业人员平均工资(元)	Average Remuneration of Employment Personnel in Urban Non-private Units(yuan)	96187	100916
地区生产总值(亿元)	Gross Domestic Product of District (100 million yuan)	219.62	224.60
第一产业	Primary Industry	28.25	34.15
第二产业	Secondary Industry	54.45	47.90
第三产业	Tertiary Industry	136.91	142.55
第三产业比重(%)	The Proportion of Tertiary Industry in GDP(%)	62.3	63.5
区级一般公共预算收入(亿元)	General Public Budget Revenue at District Level(100 million yuan)	25.09	20.50
# 税收收入	Revenue from Taxes	13.54	11.88
区级一般公共预算支出(亿元)	General Public Budget Expenditure at District Level(100 million yuan)	80.92	81.52
# 教　育	Education	19.96	22.71
社会保障和就业	Social Security and Employment	16.08	16.82
卫生健康	Health and Wellness	8.54	7.61
规模以上工业企业	Industrial Enterprises above Designated Size		
单位数(个)	Number of Units(unit)	101	110
资产总计(亿元)	Total Assets(100 million yuan)	162.17	182.84
营业收入利润率(%)	Ratio of Profits to Operating Revenue(%)	0.9	1.6
每百元营业收入成本(元)	Costs on Operating Revenue per 100 Yuan(yuan)	89.16	87.66
资产负债率(%)	Ratio of Debts to Assets(%)	67.3	70.7
固定资产投资(不含农户)增速(%)	Increase Rate of Investment in Fixed Assets(Non-agricultural)(%)	-14.3	17.7
建筑业总产值(亿元)	Gross Output Value of Construction(100 million yuan)	62.09	50.87
限额以上批发和零售业商品销售额(亿元)	Total Sales of Wholesale and Retail Trade above Designated Size (100 million yuan)	75.04	81.41
外贸进出口总额(亿元)	Total Value of Imports and Exports in Foreign Trade (100 million yuan)	7.71	3.75
# 出　口	Exports	6.91	3.42
实际使用外资金额(万美元)	Actual Use of Foreign Capital(USD 10 000)	107	45
实际利用内资(亿元)	Domestic Investment Actually Used(100 million yuan)	21.65	23.36
中资金融机构本外币存款余额(亿元)	RMB and Foreign Currencies Deposits of Chinese Financial Institutions(100 million yuan)	522.19	584.86
中资金融机构本外币贷款余额(亿元)	RMB and Foreign Currencies Loans of Chinese Financial Institutions(100 million yuan)	404.67	481.09
小学校数(所)	Number of Primary Schools(unit)	113	113
小学在校学生数(万人)	Students Enrollment of Primary Schools(10 000 persons)	5.43	5.30
普通中学校数(所)	Number of Regular Secondary Schools(unit)	60	60
普通中学在校学生数(万人)	Students Enrollment of Regular Secondary Schools(10 000 persons)	4.61	4.89
幼儿园数(所)	Number of Kindergartens(unit)	287	275
在园儿童数(万人)	Number of Children Enrolled in Kindergartens(10 000 persons)	2.39	2.30
卫生机构数(个)	Health Care Institutions(unit)	740	741
# 医　院	Hospitals	12	11
卫生机构床位数(张)	Beds in Health Care Institutions(unit)	1998	1985
# 医　院	Hospitals	1245	1245
每千人卫生机构床位数(张)	Beds in Health Care Institutions per 1 000 Persons(unit)	2.47	2.47
每千人执业(助理)医师数(人)	Number of Licensed (Assistant) Doctors per 1 000 Persons(person)	2.55	2.74
每千人注册护士数(人)	Number of Registered Nurses per 1 000 Persons(person)	1.46	1.52